天津通史专题研究丛书
主编 万新平

天津经济史
【下卷】

主 编 张利民
副主编 熊亚平

天津出版传媒集团
天津人民出版社

第五章 北方经济中心的形成
（1928—1937）

第一节 城市地位的演变

1928年，天津被南京民国政府设定为特别市，天津的政治地位和经济地位开始有了一些变化。这些变化主要体现在制度层面，尤其是城市行政管理机构的设置和城市空间的界定，既有助于进一步明确城市的属性和经济地位，又有利于政府制定城市的规划和政策，使其实施更具有针对性，从而更有利于城市经济的发展。

一、特别市的设置与行政区划的变化

（一）特别市的设置

1928年7月3日，南京国民政府公布了《特别市组织法》和《市组织法》，这是中国历史上第一个以中央政府名义正式颁布的建立城市行政管理体制的法规，开创了以城市为地方行政管理单位的先河，标志着中国城市型行政区划的诞生。《特别市组织法》规定，首都、人口在百万以上和其他有特殊情形的都市，依国民政府特许设特别市；各特别市冠以所在地名称，直辖于国民政府，而不再纳入省县行政范围；特别市区域的划定、变更与扩大，由特别市政府呈请国民政府核定；已经划入特别市的地域，不得脱离该特别市而建立其他市。根据组织法的规定，特别市市长由国民政府任命，是城市行政管理的最高领导，有权任命、指挥并监督该市政府所属职员。由此，天津市政府已经

成为国家行政体系的组成部分,依法掌理本市行政事务,发布地方法令并制定单项法规。

在《特别市组织法》公布之初,国民政府设立了上海、南京、北平、天津4个特别市,1929年又确定武汉(汉口)和青岛为特别市。1928年6月28日,南京国民政府以行政法令的形式确定天津为特别市,直属国民政府管辖。天津特别市政府内设参事室、设计委员会、秘书处、技术室、市政传习所、自治事务监理处,下设财政、土地、社会、工务、港务、公安、卫生、教育、公用等九个局,以后略有变动,如港务局归入工务局,土地局归入财政局等。从此,天津的城市型政区的行政管理机制确立。此后,天津的隶属关系又经过了三次变动。1930年6月,根据南京民国政府的统一规定,所有特别市均改为行政院的院辖市,天津由此成为院辖市,天津特别市政府相应改为天津市政府。同年11月,河北省政府由北平迁至天津,天津改为省辖市,成为河北省省会。在此期间,河北省各机关多由北平迁到天津。根据《天津志略》记载,当时天津市共有省属机关近20个。[①]1935年6月,河北省政府由天津迁至保定,天津又恢复为直属于行政院的院辖市。

(二)行政区划的变化

天津设定为特别市后,天津警察厅所辖的东、南、西、北、中五个区改为公安一、二、三、四、五区,警察署改为区公署,正式成为市以下的一级行政管理机构。原有的各国租界,20年代至30年代有一部分被中国政府收回,改为特别区。1917年3月,中国政府接收了德租界的行政管理权,改为特别一区,设立临时管理局。1919年9月10日,政府根据条款收回天津奥租界,改为特别二区。1924年,中国政府正式收回俄租界,改为特别三区。此外,比租界因受财政危机困扰,一直难以维持,于是比利时政府于1927年初表示愿意将其交还中国,1931年正式交还后改为特别四区。以上四个特别区所设的管理局均隶属于直隶省警务处。其余英、法、日、意四国的租界继续存在,各有其行政

---

① 宋蕴璞:《天津志略》,第34—35、51—52页。

管理机构。

20世纪30年代初,天津的行政管理区除5个公安区、4个特别区和四国租界外,还包括四乡,并由四乡组成隶属于河北省的天津县,实行市县分治,县治一度设于咸水沽。

二、城市空间的扩展与城市定位、规划的厘定

(一)城市空间的扩展

天津成为特别市后,就出现了划分市和县行政管辖地域界限的问题。

20世纪以后,随着天津城市的发展,市区建成区面积不断扩展。1902年,天津市区面积仅有16.5平方千米,1919年增至33平方千米,1933年又增至近56平方千米。天津特别市设定后,政府就不断努力争取扩大市区,与河北省政府多次商讨市县划界问题,但受到行政建制变更和经济利益分割等因素的影响,始终难以推进。

1930年6月,南京国民政府公布了《省市县勘界条例》,对包括建制市在内的各类政区划界做了详尽的规定。1934年,天津市与河北省政府开始筹划市县划界工作。河北省政府委派委员,会同天津市、县政府组成促进市县划界委员会,以勘定市县的界限,计划将原天津县管辖的一、五两所的大直沽、土城、东楼、谦德庄一带划入市区,增设为第六区。但是,土城和黑牛城一带28个村的村长联名上书划界委员会,出于对失去土地的担忧等,"抱团求存",反对被划入市区,甚至村民晚上拔掉政府安置的界桩,致使河北省、天津市出动警察维持秩序。①最终,河北省政府于1934年10月发文,要求按照天津市县勘划界域实施办法进行划界,确定天津市的行政区边界为东至牛栏圈,东南至吴家嘴,南沿津浦铁路支线,西至西营门,西北至黑塔寺,北沿北宁铁路,市区面积为89平方千米。②1935年6月,天津恢复为院辖市时,市区面积又增至

---

① 陈玉琳:《纪天津市县划界之经过》,《河北月刊》第2卷第2、3期,1934年。
② 王培利:《近代天津"警区"的形成》,《历史教学》2006年第12期。

为99.778平方千米。1936年9月,天津市政府与河北省、天津县再度划界,将县乡的一部分划入市区,市区面积增加到147.83平方千米。①

(二)城市规划与城市定位

天津在设立特别市以前,曾经有过局部的城市规划,如由英、日租界当局制定的各租界规划,以及袁世凯在天津河北新区的规划即《开发河北新市区章程十三条》等。1920年,政府曾试图规划华界城区的建设,草拟了《天津华界城建规划图说》,实际上只是计划整理城市街道等建设,如拓宽旧道路、开辟新马路、路网规划、桥梁移建、修建排水沟进行排污改造、电车路线的延展等12项,有的还注明了施工进度和资金的筹措方法等,但未予实施。②

1929年,首都南京和上海开始制订首都计划和大上海计划,天津市政府1930年登报征选城市规划方案,以工务局作为城市规划主管机关,最终选用了梁思成、张锐主持设计的规划方案,即《天津特别市物质建设方案》。

这是天津第一个具有近代城市规划性质的方案,是对包括中国城区和各国租界在内的整体规划。首先,该规划提出了天津的发展方向和定位:"天津为华北商埠之巨擘,水陆交通便利",应该"鼓励生产,培植工商业,促进本市繁荣",明确天津的主要职能为经济中心。其次,从总体上提出一些符合当时天津经济地位和发展规律的设想,与南京的首都计划和大上海计划有类似之处,如在城市区划上提出"大天津"设想,即将天津县全部,以及宁河、宝坻、静海、沧县的一部分划归天津市,至少应该将大沽、北塘和海河以南、金钟河以北20里内的地区划归天津市。这意味着将海河沿岸和大沽、塘沽等沿海地区作为天津市区的组成部分,实际上是考虑到其地处渤海湾,面对国际市场的海河沿岸和沿海港口将会发挥更大的作用。这正是以后天津城市进一步发展的重要基础和条件。然而,由于当时市、县划界等纠纷不断,县政和市政管理体制差别过大,"大天津"的设想既无实施的空间,推行的条件也不成熟。

---

① 天津市丛刊编委会:《天津市政府》,转引自韩俊兴:《近代天津行政区划沿革》,《天津史志》1986年第3期。
② 天津市规划局编著:《天津城市历史地图集》,天津古籍出版社2004年版,第88—89页。

第五章　北方经济中心的形成(1928—1937)

同时,方案还提出了城市的功能分区,如划分住宅、商业、工业区等,并规定了各区建筑的类型、用途、高度、密度和规模等;规划了市内道路规则、道路绿化和照明、公共交通、公共建筑和公园、上下水和垃圾等市政与公共事业;提出了解决城市建设的资金来源和管理办法。

《天津特别市物质建设方案》提出的"大天津"设想虽未获实施,但却反映出朝野各方对天津发展定位的重视和思考。在此之前,一些政府官员从天津的政治经济状况出发,对其定位也形成一些类似的认识,强调了其作为首都门户的重要性。例如,直隶总督崇厚在同治《续天津县志》序中称,天津为"畿南冲要,无逾此邦";直隶总督李鸿章称,天津"为畿辅守御之要害","实畿南之屏蔽也";直隶总督裕禄在光绪《重修天津府志》的序中也强调,天津"拱卫京师,控扼山海,其有关于天下之重轻者,岂浅鲜哉!"[①]当时,面对内忧外患,朝野上下都充分认识到天津拱卫首都的重要性,从修筑炮台、创办新式海陆军、设立军事工业和军事学堂,到李鸿章主持下的对外交涉等活动,都可以看出天津军事和政治功能的不断增强。与此同时,天津进出口贸易的迅速繁荣,近代工业、金融和商业的较早起步和较快发展,又增强了其经济功能。

第一次世界大战以后,随着经济实力的迅速增强和辐射力的日渐扩大,经济已成为天津城市发展的主要推动力,加之首都南迁和北洋军阀官僚势力减弱,将天津定位为拱卫首都的门户,显然已不符合其发展的方向,需要对其主要功能、定位和发展方向进行重新思考。梁思成等在《天津特别市物质建设方案》中提出的"天津为华北商埠之巨擘","鼓励生产,培植工商业"等,应标志着重新思考天津发展方向的开始。宋蕴璞等在《天津志略》(1931年版)的序言中指出:天津为三北地区"物产之总出纳地,世界货物之一大贸易场",是华北大港、商务中心、通都大埠。金钺在《天津政俗沿革记》(1938年版)序言中称,天津"遂蔚然成一巨埠"。这些认识均属首都南迁后对天津发展方向和定位的再思考。

---

① 光绪《重修天津府志》序,第2页。

三、人口的缓慢增长及其不均衡性

(一)人口的缓慢增长

从1928年到1936年是天津城市稳步发展的阶段,人口增长幅度比较平缓,没有出现大起大落现象。1928年,天津市区人口为93.9万人,1933年达到111.05万人,到1936年增至113.2万人,平均每年人口增长16,536人。

这一时期,天津城市人口仍以机械增长为主。近代工商业的迅速发展,提高了城市容纳人口的能力,吸引了众多外来人口迁居天津,寻求工作。随着城区的扩大,住宅、交通、水电等基础设施的建设,能够为更多的居民提供生活和工作必要的空间和条件。另外,教育、文化娱乐等社会环境的改善,也增强了城市的吸引力。因此,20世纪20年代以后,河北、山东、山西等省的投资者到天津寻求发展或生机,更多的则是破产农民、难民、灾民等的涌入,天津城市人口由此迅速增加。

(二)人口的失衡

随着城市人口的迅速增长,开始出现了人口失衡的问题。

其一,性别比例的失衡。依据《天津县志》中有关数据推算,1903年至1906年的4年中,天津总人口男女性别比的年均值为149.29,1930年总人口性别比升到170以上,1932年达近代最高点179.61,这意味着人口的性别比例极不均衡。

其二,职业构成的失衡。人口的职业构成状况会随城市性质的变化和社会经济的发展而变化。天津城市性质和功能的演变,影响了居民职业构成的改变。《津门保甲图说》(1846年)中的户口统计表明,天津城总户数为32,581户,其中绅衿653户,占2%,盐商327户,占1.1%;铺户(指商店铺户)11,446户,占34.6%;烟户(即一般住户)9719户,占29.6%;负贩(指小商贩)5711户,占17.4%;就役和佣作(指雇工等)共有3045户,占9.3%;以上各职业户共占

第五章　北方经济中心的形成(1928—1937)

91%。①这表明开埠前天津城厢地区以家庭为单位的职业结构中,经商者占有相当大的比例,商业在天津经济中占据主体地位。开埠后,随着对外贸易和近代工业的发展,天津的从业人口在数量和行业、职业性质上均发生变化,出现了工人、企业主、买办等新的职业,有职业的人口在全市总人口中的比重在40%~60%之间。

表5-1　1928—1946年天津人口及职业统计表

年份	总人口(不包括租界)	职业人口 人数	职业人口 占总人口的%	无职业人口 人数	无职业人口 占总人口的%
1928	939,209	575,109	61.23	364,100	38.77
1929	955,075	606,152	63.47	348,923	36.53
1930	937,053	607,709	64.85	329,344	35.15
1936	1,081,072	424,271	39.25	656,801	60.75
1946	1,077,000	714,491	42.60	962,509	57.40

资料来源:李竞能主编:《天津人口史》,第244—245页。

由上表得知,1928至1946年间天津有职业的人口的绝对数量有所增加,但在总人口中所占的比重并未显著提高,甚至有所下降。有职业的人口占总人口比重的最高峰值出现在20年代末。当时,天津工业迅速发展,尤其是棉纺织、化工和面粉等行业的大型工厂不断涌现,内外贸易日益繁盛,这样的趋势与有职业的人口比重的增加一致。此时,有职业的人口在城市总人口中的比重达到60%以上。但到了三四十年代,受日本占领东北及华北等因素的影响,天津工商业开始陷入困境,有职业的人口在总人口中所占比重明显下降。1936年天津有职业的人口同1928年相比,减少了15万余人,减少近1/4,其比重也下降了1/3强。这表明,有职业的人口的增长速度慢于城市人口的增长速度,迁入人口中有相当部分未能转变为有职业的人口。②

人口性别比例、年龄结构的失衡和失业人口增加,带来诸多城市问题,增加城市社会的人口流动和不稳定因素。许多破产农民流入城市后,往往长期

---

① 李竞能主编:《天津人口史》,第207、243页。
② 张利民:《论近代天津城市人口的发展》,《城市史研究》第4辑,1991年。

找不到正当职业,处于失业或半失业状态。20世纪二三十年代,军阀混战,民生凋敝,城市的容纳能力明显减弱,形成了大量的失业人口。根据当时十分保守的统计,1937年天津市(不包括租界)有失业人口28,766人,占总人口2.66%。在30年代总人口统计中,"不事生产者"竟然占总人口51.83%,[1]其中又有69.3%为女性,其中有相当数量是潜在的失业人口。

第二节 进出口贸易的新变化

进入20世纪以后,天津的进出口贸易已由间接贸易转变为直接贸易,进入了迅速发展阶段,进出口商品种类多、规模大,进出口总值不断攀升,呈现出以华北区域经济发展为基础形成的特征,不同于上海。30年代以后,世界经济危机导致世界贸易普遍萎缩,银价剧烈波动,中国国内农业恐慌加剧,全国对外贸易渐显凋落趋势,天津也不例外。

这一时期,南京国民政府继续推行一系列经济改革,以恢复经济发展,与进出口贸易有直接关系的是1930年、1933年、1934年的三次改订关税税则。政府为实现关税自主,增加财政收入,多次修改了进口和出口税则,突破了自开埠通商以来实行的"值百抽五"的关税税率。修订进口税率后,一些货物的进口税率提高了10%~50%不等,一般约在10%~30%之间,大大高于"值百抽五"的税率。修订后出口税则试图通过减免一些土货的出口税来鼓励土货出口,因此平均税率尚未达到"值百抽五"。这些政策抑制了洋货的大量进口,刺激了农副土特产品和工业制品的出口,推动了国内工商业的发展。1933年和1935年,南京国民政府又完成了币制改革,统一货币。这些都是中国进出口贸易发展的推动力。随着世界经济的复苏,中国对外贸易开始好转,改变了1932年以来的进出口贸易总额的跌势,呈现出增长态势。

但天津却是另一番景象。30年代以后,天津政局不稳。九一八事变不仅

---

[1] 李竞能主编:《天津人口史》,第246—247页。

第五章　北方经济中心的形成(1928—1937)

使原本属于天津经济腹地的东北市场丧失殆尽,更重要的是,日本侵华战争迫近,政治和经济的动荡对天津形成冲击。随着日军侵入山海关、长城,占领热河,天津成为日本侵略中国的前沿阵地,致使人心惶恐,水陆交通时常断阻,商家裹足不前。与此同时,冀东走私(亦称华北走私)甚嚣尘上,人造丝、卷烟纸、糖类、煤油、五金,以及鸦片与白银的武装走私猖獗一时。据不完全统计,冀东走私贸易总值,1935年为3600万元,1936年为8100万元,1937年达到12000万元。[①]规模空前的冀东走私使天津的进出口贸易总值连年下降,与1931年相比,1932年下降15.46%,1933年下降32.18%,1934年下降42.40%,1935年下降42.84%,1936年下降38.27%。因此,30年代以后,天津的进出口贸易总额并未出现上升趋势,但是进出口商品的结构有所调整。

一、进出口贸易发展的概况与特征

(一)进出口贸易概况

这一时期,中国海关的进出口贸易统计方法发生了很大变化。1931年以前,各海关洋货进口贸易总值分为从国外进口和从国内其他口岸进口两类,数值中没有剔除其中的洋货复出口贸易值,因此不是进口贸易的净值。自1932年开始,各海关洋货进口贸易数值为洋货直接进口贸易值,不包括复出口贸易值;土货出口外洋贸易值为土货直接出洋贸易值。因此,本部分的净贸易总值统计口径不同于前一期,本期的净贸易总值=净进口+净出口,其中,净进口=洋货直接进口+土货进口−土货复出口,净出口=土货出洋+土货出口至其他口岸。此外,东北地区被日本占领后,中国海关自1932年6月以后的各项贸易统计,不包括东北各口岸进出口贸易的数值。

1931年以前,天津的进出口贸易呈现出逐渐增加的态势。1927年,进出口贸易值约3.2亿海关两。1929年增加到约3.4亿海关两,1930年回落为3.1亿海关两。为便于比较,这里粗略调整1931年以前的贸易总值的统计口径,

---

[①] 李洛之、聂汤谷编著:《天津的经济地位》,第25页。

即扣除自国内其他口岸进口至天津的洋货贸易值。这样，天津口岸1927年的进出口贸易净值约为2.98亿海关两，1928年和1929年分别为3.25亿、3.12亿海关两，到1930年回落至约为2.86亿海关两。1931年与前一年相比，变化不大。1932年以后，天津进出口贸易净值加速下跌，1935年跌至2.1亿海关两（1海关两=1.558元国币），到1936年又回升至约2.3亿海关两（图5-1所示）。也就是说，从1930年开始，天津的对外贸易总值已呈下降之势。虽然天津进出口贸易净值的绝对数字在减少，但在全国（不包括大连等东北口岸）对外贸易总值中的占比是稳中有增，1932年约占10.86%，1935年升至11.80%，1936年有所回落，到1937年又升至11.88%。这一时期，天津的直接对外贸易在全国占第2位（不包括大连等东北口岸），和第1位的上海相较，只当上海的1/5，1937年后，两者差数显著减少。①

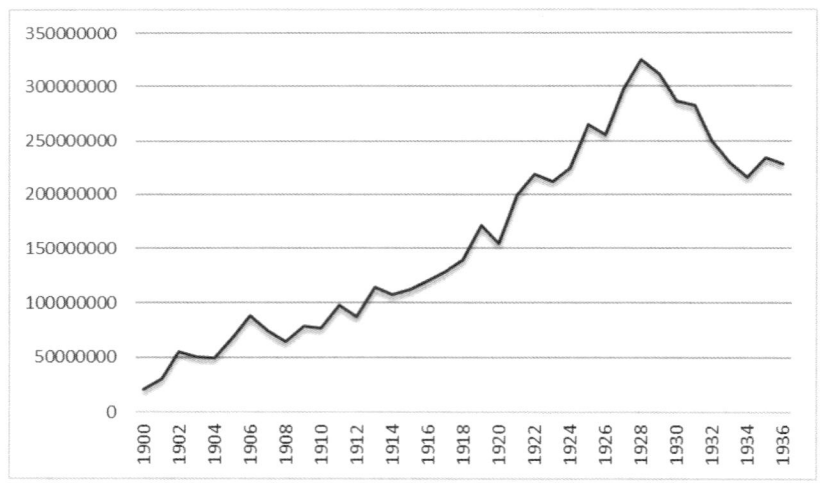

图5-1　1900—1936年天津进出口贸易净值变化图　（单位：海关两）
资料来源：津海关历年贸易统计。

（二）进出口贸易的特征

从1932年至1937年天津进出口贸易净值可以看出这一时期天津进出口

---

① 李洛之、聂汤谷编著：《天津的经济地位》，第7页。

第五章　北方经济中心的形成(1928—1937)

贸易的特征(见图5-2)。天津的进口和出口没有像上一时期那样呈现出增长趋势，而是表现为进口持续下滑，出口在1934年前下滑，其速度低于进口下行的速度，1935年后出口开始上升。由此，进出口贸易出现了由入超转变为出超倾向。这一倾向从进出口贸易净值的数据中看得更为明显(见图5-3)。1936年以后，洋货直接进口开始有上升趋势，但自1935年开始，土货出洋的绝对值高于洋货直接进口。这样的出超倾向并非只有天津，而是华北对外贸易的一个特征，与全国和华中、华南相比，"惟华北能够保持24—26年(民国二十四—二十六年)的"出超。①这一现象虽然与冀东走私有直接的关系，但也能反映出土货出口的增长趋势。另外，天津土货出口在全国土货出口贸易值中所占比例也呈增长趋势，1932年约为12.76%，1933年增长至14.46%，1936年升至16.70%，1937年因卢沟桥事变的影响有所跌落，降至15.38%。

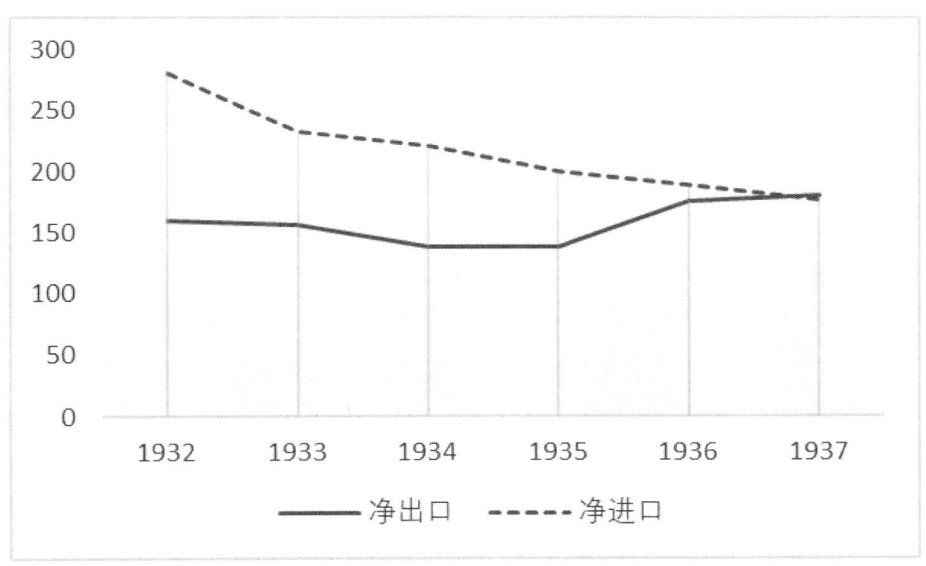

图5-2　1932—1937年天津净进口、净出口贸易值变化图　(单位:百万元)
资料来源:津海关历年贸易统计。

① 李洛之、聂汤谷编著:《天津的经济地位》，第6页。

天津经济史(下卷)

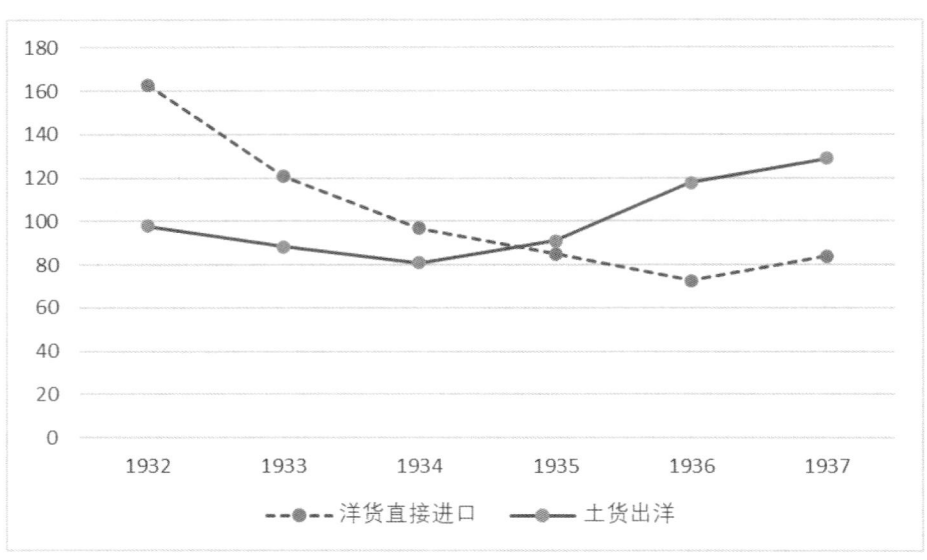

图5-3　1932—1937年天津进出口贸易出超值变化图　（单位：百万元）
资料来源：津海关历年贸易统计。

从对外贸易的国别来看，1933年至1935年间，天津直接对外贸易的国家和地区以日本、美国、英国、德国、香港为主，日本和美国占天津直接进出口贸易总值的55%，其中日本约占28%，美国约占27%。从出口的国别和地区来看，美国居于首位，占出口总值的38.5%，主要出口商品是毛皮、棉花、地毯等；其次是日本，占33%，主要出口商品是棉花、生牛皮、药材、猪鬃、矿产等原料品和蛋品、盐、化工产品、地毯等消费品；以下依次是英国（11%）和香港（7.2%）。从进口的国别来看，日本占绝对优势，占进口总值的32.6%，主要进口商品是棉纺织品、人造丝和丝织品、面粉、染料、纸张、机械钢铁等；其次是美国，占16.7%，主要进口商品是煤油、棉花、烟草、五金材料、机器、面粉和染料等，再次为德国（9%）和英国（7.7%）。①

通过调整统计数据可以看到，1905年至1923年间，天津洋货净进口值占净进口贸易总值的比例在60%～70%的区间波动；1924年至1933年间在

① 李洛之、聂汤谷编著：《天津的经济地位》，第9—10页。

50%～60%的区间波动;1933年突破50%,至1936年高达60%以上(见图5-4)。与此同时,1900年至1920年间,天津土货净进口值占天津净贸易总值的比例在30%左右波动;1920年以后在30%的基础上向40%发展。也就是说,由于国内工业品生产的增加,土货净进口延续了前一时期的增长的趋势;与之相对的洋货进口则呈下降趋势。从贸易值来看,国内生产的机制品等越来越多地通过天津口岸输入,其在天津进出口贸易中的地位愈发重要。

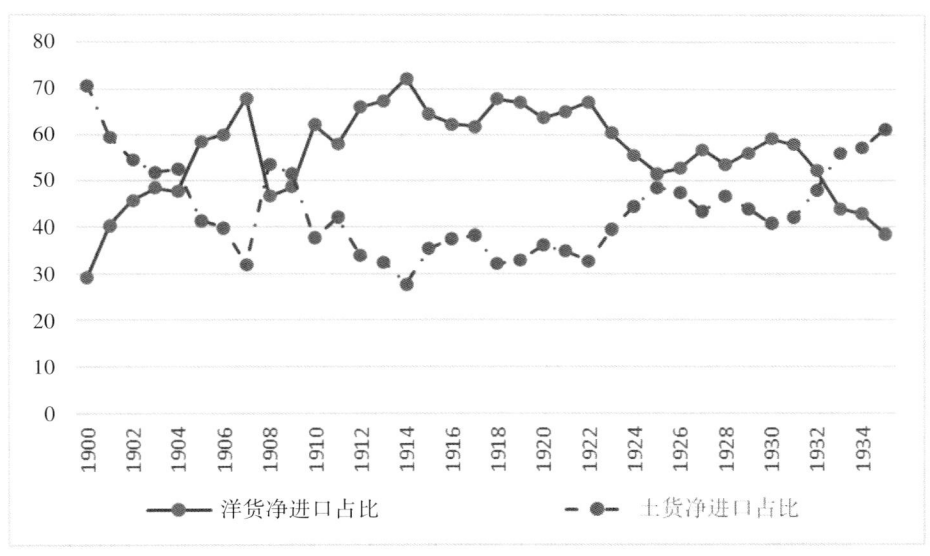

图5-4　1900—1936年天津洋货净进口、土货净进口占净进口贸易总值比重变化图(单位:%)
资料来源:津海关历年贸易统计。

天津的出口贸易可以分为土货出口外洋和土货出口至国内其他口岸两大部分。20世纪前,土货多经过上海和香港再出口外洋。自1905年开始,天津土货直接出口外洋相对于土货转口至国内其他口岸的比重增加,1919年以后,土货直接出口至外洋的比例达50%以上,到1929年更是高达75%,即直接出口外洋占绝大比重。自1929年始,土货直接出口外洋的部分所占比例呈现减少的趋势,1930年这一比例约为70%,1931年下降至61.6%,1932年降至58.9%,1933年迅速拉升到66.4%(见图5-5)。这表明,天津作为进出口口岸,集中了广大腹地的农副土特商品并直接出口至外洋,使其成为天津出口货物的主要组成部分。由此可见,天津不仅与广大腹地建立起更为密切的经济联系,而且与国际市场的直接联系也进一步增强。

图 5-5　1867—1936 年天津土货出口国外、国内占土货出口净值比重变化图　（单位:%）
资料来源:津海关历年贸易统计。

这一时期天津的进出口贸易总值处于下降的状态,但在全国直接对外贸易总值中的占比却稳中有增(1931年后东北地区各口岸不计),说明天津口岸在全国进出口贸易中的地位并未大幅度衰减。尤其是30年代以后,土货直接出口贸易值的不断增加,以及在出口贸易值中所占的比重提高,说明土货贸易在天津进出口贸易中的重要性没有降低,仍是以出口外洋为主;土货净进口则延续了前一时期增长的趋势。

然而,洋货进口则不同于前一时期。由于华北走私的猖獗和政局动荡,津海关统计中的洋货直接进口呈下降趋势。这一特点,不仅反映出天津更深地卷入了国际市场,体现出国内工业发展和走私对进口贸易的影响,而且显示出作为北方贸易中心的天津对经济腹地辐射能力的增强。

第五章 北方经济中心的形成(1928—1937)

二、进口商品结构的变化

从进出口贸易的商品结构可以进一步认识这一时期天津的对外贸易特点。这一时期,天津进口的洋货依然以日本和美国为主,日本在纺织品、砂糖,及轻工业、杂货类等商品中处于独占地位;美国进口的商品主要是煤油、汽油、汽车等;日、美、英在铁制品、机械类商品的进口上激烈竞争。①

(一)进口商品总值的变化

进口商品可分为生活消费品和生产资料两大类。30年代以前,由于国内工业发展的需要,生产资料类商品的进口逐渐增多,但进口商品仍以销往内地的生活消费品为主,如小麦、面粉、糖、煤油等。1931年以后,各项进口商品的排位时有变动,如"疋头,五谷麦粉,糖,煤油等项来年逐有减少;至金属矿砂,车辆船艇,机器工具等则又随各年物质建设之多寡而伸缩"②。1935年,天津的进口商品中,"从前占首位的食品类,减低到天津进口总额的8.6%,衣料类(棉布6%,毛织品1.08%,人造丝0.31%,绸缎0.04%),合计仅占7.43%,就是直接消费财只是16%,而生产财占到21%之多"③。表明这一时期天津以及腹地工矿业的发展需要进口更多的机器母机、机械和交通工具等。

在天津的进口商品中,棉织品一直占有较大的比重,1932年的进口值约为1,624.59万元,1933年缩减了约80%,仅值325.58万元,至1936年更减少到36.38万元。这一时期,大米、面粉和杂粮的进口随国内收成和市场而波动,略有减少。其中,大米的进口值由1932年的648.75万元,锐减至1933年的293.07万元,1934年又跌至164.6万元,至1935年再减至79.49万元;小麦和面粉的进口值在1934年时仅56.1万元,1932年和1933年则分别增至785.65万元、942.43万元。糖类进口与冀东走私有直接的关系,1932年进口值约352.22万元,1933年为268.31万元,此后继续下跌,1934年为194.89万元,1935年仅

---

① 李洛之、聂汤谷编著:《天津的经济地位》,第11页。
② 方显廷:《论华北经济及其前途》,厉以宁、熊性美主编:《方显廷文集》3,第274页。
③ 李洛之、聂汤谷编著:《天津的经济地位》,第11页。

为1932年的五成,即190万元,1936年更是减至12.13万元。

这一时期天津洋货进口值的下降,与1930年后三次关税税则修订,即大幅提高生活消费商品的进口税率,以及冀东走私猖獗和东北市场丧失等因素,有着直接的关系。以进口糖类为例,原来进口数量不断增加的一个重要原因是国内只出产手工制土糖,尚不能生产高精度白糖。当1932年4月大幅度提高砂糖进口关税后,虽然糖类在1933年的进口量一度因日本白糖"奇贱"而有所增加,但此后因其成为三大走私品之一,进口数量大幅度下降。再如,1933年开始对进口面粉、大米和小麦征税,致使大米、面粉和大麦的进口锐减。

(二)主要进口商品的变化

同一时期,在进口商品中对于国内已有竞争替代能力的棉纱、水泥等生产资料和棉织品、火柴、香烟等生活资料,一方面由于上调了进口关税税率,抑制了国外进口,导致进口数量锐减;另一方面国内企业的生产能力增强,替代了部分原来的进口商品,反过来又促进了国内相关工业的发展。当时,中国最大的水泥厂启新洋灰公司高度评价提高关税的意义,认为进口量减少"殆不在社会之抵制外货而在关税增加所收之效果"[1]。

1933年和1934年对进口税则的两次调整,对一些生产资料进口的影响较弱,因为进口的多是国内工业所需、却没有能力生产的商品。天津口岸进口人造丝的状况最为明显。人造丝是20世纪20年代末国内丝织业的主要原料,因当时国内人造丝工厂尚处于起步阶段,生产数量和质量均不能与进口人造丝竞争,因此所需人造丝主要靠进口。1929年,全国进口人造丝就达到8736吨。进口税率提高之后,仅从贸易统计数值看,人造丝的进口量有所减少,但实际上其进口量仍在增加,且主要通过走私进入天津市场。1935年,天津进口的人造丝仅有234吨,由华北其他口岸进口861吨,同时华北各地丝织业所需的人造丝大约为1440吨,差额皆为走私的人造丝。[2]走私的人造丝价

---

[1] [日]久保亨:《走向自立之路:两次世界大战之间中国的关税通货政策和经济发展》,王小嘉译,中国社会科学出版社2004年版,第208、209页。
[2] 李洛之、聂汤谷编著:《天津的经济地位》,第14页。

第五章 北方经济中心的形成(1928—1937)

格低廉,对市场极具破坏力。1935年,天津市场上进口的人造丝(天桥120 Denier A)每箱为192.8元,而走私的人造丝竟然低至每箱82元上下,于是人造丝成为走私的大宗货物。①1936年全国各海关进口人造丝4020吨,而冀东走私(1935年8月至1936年4月)的人造丝却达到4033吨。②染料作为织染业原料一直靠从日本、德国进口。天津染料进口的峰值出现在1931年,进口值为650万海关两,1932年降为340万海关两,1933年提高关税后,1934年的进口值仅有1933年的一半,1935年进口值不足百万海关两。③

天津口岸的金属、机器设备等生产资料的进口受进口税率提高的影响十分有限,主要是中国政府为鼓励国内创办近代工矿企业,对从国外进口机器母机和各种设备等在进口税率上给予一定的优惠。其中,天津口岸进口的铁、钢,1932年约435万元,到1935年增长到约600万元,约占天津对外贸易总值的3%,占天津进口总值的14.9%,成为大宗的进口商品。铁轨及轨道零件的进口也因修筑铁路而有所增加,1933年进口值居进口商品第13位,1935年升至第7位。纺织机械的进口因纺织厂的兴衰而出现起伏。20年代以后,由于天津和腹地创建了数家大型棉纺织厂与毛纺厂,纺织机械进口数量大增。20年代末棉纺织业不景气,鲜有纺织厂设立,纺织机械的进口量开始减少,1932年约为91万元,1933年降至18.7万元。此后纺织业稍有复苏,纺织机械的进口数量开始回升,1935年进口额增加到55.7万元。④

因此,这一时期进口商品的结构因关税改革、国内工业不断完善和发展和冀东走私等因素的影响,呈现出生活消费品下降、生产资料所占比重有所增加的变化。

---

① 李洛之、聂汤谷编著:《天津的经济地位》,第15页。
② 转引自居之芬、张利民主编:《日本在华北经济统制掠夺史》,天津古籍出版社1997年版,第38页。
③ 姚洪卓主编:《近代天津对外贸易(1861—1948年)》,第130页。
④ 参见李洛之、聂汤谷编著:《天津的经济地位》,第8—9页。

三、出口商品结构的固化

(一)出口商品结构概况

这一时期,天津的出口商品仍以美、日、英、德国为主要市场。从1933年至1935年天津出口商品的平均值看,出口至美、日、英、德国的分别占天津土货出口值的38.5%、23.1%、11.2%和6.3%;运到香港的占到天津土货出口总值的7.2%,仅次于英国。①值得注意的是,在出口贸易值中,各国所占的比重与其在进口贸易值所占比重有所不同。在出口贸易值中,美国位居第一,日本位居第二位;而在进口贸易值中,日本占据第一位。这表明欧美和日本对天津口岸的倚重有所不同,欧美侧重向天津输出原料、半成品,日本自身资源匮乏,其出口以工业品为主,并从天津等口岸输入棉花、工业用盐、煤、铁等各种工业原料。

天津出口的土货中,农畜产品仍占绝对优势。到1936年,农畜产品出口占出口总额的50%,工业品占7%,矿产品占5%。②在农畜产品中,棉花、皮货(包含生熟皮在内)、蛋品、羊毛(包含驼毛在内)、地毯五种商品位居前五位。从1932年至1934年出口总额的平均值看,这五种商品占总额的2/3。其中,棉花出口居首位,年平均为2000余万元,占天津出口总额的23.4%;其次是生熟皮及皮货,年平均为1200万元,占14.4%;蛋类和羊毛(包含驼毛)年平均约为1,000万元,分别占11.7%、11.6%;地毯年平均约为390万元,占4.4%。③

(二)主要出口商品的变化倾向

20世纪以后,棉花一直在天津土货出口总值中占据首位,其中出口至国外的比例逐年增加。1926年至1930年,由天津出口的棉花中有近90%出口到国外,其余运到国内各口岸。1931年至1935年间,出口至外国的棉花数量及

---

① 李洛之、聂汤谷编著:《天津的经济地位》,第9页。
② 李洛之、聂汤谷编著:《天津的经济地位》,第7页。
③ 方显廷:《论华北经济及其前途》,《方显廷文集》3,第270—272页.

第五章 北方经济中心的形成(1928—1937)

所占比例开始下降,1931年约有70.6万担棉花出口国外,1932年降至61.9万担,1934年跌落至26.7万担。1935年,棉花出口值在天津出口贸易总额中所占比重下降到14.81%。①天津棉花出口目的国(地区)仍主要是日本、美国、德国。这一时期,天津棉花出口至日本的数量最多,但除1934年所占比例突然有所回升外,其余年份均在减少,从1931年占棉花出口总量的88.89%,减至1935年的60.69%。天津棉花出口美国的数量变化不大,出口德国的数量有所增加,1928年所占比重不过3.85%,1935年增至21.62%。②棉花出口外洋的数量之所以减少,主要是由于国内各纱厂的棉花需求量增加,市面上棉花紧俏,出现"花贵纱贱",使经销棉花更有利可图。另外,国外棉花需求量也有所减少。尽管如此,天津口岸出口的棉花数量仍在全国棉花出口数量中占首位。1932年,天津出口外洋的棉花数量占全国棉花出口总量的比例达到历史最高值(93.4%),1935年减少至59.5%。③

皮货和羊毛也是天津出口的大宗商品。皮货主要运销至美国和日本,1932年至1934年间,平均每年皮货出口值约为1281.6万元,占天津出口总值的14%,占全国同类商品出口总值的43.5%,④居于首位。九一八事变后,东北皮毛来源断绝,天津皮货出口受到一定影响。1932年,皮货出口值仅有1145万元,1933和1934年在1200万元以上,1935年跌至914万元,1936年又回升至约1370万元。⑤1936年,天津生熟皮及皮货出口占全国同类货物出口量的比例下降为36%。羊毛和驼毛主要出口至美、英、日、德等国,其中美国最多,占70%左右。羊毛出口的增长势头也因为东北沦陷而受挫。1929年,天津出口的羊毛数量在30万担以上,到1931年时仅有21万担,直到1937年仍未超过30万担。但天津仍然是全国主要的羊毛出口口岸。1932年至1934年间,天津出口羊毛数量占全国羊毛出口量的90.1%,1936年占82.55%。⑥

---

① 李洛之、聂汤谷编著:《天津的经济地位》,第10页。
② 方显廷:《天津棉花运销》,《方显廷文集》2,第482—483页。
③ 方显廷:《天津棉花运销》,《方显廷文集》2,第479页。
④ 方显廷:《论华北经济及其前途》,《方显廷文集》2,第270—271页。
⑤ 李洛之、聂汤谷编著:《天津的经济地位》,第8页。
⑥ 李洛之、聂汤谷编著:《天津的经济地位》,第198页。

20世纪以后，天津已经成为中国蛋品出口的主要口岸之一，从30年代开始，出口值有所减少。1929年，天津各类蛋品的出口值为9,044,891海关两，在天津大宗出口商品中居第三位。①1932年至1936年间，平均出口值约为1000万元，占天津出口总值的11.7%，其中，1934年为862万元，1936年达到1300万元。②1936年，由于欧洲市场需求的强势复苏，中国的蛋品出口出现骤升，其中冰蛋占到欧洲市场销售量的92%以上，鲜蛋占欧洲市场销售量的23%。因此，从中国出口的干湿蛋品几乎垄断了整个欧洲市场。③天津的蛋品出口一直在全国蛋品出口中占有重要位置。1915年至1930年间，其蛋品出口值在全国同类商品出口值中所占比重，最高年份为23.49%，最低年份为10.51%，④1932年至1934年所占比重又上升到占28.1%，⑤1936年上升到33.8%。⑥

30年代以后，天津地毯出口总值保持了1920年代后期的水平，1931年达到峰值472万海关两；1934年为407.6万元，1935年为344.5万元，1936年为421.7万元，分别占当年天津出口总值的5.76%、3.77%、3.58%；1937年为690万元（相当于455万海关两）。⑦同时，天津地毯出口在全国一直占有重要的地位。1932年至1934年间，天津地毯出口每年平均占全国地毯输出总额的80%以上，1934年达到91.36%。这些地毯主要供应美国市场，部分销往日本、英国和德国，一般占出口总额的90%。1930年，天津出口的地毯中，出口美国、日本和英国的比重，分别为61.4%、26%、5.6%，出口到其他国家的占7%。⑧

这一时期，天津猪鬃的出口状况与以上出口商品有所不同。猪鬃可以用来生产工业用刷，用于喷漆和刷洗飞机、军舰、车辆和各种武器，属于战略物资。天津猪鬃的出口额自1933年以后呈现激增的态势，1932年为303万元，

---

① 姚洪卓主编：《近代天津对外贸易（1861—1948）》，第140页。
② 李洛之、聂汤谷编著：《天津的经济地位》，第8页。
③ 姚洪卓主编：《近代天津对外贸易（1861—1948）》，第140页。
④ 叶舜如：《天津及全国之蛋产出口状况》，《商业月报》第13卷第5期，1933年。
⑤ 方显廷：《论华北经济及其前途》，《方显廷文集》3，第271页。
⑥ 姚洪卓主编：《近代天津对外贸易（1861—1948）》，第135页。
⑦ 吴弘明编译：《津海关贸易年报（1865—1946）》，第503、506、510页。
⑧ 姚洪卓主编：《近代天津对外贸易（1861—1948）》，第135、154—156页。

1933年比1932年减少了28万元,1934年、1935年、1936年分别较前一年增加约120万元、100万元、250万元。①天津猪鬃出口在全国占有重要的地位。1932年至1934年间,天津猪鬃出口占全国猪鬃出口的26%,居第一位。②到七七事变前夕,天津出口猪鬃占全国同类商品出口总值的33.3%,汉口占21.6%,重庆占15.8%,青岛占6.3%,上海占6%。③

总之,这一时期天津口岸出口商品结构并未发生改变,而是呈现固化态势,出口贸易依然以农畜产品和手工半成品及制成品为主,并不是工业产品,"1935年,农畜产品(棉花占出口总额的14.81%,落花生1.03%,羊毛15.68%,麻类3.59%,棉子1.30%,鸡蛋1.14%,皮革0.42%,生皮货5.79%,猪鬃5.42)占全部出口的49.18%的优越地位。工业制品以蛋产品9.9%、熟皮货4.23%、骨粉0.76%、地毯3.78%、草帽缏1.82%为主,约占全部的20.49%"。④经天津出口的皮毛、地毯、猪鬃等货物在全国同类出口商品中占有绝大比重,其主要输出目的国(地区)则为美、日、英、德等。

四、冀东走私及其对对外贸易的影响

(一)冀东走私概述

九一八事变后东北沦陷,冀东和天津等地成为侵略与反侵略斗争的前沿,致使天津与东北的商品流通受到阻隔。随着日本占领和经营大连港口,控制了东北地区煤铁的生产与出口,大连和丹东港成为东北进出口贸易的主要口岸。此前,东北地区的杂粮、药材、珍贵皮毛、木材、豆货在天津有相当的市场,天津的布匹、火柴、面粉等工业品也有相当一部分销往东北市场。东北沦陷后,与天津的经济联系骤减,成为天津进出口贸易发展缓慢的一个重要致因。

---

① 李洛之、聂汤谷编著:《天津的经济地位》,第8页。
② 方显廷:《论华北经济及其前途》,《方显廷文集》3,第271页。
③ 姚洪卓主编:《近代天津对外贸易(1861—1948)》,第149页。
④ 李洛之、聂汤谷编著:《天津的经济地位》,第10页。

同一时期,冀东走私也是影响天津对外贸易和经济发展的重要因素。"走私"的本义是秘密输售进出口货物,逃避缴纳关税的非法活动。早在天津日租界刚划定时,就有日本人从天津收购白银、铜元等私运回国。到七七事变前,日本军政当局一面在华北各地扩大军事占领,一面公开唆使、纵容和支持日本浪人等在冀东地区进行大规模的武装走私活动。日本驻北平特务机关长松室孝良在长春召开的特务机关长会议上宣称:"帝国货物之向华走私,为帝国对华之断然手段,其用意在促进华北特殊政治体系之成立而隶属于帝国独立之下。"①因此,这一时期华北地区出现的以冀东各地为主的大规模武装走私,是日本以军事威胁和不平等条约为基础,以分裂华北为目的,对中国实行强迫的、公开的和不等价的掠夺。它不仅削弱和破坏了中国的财政金融体系,致使财政收入骤减,加重了中国政府入不敷出的困境,而且打击了中国的民族工商业,使华北地区刚刚发展起来的近代工业举步维艰,在实现日本分裂华北和破坏中国经济发展的图谋中起到了不可替代的作用。大规模走私从1933年开始,此后随着华北局势的恶化愈发猖獗,走私逐渐合法化并发展到武装押运。走私的货物主要有棉纺制品、人造丝、糖、卷烟纸、煤油、五金以及银元等。走私的商品经过海上和陆地两种途径集中到天津,再经铁路或内河转往华北内地或其他地区。

海上走私多由大连或营口用帆船、汽船运到冀东的秦皇岛一带,再经海船或铁路南运天津。其运载工具最初仅有帆船,后发展到汽船和百吨以上的轮船。据统计,1936年大连从事走私的船舶中,有日本船145艘,总吨位9348吨;伪满船39艘,总吨位6825吨,中国船24艘,7168吨,合计船舶208艘,运送走私货物23,341吨;除此之外,还有约12,000只帆船,在渤海湾沿线运送走私货物。②陆路走私则沿长城一线展开,由满载各种货物的几十辆马车为一队,组成数百人的车队,在携带武器的日本浪人等的带领下,通过长城各关口进入冀东地区,集中到万家屯(山海关站的前一站)。1934年6月至1935年6月,

---

① 敬动如编:《敌人大陆政策之原形》,中国编译出版社1940年版,第146页。
② [日]中村隆英:《戰時日本の華北經濟支配》,山川出版社1983年版,第37页。

第五章　北方经济中心的形成(1928—1937)

聚集在伪满洲国最南端,即距离山海关税关最近的东罗城的走私货物,由8680件增加至216,180件,在1年内增加了30倍。[①]这里即为所谓的"非武装地带",处于伪冀东自治政府的管辖之下,海关完全失去了收缴进口税和缉私的权利。这些走私的货物只需缴纳相当于关税18%至20%的查验费(亦称特别关税),[②]即可进入关内,堂而皇之地集中在山海关火车站,被作为行李和零担货物运往天津及内地。

(二)冀东走私对天津经济的影响

天津是关内外陆路和海路的枢纽,又是华北的经济中心和金融中心,在日租界有众多的日本侨民从事贸易等活动,因此大部分走私货物从海路和陆路聚集到这里,从而使天津成为华北最大的走私货物销售和转运中心。在日租界内,经营走私的日本洋行或公司触目皆是,"个人经营的贸易商和一般商业者中,从事当地特殊贸易的禁制品贸易业者占了大部分"[③],从事走私买卖的不仅有日本浪人,日本大财阀系统的伊藤忠、三菱、三井等洋行也多热衷于走私贸易,以赚取巨额利润。"日本的大洋行整船运来货物公开走私,所运来之物,大多是税率大的,如麻丝、呢绒、麻丝织品、白糖等物。"[④]天津海河的码头上,堆满了走私货物,但无人敢过问。日租界内,走私日货堆积如山,在松岛街、蓬莱街、吉野街一带,有字号的(如千叶洋行、天龙组、清水组等)和无字号的走私组织多达数十家,[⑤]专营或者兼营走私的所谓贸易公司和洋行亦有200～300家,[⑥]走私商也由几百户猛增到几千户。1935年8月到1936年4月,自冀东运到天津的走私货物有人造丝89,617包(403.4万公斤)、卷烟纸6171包(118.4万公斤)、白糖479,296包(4313.7万公斤)、布匹12,131包、杂

---

① 日本满铁天津事务所:《冀东区域の贸易と关税事情》,《北支经济贸易资料》第5辑,1936年版,第98—100页。
② 李洛之、聂汤谷编著:《天津的经济地位》,第12、15页。
③ 日本外务省外交史料馆:『外务省警察』第34卷(支那の部——北支),不二出版社1999年版,第330页。
④ 杨梓年:《从学生到工商业者》,《天津文史资料选辑》第73辑,1997年。
⑤ 政协天津市委员会文史资料研究委员会:《天津租界》,天津人民出版社1986年版,第106页。
⑥ 中国问题研究会编:《走私问题》,上海杂志无限公司1936年版,第44页。

货11,052包。①天津由此成为走私货物的大本营。这些走私货物通过陆路从这里运往全国各地,不仅察、绥、陕、甘各省,以及包头、平凉等地充斥着天津运来的走私货物,就连鲁、豫、皖、苏、浙各省以及西安、重庆等地,亦有大批从天津运去的走私货。②据时人最保守估算,1933年由海上走私的人造丝约值900万日元、糖700万日元、其它货物400万日元,共约2000万日元。翌年,由海上走私货物总值减至1520万日元,由陆路走私而来的人造丝不到一年内(1934年10月至次年8月)的时间内增加至3000万日元。③

据估算,冀东走私货物总值在1935年约有3000万元,1936年为16,500万元,1937年为4500万元,总共约24,000万元。④另据当时中国经济学界估计,1933年至1937年日本人走私货值达29,815.4万元,中国海关因此损失税款约1亿元。⑤

由于东北市场的丧失和冀东走私的猖獗,加上政局不稳等因素的影响,天津进出口贸易的绝对数值有所下降,但在全国(不包括大连等东北口岸)的直接对外贸易中所占比重却稳中有增。与全国、华中、华南相比,天津及华北的进出口贸易在1934年、1935年出现由入超转变为出超的倾向,这与猖獗的走私有直接的关系。与此同时,由于这一时期华北地区的农副土特产品产量有一定增长,国际市场的需求也因战争将近而有所增加,因此天津对外贸易中的土货贸易在进出口贸易中的重要性略有增强。统计分析表明,这一时期天津的土货净进口延续了前一时期的增长趋势,洋货进口则与前一时期有所不同,呈现下降趋势;虽然土货出口有大幅波动,但仍以出口外洋为主;土货出口在全国土货出口中所占比例仍呈现增长趋势。

---

① 转引自罗焕章:《中国抗日战争史》,解放军出版社1991年版,第349页。
② 参见李正华:《"九·一八事变"至"七·七事变"期间日本在华北走私述略》,《云南教育学院学报》1991年第1期,第55—58页。
③ [日]岛田俊彦编:『現代史資料』第8册,みすず書房1965年版,第153页。
④ 李洛之、聂汤谷编著:《天津的经济地位》,第25页。
⑤ 姚贤镐:《1934—1937年日本对华北的走私政策》,《社会科学杂志》第10卷第1期,1946年。

第三节　工业整体发展和部门架构的调整

天津是北洋军阀的发源地,中央政府南迁南京后,天津政治地位下降,麇集在天津的军阀官僚、政客,以及清朝遗老,失去了政府的靠山和往日的辉煌,开始依靠自身力量谋求政治生活和经济收入的稳定。在政治地位下降的同时,天津又因日本占领东北地区并策划发动全面侵华战争而成为侵略与反侵略的前沿,出现了政局不稳和日本经济势力加速入侵的局面。因此,这一时期天津的工业发展相对缓慢,但在工业各部门的整合上有一些补充和调整,其发展不平衡状况有所缓解。

一、工业发展的整体状况

(一)工业整体发展趋势

这一时期,天津工业发展缓慢:不仅极少出现民族资本的大型企业,而且原有的大型纱厂等企业的处境也愈发困难,陷入停产停工,甚至被债权人收购、接管的困境。同时,中小型工厂在不断倒闭过程中有所优化,尚存的企业在规模和使用动力等方面有所改善,抵御风险的能力略有提升。据不完全统计,30年代以后天津工业企业数量呈减少之势,但工厂平均持有资本额、工人数则略有增加,使用电力成为中小企业追求的目标。再从工业各个部门看,民族工业中的化学工业、机器制造和金属铸造业在天津工业的比重有所提高,并出现了装配和生产电讯器材的企业。这些变化主要是由于国内外市场的需求和工业各个部门配套的需求而促成的。比如,无线电台的出现引发了从事收音机的维修、装配和生产;工业的发展需要自主生产车床、铣床、磨床等工作母机,以摆脱进口机械的束缚;关税的变化激发了生产橡胶和染料企业的设立;民众生活水平的改善与需求的增长也促使针织、化妆等企业得以生存并有所发展;国际市场对蛋品、地毯、猪鬃等产品的需求,导致了一些相关生产企业的兴衰,等等。这表明,天津工业部门的配套和调整并非来自政府的强力支持和巨商的投入,而是工业自身发展到一定阶段的结果。

这一时期天津工业的发展状况,仍然缺乏系统完整的统计数据。30年代初,天津市政府社会局沿袭了1929年的工商业调查,调查了中国城区的工业,即形成了1933年的工业统计。但与1929年的调查一样,这次调查的对象仍然是中国城区(不包括塘沽以及周边各县)华商经营的企业,并没有包括各国租界内工业和中国城区外资工业。而且,这次调查的参与者仅有区区几个人,规模和力度不如第一次,存在着很多问题,如对中国城区的工业调查在分类和计算统计上有很多缺失。这次工业调查的一个优点是,比较注重按照《工厂法》的规定,将使用动力和有30名工人以上的工厂作为重点,有利于从近代性等角度进行总结,也有助于看出天津工业的发展状况与问题。除此之外,征信所和日本满铁曾经调查了天津的外资企业,截止时间分别为1937年和1938年,这些调查从一定程度上能够反映出全民族抗战爆发前天津外资企业的发展状况。

(二)行业与动力结构的变化

这一时期,天津的民族工业企业呈现曲线形发展。对于这一点,只需要将1933年天津市政府社会局的第二次调查与1929年的调查进行对比,即可得到印证。第二次调查后的统计表明,企业总数为1213家,比1929年的2186家减少了973家;资本总额为3005.3元,比1929年减少了135.4万元;工人数量由1929年的47,519人减少到39,260人,减少了8259人。从各工业部门所占比重看,纺织工业所占比重仍然最大,资本总额占比为69.6%,与1929年的69.3%相差不大,工人总数占比为66.56%,而1929年为71.79%,减少幅度较大。从几家大型纱厂后来被日资收买的状况推测,工人数量的减少并非生产效率提高所致,而是因为包括大型纱厂在内的很多工厂出现停产减产。其他工业部门所占比重有所变化,化学工业由原来的第三位上升到第二位,机器和金属工业资本数量增加,其所占资本总额、工人总数的比重均有显著的增加。这表明,化工和机械等工业略有发展,工业自身各个部门出现调整

第五章 北方经济中心的形成(1928—1937)

与整合。

从各工厂使用动力的情况分析,1213家企业中只有360家使用动力,占29%。这360家企业中,又有202家是使用1~4匹马力动力的小厂或工场,其中又以机器及金属品制造业工厂最多,达126家;使用动力最多的是六家纱厂,其中2家纱厂使用2000~4000匹马力,4家纱厂使用1200~1600匹马力。[1]与之相比,在1929年的调查中,工厂总数为2186家,使用动力的工厂有116家,手工工场有2070家,分别占比5.31%和94.69%。[2]综合表5-2可知,1933年天津市的工厂数量与1929年相比有所下降,但在使用动力方面有所改善;工厂资本额的变动趋势在不同的行业有所不同,纺织和化学工业基本不变,机器及金属制造工厂快速增加。

表5-2　1929年与1933年中国城区华商工业企业情况比较表

工业部门	企业数量 1929	企业数量 1933	资本额(万元) 1929	%	资本额(万元) 1933	%	工人数量 1929	%	工人数量 1933	%
纺织	850	687	2201.7	69.3	2094.6	69.6	34,264	71.79	26,133	66.56
化学	264	126	602.7	18.9	604.6	20.1	5420	11.36	5430	13.83
食品	51	81	303.6	9.5	187.0	6.2	1475	3.09	1273	3.24
服用品	108	33	30.7	0.9	42.0	1.3	1217	2.55	894	2.28
机器	62	46	7.0	0.2	12.8	0.4	1,197	2.51	977	2.49
金属品	521[注]	129	4.6	0.1	30.8	1.0	2445	5.12	2424	6.17
其他	335	131	23.0	0.7	33.5	1.1	1706	3.57	2129	5.42
总计	2191	1233	3173.3	100	3005.3	100	47,724	100	39,260	100

数据说明:《天津工商业》分类的器具工业中铁业、铜业和罗底划为金属品,以便与1933年比对,器具工业剩余的各业并入其他。

资料来源:鲁荡平:《天津工商业》卷上,邓庆澜:《天津市工业统计》;罗澍伟主编:《近代天津城市史》,第505页。

---

[1] 邓庆澜:《天津市工业统计》,天津特别市社会局1935年版,第51页。按照工厂法第一条所规定的认定标准,天津工厂中,大工厂100家(工人数超过30人和使用动力的),小工厂338家(30人以上和没有动力的,或者有动力却不足30人的),作坊775家(没有动力又不足30人的)。参见邓庆澜:《天津市工业统计》,第10页。

[2] 鲁荡平:《天津工商业》卷上,天津各工厂机器设置比较图表。

1935年以后,天津民族工业企业缓慢发展,在很大程度上依然是针对自身发展缺陷的一种不自觉的补充,可以视为工业部门的调整,使其更有利于工业各部门的完善和整体性发展。

二、各工业部门的发展与整合

天津成为直辖市后,对工业发展的影响并不显著,这是因为军阀官僚在寻求自保,无暇顾及投资工商业,以往投资的工业企业也由于市场、经营等种种原因未能获得巨额利润,有的还不断亏损。因此,这一时期天津工业发展的驱动力更多的是自身发展和市场需求。虽然天津工业发展速度减缓,但出现了更多有助于工业部门整体性发展的趋势,如发电和电讯工业的发展、纺织和食品加工工业的整合、化学工业尤其是橡胶和印染业的发展,以及机械工业和电讯工业的崛起等,更多体现了近代工业体系的充实和配套,助推了天津工业各部门的均衡发展和整体水平的提升。

(一)电力和电信业

这一时期,天津的电力工业继续发展。其中外资电力企业和华资电厂(包括自备电厂)构成了电力工业的主体。到1930年代中期,具有日本国策会社性质的满铁会社所属兴中公司开始投资电力行业。天津最大的发电企业比商电车电灯公司的总发电量,从1906年的1000千瓦增加到30年代初的12,800千瓦,1936年总发电量为28,959千度。1936年,外资电厂的设备和发电量见表5-3。

表5-3　1936年天津外资发电厂概况表

电厂名称	地点	发电设备容量(千瓦)	发电度数(千度)	投资总额(千元)
天津比商电车电灯公司	金家窑	21,900	28,959	4100
英国驻津工部局电务处	英租界	7000	14,185	——
天津法商电灯房	法租界	6000	6100	2981
天津日租界电灯房	日租界	2000	4200	——
共计		36,900	53,444	

注:(1)比商公司投资总额根据法郎6,250,000换算而来。

第五章　北方经济中心的形成(1928—1937)

(2)法商电灯房、日租界电灯房的发电度数均为估计数字。

(3)法商电灯房发电数字,陈中熙的表格为4200千度,李代耕的为6100千度,这里采用后者的说法。

资料来源:李代耕编:《中国电力工业发展史料:解放前的七十年(1879—1949)》,水利电力出版社1983年版,第19页表格;陈中熙:《三十年来中国之电力工业》,中国工程师学会编:《中国工程师学会三十周年纪念刊:三十年来之中国工程》,中国工程师学会1946年版,第17页。

这一时期,天津市政府和企业自备的发电设备主要是调整和增容,没有新建发电厂。1927年,政府应社会各界的要求,计划收购比商电车电灯公司,但终因难以筹集到巨额资金等原因而放弃,另由天津市政府电业监理处设立了电业新公司,协调租界和中国城区的供电。1932年,天津市政府精简机构,电业监理处划归财政局兼管,专营特一区和四乡的电灯和电力供应。此时,英租界工部局的发电厂已经建成,电业新公司改由英租界的电厂供电。1935年,电业新公司改组,脱离了天津市财政局。[①]

表5-4　1932年天津工厂自备发电设备发电量一览表

厂名	发电能力(千瓦)
华新纺织公司	1800
裕元纺织公司	3650
恒源纺织公司	2750
北洋第一纱厂	1800
裕大纱厂	1500
宝成纱厂	1500
天津造币厂	96
大沽造船所	475
津浦铁路机械车厂	171
永利制碱公司	1100

资料来源:金曼辉编:《我们的华北》,上海杂志无限公司1937年版,第272—273页。

[①] 姚嘉桐:《电力发展忆往》,王华棠主编:《天津——一个城市的崛起》,天津人民出版社1990年版,第148—149页。

413

天津经济史（下卷）

同一时期，天津周边地区的小型电厂略有增加，如成立于1930年的芦台镇济光电气公司，年发电量75千瓦；1935年在芦台成立的芦汉电业公司主要解决芦台与汉沽的输电线路。①此外，1920年以后，随着民族资本经营的纺织、化工企业的发展，一些工厂陆续建立自备电厂，1932年自备电厂的发电能力约为15000千瓦，以后又有小厂自备电机和锅炉等，总发电量略有增加。1932年天津部分工厂自备发电设备的发电量见表5-4。

1937年以前，天津的发电厂各自为政，分别建立了独立的、自成体系的供电网，没有形成统一的输电线路，均采用低压方式供电，且城区内很多地方仍未供电，这不利于市民生活和工业的发展。

1936年8月，日本满铁的兴中公司作为经济侵华的急先锋，收购了天津电业新公司和原德租界的供电设备，建立了中日合办的天津电业股份公司，这是一家具有一定垄断性的公司，其营业包括电灯和工厂电力的供给、电气线路的经营、电气机器的出售或出租、对同类事业的投资或贷款，以及这些事业附带的事项，②其目的是给从军事、政治和经济上侵占天津和华北铺路搭桥。该公司有资本800万元法币（实付资本400万元），由兴中公司和天津市政府分摊，其中兴中公司分摊的部分由兴中公司与日本东亚电力公司承担，③天津市政府因资金短缺，并未出资，而是以固定资产抵资和向兴中公司借款作为投资。实际上，天津电业公司完全由兴中公司控制。天津电业公司在海河岸边建成一座发电能力为30,000千瓦的发电厂，保证了周围日商纱厂的电力供应；1936年后又出资合并了山海关、秦皇岛、昌黎、滦县、唐山、芦台和通县等7家电灯公司，建立了中日合资的冀东电业股份公司，有资本法币120万元（实付资本60万元），其中天津电业公司出资达30万元，从而控制了京津和冀东地区的电力生产。④

这一时期的电信业略有发展。无线电报最初主要是供军事和港口使用、

---

① 天津市电力工业志编辑委员会：《天津市电力工业志》，第47页。
② 日本亚洲历史资料中心资料，C01003180000。
③ 日本亚洲历史资料中心资料，C01003180000。
④ 日本東亜研究所：『日本の対華投資』，1940年出版，原書房1974再版，第349页。

1922年交通部在大沽设置长波无线电台,用于引导船只出入港口。天津市区最早的无线电报设置在电话局内,供给商界和市民使用,其后随着使用量的增加,改为单独设立电报局。据1933年6月调查,河北省共有无线电台5台,其中有长波电台1台,设在北平,短波电台4台,北平、天津各2台。[①]1934年天津无线电台与天津电报总局合并,成为天津电报局的组成部分。1937年底,天津市区内有天津电报局和东马路、中山公园、邮政总局和特一区等四个收发处,在塘沽、芦台、汉沽和北塘等地设有电报分局。

这一时期,电话的发展主要体现在长途线路的拓展,便捷了天津和腹地之间的信息沟通。20年代,天津和周边地区之间的电话线路开通。到1931年,已经开通了天津至北京、保定、唐山、沧县的长途电话,线路总长度为1969里,有11条支线,28个电话分所,21台交换机。[②]

(二)纺织工业

天津的纺织工业在1915年以后崛起并迅速发展,成为天津近代大型工业企业的主体,1928年已有6家华商纺纱厂,纱锭总数为22.7万枚,占全国纱锭总数的比重为6%,居全国棉纺织业第三位;第一位是上海,第二位是青岛,有9家纱厂,纱锭总数为29.7万枚,占全国的8%。[③]

天津各大纱厂自成立之日起,就面临着诸多困难,如公积金和折旧基金留成过少,每年的利润多用于分配,流动资金始终匮乏,多处于负债经营的状态。进入30年代以后,天津棉纺织厂发展速度趋于缓慢,其主要原因在于:外界环境日趋恶劣,进口日本棉纱的倾销致使高支纱几乎被其垄断;日商在中国投资的纱厂资本多,规模大,生产成本低,在市场上占有较大的份额;东北市场丧失后,天津销往东北的棉纱和棉布锐减,棉纱从1931年的2300万元,

---

[①] 金曼辉编:《我们的华北》,上海杂志无限公司1937年版,第286—287页。
[②] 天津市政府统计委员会编:《天津市统计年鉴(1928—1932年)》(公用类),天津市政府统计委员会1935年版,第16页。
[③] 工商部工商访问局编:《中国工业化之程度及其影响》,商务印书馆1930年版,第42页。

减少至1934年的500万元,棉布从1200万元减少至700万元。①另外,天津纺织业还受到世界经济危机、华北棉花减产造成市面上花贵纱贱,以及冀东走私等的影响。因此,30年代以后,华商各纱厂生产规模缩小,产量衰减。据统计,1936年天津7家华商纱厂的纱锭总数由1931年的203,556枚减少到104,472枚,织布机由1931年的1098台减少到490台。②其产量可以裕元纱厂和恒源纱厂为例窥得一斑,1922年至1931年每年生产棉纱分别约为54,500包、26,835包,织布641,982匹、141,982匹。1932年,裕元纱厂纱锭减少2672枚,织机减少263架,棉纱减产1513包,棉布基本持平。恒源纱厂线锭减少了1720枚,织机减少了121架,棉布减产了12,601匹。③

天津各大纱厂投产后普遍存在负债经营的现象,向银行借款是各纱厂获取流动资金的重要来源。1915年裕元纱厂开办时,日本大仓商事会社和日本棉花会社曾企图参与投资,建立中日合资的纱厂,大仓会社计划出资60万元,但因抵制日货运动等未能如愿,遂改用借款的形式间接投资。裕元纱厂在开工的第二年(1921年),以工厂和设备为抵押,向日本大仓会社借款250万日元,两年后又向大仓会社借款40万日元,年息分别为8%和10%。此后,裕元纱厂不断结清旧债,另借新债,到1935年共向大仓会社借款330余万日元。1928年至1930年间,裕元纱厂因交通阻滞,外货充斥而连年亏损。裕元纱厂资本金为556万元,而1935年负债却高达809.6万元。这些借款不仅利息高,而且借款条件严苛,因此不得不停工。裕大纱厂在1920年建厂时以全部财产为抵押,向日本东拓会社借款180万日元购买设备,年息12%,约定4年内还清,如届时未能还款,纱厂须改为中日合办。日本东拓会社于1924年2月派员进驻该厂,参与经营。翌年,该厂被东拓会社委托给日本大福公司经营,变成了日资纱厂。④另据日本满铁的调查,到1935年时,天津各纱厂均已是资不

---

① 李洛之、聂汤谷编著:《天津的经济地位》,第161页。
② 严中平:《中国棉纺织史稿》,科学出版社1955年版,第237页。
③ 《津海关十年报告(1922—1931)》,《中国旧海关史料》编辑委员会编:《中国旧海关史料(1859-1948)》第157册,第498页。
④ 严中平:《中国棉纺织史稿》,第194页。

第五章 北方经济中心的形成(1928—1937)

抵债,其负债状况见表5-5。

表5-5 1935年天津各纱厂负债统计表 （单位:元）

企业名称	资本	负债
裕元	5,560,390	8,096,365.11
华新	2,421,500	1,629,400.42
恒源	4,000,000	3,738,457.25
宝成		2,000,000.00
北洋	2,689,800	1,256,773.69

资料来源:満鉄調査部:『北支那工場実態調査報告書:天津之部』,満鉄調査部1939年版,第39页。

在内外压力下,天津各纱厂相继停工停产,寻求买方。1934年恒源纱厂停工,1935年裕元和宝成纱厂也相继停工,面临或被债权方收购,或被债权方兼管的局面。1933年以后,日本军政当局制定了鼓励和支持日本在华北"民间资本自由进出"的政策,日本财阀等利用资金优势和军事势力,先后收买了裕元、华新、宝成三厂3家纱厂。其中,日本钟渊纺织株式会社收买了裕元纱厂、华新纱厂后,新设了天津纺织会社,"资本为五百万元,东拓和伊藤忠出资一半"[①]。

表5-6 1936年前日资收买天津各纱厂简况表 （单位:万元）

名称	资本额	收买者	被收买时间	收买金额	被收买后名称
裕元纱厂	556	钟渊纺织会社	1936年4月	250	公大6厂
宝成三厂	260	天津纺织公司	1936年7月	147.6	天津纱厂
华新纱厂	270	钟渊纺织会社	1936年8月	120	公大7厂
裕大纱厂	300	裕丰纺织会社	1936年3月		天津纱厂

资料来源:満鉄調査部:『北支那工場実態調査報告書:天津之部』,第90页;居之芬主编:《日本对华北经济的掠夺和统制——华北沦陷区资料选编》,第995—1004页。

对华商纱厂的收购大大增强了日资在天津棉纺织业中的影响力。1936年11月17日,天津市政府曾经向南京政府汇报称:"本市纱厂属于国人所有

---

① 支那問題研究所編:『支那問題研究所経済旬報』1938年3月11日,第22页。

417

者共为裕大、裕元、宝成、华新、恒源、北洋、达生等七家,实握华北纱业之枢纽,设备之完善,管理之周至,大足以与外商经营者相抗衡。嗣以营业不振,每向外人抵借款项,在握经济权威之外商亦正欲借此放款机会向国内实业界入步,作变相之投资。于是本利相生,愈积愈重,各纱厂遂相率为所束缚。现虽纱价见涨,营业多有起色,然积重难返,业已不可救药,除裕大早于民国十七年以前因债务关系改归外人管理不计外,其裕元、宝成、华新三家在此营业好转之今日,终因负债奇重,由债权人日商大仓洋行及公大纱厂分别收买。计裕元现改为公大第六厂;华新以120万元出脱,现改为公大第七厂;宝成则以130万元,卖与民国十七年以前日商收买之裕大。"①当时,天津银行界也感叹:"概自华北沦陷,平津屏藩尽失,日人处心积虑,不独置华北政权于其势力之下,即对津沽实业亦眈眈焉。天津六纱厂,除裕大早归日商经营外,今裕元、宝成、华新又先后为日商所收买,再进而窥伺内地之纱厂,则势力蔓延,危害更大。"在这种情况之下,"日本纺织工业在中国的前途,将来在华北方面,愈将有飞跃的发展,不难想象"②。

日资强行购买各纱厂后,在棉纺织业中占有了统治地位。1937年,在全市纱厂中,日资纱厂资本占63.4%,纱锭占71.7%,线锭占53.4%,布机占76.3%。③华商经营的恒源和北洋纱厂,均被金城银行、盐业银行、中南银行、中国银行、永利银号等债权人接管。该银行团成立了诚孚委托公司管理这两个纱厂的经营。④1936年以后,日本东洋拓植、福岛、上海等公司相继在天津建立裕丰、双喜和上海纺织天津分厂等大型纱厂,并已破土动工。到1937年,天津棉纺织厂的发展状况如表5-7所示。

---

① 《天津市政府致实业部咨文》,1936年11月17日,乙字第399号,中国第二历史档案馆藏档案,422—2—732,转引自谢学诗:《满铁与华北经济(1935—1945)》,社会科学文献出版社2007年版,第62—63页。

② 中国银行天津分行国际金融研究所编印:《中国银行天津分行行史资料》第3册,第301页。

③ 宋美云、张环:《近代天津工业与企业制度》,第80页。

④ 恒源、北洋两厂被金城、中南两家银行组成的诚孚信托公司接管。其中,恒源于1932—1934年间两度停工,到1934年被托管,直到1946年被收回。祝淳夫:《北洋军阀对天津近代工业的投资》,《天津文史资料选辑》第4辑,1979年。

第五章　北方经济中心的形成(1928—1937)

表5-7　1937年天津各纱厂概况表

厂名	纱锭数量		织布机数量
	纱锭	线锭	
日商:公大六厂(钟渊公司)	71,360	976	1000
公大七厂(钟渊公司)	30,272	—	
天津纱厂(东洋拓殖公司与伊藤联合所有)	27,082	2520	
裕大纺织厂(伊藤)	39,747	2380	
四家日商纱厂合计	168,407	5876	1000
华商:恒源纺织厂	35,440	3230	310
北洋纱厂	27,056	—	
达生制线厂	3230	1820	
3家华商工厂合计:	65,726	5140	310

资料来源:琼斯:《天津》,许逸凡译,《天津历史资料》1965年第3期。

这一时期,天津织布业基本维持着原有的生产状况,除裕元和华新纱厂有一部分织机生产布匹外,生产厂家以规模不大的织布工场为主,其中部分以电力为动力,部分沿袭了原来的手工生产方式。据1929年南开大学经济研究所调查,当时天津共有织布工场328户(其中有207户建于1925—1929年间),收到资本等报告的322户,共有资本685,980元,其中资本在1000元以下的218家,资本在万元以上的仅有5家;职工7837人,其中50人以上的22家,20人以下的191家;共有纺织机4805台,其中生产丝线和丝麻混织品的织机占77.7%。[①]

由此可见,当时天津的大部分织布厂家规模比较小。另据1933年调查,天津城区共有382家织布、提花和帆布工场,只有元兴、振华兴记、华兴3家织布工场的工人超过30人,分别有资本8000和10,000元,使用4至8匹马力的动力;大德隆、兴记、利顺兴、聚成义、永盛公、庆举、利源恒东记7家提花工场和1家帆布厂的工人超过30人,其中少者40人,多者130人,资本最少3000元,最多20,000元,分别使用1至12匹马力的动力。针织业有93家工场,其中春年、瑞生祥、丹凤、华铭、义生、生生6家工场的工人数量超过30人,其资本

[①] 方显廷:《天津织布工业》,《方显廷文集》2,第212—217页。

天津经济史(下卷)

少者4000元,多者32,500元,使用4至13匹马力的动力。地毯业共计有102家工场,仅华光厂1家有200名工人,资本18,000元,使用15匹马力的动力。另外,还有2家毛巾厂、2家线毯厂、3家织绒厂和1家栏杆厂也有一定的规模,有工人30人以上,资本不超过3万元,使用数匹马力的动力。①据1937年织染业同业公会统计,织布业仅有以电力为动力的织机550台,年产市布115,500疋;而人力织机则有12,100台,年产条格布、毛巾、床单、线呢、线毯和帆布2,178,000匹;电力提花机有711台,年产各种缎、绸106,650匹,而人力提花机有1550台,年产各种绸232,500匹。②

染整业亦称织染工业,主要业务是布匹的印染整型。该行业早期以手工作坊为主,如同顺和、义同太、长兴成等工场的主要设备是木制的染槽和石磙等。随着民众生活水平和生产工艺水平的提高,市场对印花布、床单等的需求逐渐增加,越来越多的白坯布需要经过印染才能进入市场,致使该业一度十分兴盛,截至1929年有印染作坊40家至50家。③1929年,曹典环在特二区兴办了第一家较先进的机器印染厂——华纶机器漂染厂,有资本6万元,工人80名。随后,同聚和、永兴荣记、义同泰和记、华光等四家手工染厂也改造为机器染整厂。④

截至1937年,天津共有机器印染厂13家,即华纶、同顺和、义同太、博明、北大、万新、敦义、华光、德元、震通、同聚和、福元、瑞和,以及正丰印染厂(意租界,资本2万元,有50名工人)。其中,北大染厂规模最大,有资本47万元,福元织染厂有资本40万元,华纶机器漂染厂资本增至20万元,其余各厂中有7家资本在10万元以上,有4家资本在9万元以下。福元织染厂及华光织染公司两厂系自织自染,其他各厂仅从事染整。这13家工厂共有159对染槽、21台烘干机、15台拉宽机、14台丝光机、14台轧光机;另外各厂还有二三架缝纫

---

① 邓庆澜:《天津市工业统计》,第250—255页。
② 天津市纺织局编史组:《旧中国时期的天津纺织工业》,《北国春秋》1960年第1期。
③ 石宗岩:《天津机器染整工业发展概述》,《天津文史资料选辑》第29辑,1984年;《旧中国时期的天津纺织工业》认为,1929年有39户,职工568人,多是手工染整厂。
④ 天津市纺织工业局史志编修组:《纺织工业概况》,《天津史志》1988年第1期。

第五章　北方经济中心的形成(1928—1937)

机、叠布机和打包机。各厂均以电动机驱动轮轴,共有锅炉17台。染整所用的染料大都来自德国、英国和日本。当时,13家工厂每日可染布8000多匹,主要产品为海昌蓝、硫化青及阴丹士林各色布匹。①1937年约产布60万疋。②但由于各纱厂和织布工场生产的白布一度减少,染整厂因布匹来源受到限制,不得不减产,一些小厂甚至倒闭。1937年,华伦机器漂染厂将工厂租赁给同顺和染厂,并于1942年宣告结束。

天津的针织业也随着民众生活水平的提高和市场需求增加而兴起。1929年南开大学的调查表明,天津有针织工场154家,共有针织机1265架,职工1610人,资本180,140元;大部分工场的规模都比较小,平均每场仅有10架针织机,其中资本1000元以下的占82%,工人在20人以下的占87.7%。针织工场的原料为进口的高支纱和人造丝,产品主要有袜子、背心、手套、毛衣、围巾、毛裤等,其中袜子的产量最多,年产量为45万余打。除了这些手工作坊外,还有个体手工缝纫和编织工千余人,从事针织品的手工加工。③

到30年代初,一些作坊进口了较为先进的使用电力的大筒针织机,利用进口的高支纱生产汗衫、绒衣等针织品。1931年,光道成针织染厂开工投产,到1937年已有工人百余人,成为天津第一家能生产汗衫、棉毛衣裤、绒衣裤等多种产品的针织厂。④但是,天津大部分针织工场的规模有限,技术含量低,加之人造丝进口和走私、东北市场丧失和税率提高等因素的影响,其产量与市场需求有很大的差距,质量上也不敌日货,因而在市场所占份额不大。

天津生产的针织品在本地市场的占有量仅有5%,日货占65%、上海的针织品占30%。30年代初期,天津的针织业逐渐萎缩,倒闭颇多,仅存78家,资本总额约8万元,有工人1295名,织机1625架,年产各种袜子454,186打、汗衫6245打、短裤2330打、背心6600打,围巾4137打,手套17780打、便帽5400

---

① 《天津商会商店会员登记表》,天津市档案馆等编:《天津商会档案汇编(1928—1937)》,第416页;石宗岩:《天津机器染整工业发展概述》,《天津文史资料选辑》第29辑,1984年。
② 天津市纺织工业编史组:《旧中国时期的天津纺织工业》,《北国春秋》1960年第1期。
③ 方显廷:《天津针织工业》,《方显廷文集》2,第130—135页。
④ 天津市纺织工业局史志编修组:《纺织工业概况》,《天津史志》1988年第1期。

打,共计495,778打。①1937年前,针织业仍然是织袜工场和作坊为主,有电力袜机550台,人力袜机6300台,年产各种袜子417.5万打。②

人造丝纺织业也是20年代后兴起的,因为销路好,获利丰厚,一时间小型工厂大量涌现,到1928年竟然有328家大小工厂,共有织机4805架,年产约60万匹。九一八事变后,东北市场尽失,加之税率增高、银价下跌和同行竞相低价出售,1931年前停工者已达170家,虽有158家资本较多者勉强开工,但都压缩生产,以免亏损,和全盛时期相比,产量减少了4成。③

20世纪以后,美商海京洋行曾经建立毛纺织厂,利用从内地收购的羊毛生产主要用于手织地毯的毛条,以及毛线和粗纺呢绒。30年代初,天津又兴建了2家有一定规模的毛纺织厂,引进外国的机器设备、工艺和澳大利亚羊毛,生产毛纱和毛呢。其中,仁立号原本是在北京经营手工艺品、古玩、地毯出口的商号,曾在北京成立公司开设地毯厂。1931年,仁立实业股份有限公司在天津成立,在英租界购地建立了毛纺厂,有资本30万元,从英国购买了20多台织机和多台整理机,所生产的机制毛纱除供自设的地毯厂外,主要供给天津的地毯工场和作坊,所生产的地毯以"仁立牌"出口。1932年以后,仁立毛纺厂开始计划生产毛呢,为此购置了16台织呢机器和染整设备,生产平呢和斜纹呢,1936年年产呢绒13.3万米,床毯1220条。④此后,该厂又增添德国造的2000枚纱锭的精纺机和织机52台,建成精纺车间,补充了染整设备,开始生产精纺呢绒产品;该厂资本从30万元增加到1935年的50万元,1936年又增资至150万元,成为集粗纺、精纺、织呢、染整为一体的公司。⑤

1932年,宋棐卿创办了东亚毛呢纺织公司,初始资本为23万元,有职工250人,主要生产毛线。1933年底,该公司资本增加到50万元,1934年增至80

---

① 《津海关十年报告(1922—1931)》,《中国旧海关史料》编辑委员会编:《中国旧海关史料(1859—1948)》第157册,第500—501页。
② 天津市纺织局编史组:《旧中国时期的天津纺织工业》,《北国春秋》1960年第1期。
③ 《津海关十年报告(1922—1931)》,《中国旧海关史料》编辑委员会编:《中国旧海关史料(1859—1948)》第157册,第501页。
④ 天津市纺织局编史组:《旧中国时期的天津纺织工业》,《北国春秋》1960年第1期。
⑤ 刘缉堂、吴洪:《朱继圣与仁立实业公司》,《天津文史资料选辑》第29辑,1984年。

第五章 北方经济中心的形成(1928—1937)

万元,1936年达到了100多万元,有职工450多人,并购地40亩设立新厂,成为当时中国最大的毛纺织厂。该公司的年产量在1932年为15万镑,1933年为75万镑,1936年达到145万镑,产值占到全国华商毛纺织厂总产值的80%以上。东亚公司投产不久,就创出抵羊牌毛线,畅销全国。该公司毛线年销售量1932年为5万磅,1933年达到60万磅,到1936年高达145万磅;利润由最初的75,000余元,增至18万元;在北平、上海、济南、烟台、重庆、长沙、南昌、汕头等地设经理部,全国城镇代销处达650家。1934年,天津商人又设立了祥和毛纺厂,与东亚公司竞争,但一年后以失败告终,资产估价30万元,全部入股东亚毛呢公司,成为该公司第一分厂。[①]1937年,天津的毛纺织业有仁立、东亚、海京、倪克、美古绅、五三纺毛厂、章华分厂,以及日商公大纱厂的毛织部,总共有粗纺锭8828枚,精纺锭2800枚,绒线锭1800枚。[②]

表5-8 1937年天津毛织业工厂一览表

厂名	性质	厂址	成立年份	资本(万元)	纺锭数	织机数	产品	备注
华北毛品纺织公司	华商	河北路	1921年	120	不详	织机60部		
东亚毛呢纺织公司	华商	意租界	1932	60	不详	织机65架	绒线	
仁立公司毛呢纺织厂	华商	英租界	1931	30	800	织机55架	地毯线、厚呢	
祥和纺毛厂	华商	法租界	1934	50	不详	织机29架	绒线	1935年并入东亚毛呢
倪克纺毛厂	美商	法租界	1925	100	不详	织机28架 制地毯樑座250座	地毯线	
海京毛织厂	华商	英租界	1923	50	1170	织机50架	地毯线、厚呢	1931年后改名为海同纺毛厂
美古绅纺毛厂	美商	法租界	1925	40	不详	织机28架	地毯线	
五三工厂纺毛部		火车站	1932	25	不详	织机14架	—	

资料来源:杨大金编:《现代中国实业志》上册,商务印书馆1938年版,第198—199页表格;孙昌煜:《发展中国毛业之商榷》,《中国实业》第1卷第12期,1935年,第2265页数据。

[①] 李静山等:《宋棐卿与天津东亚企业公司》,《天津文史资料选辑》第29辑,1984年。
[②]《中国近代纺织史》编辑委员会:《中国近代纺织史(1840—1949)》下卷,中国纺织出版社1997年版,第114页。

地毯生产是天津工业的主要行业之一,分为机制地毯和手织地毯两个部分,且关联性很强。其中,手工工场和作坊多附属于洋商的地毯厂和洋行,承担手工织毯和砍毯等最初的工序,通过地毯厂和洋行的生产技术、图案设计、水洗整型和质量检验,达到出口目的。1929年,天津的中国城区有地毯工场和作坊303家,其中293家有资本统计,但资本总额仅有25.37万元(其中251家资本在500元以下),有工人11,568人,织机2749台,多散布在天津周边的三义庄、东楼、马场一带。①据1933年调查,天津的中国城区有手织地毯工场102家,资本总额为8.4万元,有工人4073名,产值为249.4万元。②可见,30年代手织地毯生产的规模在不断缩小。地毯工业的另一组成部分是机制地毯厂。

20年代以后,天津出现了洋商创立的地毯厂。其中,美国商人创办的美古绅地毯厂是当时中国规模最大的地毯厂,1937年3月资本达到100万元,有工人2000余人,还有很多工场和作坊为其加工初级产品,打毛、洗毛、纺织、染色等全部工序均为机械作业,在天津的地毯行业首屈一指。③1923年,美商海京洋行设立了海京地毯厂,有纺毛部、织毯部、洗染部等,建立了4个地毯厂。1928年,海京地毯厂委托华商经营,开始生产呢绒。九一八事变后,海京地毯厂顾忌日本军队入关,清理了天津的业务,将毛纺厂出售给华人,改名为海同纺毛厂。④倪克地毯厂也有一定的规模,有工人3000多人,采用分散生产、集中管理的办法,以充分利用廉价劳动力,该厂负责机器纺毛和出口。⑤这些机制地毯厂具有一些共同特点:纺成手织地毯的毛纱和毛线,既供应工厂生产机制地毯,也供应手织地毯工场和作坊,并与之建立承包关系,即由机制地毯厂负责原料供应、图案设计、质量检验和出口,进而赚取更多利润。

30年代以后,华商也创办地毯机制厂,并进入这一生产链。原本在北京经营地毯等出口业务的仁立号便是其中之一。1920年,仁立号增资至2.4万

---

① 方显廷:《天津地毯工业》,《方显廷文集》2,第23、28—29、31页。
② 邓庆澜:《天津市工业统计》,第253页。
③ 陈真、姚洛、逄先知:《中国近代工业史资料》第2辑,第383—384页。
④ 阎伏千:《天津美商海京洋行》,天津市政协文史委编:《天津的洋行与买办》,第149—152页。
⑤ 孙德常、周祖常主编:《天津近代经济史》,第174页。

第五章　北方经济中心的形成(1928—1937)

元,改名为仁立实业公司,在北京开设地毯厂,雇工手织地毯出口。由于地毯的主要原料为西北地区所产的羊毛,因此在京津一带设厂加工,成本低廉,在国际市场有竞争力,于是天津成为中国地毯出口的最主要口岸。1928年初,仁立公司为便利出口,在天津设立办事处,1930年公司集资30万元在津建厂房、进口二手设备以投入毛纱生产,1932年正式投产,所产毛纱一部分出售,一部分发给小地毯厂加工织成地毯,以仁立的牌号运销国外。①据回忆,仁立的毛纺厂出口的地毯中有40%为自产,其余都是将毛纱发给大约三四十家工场和作坊织成地毯,再经过该厂的整型等工序出口。②

由此可见,资本雄厚的地毯厂多经营地毯出口贸易。这些厂家均为有一定规模的机制地毯工厂,采用新式机器及化学染料,生产技术相对先进,并通过生产原料、图案设计和出口市场等控制了手工工场和作坊,以实现利润最大化。而数量众多的手工工场和作坊,规模小,资本有限,多数仅有数架木制机,没有水洗、整型等设备,只能依附于各地毯厂和洋行,以廉价的手工生产,赚取微薄的利润。即便是有百余工人的具有一定规模的地毯工场,如玉盛永、庆生恒、华泰等,也是如此。③

30年代,在地毯生产中传入了平针地毯(女工地毯)的新技术,其生产成本低,利润大,生产设备简单,产品在图案设计、配色和质量上有一定特色,在国外有很大的销售市场,形成天津地毯生产的又一个高峰。专门从事地毯设计和绘图者竟有1500多人,工人达2万多人,月产80多万方尺,出口量达到13,000多公担,占全国地毯出口量的90%以上。④

在1933年天津市社会局对中国城区工业的调查中,纺织工业(纺纱、织布、线毯、针织、地毯、丝线)有684户,资本总额为1934.62万元,产值为5918.6万元,有工人25,100人。该业占被调查的工业企业数量的56%,占资本总额的83.4%,占总产值的60.4%,占工人总数的68.6%,所用动力约占使用动力总

---

① 朱继圣、凌其峻:《仁立公司的曲折道路》,《工商史料》第1辑,1980年。
② 刘缉堂、吴洪:《朱继圣与仁立实业公司》,《天津文史资料选辑》第29辑,1984年。
③ 芮允之:《天津地毯工业的兴起和发展》,《天津文史资料选辑》第1辑,1978年。
④ 天津市纺织局编史组:《旧中国时期的天津纺织工业》,《北国春秋》1960年第1期,第92页。

数的70%。①其中,6家棉纺厂仍然保持优势地位,资本额为1818.2万元,占纺织工业总资本额的93.98%;产值占总产值的76.03%。②棉织和丝织企业次之,均为资本少、规模有限的工厂或者作坊。382家织布工场的平均资本仅有1685.4元,平均每个企业仅有工人11.7人;36家染整工场的平均资本为2197.2元,平均每个企业有工人17.25人;93家针织工场的平均资本为2137.6元,平均每个企业有工人近15人;102家地毯工场的平均资本额更少,仅为826.4元,平均每个企业有工人近40人,数量最多;106家丝线工场的平均资本为2310.3元,平均每个企业有工人23.3人。从使用动力和工人数量的情况看,除6家棉纺厂均使用动力,工人数量超过30人以上外,其他行业各厂仅有少数使用动力。在382家织布工厂中,只有12家或者使用动力且有工人30人以上,或者使用动力但工人在30人以下(按照《工厂法》规定仍为工场),另有12家是有工人30人以上的工场,其余的350多家均为有工人30人以下又不使用动力的工场。其他行业中,使用动力且有工人30人的工场更少,染整业仅有4家工场使用动力且有工人30人以上,有11家工场使用动力但工人不足30人;地毯业只有1家使用动力且有工人30人以上,另有34家工场不使用动力但有工人30人以上。③这表明,20年代沿袭下来的状况并没有多少改变,即仍然是除了6大纱厂以外,多为技术水平低下,工作环境简陋的手工工场或作坊。

表5-9 1933年天津纺织工业概况表

	户数	资本/万元	产值/万元	工人
棉纺	6	1818.2	4500	12,851
棉织	382	64.4	559.9	4451
染整	36	7.9	64.1	621
针织	93	19.8	149.1	1394
地毯	102	8.4	249.4	4073
丝织	106	24.5	396.1	2467
合计	725	1942.8	5918.6	25,857

资料来源:邓庆澜:《天津市工业统计》,天津社会局1935年;天津市纺织局编史组:《旧中国时期的天津纺织工业》,《北国春秋》1960年第1期。

---

① 邓庆澜:《天津市工业统计》第15、41、43、53、65、67、112页。
② 邓庆澜:《天津市工业统计》第43、112、247页。
③ 邓庆澜:《天津市工业统计》第250—267页。

第五章　北方经济中心的形成(1928—1937)

总体来看,30年代以后天津的纺织工业整体上发展速度不快,处于根据市场需求和原料变化而不断整合之中。期间没有新增纱厂,原有纱厂因生产规模未及显著扩大,在继续生产低支纱的同时,开始根据市场需要,利用进口美棉生产高支纱,以取得较高的利润和缴纳较少的税款,但仍无力与日商纱厂产品和进口纱竞争。织布和针织工业的生产规模也因原料和市场需求出现了一些变化,即为迎合民众生活质量的提高和市场需求,开始生产以高支纱和人造丝为原料的汗衫、围巾等针织品。毛纺工业有较大的发展,主要表现在技术进步上,即从毛纺到毛呢,从粗纺到精纺,并建立了染整车间;毛线生产开始使用进口羊毛,以追求品质的提升;在地毯生产上基本形成了以出口需求为主的产业链,但掌控者仍为洋商经营的大型地毯厂和洋行,同时华商经营的地毯厂也有一定的规模,在出口方面占有一席之地。

(三)食品加工业

在食品加工业中,机制面粉业起步最早,发展最为迅速,且有相当的规模。因有粮商和军阀官僚的投资,各面粉厂资本多达数十万元。到1925年,天津的13家机器面粉厂共计有资本354.2万元,其中9家建于1920年至1925年间,占工厂数量的69.23%,资本额约为310万元,约占总资本额的87.52%。[①]但是,20年代后期,面粉市场受到美国、加拿大、澳大利亚进口面粉的排挤,加上连年内战,交通阻塞,粮食生产和运输及面粉销售陷入困境。

九一八事变后,关外及热河销路的完全断绝,进一步打击了天津的面粉工业。这一时期,只有1931年因金价高涨导致进口面粉锐减,各面粉厂的生产一时出现转机。此后,各厂生产又趋于衰退,尤其是1933年中美第二次棉麦借款后,大量美国面粉涌入国内市场,天津面粉业受到致命打击,几家面粉厂先后停产。1935年,日本面粉通过冀东走私进入华北市场,天津各厂所产面粉的销路进一步缩减。同时,天津面粉在与上海各厂生产面粉的竞争中,也处于不利地位。当时,在天津市场上,"洋粉和南粉总要占全部销量的75%

[①] 李运华等:《试论天津近代民族工业发展的黄金时代》,《南开史学》1987年第1期。

天津经济史(下卷)

表5-10　1931年天津面粉业概况表

厂名	创建时间	资本额（万元）	机器总值（万元）	工人数	年消耗小麦（万担）	原料来源	面粉产量（袋）	面粉销售量（袋）
三津寿丰	1916	60	52.44	137	85	东北、冀、鲁、苏、皖，主要来自冀省	1,595,187	1,467,122
福星	1919	80	30	152	62	沪、芜湖与鲁、冀运河流域	1,603,622	1,426,091
三津永年	1920	70	24	147	60	豫、鲁、冀（主要为兴济、吕汉、泊头、沧县等城镇）	1,446,041	1,310,079
庆丰陆记	1923	30	--	148	72	冀、豫、鲁、苏等省	1,005,651	942,176
民丰年记	1920	30	10	142	41	冀、豫、鲁三省	1,200,000	1,100,000
嘉瑞合记	1923	8.4	50	160	95	豫、冀、南京、蚌埠、徐州、汉口	--	--
合计		278.4	166.4	886	415		6,850,501	6,254,468

资料来源：根据赵兴国《天津市面粉业概况》(《河北省银行月刊》第1卷第3期，1948年))第18—20页表格改制而成。

以上，天津当地粉厂的面粉只能占25%弱"[1]。因此，天津面粉工业在九一八事变以后始终未能恢复此前的生产规模。有的面粉厂减产停产，有的重新组合。其中，1926年就有裕和等3家面粉厂停业；1929年大丰改名为三津永年面粉公司，庆丰公司停产6年后又重组成福星公司。1933年，三津寿丰、三津永年、民丰年记合并改组为寿丰面粉有限公司，分别为第一厂、第二厂和第三厂，共有资本170万元，磨粉机66部，成为华北地区最大的面粉厂。[2]到1936年，天津有6家面粉厂继续生产，日产能力为21,530包。其中，规模最大的寿

---

[1] 孙如冰：《解放前天津的面粉工业》，《天津文史资料选辑》第42辑，1987年。
[2] 赵兴国：《天津市面粉业概况》，《河北省银行月刊》第1卷第3期，1948年。

丰公司日产能力为15,250包,福星公司居次,日产能力为5800包。[1]另外,1930年时天津还有磨坊265家,多使用电力加工玉米、高粱等杂粮。[2]

天津的烟草工业起步于20世纪初,但华商的卷烟厂资本有限,规模很小,无力与英美烟草公司竞争。20年代以前,日商创办的东亚烟草公司,曾经在九一八事变后独占了东北市场,并于1933年扩充了天津工厂,但与英美烟草公司的生产能力相比,仍有相当大的差距。这一期间,英美烟草公司为与东亚烟草公司竞争,并应对排斥外货的风潮,合并了青岛的大英烟草和天津的永泰和烟草公司,于1934年设立了颐中运销烟草股份有限公司。[3]这表明,天津的烟草生产和销售仍被英美烟草公司主导。

蛋品加工厂在第一次世界大战时曾盛行一时,带动了天津周边地区农村的禽蛋养殖与从事鸡蛋收购的蛋行的兴起。于是,蛋品成为天津出口的大宗商品。1929年,天津的蛋品出口值达到904.5万海关两,在出口商品总值中居第三位。但此后开始下滑。1930年蛋品出口值较1929年下降了39%,1932年再度下滑,直到1936年才出现转机。由于蛋品是根据国际市场需求进行加工生产,且受到鸡蛋来源地周围环境等因素的制约,加之30年代后华北北部地区又经常受到战事的影响,缺少稳定的鸡蛋来源和运输,因此天津市场上的鸡蛋供给量大为减少,加之英商和记洋行天津分厂以及瑞兴蛋厂、哥伦比亚蛋粉厂、卡尔爱巴蛋粉厂、高和洋行制蛋一部、禅臣洋行蛋厂等外资蛋厂设备齐全,控制了出口市场,因此天津没有出现大型的华资蛋品加工厂,由几家蛋行经营者合办的蛋品加工厂,规模不大,设备简陋,只能利用土炕生产加工成干蛋和全蛋粉,质量低下,没有竞争力,数年后便停产歇业。

(四)化学工业

天津是中国大型近代化工企业的发源地,20年代就建成了永利制碱公司,研制成功纯碱,打破了英商的垄断。其所生产的"红三角"牌纯碱,行销全

---

[1] 上海市粮市食局等编:《中国近代面粉工业史》,中华书局1987年版,第281页。
[2] 上海市粮市食局等编:《中国近代面粉工业史》,第295—298页。
[3] 李洛之、聂汤谷编著:《天津的经济地位》,第84页。

国,并一度出口至日本。同一时期,除已有的生产纯碱和烧碱的企业外,还出现了染料、制酸等企业。此外,橡胶和原有的火柴等工业也有一定的发展,从而使天津形成了较为完备的化学工业体系。永利制碱公司投产以后,纯碱年产量持续增长,1924年生产258.145吨,1927年生产13,404.388吨,1930年产量达到19,462.781吨。1933年10月以后,该公司增资至550万元,生产规模扩大,并开始生产烧碱,预估日产烧碱15吨。[1]永利公司产品除供应国内市场需要外,远销至日本和东南亚,是我国最大的纯碱生产企业。

在永利制碱公司的带动下,盛产海盐的汉沽、塘沽也建立了一些化工企业。其中,渤海化学公司(渤海化学工业社)于1926年由私人集资30万元设立,利用汉沽的盐、卤汁和永利公司的碱生产硫化钠(纯碱、苏打),以及矽酸钠(泡花碱)、碳酸镁、盐酸等,年产值1000万元。老天利公司在北平、天津各设一厂,1931年津厂每年可产泡花碱635吨,并生产少量的氰化钠、碳酸镁、硫化碱等。得利三酸厂也是中国第一家民营硫酸厂,开办于1929年,有资本6.5万元,总厂设于天津,分厂建在唐山,原料有唐山的硫磺、霸县的硝石、塘沽的盐等,原计划生产硫酸、硝酸、盐酸,但因资本欠缺,仅能生产硫酸。1931年该厂生产硫酸327吨,销往华北各地。[2]1929年建立的兴华泡花碱厂有资本30万元,公司设在天津,工厂建在塘沽,以永利公司的纯碱和门头沟的石英为原料生产泡花碱和硫化碱,年产能力为3500多吨。1931年,该厂生产泡花碱2000吨,并在上海闸北设立资本4.5万元的分厂,年产泡花碱1300多吨,多销往东北、上海、广州、汉口等地。九一八事变前,该厂的年营业额达20余万元,东北市场丧失后,年营业额减至10余万元。[3]1933年,华商赵雁秋在天津创办了华北最大的硫酸厂——利中硫酸厂,资本逐渐增加到20万元,总厂设在天津,因需以煤矿中的硫铁矿作为原料,故设厂在唐山,后迁至天津,主要生产

---

[1] 赵津主编:《范旭东企业集团历史资料汇编——永利化学工业公司专辑》上册,天津人民出版社2006年版,第34、326页。
[2]《津海关十年报告(1922—1931)》,《中国旧海关史料》编辑委员会编:《中国旧海关史料(1859—1948)》第157册,第505页。
[3] 国立中山大学化学工业考察团调查:《中国化学工业调查》,国立中山大学出版部1933年,第46—47页。

第五章 北方经济中心的形成(1928—1937)

硫酸,1934年5月投产,年产硫酸800吨。另外,1936年永利制碱公司在南京创建了永利化学工业公司硫酸铔厂,计划投资1000万元,但因抗日战争全面爆发,未能投产。

表5-11 1936年天津盐碱酸工厂概况表 （单位 资本:万元 产量:吨）

厂名	厂址	设立时间	资本金	出品和年产量
久大精盐公司	天津塘沽	1914	250	精盐62,500
永利制碱公司	天津塘沽	1918	400	纯碱72,000、烧碱5400、洁碱1800
通达精盐公司	公司在天津,工厂在河北丰润	1921	50	精盐1500
兴华泡花碱厂	公司在天津特三区,工厂在塘沽	1929	5	泡花碱1350,工人67人
渤海化学工厂	天津塘沽	1926	60	盐酸500、泡花碱硫化碱3530,工人69人
利中硫酸厂	天津	1933	20	硫酸800,工人40人
得利三酸厂	天津、唐山	1929	5	硫酸400
老天利公司	北平、天津	1927		
永利化学工业硫酸铔厂	南京六合	1936	1000	硫酸43,200、硝酸3600

资料来源:陈真编:《中国近代工业史资料》第4辑,第510、512页。

生产香皂等化妆品的企业起步于20世纪以后,但因进口商品的冲击始终没有大的起色,30年代以后也是惨淡经营,有开有停,一直没有形成一定的规模。以造胰业为例,到1936年时有工厂16家,其中天津、中昌等4家胰皂公司较大,天津肥皂厂有资本20万元,有工人50余人,其余3家工厂均有资本万余元,产品有香皂、肥皂和药皂等。其余厂家多为手工作坊。[①]

染料业是这一时期的新兴化学工业。中国传统棉布和丝绸的染料全部用植物性染料。第一次世界大战之前,全国植物性染料生产额为57万担,后因合成染料大量进口,植物染料退缩至乡村市场。20年代以后,日商兴建的维新化学公司天津工厂除生产化工产品外,年产染料4万桶;日商的大清、福美津、大和染料厂,资本在2万元至4万元不等。华商虽然也建立了一些生产

---
① 王达:《天津之工业》,《实业部月刊》第1卷第1期,1936年。

染料的工厂,但规模小,产量和品种有限,有的仅做进口染料的再加工。当时,我国的染料市场基本被德国和日本产品所占据。1929年以后,因修订后的关税税则提高了进口染料的进口税,国内市场上的染料价格陡增,出现了许多染料工厂,天津的染料工业也渐渐发展起来,但华资力量薄弱,日资力量占优势。1930年,天津商人张书泉在老北开开办了一家生产合成染料的工厂——久兴染料厂,有资本1万元,主要以日本的二硝基氯苯为原料,生产硫化青、硫化膏。该厂1936年日产染料140~150桶(每桶约110余斤),有工人60余人,但随即因黑色燃料滞销而暂停生产。①1933年底,宝星颜料厂成立,以国产硫磺为原料生产硫化青,1934年硫化青跌价,硫磺昂贵,造成工厂亏损,1936年初停工,同年7月倒闭清理。1934年,杨佩卿在天津开办了裕东化工厂,制造靛蓝、天然天蓝、盐基杏黄等三种染料,是一家自产自销的手工业工场。此外,裕兴泰颜料行创办的裕兴颜料厂,也因为原料硫磺昂贵、硫化青价格下跌而停工。②

同一时期,日本非常重视与军事工业有密切关系的硫化染料的产销,30年代后开始在天津设立工厂。据1935年3月出版的《满铁调查月报》记载,当时日商在天津已建有数家染料厂。其中,福光工厂月产粉末状硫化青300桶,大清洋行月产粉末状硫化青400桶,坐落在杨庄子的维新化学工业公司天津工场年产各种染料4万桶。正在计划筹建的染料厂还有设在日租界的大和染料化学会社(计划年产硫化青6000到1万桶)和生产硫化青与配合染料的金山工场。据1936年出版的《日本对华投资》一书记载,日本在天津设有3个染料厂,其中维新化学工艺社有资本35万元,生产硫化染料,天津工业公司(年产5000桶染料)和大和化学染料厂(年产18000桶染料)。③

火柴业属于制造技术简单、无需巨额资本投入的行业。自20世纪初开始,天津就出现数家火柴厂。第一次世界大战结束后,外国火柴大量进口,特别是瑞典火柴公司的倾销使得华资火柴厂渐趋衰落。到1920年代末,由于修

---

① 李洛之、聂汤谷编著:《天津的经济地位》,第69页。
② 实业部中国经济年鉴编纂委员会编:《中国经济年鉴》第12章,商务印书馆1936年版,第93页。
③ [日]樋口弘:《日本对华投资》,北京编译社译,商务印书馆1959年版,第58页。

第五章 北方经济中心的形成(1928—1937)

订关税税则,火柴进口剧减,天津火柴工业又有所发展。1923年,由中日商人合办的中华火柴(磷寸)厂收购了经营不善的日资东亚火柴厂,设立了中华二厂。1928年以后,中华火柴厂各厂相继停业,1933年出租给华商经营,改名为大生火柴厂,有资本40万元。1926年日商创办了三友火柴厂,1928年华商设立了荣昌火柴厂。1930年,因金贵银贱,丹华、北洋火柴公司一度停工,荣昌火柴厂也出让给丹华公司,日本工厂则因受到抵制日货影响而一度停产。为摆脱火柴业恶性竞争和不利的外部环境,中日商人于1936年2月组建了中华全国火柴产销联营社,对于中日各厂的产销进行限定,其中丹华津厂年产量为52,000箱,大生火柴厂为49,000箱,北洋公司为19,000箱,日商三友火柴厂为16,000箱。[①] 到七七事变前,在天津各火柴厂中,丹华公司规模最大,北洋次之,大生又次之,但营业则以三友火柴厂最好,大生火柴厂次之,丹华和北洋火柴公司再次之。

表5-12　1934年天津火柴工厂概况表

厂名	性质	资本	员工 职工	员工 工人	资本 固定	资本 流动	月产量 硫化燐火柴	月产量 安全火柴
北洋第一厂	中	33	22	543	205,000	209,500	约2000	--
丹华津厂	中	25	40	1100	184,000	475,000	约3429	约35
大生火柴厂	中日	40	28	450	155,000	386,000	约3000	
荣昌火柴厂	中	2	20	270	10,000	12,000	约546	
三友火柴厂	日	2	11	256	6600	23,000	约1500	

注:资本一项,中资单位为万元,日资、中日合办为万日元;生产量单位为箱。
资料来源:王达:《天津之火柴工业》,《实业统计》1934年第2卷第6期,第83、85页。

天津油漆业的发展主要在30年代。1920年创办的大成油漆厂于1929年改组为中国油漆公司,有资本20万,1931年时年产油漆、磁漆、清漆共约4.48万担。到1936年,该厂资本增至50万元,并在上海设有分厂,营业额在1929年为10万元,1930年增至20万元,1934年达到30万元。[②] 1921年,冯国璋之

[①] 天津市档案馆编:《近代以来天津城市化进程实录》,第281页。
[②] 纬明:《天津油漆业》,《商业月报》第16卷第11期,1936年。

子冯书安创办了东方油漆厂,到1931年时年产油漆、清漆约2250担。[1]1929年,陈调甫创办了永明油漆厂,有资本2万元,工人30人,技师3人。[2]永明油漆厂是天津当时技术水平较高的油漆厂,所产的永明漆(清漆)在市场上有很高的声誉,[3]后来该厂又研制出了喷漆。当时,在国内除上海的开林油漆公司外,只有永明油漆厂能够生产喷漆。1934年,该厂营业额为12万元,生产铅油10万磅、磁漆2万磅、人工漆4万磅、鱼油4万磅。[4]此后,天津曾出现过永华、保华等近10家大小油漆厂。[5]1936年,全国共有华资油漆厂12家,其中7家工厂在上海,中国、东方和永明3家工厂在天津,其余两家分别在汉口和重庆。在规模方面,最大的是上海的开林、振华、永固和天津的中国油漆公司;其次是上海的4家和天津的东方、永明2家,以及汉口和重庆各1家。[6]此外,天津还有10余家采用手工方式生产油漆的工场。[7]

表5-13 1936年天津油漆工厂概况表 (单位:万元)

厂名	成立时间	资本	年营业额	设备	原料	产品
中国油漆股份有限公司	1929	20	52	德国设备,2部煤油引擎(共45匹马力)与电力	胡麻、桐油、核桃油	29种产品(铅油、瓷油、金银瓷器、汽车磁漆)厚漆、清漆、磁漆
永明油漆厂	1929	2	10			厚漆、清漆、磁漆
东方油漆工厂	1915	0.5	6	9台制油机,9.5匹马力	桐油、苏子油、松蜡,国外颜料	厚漆、清漆、磁漆

资料来源:全国经济委员会编:《油漆工业报告书》,全国经济委员会1936年版,第78页;《河北省重要工厂调查》,《河北省国货陈列馆国货年刊》1934年,河北省国货陈列馆发行,第242—244页。

---

[1] 天津市档案馆编:《近代以来天津城市化进程实录》,第222页。
[2] 纬明:《天津油漆业》,《商业月报》第16卷第11期,1936年。
[3] 陈调甫:《天津永明漆厂简史》,《文史资料选辑》合订本第5卷第17—19辑,中国文史出版社2011年版,第104页。
[4] 天津市档案馆编:《天津近代工业档案选编》,第385页。
[5] 陈歆文编著:《中国近代化学工业史(1860—1949)》,第203页。
[6] 全国经济委员会编:《油漆工业报告书》,全国经济委员会1936年版,第77页。
[7] 吴承洛:《三十年来中国之化学工业》,中国工程师学会编:《中国工程师学会三十周年纪念刊:三十年来之中国工程》,第15页。

第五章 北方经济中心的形成(1928—1937)

橡胶生产是这一时期的新兴行业。天津最早的橡胶制品是由日本商人从国外贩运来的进口产品。1929年关税税则的改订,影响了橡胶产品的进口,尤其对把持天津橡胶进口的日商影响最大。于是,日本商人开始在天津投资设立工厂生产橡胶制品。1930年由日商创办的怡丰橡胶厂成为天津第一家橡胶厂,有资本10万元;同年开办的泰山橡胶厂有资本10万元;1932年日商创办的濑口橡胶厂有资本5.5万元。[1]与此同时,华资橡胶厂开始出现。1933年,天津第一家华资橡胶厂——北洋橡胶制品厂成立,有资本1.5万元,设备有轧胶机1台、电滚1台,有职工32人,原料为从新加坡进口的树胶,产品有胶皮底女鞋、帆布学士鞋,以及鞋底、鞋跟等。[2]

1934年,国民政府再次改订关税税则,进口税由20%提升到30%,天津的日资和华资橡胶厂均开始趁此机会生产内外胎。[3]例如,日本的怡丰橡胶厂最初仅有2台12时轧胶机,此时从日本买进外胎模子,生产自行车外胎。[4]新设立的中村橡胶厂专门生产内外胎,有资本5万元;西长胶皮工厂,有资本6万元。[5]总体而言,全族抗战爆发前,天津的橡胶厂主要由日本人开办,华商开办的橡胶厂只有北洋1家,只能生产胶鞋底和自行车内胎等低端产品,90%的汽车、人力车、自行车的外胎等产品,仍然被英国邓禄普等公司的进口货物所垄断。当时,中国的橡胶工业集中在上海和广州。1933年,全国共有华资橡胶厂约74家,其中上海有48家,广州有21家,而天津仅有1家。[6]据上海橡胶工业公会1936年10月统计,全国所需生胶数量为2871.5吨,其中天津为480吨,居第三位。[7]

---

[1] 李洛之、聂汤谷编著:《天津的经济地位》,第174页。
[2] 《河北省重要工厂调查》,《河北省国货陈列馆国货年刊》1934年,第189—190页。
[3] 牟耀先:《天津市的橡胶工业》,《天津经济统计月报》第30期,1948年。
[4] 边炳章:《解放前天津橡胶业》,《天津工商史料丛刊》第2辑,1984年。
[5] 李洛之、聂汤谷编著:《天津的经济地位》,第174页。
[6] 全国经济委员会编:《橡胶工业报告书》,全国经济委员会1935年版,第34—35页。
[7] 龙树德:《青岛橡胶工业之过去及现在》,《青岛橡胶》1946年第1期。

表 5-14　1937年前天津橡胶工厂概况表

厂名	性质	设立时间	资本金	日生产量	制品
怡丰橡皮厂	日	1930	15,000	胶鞋2000双	胶皮鞋
西长橡皮工厂	日	1935	30,000	车胎150对	自行车车胎
泰山橡皮工厂	日	1931	40,000	鞋底5000双	胶皮鞋底
濑口橡皮工厂	日	1931	55,000	鞋底5000双 内胎1000对	胶皮鞋底,自行车与人力车内胎
奥山胶皮工厂	日	1934	不详	不详	自行车车胎
北洋橡胶物品制造厂	中	1933	15,000	年产鞋底50,000双	胶皮鞋底
中国胶业制造厂	中	不详	不详	不详	不详

资料来源:满铁天津事务所调查课:『天津地方に於ける製造工業』,《北支经济资料》第15辑,1936年版,第86页。

制革业也是天津最早出现的近代工业之一。20世纪30年代,天津制革业进入黄金时代。据1931年统计,天津有新式制革厂11家,其中裕津制革厂最大,华北、鸿记公司次之。裕津制革厂建立于1918年,是一家中日合办企业,1928时资本达到35万元,①有工人百名,由日商经营,产品主要有花旗、法兰、箱皮、马具皮等,年产底皮4000担,占天津皮产量半数以上。1934年,该厂因为原料不足而一度停产。华北硝皮厂于1917年投产,资本最初很少,1929年增至20万元,1937年增加到30万元,最高时年营业额达60万元,有工人90多人,职员10余人,是华商经营的规模最大的皮革厂。②该厂初期产品以马皮为主,年产约2万张,后来专心研制出花旗、法兰两种皮革,产品销往北平、张家口、营口、吉林、奉天一带,③到1931年底,年产底皮2500担。④鸿记皮革厂建于30年代,是天津唯一生产鹿皮的工厂。⑤利生制革厂是中国第一家皮革制球工厂,该厂成立之初自己缝制篮球、足球等球类产品,后逐步增设木工部、

---

① 『京津の列国利権及び邦人経営の事業』,《中外商業新報》1928年5月17日。
② 杨健英:《天津制革工业及其同业公会》,《天津工商史料丛刊》第7辑,1987年。
③ 伍梦龄、黄国义等编:《中国化学工业调查》,国立中山大学化学系化学工业研究所1933年版,第57页。
④ 天津市档案馆编:《近代以来天津城市化进程实录》,第223页。
⑤ 陈真编:《中国近代工业史资料》第4辑,第624页。

第五章 北方经济中心的形成(1928—1937)

制革部、制弦部、营业部,成为中国体育用品制造业中规模最大的工厂。此外,天津还有大约三四十家皮作坊,主要集中在西南城角、太平庄、南开大街、南大道一带。①30年代初期,又出现了数家制革厂。其中,得力生和德发源制革工厂的资本分别为2000元和5000元,规模很小;恒力硝皮厂的资本仅有3000元,以手工制作面皮,质量精良,享誉天津,可以与进口货媲美。到抗战全面爆发前,天津有60多家包括机器制革厂与手工制革作坊等在内的制革厂家,②资本总额达300万元,但资本在5000元以上者仅有12家。③

表5-15 1931年天津新式制革厂概况表

名称	资本(元)	设立年份	出品数量	工人数
裕津	500,000	1918	3000担	
华北	200,000	1915	12,000张	45
鸿记	100,000	1920	7000张	37
万盛和	80,000	1923		
恒利	70,000	1922	1500张	24
中亚	50,000	1923	4000张	22
祥茂	30,000			
荣记	10,000	1920	3000张	14
利生			各种球类	30
长记	10,000	1926	3000张	17

资料来源:陈真编:《中国近代工业史资料》第4辑,第623页;陈歆文编著:《中国近代化学工业史(1960—1949)》,第139页;《全国资本五万以上制革厂调查》,申报年鉴社编辑:《申报年鉴》(1934),申报馆特种发行部1934年版,第703页。

天津的造纸业兴起于第一次世界大战期间。20年代以后,日产进口纸在国内市场降价竞争,致使当时华北地区唯一生产版纸的振华机器造纸公司开工一年半就被迫停工,1926年出租给上海竟成造纸厂,成为该厂二厂。④1931

---

① 陈真编:《中国近代工业史资料》第4辑,第621、623页;陈歆文编著:《中国近代化学工业史(1860—1949)》,第139、140页。
② 杨健英:《天津制革工业及同业公会》,《天津工商史料丛刊》第7辑,1987年。
③ 纪广智:《旧中国时期的天津工业概况》,《北国春秋》1960年第2期。
④ 唐凌阁:《中国机器纸业调查》,《科学》第11卷第3期,1926年。

437

年,该厂年产版纸2000吨,[1]同年竟成造纸厂退租,再次出租后更名为余记造纸厂继续生产,[2]1935年版纸年产量为4500吨,有工人约200人,[3]到1937年,余记造纸厂再度缩小规模,资本减至10.5万元,年产版纸2000吨。[4]1931年,北京的王佐臣联合天津的王格言接办了源兴电报纸条厂,改名为新成机器造纸厂,有资本60万元,以废纸为原料生产29种纸张,1935年日产5吨各种纸张,有工人五六十名,随后生产规模有所缩小,1936年产量仅为200吨,工人减至44人。[5]1934年,天津商人创办了肇兴纸厂,以稻草制造版纸,资本不及余记造纸厂的五分之一,但有工人五六十人,这是华北第二家版纸厂。到1935年,天津的造纸业在华北地区首屈一指,成为近代天津工业的支柱行业,共有振华余记机制纸版厂、肇兴机器造纸厂、新成(成)机器造纸厂、北方造纸厂、会文造纸厂、权利造纸厂、利用造纸厂等7家企业。[6]其中,振华余记、肇兴以稻草为原料生产版纸,其他5厂均以废纸为原料。[7]

(五)冶金和机械制造业

这一时期,天津的冶金和机械制造业发生了一些变化。此前,天津的冶金工厂设备落后,规模不大。进入30年代,天津的华资冶铁业有所发展,日资也开始涉足冶金业。1935年,第一家华资轧钢厂——天兴制钢所建立,设备有1台小型轧钢机、1台200马力电机,有工人35人,利用废铁轧制扁钢,年产量不过1000吨。此后,又有一些与冶金或铸造有关的金属制造厂出现,多由三条石一带的铸铁厂发展而来,有福兴生、同茂、三义、玉发、亨利、三合、玉增祥、双盛合、金聚成、永茂公等工厂。[8]

---

[1] 天津市档案馆编:《近代以来天津城市化进程实录》,第222页。
[2] 宁立人:《天津振华造纸厂的变迁》,《天津文史资料选辑》第6辑,1979年。
[3] 上海社会科学院经济研究所等编:《中国近代造纸工业史》,第107页。
[4] 《河北省动力工厂统计表》,《实业部月刊》第2卷第2期,1937年。
[5] 上海社会科学院经济研究所等编:《中国近代造纸工业史》,第148页。
[6] 《国内外贸易消息》,《国际贸易导报》第7卷第4期,1935年。
[7] 《工业调查:天津的造纸工业(1935年4月9日)》,天津市地方志编修委员会办公室、天津图书馆编:《〈益世报〉天津资料点校汇编》(三),第374—376页。
[8] 关立信:《近代天津经济概况》,《文稿与资料》1980年第5期。

第五章 北方经济中心的形成(1928—1937)

30年代,日本民间资本根据日本政府制定的所谓华北产业开发计划,开始投资天津的金属制造业。其中,规模最大的中山钢业所由日商中山悦治1935年9月在天津郑庄子兴建,1937年4月首先建成板镀金工场,生产镀锌铁皮,有工人30多人。此时,使用动力的金属制造厂仍处于起步阶段。据调查,1933年中国城区的华资金属制造厂有170家,资本41.2万元,仅占工业各部门资本总额的1.77%。①与1929年的调查比较,虽然工场数量减少(521家),但资本总额却有较大的增加。1933年,以三四匹马力作为动力、略有规模的铁厂有振大、永信、福兴生、协泰、全盛德、恒泰协记、发记7家,资本最少者500元,最多不过3500元,工人多者60人,少者30人。②1937年前,天津的华资钢铁和金属制造工厂(不包括小作坊)共有21家,但1936年初冶金工业产值只占当年天津工业总产值的0.34%。③

在机器制造业中,由英商在租界内创办的东方机器厂有工人300名,以修理机器为主,也应顾客委托制造一些机器。由华商创办的企业仍集中在三条石附近,到1937年前,这里从事铸铁和机器制造的工厂达到300家左右,成为有名的"铁厂街"。④华商机器制造业则延续了此前的特征:规模小、设备落后,一些工厂的动力开始更新,以市内供应的电力,或者自备燃油的小马力发动机作为动力,且增加了产品种类,提高了产量。同时,在河北新区等地也出现了一些工厂,虽然规模都不大,但出现了由手工工场、作坊向使用动力的机械厂过渡的趋势。其中,所谓机器厂的机械制造,产品多是织布机、印刷机等,工序简单,产品粗糙,极少工厂能够仿制外洋的车床、磨具,更无法成批生产定型的机械设备。⑤

在这些机器厂中,能够制造成品机器的工厂有东马路的华兴厚、义仓街的吉顺祥,三条石的德益成、全盛德、郭天成、三义兴、福聚兴、郭天祥等,主要

---

① 邓庆澜:《天津市工业统计》,第41、46页。
② 邓庆澜:《天津市工业统计》,第262—265页。
③ 周传典等编:《当代中国的钢铁工业》,当代中国出版社1996年版,第580—581页。
④ 天津市地方志编修委员会办公室编著:《天津通志·工业志(综述及重工业卷)》,第4页。
⑤ 《津海关十年报告(1922—1931)》,《中国旧海关史料》编辑委员会编:《中国旧海关史料(1859—1948)》第157册,第508—509页。

生产切面机、榨油机、轧花机、保险柜、弹花机等。在生产专门性机器的工厂中,河北大经路的天中、东马路的孙恩吉等仿制车床和磨具,河北四马路的庆兴生产镏锅,三条石的德利兴生产印刷机,南开的义聚成生产圆网式造纸机,北小道子的永兴则专制染漂用机器,南开的俊记专制制革机器,北海楼后的志达专制针织机器。

1933年的调查表明,当时中国城区有机器制造厂46家,共有资本12.8万元,有工人近千人;与1929年的调查相比,工厂数量由62家减少至46家,但在工业资本总额中所占的比重由0.23%上升到0.4%,即平均每家工厂资本由近1200元上升到近2800元,增加了1倍有余,表明企业的规模有所扩大。在这46家机器厂中,略有规模的有9家,即志远、鸿记、永大、久兴、郭天成、义聚成、郭天成、德利兴、春泰机器厂,资本多者14,000元,少者1500元,均有3匹至19匹马力的动力和30名至100名工人。另外,还有十余家使用动力且有工人30名以上的小工厂,其中包括3家桅灯厂、2家袜针厂、2家制钉厂、2家印铁制罐厂、1家造钟厂和1家罗底厂,资本多在万元左右,如大昌隆罗底厂有资本2万元,专门制造各种工业筛子。此外,桅灯厂中有资本近2万元者,印铁制罐厂和造钟厂的资本也超过万元,其余工厂资本不过数千元。①

1935年,天津规模较大的华资机械制造厂有德利兴、孙吉恩、俊记、义聚成、久兴、志达、庆兴、恒大、信昌等10家,能够制造车床、刨床、铣床、钻床、印刷机、轧花机、针织机、纺织机、造纸机、柴油机、榨油机、锅炉、水泵、搅拌机等。②

尽管这一时期天津中国城区的机械制造工业仍然处于起步阶段,多为小型工厂且设备简陋,但在华北地区则为起源地和中心。华北一些地方机械制造厂的技术工人和设备均来自天津,但在规模和产值方面均不及前者。

同一时期,外资在机械制造业中占有一定优势,特别是30年代前后,外商开始在机电等配套行业投资设厂。如法商东方修焊公司有资本20万元,日产氧气120桶至130桶。英商的东方机器厂是当时天津机械化程度最高的工

---

① 邓庆澜:《天津市工业统计》,第267页。
② 陈真编:《中国近代工业史资料》第4辑,第860—863页;王达《天津之工业》,《实业部月刊》第1卷第1期,1936年。

第五章　北方经济中心的形成(1928—1937)

厂。1936年，由日本人小岛和三郎在小孙庄附近设立的昌和工厂，占地约200余亩，是从事铸造和机器加工的大型工厂，采用较先进的加工工艺，生产自行车车架、前叉、曲柄、链轮、泥板等部件，再加上由日本进口的其他零部件，组装成"铁锚"牌自行车。

表5-16　1934年天津有一定规模的华资机器工厂概况表

厂名	成立时间	资本	设备	人员	原料	产品
和记制钉厂	1932		3台机器，60匹马力	职员8、男工12、童工20	欧洲各国进口铁条	铁钉
辅业铁床工厂	1906	6000	3台手摇机器	职员2、男工14、童工13	外国进口及上海产铜，国产铁、铅，开滦、井陉煤	高低铜床、高低铁床
大昌隆铜丝罗底工厂	1925	8000	40台机器(制造罗底机、拔线机)，马力20匹，人工、电力各半	职员11、男工40	欧美铜丝，上海批线，自造铜丝	粗细黄铜丝、96股综线、铜丝罗底
明星印刷制罐工厂	1930	32,000	50台印刷制造铁罐机器，17匹马力	职员11、技师7、男工60、童工50	英美马口铁，德美油墨	铁罐
志成印铁制罐厂	1932	10,000	19台机器(印铁机、印纸机、印罐机)，15匹马力	职员14、男工22、童工60	英日进口马口铁，日本进口及国产纸张，美国进口及国产油墨	颜料桶、茶叶桶、化妆品盒、药饵盒
德利兴铁厂	1924	10,000	30台机器(刨、锻、钻床)，6匹马力	职员5、技师2、男工40、童工60	辽宁生铁，英美德进口熟铁，英美进口钢，湖南铅，湖南锡，鸭绿江木材	机床、刨床、钻床、印刷机、轧刀、水泵、机器零件
三义成铁工厂	1923	4000	6台机器(制造切面、磨面)	职员3、男工20	国产生熟铁、木料	切面机、磨面机、机器零件
金聚成铁厂	1912	1000	翻砂旧法，未装配机器	职员4、技师2、男工10、童工5	湖北生铁	生铁物品
华北铁工厂	1931	500	3台车床，3匹马力	职员4、男工6、童工7	天津的生熟铁	各种机械零件
郭天祥东记机器厂	1923	6000	1台电滚、6台车床、3匹马力	职员5、男工12、童工38	辽宁、山西生铁，英美日进口熟铁，辽宁木材	轧花机、切面机、弹花机、
恒大机器厂	1915	10,000	8台机器(车、刨、钻床)	职员4、技师2、男工5、童工15	辽宁生铁，英美进口及国产熟铁	矿山机器

续表

厂名	成立时间	资本	设备	人员	原料	产品
中天机器锅炉工厂	1931	10,000	14台机器(车、刨、钻、镟床),8匹马力	职员2、技师2、男工18、童工8	美、英、德进口、本国产元铁、角铁、铁板及五金、辽宁、山西生铁	水管锅炉、立式汽机、旋转滤液机、压滤机附泥泵、风扇、真空机
兴记铁厂	1925	40,000	12台制造螺母、螺丝、铆钉等机器,50匹马力	职员5、技师2、男工25、童工5	国外进口的元铁、扁铁	螺栓、螺丝、铆钉
寿星黑油发动机制造厂	1929	4000		职员4、技师1、男工4	山西、辽宁的生熟铁	黑油发动机
飞轮工厂	1931	450	2台压力机	职员5、技师1、男工5、童工20	英国进口的路皮铁、德国进口的钢管	自行车后架子、车架子
同盛和铁厂	1912	1000	3台机器,5匹马力	职员3、技师1、男工10、童工15	德国进口路皮铁、湖北生铁	自行车、人力车瓦、洋井龙头
志达机械制造厂	1926	不详	不详	职员5、技师1、男工10、童工30	--	针织机器(织袜自动机、织袜笨机、织衣横机、织毛套横机、织汗衫机、织罗文背心机)
裕仁针厂	1932迁	2000	1台造针机、2匹马力	职员5、男工6、童工30	日本进口、天津生产的钢丝	自动袜针、横机针、本机袜针、
大业袜针工厂	1933	4500	26台制造袜针机器、2匹马力	职员6、技师3、男工5、童工25	日本进口的钢丝	织袜针、织衣服针、

资料来源:《河北省重要工厂调查》,《河北省国货陈列馆国货年刊》1934年,第244—255页。

除以上各类工业或工业部门之外,这一时期天津还有一些其他企业。1928年,在日用工业中有日商在日租界建的天津搪瓷公司,有资本二三千元,后改为东华公司,资本10万元;由华资兴建的三同和记、中成搪瓷厂,资本分别为2000元和15,000元,动力分别为3匹和15匹马力,各有工人30和50名;1933年有瑞记等3家石棉厂,资本在万元至二三千元不等。[1]此外,30年代天

---

[1] 王达:《天津之工业》,《实业部月刊》第1卷第1期,1936年。

津还有北方、中华魁、长发顺、天然、克明等5家料器厂,资本多者8500元,少者1000元,配备有1匹至3匹马力的发电机。①

30年代,出现了一些电讯器材的装配企业,进而促成了一个新行业的诞生。1928年,第一家中国无线电业公司在法租界成立,有从业人员近30人,主要利用进口元器件组装无线电收发报机、密码机、助听器、广播发射机等产品。以后,随着广播电台的出现,华资开办的北方无线电公司、大华无线电行、野玫瑰无线电行、倬记商行等,均在营销收音机的基础上,增加了对收音机的维修和修配,有的开始尝试利用进口元器件装配收音机。其中最为突出的是1932年建立的中天电机厂,该厂从装配发展到由技术人员研制出电话机,制造出第一台西门子磁石电话机,产品主要销往香港,1941年曾建新厂。同年,一家生产有声电影放映机的东亚声光机器厂在日租界创立,据称产品能行销各地。②

三、工业发展的阶段特征

这一时期,天津工业具有以下几个重要特征。

(一)外资企业发生多方面变化

第一次世界大战以前,天津的外资工业多数是为洋行出口服务的打包、洗毛业和为城市服务的供电、自来水等行业。第一次世界大战结束后,外商仍然围绕着进出口设立一些企业,大型企业不多,在纺织、食品和化工等华资热衷投资的部门中鲜见外资的踪迹。但是,20年代以后外资加大了对工业投资的力度,从原来的服务于进出口贸易,改变为对机器制造、纺织、化工等工业部门的投资,兴建一些大中型企业,尤其是日本对工业的投资最多、运作最快,并且具有垄断倾向。据1936年不完全统计,外商在天津开设的企业总数为2686家,是1915年7倍多;其中日资最多,有1934家,以下依次是英

---

① 邓庆澜:《天津市工业统计》,第259—260页。
② 天津市地方志编修委员会办公室编著:《天津通志·工业志(综述及重工业卷)》,第5页。

天津经济史(下卷)

资185家、美资158家、俄资112家、德资93家、法资57家;日资企业每年增幅最大,美资次之,英国和法国商人投资的企业变化不大,德资企业数量则有所减少。①

表5-17　1936年天津外资工业概况表　（资本单位:万元）

类别	英资厂数	英资资本	日资厂数	日资资本	美资厂数	美资资本	法资厂数	法资资本	德资厂数	德资资本	合计厂数	合计资本	%
纺织	-	-	5	2557	5	132					10	2689	38.6
化学	-	-	10	582	2	69.3	3	238			15	889.3	12.8
食品	5	763.3	4	1201.3			3	72.7			12	2037.3	29.2
窑业	1	131.7	-								1	131.7	1.9
机械	1	120	6	34.7					1	8.7	8	163.4	2.3
印刷	1	23.3	1						1	26	3	49.3	0.7
制材	1	150	2	100	1	78					4	328	4.7
其他	2	225	4	163	2	104.3			1	22.7	9	515	7.4
总计	11	1580	32	4638	10	384	6	310.3	3	57.4	62	6969.7	100
%	17.7	22.7	51.6	66.5	16.1	5.5	9.7	4.5	4.8	0.8	100	100	-

资料来源:李洛之、聂汤谷编著:《天津的经济地位》,第135—140页;孙德常等:《天津近代经济史》,第220—224页。注:1元=0.3美元,参见戴建兵:《白银与近代中国经济(1890—1935)》,复旦大学出版社2005年版,第382页。

综合各种统计资料可知,截至1936年,各国商人在天津各个工业部门中的投资比重分别为:在纺织工业中占38.6%,在化学工业中占12.9%,在食品工业中占29.2%,在建材工业中占4.7%,在机械工业中占2.3%。外资的投资领域则主要包括冶金、机械、纺纱、橡胶和电气等部门,即由贸易附属和初级加工型工业向基础型工业转化。

这一时期,在工业领域中,外资的投资力度远远大于华资企业,即外商在较短的时段内投入了巨资。据不完全统计,1936年外资在工业的投资已经达到6,969.7万元,而中国城区的华资企业的资本总额却由1929年的3173.3万元,减少至1933年的3005.3万元。外资巨额的投资规模和力度,势必使其企业在技术水平、企业规模和生产能力,以及产品质量、竞争力和市场等方面占

---

① 王怀远:《旧中国时期天津的对外贸易》,《北国春秋》1960年第2期。

第五章　北方经济中心的形成(1928—1937)

有一定的优势,甚至形成垄断。尤其是日资企业更是如此。这种发展态势导致华资企业遭到排挤和打击,发展缓慢且曲折反复。如日资开设肥皂、火柴、榨油、味精、制冰、酿酒等数家工厂之后,华资企业难以立足;日资企业所产牙粉占天津市场的80%,致使华资牙粉厂先后倒闭。①

1938年,日本南满洲铁道株式会社曾经对天津的工业进行统计,尽管此时有一些华资企业已经被日军实施军管,但仍可以从一定程度看出外资企业与华资企业的差距。该统计表明,华资企业每家平均资本仅为2.39万元,而日资企业为88.45万元,其他外资企业为105.77万元,中外合资企业平均为168.23万元。由此可见,外资工业不仅资本总额大大超过华资企业,而且企业平均拥有的资本额达到54万元以上。与之相比,资本仅有两三万元的华资企业则显得相形见拙。

表5-18　1938年天津华资工业与外资工业比较表

工业类别	企业数	资本额(万元)	资本额占比%
中国资本工业	724	1737	12.57
日资工业	86	7607	55.02
其他外资工业	36	3808	27.54
中外合资工业	4	673	4.87
合计	850	13,825	100.00

资料来源:満鉄調査部:『北支那工場実態調査報告書:天津之部』,1938年,第13—14页。

(二)日本对工业的投资迅速膨胀

日本对工业的投资迅速膨胀,反映出日本经济势力在天津的极度扩张。自20世纪初以来,日本在天津的工业投资规模一直比较有限。在第一次世界大战期间和战后几年,因欧美各国在华的工业投资一时处于低潮,日本商人则在天津加快投资建厂,但直接的工业投资仅限于火柴、橡胶、骨粉等规模有限的中小型企业。日本纺织业在第一次世界大战后就企图打入天津,但一直未能达到目的。直至30年代初期,日本在天津的工业势力,与上海、青岛等城

---

① 纪广智:《旧中国时期的天津工业概况》,《北国春秋》1960年第2期。

市比较,不仅企业数目少,而且投资规模小。在一些华资实力较强或来自其他国家的外资工业占优势的行业中,日商企业甚至无法插足。

九一八事变后,日本军政当局确定了强化其在华北经济实力的方针和计划,日本的财团迅速将投资的注意力转向天津。自1936年起,不仅裕元、华新、宝成等几大纱厂先后被日本的财阀强行收购,日本东洋拓殖等会社相继到天津投资设厂,满铁的兴中公司也以与天津市政府合资的名义投资扩建发电厂。这不仅是日本在天津能源工业投资的开端,也推动了日本财团大规模的工业投资。

全民族抗战爆发前,虽然在天津的一些大型日资企业尚未竣工投产,但是日资企业不论是数目、规模还是投资额,均已大大超过了欧美各国。1936年,外商在天津工业中的投资总额为2061万美元,其中日资企业达到1361.4万美元,是居第二位的英资企业(474万美元)的近3倍,是美资企业(115.2万美元)的11倍多。同一时期,各国对天津金融、公共事业、进出口、航运等行业的投资总额为11952.万美元,其中英国的投资额为5319.5万美元,占各国投资总额的44.5%,居于首位,主要投资于金融和进出口;日本居第二位,投资额为2423.8万美元,占各国投资总额的20.3%;美国位居第三,投资额为1638.1万美元。但值得注意的是,日本的投资主要集中在工业部门,占各国对天津工业投资总额的66.06%,而英国仅占22.99%,美国占5.59%;日本在天津金融业的投资仅有311.9万美元,排在英国、美国、法国之后,居第四位。[①]

应该指出,这一时期日本各界在天津投资兴建的工业企业并不单纯是日本商人的经济行为,而是在日本政府和军方的指使和操纵下进行的,是日本侵华战争的组成部分。九一八事变以后,日本军政当局就开始着手制定进一步从政治、军事和经济上全面侵略中国的政策、计划和具体步骤。天津作为华北乃至北方最大的进出口口岸和经济中心,拥有任何其他北方城市无法比拟的经济优势和战略地位。此时,冀东地区已在一定程度上处于日军控制之下,天津则成为日本全面侵华的前沿。日本朝野对华北经济的目标是掠夺资

---

① 李洛之、聂汤谷编著:《天津的经济地位》,第134页。

第五章　北方经济中心的形成(1928—1937)

源,特别是煤铁、盐棉等战略资源,扩大商品市场,通过扩大投资率先形成经济上的强势,使其成为侵华战争的物资生产基地和商品倾销市场。

日本军政当局针对此前在天津工业投资过少、对天津经济控制力偏弱的状况,制定了一系列计划和实施方法,鼓励和支持财阀等"民间资本自由进出"。于是,日本工商界怀着为日本侵华战争服务的"使命感"和怕搭不上车的急切心情,竞相涌入天津和华北地区,形成了一股"华北进出热"。因此,自1931年以后,日本从国策会社、财阀,到一般的民间资本纷纷在天津投资建厂,主要集中在电力、交通、盐业、纺织、棉业等领域。据日本中国驻屯军在1937年的统计,日本各会社在华北金融、电力、通信、汽车、建材、烟草、制纸、玻璃和纺织等行业,已经开工或着手建设的企业总投资为5600万元,另有决定创办石油贩运、化工、纺织等业的投资约2400万元,共计约8000万元。参与投资的会社有:满铁、满洲电信电话、满洲电业、大阪窒素、东拓、三井、三菱、维新化学、钟渊纺织、东洋纺织、上海纺织、福岛纺织、大日本纺织等许多财阀和企业。①

根据当时的征信所记录可知,1937年前后日本在天津开设的主要工厂共有72家,总资本约为7405万元。其中,纺织工厂有7家,资本1525万元;化学工业有20家,资本2710万元;食品工业有10家,资本606万元;发电和自来水等基础设施有2家,资本600万元;机械制造修理业有11家,资本853万元;金属品业工厂有3家,资本63万元;其他工厂有19家,资本1057万元,在一些部门已经形成优势,甚至形成垄断。②

(三)民族工业发展曲折反复

这一时期,民族工业的发展呈现出如下几个特征:

1. 天津民族工业呈现出先衰退后回升的趋势。1928—1933年间,不论数量还是规模都呈下降趋势。1933年同1928年比较,厂家减少1238家,下降了50%,资本减少了5237.4万元,下降了63.5%。中小企业大量倒闭,是企业数

---

① 满铁经调会:『支那驻屯军满铁经济调查委员会第二回恳谈会报告』,转引自[日]中村隆英:『戦時日本の華北経済支配』,第72页。
② 王学海:《旧中国外商在天津设厂行名录》,《天津历史资料》1984年第19期,第50、68—72页。

量骤减和资本总额明显下降的主要原因。1933年到1936年间,全国经济形势有所好转,天津的民族工业也开始有所回升,资本总额增加1261.4万元,上升了近42%。30年代前期,英、意等租界内出现了几家资本数十万的大型企业,如达生制线厂、仁立纺毛公司、东亚毛呢公司等,从而使工业资本总额在1936年有所回升。①

2. 工业结构变化不大。这一时期,民族工业仍以纺织、食品和化工三个部门为主,其中纺织业比重最大,其次为化工和食品业。同1928年比较,各类工业的企业数量均明显减少,但纺织行业的资本规模变化不大。纺织和食品工业的产品中,除了棉纱、帆布等少数用于工业原料外,多数是人们日常生活必需的衣着、食物等消费品。化学工业的产品也多为食盐、火柴、蜡烛、肥皂、化妆品、搪瓷、镜子等日用消费品。同时,以生产工业设备和各种劳动工具为主的机械制造、五金品制造业,在华资工业中所占比重仍然非常有限,两个行业合计仅占资本总额的1.4%。因此可以说,天津的近代民族资本工业,仍以生产日用消费品、流动资金少、利润较高且见效较快的轻工业为主体。

3. 工业产值发生变化。1933年到1936年间,随着投资的不断增长,天津工业产值也随之出现变化。据不完全统计,1933年天津工业总产值为9678万元,有工人36,703人,占12个大城市工人数的8%;②到1936年,工业总产值增加到35,634万元,工人达到39,391人。③从行业方面看,纺织工业产值所占的比重下降了近20%,但依然占比最高;食品工业增长很快,其产值所占比重增加了12%,仅次于纺织工业;化工工业产值仍居第三位,但产值所占比重略有下降;金属加工、机器行业的资本额所占比重则略有增加。

4. 企业规模不断扩大。与1929年相比,1933年的工人数减少了17.7%,但企业平均拥有的工人数增多,由1929年的每家企业平均21.8人,增加到1933年的31.8人。1933年的资本总额增加不多,但企业的平均资本大幅增加。1933年每家企业平均资本为2.4万元,而1929年为1.4万元,前者比后者

---

① 罗澍伟主编:《近代天津城市史》,第506页。
② 天津市纺织工业局编史组:《旧中国时期的天津纺织工业》,《北国春秋》1960年第1期。
③ 纪广智:《旧中国时期的天津工业概况》,《北国春秋》1960年第2期。

增加近1万元。①但这种增加并非因企业兼并、资本集中所致,而是因为每年都有大批小企业倒闭。30年代,不利的经济和政治环境是许多中小企业纷纷破产的重要原因。1933年,华资企业中68%以上企业的资本在2000元以下,16%企业的资本在2000至4000元之间,资本在万元以上的企业只有40余家,且除纺织、化学、食品三部门外,其他各行业的企业甚至没有资本在5万元以上者。因此,华资企业的资本过于薄弱,规模过于小,设备过于简陋,使中小企业很难承受各种波动和压力,一遇风吹草动即停产或倒闭,到1933年已经有数百家中小企业倒闭。

1933—1936年,企业平均规模的扩大与此前又有所不同。在此期间,企业数量变化不大,但资本总额增加1000多万元,表明企业平均规模的扩大,这主要是兼并、资本集中所致。但是,从整体上看,这一时期民资工业资本结构的一个特征是:资本分布极不平衡,大量资本集中在少数企业,而半数以上的企业资本不过2000元,这呈现出企业资本规模的两极分化现象。

第四节 商业转型中的新旧交融

经过初期发展,20年代后期天津商业进入自我调整阶段。一方面受国际政治经济形势影响,30年代的世界经济危机导致民国政府对外贸易量持续降低,与1931年相比,1932年对外贸易量减少了33%,1936年不及1931年的半数。②

到1937年前,天津的商业没有出现迅速发展的局面。究其原因,主要是因为30年代世界性经济危机对初入国际市场的天津工商业形成了前所未有的冲击;同时,日本侵占东北三省后,天津与东北的经济联系大打折扣,商品流通的种类减少,规模大减,基本失去了东北市场。再加上1937年全民族抗

---

① 参见罗澍伟主编:《近代天津城市史》,第525页。
② 孙翊刚、李渭清:《中国财政史参考资料》,中国广播电视大学出版社1984年版,第571页。

战爆发前,华北已是中日战争的前沿,战事不断,社会动荡,交通时常受阻,经济联系和人口流动受到很大影响,缺乏良好的投资环境和发展机遇,消费能力也大幅度下降,以致天津商业"各业仍多观望不前,营业异常冷落。近期物价一再挫折,各商更为忐忑不安"[1]。另一方面,各类商业发展规模参差不齐,经营方式与观念滞后,缺乏持续性发展潜力。因此,20年代以后,天津商业发展主要以自我调整为主,在商业业态、经营方式的新旧融合等方面表现比较突出。

一、商业专营化发展

(一)专业化经营趋势明显

明清时期,天津商业以盐业、粮食、布匹、杂货等行业为主。随着进出口贸易的迅速发展,传统行业的专营化发展呈现出三个主要特征:

1. 行业种类不断细化

比如,传统粮食业经营,按照经营方式的不同分为斗店、米面铺和磨坊。到20年代后期,中国城区607家粮食经营者细分为斗店、米庄、面粉代销处、米面店以及碾房,甚至以存储、中介为主要业务的粮栈,也细分为专门代理铁路运输粮食的货栈、专门代理客户运津大米的粮行以及杂粮货栈等等。米庄随着集散种类的变化和集散量的增加,也进一步专业化,各自划定经营范围。米庄业务以供应本地消费为主,后扩大分为大、小米庄。大米庄主要是通过海运和铁路运输经营大宗米面批发业务,初期规模较大的米庄一般在上海设庄,采购进口和国产的米面,海运至天津的码头仓库进行批发交易。津浦铁路通车后,大米庄有时也派人到沿线各重要产粮地购米麦运津,或者直接向天津粮栈采购,销售给外埠粮商。规模较小的米庄,则以米栈和粮栈为进货渠道,主要销售给当地米面铺。[2]再比如,皮货庄原本服务于高端消费群

---

[1]《天津商业衰落》,《大美周报》1939年12月3日。
[2] 金城银行总经理处天津调查分部编:《天津粮食业概况》,张研、孙燕京主编:《民国史料丛刊》第539册,大象出版社2009年版,第73—74页。

第五章 北方经济中心的形成(1928—1937)

体,随着皮毛出口量的增加,市场集散的皮毛转为以供应出口为主,不仅出现了专营皮毛采购、加工和出口的商行,还细化为专营皮张和皮毛的两个行业。皮行采购各种皮张,"多赴宁夏、包头、张家口、顺德等处";毛行"系专办羊毛、驼毛、马鬃、猪毛、猪鬃等货,每年多赴西北一带及河北各县收买,运津转售"[①]。

随着需求的不断增长和本土化的发展,经营棉布和棉纱的商人,在转变经营方式的同时,更为专业化,这有利于商店规模的扩大。部分商行不再依赖中间商,转而专营批发业务,如敦庆隆、元隆等绸布庄开始设"后柜"专营洋布洋纱,除在上海设庄直接采购洋纱外,还直接派专人在日本设坐庄采购。天津纱厂的产品逐渐替代洋货后,也成为批发商的主要来源之一,节省了中间环节,推动了批发庄的发展,形成了新的行业,其中规模较大者原始资本达20万元,有员工60多人。[②]根据20世纪50年代初关于天津市花纱布绸同业公会的回顾,30年代中叶天津的花纱布行业"经营棉纱者多,白布及花布次之",棉纱主要作为手织土布的原料,供给内地客帮,白布和花布多是销往外埠,本地销售"以绸缎呢绒占大部分"。销货的地区有沿津浦铁路南到徐州一带,沿京汉铁路可达郑州、开封、洛阳等地,"近为华北各城镇,远到热察绥,以至大西北甘肃、新疆等地"。1936年,天津花纱布经营者中,"资金在5万匹以上者,有40余户;2万匹以上者,有120余户,总的估计全业本身自有资金共有500万匹左右"。再加上各家股东长期的本金和存款(包括银行和银号临时或定期的贷款),其经营能力在八九百万匹左右。据估计,该业一年的总营业额约合布7300万余匹。[③]

需要注意的是,这一时期虽然很多商店仍然是批零兼营,但分工却逐渐明确。例如,相关调查在介绍经营茶叶者时,将其分为收购兼批发的茶庄、茶栈和零售茶店;在介绍洋广货商店时,则将其分为批发、倒庄、坐庄、零售;在

[①]《天津商业调查概略》,《银行周报》第14卷第26期,1930年。
[②] 丁世洵:《解放前天津棉纱批发商业史略》,《南开学报》1981年4期。
[③]《天津花纱布绸商业情况》(1954年),天津市档案馆编:《近代以来天津城市化进程实录》,第125页。

介绍煤炭销售时,将其分为主要供应居民的煤厂和主要承揽采购与批发的煤栈等。

2. 传统行业重新整合成为新行业

成衣庄原来只定做寿衣、戏衣、西服、军服,估衣铺则售卖旧衣服和家具等,20世纪以后分化出专门制作成衣的服装店。老生记成衣庄即从估衣店演变而来。瑞兴顺估衣店坐落在估衣街,从当铺成批收购旧服装,经过简单整理后作为旧衣或寿衣售卖。1920年,该店经理发现成批制作和出售新衣服有很大的市场需求,尤其是公司和企业的外来单身汉的需求较多,于是就在临近新兴商业中心的南市荣业大街南口开办了老生记成衣庄,制作新衣出售,销售极好。随后,该经理开始成批购买高档白布,染整后分发给西门外等地的家庭妇女加工成各种尺码的衬衫等服装,以"虎头"为商标在老生记成衣庄销售,并顺势将老生记成衣庄改名为老生记新衣庄,主营新服装,代售估衣和寿衣。仅一年时间,该店就创出了品牌,天津大小工厂和店铺的工人、店员等纷纷前来购买。该店又扩充门面,设立分店,增添了学生服(童子军服)、中山服和制服等,成为有名的成衣庄之一。[①]据1928年天津社会局调查,中国城区有659处成衣庄,有1183名工人和1118名学徒。这些成衣庄有数量不等的缝纫机,应多为成批制作服装的手工作坊。[②]

五金业原先仅有手工作坊兼营的铁铺。随着进口金属、钢铁和各种五金器件的增加,不仅出现了进口批发和零售、制造铸铁与销售的分离,而且逐渐分化出大小五金、铁铺、洋铁、铜器等诸多分支行业。据调查,1928年天津中国城区有五金行业商店719家,资本总额26万余元。其中,有169家小工厂性质的铁铺,255家专门用进口马口铁打制烟囱、铁壶等的洋铁铺,54家经销铁床、铁柜等的大五金和经销铁丝、螺丝等的小五金,还有铜铺204家、锡器店37家。[③]杂货铺原本遍布大街小巷,经营范围包罗万象,既有洋广货、闽粤杂货,也有日用杂品和食品等,规模较大的还在上海等地设有外庄,采购与批发洋

---

① 王钟英:《老生记——天津服装行业第一家》,《天津文史资料选辑》第92辑,2001年。
② 天津特别市社会局编:《天津特别市社会局一周年工作总报告》,第726页。
③ 天津特别市社会局编:《天津特别市社会局一周年工作总报告》,第726页。

广货、洋布等,甚至采购各地棉花运往上海等口岸。随着市场的扩大和民众需求的多样化,所营销的一些商品逐渐分离出去,成为具有专营化性质的独立行业。

由于天津市场的集散量增加,外地来津采购的客商也开始趋向专业化经营,且具有一些地域上的特点。如在天津采购棉纱和棉布的客商,"各地有各地的帮口,为山西帮、河南帮、西北帮、高阳帮、香河帮等等,不用天津商人去各地推销,都是各地客帮来津驻庄"。

3. 行业发展推动了同业公会的组建和壮大

20世纪20年代以后,各行业根据其经营范围、方式组成不同的同业公会,比如绸缎棉布业因绸缎与棉布、批发与零售的分离,细分为棉布、棉纱、棉花、皮货、棉织品、针织品、毛织品等独立行业,并于30年代成立了门市布业、绸缎业、绸布业、绸布棉纱呢绒业、棉业(棉花)、皮货业等同业公会。30年代,军衣庄同业公会分为西服制售、中服缝纫两个同业公会,各有会员102家和174家。1936年12月,天津总商会进行同业公会登记时,有案可查的同业公会有70余个。[①]这在一定程度上表明,到1937年前,天津商业的专业化经营有了较大的发展。

(二)专营市场的形成

商业各行业的专业化经营的发展,也助推了各类商人在空间上的聚集,形成某一类商品的专营市场,其中比较突出的有粮市和菜市等。

明清时期,天津粮食买卖主要集中在运河沿岸,比如南运河沿岸永丰屯有西集,子牙河与大清河交汇处的北开附近有东集,在丁字沽也形成了接纳水陆运送粮食的市场。在这些固定的市场中,买卖双方交易以持有官帖的斗店为中介。天津开埠以后,在城市人口迅速增加的同时,市场上的粮食品种、交易对象与运输方式发生了变化,如陆路运输量减少,而海运粮食数量增加;粮食集散过程中既有与内地和东北的交易,也有小麦、面粉和大米的进出口

---

① 天津市档案馆等编:《天津商会档案汇编(1928—1937)》,第288—407页。

贸易;粮食交易不再受必须经过有官帖的斗店才能交易的限制,各类粮栈、货栈和公司均参与其中。于是,原有的粮食市场有的逐渐衰退,有的更加专一,进而形成多个更专业化的粮食市场。到20世纪20年代,因粮食种类和来源不同,在海河沿岸的货栈和仓库附近形成了固定的面粉市场、大米市场和杂粮市场,使粮食的集散趋向专一化。①

随着城市人口的增加,天津出现了多家有一定规模的蔬菜批发市场,其中最大的批发市场位于海河最西端的东浮桥西岸。这里最初仅有周边菜农等摆摊零售蔬菜,由于"其地临海河,各处之货可藉小船运来,且为全市中心点,贸易较便,经营自易发展"②,20世纪以后发展为具有数十家坐商的蔬菜市场,最多时有208家蔬菜店和120个摊贩。另外,中国城区还有四个蔬菜批发市场:小西关附近的菜市场有坐商20多家,东楼附近的菜市场有四五十家,旱桥附近的菜市场有30余家,风林村的菜市场有10余家。这些市场的销售渠道包括法国菜市、英国菜市、意大利菜市等大中型零售菜市,遍布各个街道胡同的蔬菜零售店和兼营店,走街串巷叫卖的摊贩。1927年,在东浮桥菜市场成立了瓜菜业同业公会,以协调坐商和菜农之间的关系。③到1928年时,据社会局调查,中国城区有蔬菜店103家,其中有54家蔬菜店坐落在东浮桥沿河马路;蔬菜店中专营批发生姜的姜局10家,资本总额为1.4万余元,每年销售额为24.61万元。

随着这一时期蛋品上市量的增加,外地客商和商贩运输鸡蛋的方式由肩挑车载改为以河船运输为主。到20世纪20年代前后,在三岔河口沿岸聚集了诸多收购鲜蛋的蛋行,于是在河北大街北端和梁家嘴形成了专营鸡蛋收购的专业市场,即"北行"和"西行"。其中"北行"规模较大,有占地约10亩的院落,前后两排铺面集中了20余家蛋行,每年的鲜蛋上市量占全市经销量的80%。距其不远的"西行"也聚集了七八家蛋行。

---

① 朱仙舟:《天津粮食批发商业百年史》,《天津文史资料选辑》第28辑,1984年;李捷三:《解放前后天津粮食行业概况》,《天津工商史料丛刊》第6辑,1987年。
② 天津特别市社会局编:《天津特别市社会局一周年工作总报告》,第606页。
③ 董师贤等:《天津市蔬菜市场的变迁》,《天津文史资料选辑》第45辑,1988年。

二、商业资金筹措与运作的新旧交替

在传统农业社会,商业资本通常是以封建地主经济为前提,或通过"买田置地"与土地资本结合,或从事埠际贸易和城乡贸易等活动,扩大商业资本规模。明清以来,随着工商业的发达,比如徽商逐渐摆脱传统商业资本与土地资本结合的模式,开始投资冶铁、陶瓷等产业,而随着洋行等新式商业的不断增多,传统商业开始突破原有行业限制,商业资本开始加快向近代产业资本的转化。总体而言,这一时期商业资本的突出特点是,资本来源从多元化到专门化,出现了商业资本与金融资本、工业资本的相互融合,同时商业资金的运行更多地借助了银行和银号的力量。

(一)商业资本主体变化

20世纪20年代以后,与进出口贸易有关的坐商、行商、行栈等获利丰厚,驱使更多的资金持有者投资天津商业,其中既有传统的盐商、钱商、粮商和运输业商人,也有买办和军阀官僚政客,形成了天津商业投资的特点。

军阀、寓公、地主以及外来富商是天津商人群体的重要组成部分,也是天津商业投资的一个特色。天津设有多国租界,居住环境优越,中西娱乐设施齐备,工商业繁荣。握有巨资的清廷皇室遗老和官员以及军政要人热衷于投资商业,其中王占元不仅有大量房地产,而且也投资工商业和金融业,比如投资15万元于天津庆丰面粉公司,分别投资2万元于天津敬记茶庄和天成洋货店,投资10万元于永顺兴茶庄,甚至投资40万元于乾祥厚茶庄。[1]可以看出,其投资规模一般比较大,加上政治的影响力和军事权势,在行业中占有一定的位置。

买办投资商业也是这一时期的突出特点。为洋行采购皮毛、棉花等农副土特产品的买办,多在天津和产地投资开办外庄、货栈、银号等。如平和洋行买办杜克臣投资平和货栈、永谦银号、裕津银行等;美国美丰洋行买办李正卿独资设立美丰货栈,集股成立美丰东栈和华丰栈;仁记洋行买办李辅臣设有

---

[1] 赵世贤:《军阀王占元经营工商业概况》,《天津文史资料选辑》第4辑,1979年。

仁记东栈、西栈;横滨正金银行买办魏信臣也有多家银号,并合资创办了天津八大棉纱庄之一的同泰兴棉纱庄;华俄道胜银行买办王铭槐在天津开设了货栈、绸缎庄、大药房;曾任德商井陉煤矿津保售煤处总经理的高星桥设有货栈,并投资兴建了劝业场。

一些商号也投资各种产业,扩大经营规模,以增强自身实力。他们一方面投资相关行业的商店、银号和银行,实现利润最大化和增强抗风险能力;另一方面投资近代工业,保证商品进货与销路稳定。各大纱厂的建立以及天津与腹地织布业的兴盛,促使棉纱棉布批发庄发达,代表性商号20年代有"八大家"之称。这些批发庄为融通资金,开设、入股与其有联号关系的银号。同昌源、同生源棉纱庄的资方赵家开办了元泰银号、德仁银号。庆生棉纱庄的孙家除经营元聚、元裕、通成兴、隆生等棉纱庄,还投资开设了庆义、祥生、晋丰等银号,并创办庆生纱布庄,批发棉纱棉布,经常库存有棉纱10000包以上,3年盈利100余万元。元隆绸布庄创办人胡树屏与商人联办晋丰银号和元聚、元裕棉布庄,其于1915年创办的晋丰银号,资本10万两,每年盈利中的大部分作为公积金,到1934年歇业时积累的公积金已达百万元以上。范竹斋原为洋布庄店员,经常往返于天津与上海之间采购洋布和洋货,1900年成为棉纱庄的经理,1901年合资开办瑞兴益棉纱庄,1913年合办同益兴棉纱庄,1917年盈利300万元,1928年后又开办了二三家纱布庄和信托公司,购置大片土地,建造住房。①赵聘卿除有自营的棉布庄外,还有自营的银号或合资开办的裕津银行、棉纱庄。这种状况在其他行业也较为普遍。邸玉堂于1917年在裕庆隆五金行学徒,1923年合资创办晋丰五金行,1930年再次创业,开设亨通贸易公司,经营猪鬃、蛋品、皮毛、草帽缏、米面、五金、自行车零件进出口,1935年开设隆丰货栈,曾经担任过日伪时期天津商会会长。同和兴货栈的孙东园曾开设同升和帽庄;兴茂号鲜货行张氏兄弟曾为天瑞银号股东;祁霈霖主营鲜货出口,有数家鲜货店,并有果脯厂和两个货栈,后又创建了玉清池澡堂。②

---

① 万新平主编:《天津近代历史人物传略》(三),天津人民出版社2009年版,第54—55页。
② 孙汉卿:《回忆三十年代前后天津干鲜果出口业》,《天津工商史料丛刊》第6辑,1987年;祁士明等:《天津最大的澡堂——玉清池》,《天津文史资料选辑》第94辑,2002年。

第五章　北方经济中心的形成(1928—1937)

除投资商业,天津的商业资本也投资近代工业和金融业。盐商后代李家投巨资筹建北京斋堂煤矿,后又投资滦州煤矿、启新洋灰、华新纺织、寿丰面粉等工业以及殖业银行和实业银行等。①敦庆隆、隆聚、隆顺、瑞兴益、同兴益、庆丰益、万德成等7家棉纱棉布批发庄和永利银号投资200万元兴建了北洋纱厂。该厂开办初期的经理,也是这些商家的代表,如隆顺的卞继昌、同兴益的范竹斋、恒泰永的章瑞庭等。②恒源纱厂和裕元纱厂也一度聘请经营棉纱批发庄的赵聘卿、章瑞庭担任经理、协理。宋则久曾为敦庆隆绸缎庄经理,后创办天津造胰公司和多家织布工场。永盛竹号的李彩轩创办了永丰机制凉席厂和模宏磁瓦厂。此外,还有一些批发商等投资创办的小型织布、针织工场和铸造、铁工厂等。由此可见,这一时期天津商业投资群体出现了商业、金融和工业并存的多元化趋势。

(二)商业资本运作的变化

天津各类商业资金运作虽然有一些变化,但总体仍略显陈旧。一般的商家资本都比较有限,从资本多寡难以分辨出其经营规模。1928年天津市社会局在进行调查时对商家不如实填报资本的事多有怨言,认为影响到了调查的真实性。30年代,经济学者在调查后指出,天津的商家大部分"皆以其东家或股东个人所有之财产为营业资金之后盾,故资金数目多不公布,即有之亦仅对外表示大概而已。其实际内容往往超过于外间所知者远甚。此项商号资本既无一定限额,故其营业恒视市面之盛衰、时局之治乱、与其金融周转之能力以为进退"③。实际上,商号主要以增加流动资金规模来支撑和扩大经营。

1.通过不断增加自身存款保持充足的资金供给

以棉纱棉布批发商为例,此类商号多为独资或合伙经营,出资人(东家)负有无限责任,但并不一定拥有巨额资本,一定程度上是依靠建立在业缘、血缘关系基础上的私人存款充作流动资金。私人存款均有利息,其中既有东家

---

① 金大扬:《天津"李善人"》,《天津文史资料选辑》第7辑,1980年。
② 丁世洵:《解放前天津棉纱批发商业史略》,《南开学报》1981年4期。
③《天津商业调查概略》,《银行周报》第14卷第26期,1930年。

每年所得利润或自家的现款,用堂名等名义存入者,也有东家、经理人、亲朋好友和从业人员存入者。因此,商号东家的身份、商号的规模和信用的良莠,对能否招揽到更多的存款影响甚大。有商号对历年利润或多留少分,或全留给予利息,以增强其自有资金;有商号大量吸存银号、银行的存款,既可体现出商家的信誉,亦可增加流动资金,以拓展经营规模。据史料记载,全民族抗战爆发前,天津经营纱布的商号中,资金的经营能力在棉布2万匹以上者约有160家,估计全业自有资金的经营能力共有棉布500万匹左右,且"各家都有股东存款、堂名存款及股东本金很多,并都是长期存款,还有银行号临时或是定期的贷款,所以增加了各家的力量,总共连资本带存款,全业的经营能力共在八九百万匹左右"①。

其他行业的商号也普遍以类似办法扩充流动资金。20世纪初,专营白灰和煤炭的成兴顺灰煤栈,因承揽京奉、津浦和京绥铁路建设所需白灰、砂子、石块而大发其财,后又投资煤炭采购、运输、存放、批发和零售业务等,获利丰厚。1915年,该煤栈兴建面积1000平米的3层楼房作为总号,为设置各地的30多家分号,以及附属的焦炭厂、油坊和北京的货栈、粮栈等提供资金和货物调剂。该总号成立时,天津各银行、银号纷纷送来存款,要求开户,进一步增强了其资金雄厚的印象,生意越做越大。该号平均每年获纯利十数万元,兴盛时有职工1300多名。据1933年结算大账记载,除历年开分的财股和人股外,流动资金和固定资金总共有400多万元,存煤20万吨(约折合300多万元)。1939年,该栈总号有各银行和银号的存款多达220万元,从而有更多资金扩大经营。②

2. 从银行和银号贷款成为商号解决流动资金的主要方式之一

30年代,有评论认为天津的商号一般不使用银行和银号的借贷,以免影响其信誉。

---

① 天津市档案馆编:《近代以来天津城市化进程实录》,第125页。
② 师其俊:《成兴顺灰煤栈的兴衰》,《天津文史资料选辑》第92辑,2001年。

第五章 北方经济中心的形成(1928—1937)

天津商号之资本既属无限者居多,则其股东亦当然负无限之责任。是以各大商号之股东类皆夙负声望,拥有巨资,一方面能垫款购货、赊给外客,以图销路之推广,一方面能得社会之信托,吸收堂名存款,以增资金之活泼。盖此项商号具有三种特长:(一)购买力雄厚,(二)因放账关系能多销货,(三)藉社会余资以供运用。故不仅为经营贸易之中坚,并潜握一部分之金融势力。至商号有时透用银行银号款项,多出于贷主之乐于供给,而非由于借主之自动请求。若抵押放款更属罕闻。一则各商号资金充足,本无需乎借款,二则风尚使然,咸以抵押为有损名誉,故银行号对于各大商号放款,皆属信用性质。①

然而,这一评论仅看到了表面现象,实际上很多有一定规模的商号与银号有诸多渊源。一些商号自己就开办银号,或是银行、银号的股东,进而能够形成资金互补,甚至透支,以保障商号的资金周转。商家与银号的结合使这种借贷关系具有一定的隐蔽性,从表面上彰显了商号资金雄厚。例如,仁昌绸缎庄原来的股东是经营粮食业的杨柳青石家,因内部矛盾,1930年出兑,永信银号胡翰卿、桐丰银号孙俊亭加入,成为新的股东,得以解决了资金周转的困难,跻身于天津五大绸缎庄之一。1931年,达孚货栈成立,有资本25万元,主要经营干山货,最初占地9.7亩,仅有几间房屋,几年后出资50余万元在原地修建了楼房和仓库。该货栈之所以有这样的实力,得益于有一定的银行背景。该栈的5名股东中,有北京盐业银行副经理、大中银行职员,股东李聚才的儿子也长期在中南银行工作,因此与数十家银行、银号有资金上往来,常年约有五六十万元的规模。②

锦记栈经营干鲜果品的采购、代购和出口业务,为扩大流动资金和增强业务的灵活性,联合其他商人投资4万元设立了锦记兴钱庄,最多时吸纳客户销售货款20万元,还可为一时资金不足的客户提供与银号利息相同的贷

---

① 《天津商业调查概略》,《银行周报》第14卷第26期,1930年。
② 李凤章:《达孚货栈经营之道》,《天津文史资料选辑》第52辑,1990年。

款,或垫付货款。该钱庄经营数年后,与货栈的关系有所变化:钱庄原本是为了解决锦记货栈的流动资金,其业务的开展也视锦记货栈的需要而定,其盈利也作为本金投入经营。随着经济的发展,锦记兴钱庄开始按照银钱业的方式经营,改变了与锦记栈之间的附属关系,使锦记货栈蜕变为最大的一个透支客户。[1]1913年成立的交通货栈有限公司仅有资本6000元,不久增加到1万元;20年代以后生意兴隆,与天津的50余家银行、银号有资金往来。银根松弛时,银行银号以4.5厘的低利息贷给货栈,货栈则以1.5分的利息给客商垫款;在市面银根吃紧时,银行银号也找货栈"抓头寸"(即存款准备金)。两者之间的贷款,最高时达30万元以上。商号从银行和银号得到的贷款,一般是定期贷款,多以信用为凭,30年代以后通货膨胀和货币贬值愈演愈烈,私人存款比重愈发减少,银行银号的借贷逐渐成为解决流动资金的主要方法,且开始实行实物抵押。因此,有一定规模的商号的经营资本主要靠充足的借入资金,如果商号货底殷实、信用可靠、资金灵活和调度有方,就有好的发展态势。

除商业的借入资本支撑外,还有同业、亲友等的支持。例如,1902年开办的义生源大米庄,资本仅5000银两,其东家周琳斋曾经在隆顺纱布庄任职多年,是吃浮股的掌柜。隆顺号不仅在资金上长期支持义生源大米庄,还将一艘载重200吨的帆船长期供其使用,使其成为往来天津与渤海湾沿岸进行粮食运输的主要工具。[2]

此外,商号以提供客商各种便利为途径,利用客商的预付款和商家的存款来增加资金存量。这是各类货栈的普遍做法,即在货栈中存有外地客商来津购货的货款,或者从洋行等处得到的预付款,被货栈充作向客商放款的资金,或者流动资金等。例如,美丰厚货栈的前身美丰东栈曾专为美丰洋行收购皮毛,以及加工和存储,在资金上得到美丰洋行的支持。第一次世界大战以后,美丰洋行不再经营进出口业务,于是美东货栈改名为美丰厚行栈,凭借

---

[1] 肖光淳等:《锦记栈概述》,《天津文史资料选辑》第92辑,2001年。
[2] 朱仙洲:《义生源大米庄简史》,《天津文史资料选辑》第93辑,2002年。

着熟悉皮毛出口、储存和中介公平,赢得外地客商的信任,多时有二三百家各路客户。客户将得到的货款存放货栈,以支付在当地市场购货之用,增加了货栈的存款。此外,该货栈还从兴隆洋行得到抵借款项,成为具有相当实力的专业货栈。①

德和永杂货庄1900年前后开设时,仅有资本4000银两,其经营和资金得益于甘肃、凉州来天津的的客商。这些客商将运往归绥销售的贴花烟土款项全部汇交到该庄,并委托其在天津购买糖类、杂货和海货等,以后又扩大到凡是从天津购买的货物,均由其代办。该杂货庄凭借源源不断的烟土款项得到充足的资金,进而成为银行、银号争相拉拢的放款客户和绅商富户、官僚内眷争相存款的对象,实力大增。②

一般货栈的资本均十分有限,主要靠私人存款、进出口洋行的预付款和银号借款开展业务。由于流动资金充足,这些货栈每年的营业额十分可观,甚至远高于其资本额。例如,恒聚棉花栈仅有资本1.2万元,30年代初每年的营业额竟达到270万元;同生棉花栈有资本1万元,全年营业额却高达190余万元;德兴长棉花栈有资本5000元,年营业额也达到80万元。在干鲜果货栈中,锦茂栈和锦泰栈的资本均为7万元,年营业额均为40万元;庆丰栈和元记栈的资本分别为1.5万元和1万元,年营业额分别为15万元和28万余元;瑞兴隆栈的资本为6000元,年营业额为20万元。药材行的同聚货栈有资本3万元,年营业额为36万元;惠源长药材货栈有资本5000元,年营业额近5万元。③

三、综合性百货商场的出现与发展

20世纪以后,在天津商业转型过程中出现了新的业态——综合性百货商场,成为商业外在形态变化的主要体现。

---

① 贺荫亭:《美丰厚行栈的兴衰记》,《天津文史资料选辑》第52辑,1990年。
② 韩叙斋:《德和永杂货庄的兴衰》,《天津文史资料选辑》第92辑,2001年。
③ 天津市档案馆等编:《天津商会档案汇编(1928—1937)》,第1916—1918页。

(一)大型商场的出现

在传统商业市场上,以经营日用品和食品为主的杂货店铺占有重要位置。杂货店铺是综合性零售商店,具有数量多、经营品种繁杂、资本来源和多寡相差悬殊等特点。杂货店铺遍布大街胡同,经营的商品既有外来的洋货、广货、蔗糖、瓷器、棉纱、布匹、铁器,也有本地的烧酒、蜡烛、灯油、胰皂、咸菜、蔬菜、鸡蛋、米面等。

20世纪以后,杂货铺经营的商品种类虽然日渐丰富,但在整体上仍保持数量多,规模大小不一,主要为周边民众提供所需的食品、日用土产等特点,"盖住民日用所需皆必购之于此。故货物繁杂,多以酱园菜蔬为主体,其附带经营者则为米面、香烛、纸钶,以及零琐之洋广货而已,亦间有兼售饼面、糖果及水铺等业者"[1]。据1929年天津社会局调查统计,中国城区共有杂货铺2053处,其中普通杂货铺占78.67%、酱园占6.14%、米面铺占5.16%、兼营糖摊、鲜货摊、钱摊、水铺、肉铺等杂业占10.08%。在资本额方面,资本最多者有1.5万元,最少者仅三五元,一般为二三百元,除未据实报告的12家外,共有资本487,928元,平均每家有资本239元;在营业额方面,除280家不详外,每年的营业额(流水)共计为6,399,222元,其中最多者达到58万元,次多者有30万元,最少者在百元以下;在使用人员方面,共有店员3188人、学徒307人、工友652人、家庭营业者596人,共计4743人,平均每个店铺不足3人。[2]由此可以看出,传统商业中的杂货铺具有囊括食品等日常用品的综合性特点,在市场上仍然占有十分重要的地位。

与此同时,为满足不同消费需求,天津商人开始兴建集众多商铺和商品于一定空间的大型商场。1912年,在中国城区东马路和北马路的商业中心地区,先后出现了两座大型商场。

一座是位于北马路东侧、靠近东北角的北海楼商场。该商场坐南朝北,

---

[1] 天津特别市社会局编:《天津特别市社会局一周年工作总报告》,第681页。
[2] 天津特别市社会局编:《天津特别市社会局一周年工作总报告》,第681—683页。

第五章 北方经济中心的形成(1928—1937)

是裕兴公司出资修建的二层砖木结构回廊式建筑。该商场上搭顶棚,商铺沿天井走廊依次分布,房间呈环形布置,方便消费者选购商品。商场内有近200家商铺,以销售百货者居多。一楼主要销售儿童和妇女用品,分布着绒绢花、化妆品、针织品和儿童玩具等店铺;二楼有画像馆、照相馆、镶牙所、算命馆等,还有东升、北海等曲艺茶社,表演坠子、时调、西河大鼓、乐亭大鼓等,每天早晚演出二场。裕兴公司对北海楼商场采用承租式管理,商人租用商场店铺经营。同时,为方便管理,裕兴公司制定了《天津北海楼商场章程》,规定商铺租金的定价方法、交租办法、赔损办法等,明确营业时间为早7时至晚11时。此外,商场还专门安装了一部电话,供商场中各商铺免费使用。该商场临近估衣街、锅店街和竹竿巷,开业伊始,人头攒动,尤其是妇女儿童,以能在北海楼商场购物为时尚。各地客商和外地人也将到这里游览作为炫耀的话题,甚至有"不进北海楼,白下天津卫"之说。

第二座是1912年底开业的东安市场。该市场由天津商人穆竹荫修建,位于东马路北面,靠近东北角,坐西朝东,故定名为东安市场。市场占地800平方米,建筑面积1300余平方米,建筑形式与北海楼大致相同,也是内设回廊的二层楼房。一楼有院,顶部木质天棚并开六边形天窗,增加楼内采光度。市场也采用租赁招租的经营方式,入驻店铺有百货店、照相馆、电料行、广告社、乐器店、木盘工业社、茶馆等。不过与北海楼商场略有不同,《天津东安市场简明章程》中首先申明市场内提倡经营国货;并规定了市场内的商铺面积、招租价格、营业时间和注意事项等,如一楼商铺月租金10元,二楼商铺月租金为7元,开业第一年按6折收租金,一楼院内摊位月租金为4元,第一年按5折收租金。

以上两家商场坐落在老城东北角的商业中心,是当时这一带最高的建筑物,既有一定的地标性质,也是一种时尚标志。但到20年代中后期,随着天津商业中心逐渐移到租界,东北角附近商业日渐萧条。天津沦陷后,北海楼商场内的商铺或倒闭或迁出,其中一部分店铺改成了住宅,一部分成了大烟馆,东安市场也成为居民住所。

除上述两家综合性商场外,同样坐落在北马路的工业售品所是一家自主经营的百货商场。清末新政时,直隶工艺总局在北马路建立了考工厂。壬子兵变时,考工厂被毁,重建后改名为天津工业售品总所,并招商承办。1913年,敦庆隆绸缎庄经理宋则久接办后,打出"凡为国货,不拘优劣,皆列肆而售,洋货概不售卖"的招牌。售品所采用百货公司的经营方式,经销绸缎布匹、日用百货、工艺品、五金、钟表等商品,经销商品的种类从1914年的300余种,增加到1918年的3100余种,年盈利万元以上。在营销方法上,该所不仅通过创办《售品所半月报》向消费者介绍国货,还先后举办了34次国货展览会,提倡使用国货。1919年,全国各地抵制洋货爱国运动日渐高涨,售品所的"不问销售之难易,利钱之厚薄,非本国货不卖"的经营定位,增强了售品所的影响力和竞争力。到1920年,售品所经销的各类商品达4000种,每年利润增加到1万元,并更名为天津国货售品所。1926年,该售品所因有参与政治活动之嫌而被当局查封,随后改为股份有限公司,资本5万元,经销商品达到8000多种;翌年的销售额达到47.4万元,其中门市占35.7%,批发占64.3%,共有店员、工友和学徒70人。作为1928年前中国城区唯一的百货商店,天津国货售品所也受到政府方面的关注,在社会局的工商业调查中,专门系统介绍了售品所成立经过。[1]30年代初,国货售品所又在法租界开设了两家零售分所,在北京也开设了批发分所和零售分所。

同一时期,东门里开设的源丰线店也有百货商店的性质。经理齐继贤原为源丰杂货铺店员,20年代前后接手杂货店后将其改名源丰线店。改名后的源丰线店不仅扩大了经营商品种类,包括呢绒绸缎、针棉织品、搪瓷器皿、化妆品、儿童玩具和服装、成人衣帽、电料灯泡等,而且兼营批发、代销和包销业务。因业务发展迅速,店员一度达到110多人,改名为源丰百货商店。[2]

百货商场日渐发展的同时,20年代末一种新型的百货公司开始进入天津商界。这种集购物与休闲娱乐于一体的新型百货公司最早出现于上海,1917年上海先施百货公司开业;翌年,永安公司开业,这两家公司的资本额皆高达200万元港币,都建有五层大楼的商场,商店营业面积在1万平方米以上,均以

---

[1] 天津特别市社会局:《天津特别市社会局一周年工作总报告》,第748页;马寿颐等:《宋则久与天津国货售品所》,《天津文史资料选辑》第16辑,1981年。

[2] 万新平主编:《天津近代历史人物传略》(五),天津人民出版社2019年版,第171—172页。

第五章 北方经济中心的形成(1928—1937)

营销各国高档售品为特色,并附设有游乐场、餐馆、酒吧等供顾客娱乐、休闲的专用场所。这两座体型硕大的百货公司矗立在繁华的南京路上,商品玲琅满目,使逛百货公司成为民众的一种时尚,也更新了市民的消费观念和生活方式。

1928年元旦,以上海先施、永安百货公司为蓝本兴建的中原公司在天津日租界的旭街开业。该公司的几位创办人均有上海先施百货公司的工作经历,比如林紫垣自1922年后一直是上海先施公司的参事,"乃秉承董事部之命令权限而助理分行要务者也",他常驻日本采购,与旅日华商联系密切。林寿田曾任上海先施公司副经理,1919年前是先施公司总行董事,1919年后充任先施公司上海分公司参事。黄文谦曾任上海先施公司首饰部主任,1922年升任参事。同时,中原公司筹办时还招聘了一批在上海、香港各个百货公司工作的青年人。[1]1927年,林紫垣一方面从日本神户汇丰银行买办蓝赞襄、正金银行买办鲍翼君,以及大阪等地的侨商中集资20余万元,另一方面邀请天津的下野军阀政客陈光远、陈耀珊、徐良等入股,再加上创办人等的投资,共筹集资本130万元,创办天津中原公司。

中原公司拥有高达66米的7层楼房,建筑面积9000余平方米,不仅长期成为天津的地标建筑,也是天津最摩登、最时尚的大型综合性百货商场。中原公司的1楼至3楼为百货商场,经营洋广杂货、布匹、绸缎、呢绒、食品、食品用具、电料、鞋帽、家具等;4楼至5楼开设游艺场和大戏院;6楼为酒楼;7楼称为"七重天",在夏季供消费者和游人纳凉消暑的屋顶为露天花园,备有冷饮、西餐等,以供消费者纳凉消暑等。楼内更设有直达各楼层的自动垂直电梯,更吸引了广大民众的好奇,乘坐电梯成为吸引顾客和游人的一个亮点。此外,中原公司还开发了自有品牌的皮鞋厂和木器加工厂。此后,随着消费者需求的变化,中原公司不断调整业态,专门成立了游艺部,并将3楼改为杂耍场,4楼改为电影院和评戏、文明戏院,5楼改为中原大戏院,6楼仍为中西餐厅,在屋顶花园设立了巴黎舞场。

---

[1]《先施公司二十五周年纪念册》,转引自上海市档案馆等编:《近代中国百货业先驱——上海四大公司档案汇编》,上海书店出版社2010年版,第6、8—10页。

中原公司成立初期总经理为蓝赞襄,林紫垣任经理,林寿田和黄文谦任副经理。他们仿效香港、上海等地各大百货公司,以中产阶级为销售对象,以高档、新潮、精致、齐全为定位,集中采购国内外高档商品,如法国的化妆品、英国的呢绒毛毯、瑞士的钟表、瑞典的搪瓷制品、德国的电器用具、俄国的花布、捷克的皮鞋、美国的罐头食品和儿童玩具等,其他日用百货、五金用品则主要从日本、香港和上海购进。商场内货色齐全,专营高档日用百货,以"始创无二价,统办全球货"自诩。

中原公司开业后,顾客盈门,生意兴隆,盛况空前,香港、上海以及国外的各大厂商都乐于赊销产品,力争在此销售。30年代初,该公司日营业额达到6万元左右,月销售额20万元左右。日本占领东北后,国内反日运动此起彼伏。1931年日军在天津日租界策划"便衣队暴乱",再加上公司大量经销日货,信誉有所降低。1932年,为避时局影响,中原公司在法租界廿六号路(今滨江道)开设分店。1934年,中原公司又在北京王府井开设分店。至此,全公司有员工近1000人,总店约400人,天津和北京分店各约200人,附设的皮鞋厂、木器加工厂和其他附属部门约有200人。[1]1939年,天津遭遇洪水灾害,中原公司总店和分店均遭水淹。同年冬,北京分店发生火灾,全部物资被毁,仅商品一项就损失50万元以上。1940年8月,天津总店又遭遇一场大火,全部商品、货柜和设备等化为灰烬,由日本三井和三菱洋行等偿付火险赔款350余万元。1941年,公司花费150余万元重新修建,中原公司大楼以新的姿态出现。但因工程耗资巨大,又逢战争期间物资匮乏,商品多被日伪政府列为统制性物资,且流通渠道不畅,中原公司惨淡经营,勉强维持。

(二)新兴商业中心的形成

20年代以后,天津法租界廿六号路附近成为新兴商业中心,各类商店、饭店、饮食和娱乐设施开始向这里聚集,许多批发和零售商店在此设立分店,或

---

[1] 史斯闻:《天津中原公司概述》,《天津文史资料选辑》第16辑,1981年;黄庸谦等:《中原公司历史的回忆》,《天津文史资料选辑》第92辑,2001年。

第五章　北方经济中心的形成(1928—1937)

直接将总店迁移至此,甚至文具店和古玩店也从北马路商业中心迁到这里。

商业的繁荣为商场的兴建提供了条件。比如1924年天津商人李魁元在法租界廿六号路兴建天祥商场;1927年天津一些盐商集资兴建泰康商场。这两个商场均采用租赁柜台的管理方式,将店铺和摊位出租给商户,经营何种生意,商场不予过问。另外,商场动工时为解决建设资金不足的问题,向商铺预收租金和入场费。① 不过,其中最有名的当属劝业场。

劝业场创办人高星桥是井陉煤矿津保售煤处经理。20年代,他从英商先农公司买下了法租界廿一号路一块5.2亩地皮,当时这片空地的两个角已盖起楼房,北面是1925年落成的浙江兴业银行,南面是1926年落成的惠中饭店。高星桥聘请法国工程师慕乐进行商场建筑设计,按照设计图纸的初步估算,至少需要百万大洋。于是,高星桥成立了股份公司,计划招股150万元,每10万元一股,他自认6股,庆亲王载振、买办魏信臣和商会会长叶兰舫各认1股。劝业场建筑面积2.1万平方米,立体5层,转角局部7层,取名"劝业商场",意在"劝吾胞舆,业精于勤,商务发达,场益增新"。劝业场一楼至三楼分别租给店铺和货摊,经营日用百货、布匹绸缎、各种器皿、钟表首饰、文房四宝、旧书古玩、工艺品等等;四楼以上有"八大天"等娱乐场所,即天宫影院、天华景戏院、天乐戏院、天升戏院、天会轩剧场、天纬球社、天露茶社,以及屋顶花园、大观园、天外天。

1928年12月12日,劝业场开业,可谓盛况空前,上至中外官员,下至平民百姓,纷纷前往。由于"八大天"经营得法,娱乐场所集中,成为游客必到之处,夏夜尤其拥挤,也增加了劝业场内商铺的顾客群和销售额。此后,以劝业场为中心,由周边的交通旅馆、惠中饭店、浙江兴业银行,以及首饰店、电影院等,形成了商业繁华区;并与日租界旭街的中原公司遥相呼应,展现了天津作为北方现代商业中心的气势。

商场的发展又推动了新商业中心的形成。原来的商业中心在中国城区

---

① 李魁元原来是走街串巷的小贩,1910年前后开天祥号杂货店,零售副食品和米面等,主要销售对象是兵营,后开办天祥叫卖行,1925年投资建天祥商场;张高峰:《劝业场一带的变迁》,《天津文史资料选辑》第16辑,1981年。

467

的东北角一带,20世纪初期河北新市区也吸引了一些商店的进驻,但由于远离海河沿岸的码头和近代银行等,一直没有形成与东北角商业区并驾齐驱的态势。20年代以后,东北角商业繁华中心仍然继续发展,但更为突出的是日租界和法租界出现了新的商业中心。随着租界的迅速发展,沿着日租界的南市三不管、旭街和法租界梨栈大街、海大道形成了新的商业繁华区,各类商店均向这里聚集,不仅有大型百货商场、钟表与鞋帽等各类专业性店铺,而且银行、银号、电影院、剧院、照相馆、首饰店、饭店、旅馆等应有尽有,可以满足不同层次消费者的需求,营造出各类商店密集,商品丰富、购物便利和娱乐休闲服务场所聚集的环境。这种商业的密集化态势,有助于商业的进一步发展。

四、经营方式的变与不变

天津商店鳞次栉比,经营商品各异,货源和销售渠道不一,店铺规模参差不齐。从商店经营类型看,大致有洋行、批发商、采购商、类似经纪人的货栈;从商品性质看,有进口与出口商品、天津本地产品与内地农副土特产品;从规模看,有大型商场和商号、中小型批发和零售商店、专营性质的商店与货栈、杂货店和摊贩等,不一而足。对于商业的多层次发展,可以简单地归纳出具有较多共性且具有一定发展趋势的经营方式。

(一)大型商业企业的经营方式

以英美烟公司为例,该公司于1902年在英国伦敦成立,1903年在上海设立分公司,最初将销售权委托给美商老晋隆洋行,1912年收回销售权后,在上海、汉口、天津、沈阳设立分支机构,委派各分支机构经理负责区域销售业务。1934年,英美烟公司实行分散经营,分别设立颐中烟草公司、首善印刷公司、颐中烟草运销公司等。从委托老晋隆洋行销售到英美烟公司收回自营,再到颐中烟草公司,英美烟公司逐渐构建了一套较为完整的销售网络。

就天津分支机构而言,英美烟公司在天津组建运输部和仓库,并下设北方、芦汉、边塞、山东四个营业区,区公司分别设在天津、石家庄、张家口和青岛;区以下设立段、分段和驻地人员,每个营业区有四至六个段;区经理为公

第五章 北方经济中心的形成(1928—1937)

司职员,管理各段的数名督销,督销并非公司职员,负责推销和保证各地销售栈店的信用,其收入为销售金额的2%,所以一些督销实际上也是经销者,即自己开设或合伙开设销售店;督销以下各段就是大小经销商、零售商和摊贩。

可以看出,在此销售网络中,主管为天津部的经理和职员,销售各层级则为当地商人。据称,颐中公司天津部所辖四个区内有24个段,共有大经销商321家,小经销商2000家,零售商约2.6万家。其中,三和烟公司主销保定一带的京汉铁路一线。玉盛合号凭借50余年经营杂货店的经验,"支店遍直鲁二省,经售各种货物",因此"在中国北数省之名望素盛,且与各地市面感情深厚,以故马君(玉盛合掌柜马玉清)在天津、张家口各处所办之经理成绩极佳"。张春霖自英美烟公司在天津设立分公司时"即任之为经售处,销售各处纸烟",在胜芳镇设立烟栈,在苏家桥、杨柳青等城镇分设代理处。再如,公合生铺的尤少增自20世纪初就"业商于京津"批售香烟,1907年为通州北栈房经理,"替公司在四乡推广生意"。[1] 20世纪20年代以后,英美烟公司的颐中公司在天津市内,最初有5家大经销商,后改为公兴存、华美2家,最后由庆丰和独家包销;分经销商通常有30余家,多时达到84家;至于零售商则达到1200多个,几乎控制了天津市的卷烟市场。[2]

美国的美孚、德士古和亚细亚石油公司的经销方式与英美烟公司大致相同,也是在天津和各地设立分区、段和代理店、分销店站,以当地的粮栈、洋货店和杂货店为代销店,代销店只需缴纳一定的押金,就可以根据销售量得到相应佣金,代理店以下有大小分销店,遍及各个集镇。美孚公司天津分公司的经营范围,在黄河以北有10个分区,共有120余家代理店。德士古公司和亚细亚公司的天津分公司分别有12个区段和9个区段,各个区段的代理店少则百余家,多则数百家。[3] 德士古公司天津分公司1931年前有130余家代理

---

[1]《英美烟公司月报廿一周年纪念刊》(1923年),转引自汪敬虞编:《中国近代工业史资料汇编》第2辑,第222—223页。
[2] 哈增礼:《英美烟草托拉斯对天津的经济垄断》,《天津文史资料选辑》第33辑,1985年;胡兴元等:《沧桑历尽话津烟》,《天津文史资料选辑》第95辑,2002年。
[3] 闵文:《英美三大油行侵入天津概述》,《天津文史资料选辑》第28辑,1984年。

店,1941年底增至220余家,后又增加到400余家,以下有分销点2000余家,形成了销售网络。①正如时人评论所指出的,天津的卷烟和煤油商,"多由粮行兼办,因粮行赴内地采购粮食,如汇兑款项,即须担负汇水之损失,故批运卷烟煤油行销各处,即以得价贩粮运津转售,既省汇水,又可获利"②。

(二)大型综合性商场经营方式的变化

20世纪20年代以后,北海楼、劝业场和中原公司等大型综合性商场的经营方式也发生了新变化。这些综合性商场有别于传统店铺的零售经营模式,不仅是一个多功能复合式商业空间,可为顾客同时提供购物、娱乐、餐饮消费服务,而且经营管理也愈加细密,从经营环境到商品布局,再到人员管理,经营者都进行了调整和改进,特别是各类商品实行明码标价,一定程度上避免了买卖双方的冲突,增强了竞争力。比如按照北海楼商场章程规定,每年3月商场要组织各商铺召开茶话会,以增进感情、了解行情,研究市场动态。平常遇有急事由账房及时邀约各有关商铺开会,研究对策。

与劝业场、北海楼、天祥商场以商家租赁商场商铺或柜台经营不同,中原公司除租赁业务外,经营管理上更具现代经营思想。

1. 袭用上海、香港先施百货公司购物中心的运作模式

公司由总经理、经理、副经理组成经理部,分管人事、财会和业务等项工作;各楼层分设管理主任,按照商品类别分别设立部长,掌管具体业务,有一定自主权;货物进销、人员调配和减价处理等事项,由经理与楼层的管理主任、部长直接协商,根据具体情况自行决定。这样,通过严格的管理与分工,经理和各部门负责人能够及时解决实际问题,达到各按专长,分工明确,相互配合,发挥各自积极性的目的。如果遇到资金分配和重大改革等事项,则由经理、主任和部长开会决定。③

---

① 郭幼丹等:《美商天津德士古火油公司三十年掠夺纪实》,《天津文史资料选辑》第28辑,1984年。
②《天津商业调查概略》,《银行周报》第14卷第26期,1930年。
③ 黄庸谦等:《中原公司历史的回忆》,《天津文史资料选辑》第92辑,2001年。

第五章　北方经济中心的形成(1928—1937)

2. 明确经营定位

中原公司的经营定位于中高端消费,主营日、德、英、美等国进口商品;商品通过侨商渠道购进后独家经营,商品种类多,陈列整齐,明码标价,且打出"经营舶来品牌商品"的招牌,得到了城市高端消费群体的广泛好评。

3. 采取薄利快销的经营策略

中原公司针对百货公司这种大型综合性零售商业的业务特点,为保持资金周转的顺畅和银行贷款的支付,将不冒风险的资金平衡作为购销原则,采取一系列勤进多销和不积压商品的营销办法,如商品的进货周转期大致保持在40天至50天之间,从而使应销和畅销商品紧跟市场潮流。对于库存商品则充分利用春秋两次大减价机会,清仓挖潜,不因利薄而惜销。中原公司还利用津、沪两地的时尚、季节差,组织人员从上海低价购进大批滞销商品,在天津举行首次秋季大减价销售活动,广受各层次消费者欢迎。

4. 沿用一些传统营销方式

例如,该公司在开业后不久就推行商品礼券的业务,每年经销额在15万元左右,约占营业额的8%。[①] 这些礼券印刷精美,方便携带,加上活动多在节日和年关时举办,因此大受馈赠者和接受者的欢迎,销售极好。以花式暖水瓶、喜寿字脸盆等时尚商品作为馈赠礼品,解决了此类商品节前供不应求与节后长期积压的矛盾,促进了资金周转,增加了营业收入。中原公司还沿袭了传统吸揽存款和商品赊销的经营方式,一开业就接受上海、香港和日本各厂商的商品赊销。30年代以后,成立了储蓄部,以较高利息鼓励股东存款,并通过董事和股东吸揽更多游资,弥补流动资金的不足。

除了经营方式的变化,这一时期的商业经营者开始重视订立契约合同。传统的商业经营通常是以现货交易为主,重信义不重契约。近代以后,尤其是涉及进出口交易时,买卖双方,比如洋行与买办之间,买办与批发商、坐商、客商之间以及行栈之间,越来越多的交易活动采用合同等形式来约束双方或

[①] 该公司推出的商品礼券与此前商铺和钱商发行的"红帖"性质不同,没有流通和支付的货币功能。

多方,以保持经营的稳定性。

同时,天津经营者仍保留着传统的贷款预购、赊销、垫款等经营方式。在商品市场上,既有现货、期货的契约交易,也有靠抵押实物、货单等进行的交易。例如,专营水果批发的行栈在水果上市之前,一方面与果农预先议定卖价、数量和交货时间,另一方面向各市场的零售商发出行情信息和预订单,商订批销合同,缩短了水果上市的周转时间,保证了商品的质量和数量。采购商或坐庄在棉花、皮毛和烟叶等的产地,也比较普遍地采用贷款预购的方式。

赊销也是商号普遍采用的经营手段。例如,棉纱棉布批发和零售商,以及粮食的收购、批发和零售均采用赊款、赊销的方式,以增进与客户的关系。棉纱庄的主要销售对象是天津的织布工场、针织工厂和外地客商,多先供应其棉纱,然后定期结账付款。[1]经营煤油和纸烟的洋行在各地也实行赊购经销,以契约规定双方的权限和利益。

采用垫款最为突出的是专业货栈和采购商。他们在客户需要购货款时,予以垫借,垫款利息要高于银号,但手续简便,随用随提,且专业化程度高,并均以客户需要为主,所以很多客户尤其是外地的客商多采用这种方式。例如,交通货栈由于长期得到银行和银号的贷款,有能力为客户垫款。虽然比市面上的放款利息高3厘,但仍有大量的客户找其垫款,其中不仅有外地的客商,而且甚至天津的客户如永利制碱公司,也经常利用其资金解决流动资金的不足。

同一时期,天津的商号在经营中也普遍存在联营的方式。由于天津商号与银钱业、各地客商往来频繁,因此在与其他相关行业开展交易活动时,经常形成在资金、商品采购和销售上的联营,以实现互利,进而形成一定程度的销售链。天津和各地的一些粮行、杂货商和货栈等作为英美烟草公司、三大英美油行的代销店,不仅可以赚取佣金,而且能够扩大自身的营销网络。例如,美丰厚货栈在经营皮毛加工价格和出口业务的同时,还开办银号,承包了平

---

[1] 丁世洵:《解放前天津棉纱批发商业史略》,《南开学报》1981年第4期;李焕章等:《解放前天津大纱布庄概述》,《天津文史资料选辑》第49辑,1990年。

泉、建平、朝阳、赤峰四县美孚公司煤油和颐中公司卷烟销售,巩固了皮毛收购运输的主要业务。①

第五节　金融业的发展与区域金融中心地位的确立

1927年4月,南京国民政府成立,中国政治重心南迁。1929年世界经济危机爆发,影响波及中国。1931年九一八事变以后,日本对东北、华北的侵略,加剧了东北、华北政局的动荡。这些因素均对天津金融业的发展产生了不利影响。同时,政治重心的南迁也使天津金融业褪去政治因素的痕迹,更凸现出天津作为北方地区金融中心的地位。

一、金融业的充实与调整

(一)银行的发展

1927年以后,天津新设立的外商银行很少,仅有1928年设立的天津商业放款银行。该行最初系旅津俄国人创办,向中国政府申请注册,1932年改组后在美国注册,资本额为2.5万美元,总行设在天津,抗日战争全面爆发后即告停业。②30年代前期,天津实存外商银行共有17家,分别是:英国的汇丰银行、麦加利银行,日本的横滨正金银行、朝鲜银行、正隆银行、天津银行,美国的花旗银行、运通银行、美丰银行、大通银行、天津商业放款银行,法国的东方汇理银行,比利时的华比银行,意大利的华义银行,德国的德华银行,以及法国和比利时合办的义品放款银行,中国和法国合办的中法工商银行。这些银行在天津的影响力随各国在华势力大小的变动而变动。例如,花旗银行因美国对华贸易不断增加而势力大增,而日本的横滨正金、朝鲜银行则因日本侵

---

① 贺荫亭:《美丰厚行栈的兴衰记》,《天津文史资料选辑》第52辑,1990年。
② 天津市地方志编修委员会编著:《天津通志·金融志》,第156页。

华和抵制日货运动等,影响力大减。朝鲜银行所发行的老头票虽已经式微,但交易仍在,"每日在日租界内交易,仍不下二三十万元"。从总体上看,外商银行的势力已不如前。正如当时金融界评论所言,当华商银行尚未创立时,"外国银行势力独霸一时,尤以外国汇兑一项,完全为其包办,其所发行之纸币,亦风行一时。迨乎民国,华商银行突起,办理完善,信用日著,外国银行之营业,为之夺去一部。又华商银行所发行之纸币,深得人民之信仰,流通日广,而外国银行之纸币乃日蹙。从前外国银行有代理中国国库者,今亦已完全收回,故外国银行之势力,已大非昔比,惟外国汇兑一项,则仍为其专长";而且,此前天津外资银行"以地近首都,对华政治借款,颇见活跃,获利因之甚巨。北伐告成,津市外商银行业务,可以商业为活动中心矣"[1]。

1927年南京国民政府成立后,一些总行在天津和北京的华资银行移往上海,1925年总行设在北京的华资银行有23家,到1934年只剩下2家。[2]天津的一些银行也将总行南迁上海,如中国实业银行(1927年)、中孚银行(1930年)、东莱银行(1933年)、盐业银行(1934年)、金城银行(1936年)等,这势必会削弱天津金融业的实力,但这些银行在天津仍有相当实力,而且在没有首都北京政治因素和众多银行总行的掣肘之后,影响力远远超过了北京,作为北方地区金融中心的地位并未下降。同时,这一时期天津又成立了一些华资银行,如中元实业银行(1927年)、河北省银行(1929年)、天津商业银行(1929年)、河北民生银行(1931年)等。1932年,全国有银行146家,其中总行设上海的有59家,设在天津有10家;全国各地的分支行共计有1038家,其中上海有550家,天津有93家,从数量上均居第二。[3]1936年,全国有银行164家,其中总行在上海的有53家,天津有7家;总共有分支行1627家,其中上海有128家,天津有61家。此时,天津的总行数量虽然少于重庆(9家),但总分行合计近70家,远远超过重庆(29家),仍居全国第二位。[4]

---

[1] 吴石城:《天津之外商银行》,《银行周报》第19卷第29期,1935年。
[2] 吴承禧:《中国的银行》,第13页。
[3] 李洛之、聂汤谷编著:《天津的经济地位》,第121页。
[4] 中国银行经济研究室编:《中华民国二十六年全国银行年鉴》第19章,中国银行经济研究室1937年版,第33、34、39页。

第五章 北方经济中心的形成(1928—1937)

(二)银号经济实力的增强

20世纪30年代初,世界经济危机和九一八事变,使天津的商业、对外贸易和工业受到严重影响,也势必影响到天津银号的发展。同时,随着中央政府废两改元和推行法币制度,银号失去一部分能为之带来优厚利润的业务,出现经营困难。但从天津的金融市场来看,与全国其他地区的明显衰退迹象不同,钱业仍然保持有相当的实力。据1935年对天津72家银号资本的统计,其资本总额为500余万元,每家平均资本7万余元。其中,资本在20万元以上的有2家,15万元以上的有2家,14万元的1家,10万元左右的有20家。[1]与1928年的统计相比,这次统计的口径并不完全一致,但仍能一定程度上反映出天津钱业并未出现明显衰退的迹象。

表5-19 1935年天津72家银号资本额分配情况表

组距(单位:元)	中点	银号家数	百分比
5000以下		1	1.4
5000-14,999	10,000	5	6.9
15,000-24,999	20,000	9	12.5
25,000-34,999	30,000	1	1.4
35,000-44,999	40,000	7	9.7
45,000-54,999	50,000	10	13.9
55,000-64,999	60,000	5	6.9
65,000-74,999	70,000	3	4.2
75,000-84,999	80,000	6	8.3
85,000-94,999	90,000	-	-
95,000-104,999	100,000	20	27.8
105,000以上		5	6.9
	共计	72	100.0

资料来源:王子建:《天津之银号》,第13页。

---

[1] 王子建:《天津之银号》,第13、15页。

(三)保险与证券机构的剧增

国民政府成立后的最初十年,外商保险业继续发展。到1933年底,英国在天津的保险公司新增32家,总数达到78家,仍居天津外商保险业的首位;美国保险机构新增50家,总数达53家(其中分公司15家),居第二位;日商保险机构新增22家,总数达42家(其中分公司19家),跃至第三位;德国、荷兰、法国商人也新开办了数家保险公司;而且意大利、加拿大、瑞士、印度、新西兰、苏联等也在天津设立保险分公司或代理店,共计13家。合计天津外商保险机构新增137家(其中分公司76家),总数达到228家,数量超过上海,居全国各大城市之首,也是华北地区外商保险业最为集中的城市。[1] 同一时期,华商保险业也有发展。1934年,参加外商保险火险公会的华商会员脱离该火险公会,自行组织天津保险业同业公会。凡在天津经营保险业之公司行号,除关系国防公共事业和国家专营事业外,经主管官署发给营业执照者,均可成为会员。但华商保险业的实力,仍不能与外商保险业并驾齐驱。[2]

这一时期,天津仍没有证券交易所,证券交易中的公债交易因发行种类和数量减少,以及信誉度下降等原因而逐年衰减,而股票交易增加。九一八事变后,大批游资从东北、华北各地汇集到天津。此时的天津工商业因受时局影响,呆滞不振,公债投机仍然疲软,只在低价上徘徊。于是,持资者为寻找出路,常购置大型工业企业和银行股票(如济安、先农、恒源、寿丰、启新、滦矿、盐业银行、金城银行等)。以金城银行的股票为例,除每年度发付官利6厘之外,还发给红利8厘,共合1分4厘,同期存款利息一般是定期不到1分,可见股票收益之大,交易量因之增加。1936年春,国民政府第三次整理公债,发行统一公债4.6亿元,换回旧有公债33种,公债种类减少,价格单一,套做各种公债从中取利的机会减少,公债交易逐步缩小。

因此,无论是外资和华资的银行、银号,还是证券市场,均与经济发展的

---

[1] 天津市地方志编修委员会编著:《天津通志·金融志》,第188页。
[2] 天津市地方志编修委员会编著:《天津通志·金融志》,第205页。

第五章　北方经济中心的形成(1928—1937)

状况同步,随着内外贸易和工商业进入自觉调整阶段,金融各界也放缓了发展的速度,在其主营的存放款等业务和经营管理上寻求改进与发展。

二、银行与企业关系的新动态:代管与投资

(一)银行对企业的接管和代管

自20世纪20年代中期始,在内外多种因素的综合影响下,天津工业发展表现出较大的起伏,其中又以棉纺织业表现得最为典型。在经历第一次世界大战和战后数年创办纱厂的高潮之后,棉纺织业在20年代中期曾一度进入回落与徘徊时期,20年代的后期虽稍有恢复,但因受世界经济萧条和九一八事变等因素的影响,在1932年至1935年间出现了衰败不振的景象。1936年后,天津各纱厂逐渐走出困境,生产出现高涨。在棉纺业起伏较大的时期,银行对各纱厂贷款规模进一步扩大,其债权债务关系也呈现复杂化。由于企业经营困难甚至亏损,难以按期偿还银行贷款,银行为了保障债权,对企业所欠债务进行多样化处理。除原有的延长还贷期限,增加抵押等常规方式外,还加强了对企业的监管,即派遣人员驻厂,对厂方的财产、财务及经营进行监督,并且对一些企业采取接管、代管甚至收购等措施,显示出银行资本对产业资本的渗透。

银行对企业的接管、代管,即在银行提出一些条件后,暂时取得企业的经营权。以棉纺织厂为例,其基本条件有:"第一,纱厂股东仍对纱厂保有所有权,银行则获得经营权,或有定期或无定期,总须股东履行合同义务,方得收回自营;第二,在代管期间,纱厂所欠银行之旧债保本停息,另由债权银行拨借新押款充流通资金,利息照付;第三,纱厂一切管理营运业务完全由债权人派人执行,股东则有监察权,惟营业如有亏损归股东负责,如有盈余,则按协定成数,由债权人与股东瓜分"。[①]接管、代管有两种方式,即或由银行直接负责管理,或委托专门机构管理。前者如1927年至1933年

---

① 严中平:《中国棉纺织史稿》,第247页。

银团对裕元纱厂的接管,后者如金城、中南银行委托诚孚信托管理公司对恒源纱厂的代管。

　　裕元纺织公司自1917年创办后,经历了1918年至1922年的全盛时期,然后便进入衰退阶段。该公司日后将其缘由总结为"举债办厂,得利先分"。600余万元的利润中,"除实分股利3,197,906元,又除八年至十一年公积金485,256元,同时提折旧426,000元,两共911,256元外,其余纯益1,939,417元,或赠给股票或分派花红",积累部分即使算上折旧也只有约六分之一。同时,该公司盲目扩大规模,使定期借款高达533万余元,往来透支98万余元。1923年,该厂总经理王郅隆在上海投机日本棉纱失利,当年亏损74万余元。据估计,到1925年,"公司营业损失,实已超过股本之半"。于是,股东会自1925年起就商议由债权人筹资管理,次年双方签订管理合同,1927年1月作为债权方的银行团开始管理。然而,银行团接管以后,公司经营仍无起色,"除十八年有盈余外,十六、十七、十九三年均系亏损"。1931年,银行团因见公司负债未能减少,催促其进行清理;公司方面则因无资偿债,商请银行团容许公司自营,以图得利还欠,于8月15日终止管理。在银行团接管时期,公司又增加了103万余元的损失。此后,公司虽然实现了自营,但未能扭转颓势,无力还债,于是在1935年停工清理,1936年拍卖给日商大仓洋行,大仓又将其转卖给日商钟渊纺织株式会社经营,改名为公大第六厂。①银行债权团接管裕元公司的经营方式,是一个失败的例子。

　　恒源纺织公司也是天津六大纱厂之一,1920年8月正式开工,开办资本达400万元。1927年后,恒源纱厂的经营越来越陷入困境,向银行的借款已不能保证按期偿还,且久拖不结。1927年8月27日,恒源纱厂向天津盐业、金城、中南、东莱、中国、道生、浙江兴业等七银行和永济银号(下称银团)商借定期借款银40万两,现洋50万元;商定借款利率月息1分1厘,期限10个月,以纱厂地基、厂房、厂内仓库及所有一切房屋等财产,及南厂纺织机器引擎等作为借款的担保。然而,这笔借款却成为恒源纱厂与银团间长期纠缠不

---

① 《金城银行天津分行档案:裕元公司存借款等函件》,天津市档案馆藏,全宗号:211—3486。

第五章　北方经济中心的形成(1928—1937)

清的症结所在。

恒源纱厂与银团间围绕这笔借款所形成的纠纷,从1927年8月后历经10年之久。最初,双方经过多方调停,形成有抵押的补充合同,展期一年还款,期间由银行设立监理、稽核员和查库员,"到纱厂实行监理",并成立恒源纱厂债权委员会,以监督实行补充合同所有一切权利。到1930年1月后的银团监理阶段,状况并未根本改观。花贵纱贱以及发电机故障等,致使生产不能正常进行,困境不仅未能舒缓,反而更加严重,1933年5月后,不得不数次停工,到1934年初,该厂所欠银团旧债本息合计已达297万元,另欠各商号各堂号债款本息36万余元,即使宣告破产,全厂资产也不足以清偿旧债。[①]于是,纱厂董事会不得不向银团再次商借款项,筹划复工。1934年7月,恒源纱厂与新银行团订立了新的借款合同和债权管理契约,由新银行团将工厂事务委托给诚孚公司代管。诚孚信托公司是一家投资管理公司,其派出新的管理人员代管了纱厂的经营。由于注入了新的资金,修缮了厂房,购换了机器,1936年5月该厂重新开工,且逐渐有了起色。到1942年,该纱厂还清所欠本息,并发放过1940至1942年度各年的股息,其"资产价格,已较昔年提高倍蓰不止"。1946年,恒源纱厂最终由董事会收回。[②]

这种银行对企业的代管,在当时并非仅有恒源纱厂一例,而是一种常见现象。有观点认为,这是银行方面有意识加强对企业控制的结果,促进了银行与产业的融合,使银行资本趋向于产业化。但从恒源纱厂的实例来看,这种运作是客观现实促成的,并不是银行家们的主观意图。银行方面必须要维护自身的权益,面对企业贷款逾期甚至长期不还时,不得不直接对企业进行监管。从某种程度上说,这是银行一种不得已的行为。

(二)银行对企业的投资

当银行与借贷方之间的债权债务关系通过接管、代管仍无法处理时,银

[①]《恒源纺织股份有限公司历届年结账略》,天津市档案馆藏,全宗号:146—1—1。
[②] 中国人民银行上海市分行金融研究室编:《金城银行史料》,第398—399页。

行还采取出资直接收购企业的方法。北洋纱厂1918年创办,资本200万元,大部分来自天津的棉纱批发庄和银号。商人经营大型工厂并非内行,加之当工厂开工生产时,棉纺业的黄金时代已经不再,因此该厂从一开始就陷于困难的境地,"该厂因为对外欠债太多,负担利息太重,不得已而予抛期货,又处处吃亏,遂致无法维持。1930年11月由原经理章瑞庭组织新记公司租办,加号新记。1934年5月,由章瑞庭单独出资租办,加号改为公记,但结果仍是赔累。1936年4月,章瑞庭租期届满,还是毫无办法"。此后,该厂曾与日商上海裕丰纱厂签订租约,由其承租经营,结果引起债权纠纷,最终金城、中南两家银行各出资30万元购得纱厂,并交由诚孚公司管理。①诚孚公司接管后,北洋纱厂于1936年七八月间复工,情形逐渐好转,年底净盈利1万元,一举扭转了过去朝不保夕的艰难局面。当时,金城银行将其原因总结为:其一,通过增资至300万元,使得资金充裕,因为"有自己的银行可以随时融通资金的便利,不若在纱商经营时常常受到债务的压迫并付出重利";其二,聘请纺织专家主持,"在生产方面,在管理方面,都有切实改进";其三,增加设备。于是,"凡此等等改进,都促使成本降低,能与外商纱厂相抗衡"。②由此可见,银行的收购最终盘活了北洋纱厂。

此外,银行还采取购买企业债券、向企业加入股份和独资开办企业等办法,向工业产业渗透。比如,金城银行对工矿企业有着相当可观的投资。1927年,金城对工商企业的投资总额为160余万元,其中对工矿企业的投资为57万余元,占工商企业投资总额的34.64%;③到1937年,其投资总额增加到1000余万元,其中工矿业的投资为360万元,占总额的35.61%。④表明其投资重点与放款的重要领域一致,即集中在纺织、化工、面粉、煤矿等行业,这一方面体现出金城银行通过投资对若干重要企业进行支持,另一方面也显示出金城银行希图通过资本的渗透加强对这些企业的控制。这是在中国工业化过

---

① 中国人民银行上海市分行金融研究室编:《金城银行史料》,第390—391页.
② 中国人民银行上海市分行金融研究室编:《金城银行史料》,第393—394页。
③ 中国人民银行上海市分行金融研究室编:《金城银行史料》,第173页。
④ 中国人民银行上海市分行金融研究室编:《金城银行史料》,第376—377页。

第五章　北方经济中心的形成(1928—1937)

程中出现的银行资本与工业资本融合的现象,有助于经济的发展。

在银行资本与产业资本融合的过程中,银行不仅谋求自身的利益,还具备高度的社会责任感。金城银行对永利制碱公司的支持几乎是毫无条件,并由其一家银行扩大为有多家银行组成的银团。永利制碱公司走上正轨后,范旭东又筹谋创办硫酸铔厂,尽管范旭东对生产硫酸铔的技术有相当把握,但同样面临资金困难。同样幸运的是,金融业给了范旭东创办硫酸铔厂以极大支持。这时支持范旭东的不再是金城银行一家,上海银行、中南银行、中国银行、浙江兴业银行也加入其中。为顺利创办硫酸铔厂,首先要对永利公司在金融方面进行调整,清理旧债,并增加资本。1934年3月,该公司正式更名为永利化学工业公司,资本由150万元增至350万元,新股由上海银行、金城银行和中南银行三家承购。①兴办硫酸铔厂还需大量资金,1934年12月永利公司以其现有及计划添置之全部财产向中国、上海、浙江兴业、金城、中南五银行(合组银团)订立抵押透支借款550万元的合同,其中中国银行150万元、上海银行150万元、浙江兴业银行100万元、金城银行75万元、中南银行75万元。这笔借款专门用于兴办硫酸铔厂购地、建屋和购置机械,并一切设备之用;并规定待硫酸铔厂建成,借款合同期满之日,由永利公司发行公司债550万元,将借款本息如数清偿。1936年5月,永利公司又与银团订立新的透支借款110万元合同。根据合同约定,永利公司于1936年7月筹备发行550万元公司债,其募集及付息还本事宜均委托银团五银行经理。但永利公司债尚未正式发行,银团已经以透借形式予以通融支用。②在银行团的支持下,1937年2月永利化学工业公司南京硫酸铔厂建成投产。

华资的中国银行也极力支持棉纺织业。20世纪30年代,当各纱厂经营出现困难时,中国银行一方面尽力调剂资金,包括信用透支、抵押透支等活期贷款和贴现;另一方面劝导工厂改善管理,进一步紧缩开支,降低成本,提高产品质量。③1936年8月,中国银行天津分行鉴于华北纱业的危机状况,议定挽

---

① 中国人民银行上海市分行金融研究室编:《金城银行史料》,第425页。
② 中国人民银行上海市分行金融研究室编:《金城银行史料》,第425—430页。
③ 中国银行行史编委会:《中国银行行史(1912—1949)》,第258页。

救华北纱业的计划。当时,华北各地纱厂生产低迷,"概自东北沦陷,平津屏藩尽失,日人处心积虑,不独置华北政权于其势力之下,即对津沽实业亦眈眈焉。天津六纱厂,除裕大早归日商经营外,今裕元、宝成、华新又先后为日商所收买,再进而窥伺内地之纱厂,则势力蔓延,危害更大"。而华北各省棉业在全国棉纺织中有着重要的地位,"查冀、豫、秦、晋四省,皆为产棉省份,复因正太、陇海、平汉三路交通连接关系,遂使四省纱业在全国棉纺业中,占重要位置"。

为此,中国银行天津分行提出挽救华北纱业计划:"石家庄、郑州、西安、榆次四大要区及彰德、咸阳产棉丰富,皆为纱厂经营者必争之地。挽救方法不出两途:(1)我行以严密条件,接济各厂资金,助其改革;(2)由我行用经济力量,树立纱厂信心。查四省纱厂现已归我行管理者,仅郑州豫丰纱厂及太原晋生、榆次祁县晋华纱厂,有借款者有彰德广益,卫辉华新,西安之大华,新绛之雍裕、大益成,为控制各厂,拟择彰德、郑州、西安(或咸阳)、榆次四处为重心地点,拟于彰德设一厂,在西安设立一厂,该两厂设立后,以地势论我行对于纱厂实力,散布于冀、豫、秦、晋花纱业重要区域之四隅,我行有此实力再进而与各厂谋真正之合作。"[①]这一计划得到了中国银行总行肯定,并逐步付诸实施,但因日本全面侵华战争爆发而搁浅。

三、金融市场的格局与区域金融中心的确立

(一)金融市场的格局

自20世纪初票号衰败后,外商银行、华资银行和银号是天津金融市场三大金融势力。30年代初期,有关研究者根据前人对其资力的估计,进行归纳和研究,认为外商银行的资力占据天津金融市场的半壁江山,华资银行的资力占据四成,银号虽然数量多,但资本和存款额有限(参见表5-20)。

[①] 林士清、刘继增:《中国银行天津分行行史资料》第3册,第301页。

第五章 北方经济中心的形成(1928—1937)

表5-20　20世纪30年代初期天津金融市场中外银行和银号资力比较表

	资力估计(百万元)*	%
外商银行	430	54.9
华资银行	322	41.1
银号	31	4.0

*外商银行在天津的资力估计方法是,先将实存的17家银行的已缴资本、公积金与各项存款相加;依照各行在华资本的比数,参照各行在华分行之多寡,以及在津营业的规模,确定百分数,乘以上述合计数,得出在天津外商银行的实际资力。华资银行资力估计方法是,先将各行已缴资本、公积金与各项存款相加;再依各行分行数目的多寡,总分行数目的不同,以及营业重心的所在,求得百分数,乘以估计上述三项津行所占有部分,再加上各行津市钞票流通额,得出在天津华资银行的实际资力。银号资力的估计方法是,现根据调查的19家银号的存款数字,得出存款数与资本(包括护本)之比(大约为4),依此估计已调查银号的存款数;对未调查银号则估计其资本、护本和存款,再将上述各项数字相加;从而汇总出银号的实际资力。

资料来源:吴石城:《天津之外商银行》,《银行周报》第19卷第29期,1935年;《天津之华商银行》,《银行周报》第19卷第19期,1935年;《天津之银号》,《银行周报》第19卷第16期,1935年。

在这三者中,银号的历史最为悠久,但规模偏小,民国时期最大的银号资本不过二三十万元,多数都在数万元,小者资本只有几千元。因此,银号虽然数量众多,但总体资力显得比较弱小。华资银行兴起时间不长,但发展较快,民国以后尤其是第一次世界大战及其以后的一段时间,是发展的一个高潮时期。尽管其资力弱于外商银行,但在金融市场上已成为举足轻重的力量。外商银行早在华资银行之前已立下根基,其资力也比前两者雄厚。据估计,1932年外商银行"在津资力估计为43,000万余元,较华商银行号资力合计额35,600万元,尚高出21%",[1]实际操纵着天津的金融市场。

然而,我们不能仅从资力的估计去判断它们各自在市场上的影响力,因为这个估计本身并非绝对准确。例如,对银号资力的估计偏低,因为银号的股东出于政治的、经济的或其他原因,不愿真正向政府和社会公开实际的投

---

[1] 吴石城:《天津之外商银行》,《银行周报》第19卷29期,1935年。

资数额,以免"树大招风",因此有少报资本的习惯,公开资本与实际资力常有较大的差距,其实际的资本实力或许是公开资本的数倍。因此,当时有人评估天津银号的资力为:"天津银号总资本400万元,暂不考虑其资本转动率。据笔者常识的推测,在平常状态,流通于市面的资金大约4000万元,即资本额的10倍;在特殊情况下,推定可以发挥1万万元以上的资金动员能力。"[1]社会和商界并不完全以银号的资本为信誉的保障,依然是以对人的信用为中心。所以,从表面上看来银号要比外商银行、华资银行弱小很多,但实际上非如此。

另外,还可从其他角度进一步分析银号等在金融市场中的作用。在金融市场上,银号、华资银行和外商银行各有其活动的领域。银号与商业贸易的关系深远,尤其是为中小工商业者提供资金的作用,是银行等无法代替的。这种商业贸易在整个经济体系中占有相当的比重,支撑着表面看起来实力弱小的银号,使其以弱小身姿在金融市场上占有一席之地。华资银行融资的对象多为政府和工商企业,它所支持的也多是规模较大的工商企业和商号,很少涉足中小工商企业者。外商银行则除向中国政府提供贷款外,主要是为各该国洋行在华的进出口贸易提供融资服务,扶持在华企业发展。因此,在金融市场的运作中,三大金融力量的作用均无法相互替代,三者缺一不可。以对外贸易中的金融运作为例。在对外贸易中,进口商品由各国洋行从国际市场订购,该国在天津所设银行发出信用证书,将其授予洋行等进口商,由各该国轮船保险公司等装货运津。货物到津后,专门批发进口洋货的华商借华资银行之周转,向外商洋行分批购进外国商品,再转售于内地客商或零售商家,而这些客商或零售商家往往要借助于钱庄、银号的融资。出口土货方向与进口相反,金融的运作并无不同。虽然三大金融力量资力各有差异,各自掌握着不同的资源,但是为谋求资源的有效利用,它们必然要发生业务的联系。同时,金融市场稳定与否,对它们都会产生影响,为维持金融市场的稳定,三大金融力量始终保持着在金融市场运作中建立的合作关系,即相互拆借和融

---

[1] 李洛之、聂汤谷编著:《天津的经济地位》,第124页。

第五章　北方经济中心的形成(1928—1937)

资,并共同面对时常出现的金融恐慌和政府的摊派等。因此,它们既各自独立又相互联系,构成了天津金融市场三足鼎立的格局。

(二)区域金融中心的确立

南京国民政府成立后,由于首都南迁,一些银行的总行也随之南迁,使天津远离公债发行和交易的集中之地,金融业的买卖公债业务出现诸多不便,公债交易规模也受到限制。同时,天津银行业的政府垫借款也有所减少,许多银行将经营重心移到上海,一定程度上减弱了其在天津的实力。但是,自开埠以来,随着对外贸易的不断扩大,天津作为北方最大的商业中心和对外贸易中心的地位愈加巩固。20世纪初,尤其是第一次世界大战以来天津逐渐成为北方最大的工商业城市。与之相适应,天津也成为北方最重要的工商业金融中心,这一中心地位突出表现在以天津为中心的北方区域金融网络和资金流动上。

首先,逐渐形成了以天津为中心的区域金融网络。自20世纪初以来,在天津金融业发展的同时,北方各地的金融业也多有发展。一方面,在传统金融业中,票号迅速衰微,影响力减弱,钱庄、银号则呈发展之势。另一方面,作为新式金融机构的银行业逐步从沿海城市向内地延伸,在重要城市和城镇设立分支机构。在沟通各地之间的联系上,分布在各地的钱庄、银号相互建立委托代理业务关系。银行则采用总分行制,沟通各城市及一些城镇之间的资金往来。于是,钱庄、银号和银行共同构筑了北方区域的金融网络。这一网络以天津为中心,以各地重要城镇为联结点,影响所及,覆盖了整个北方地区,其基本构架与北方的交通网大体相一致,即分布在交通要道上的重要城镇成为金融机构的集中分布地。

其次,以天津为中心的资金流动更加顺畅。商品流通在天津与腹地经济联系中有着突出地位,所引致的资金流动对天津与腹地间的资金流动有着决定性的影响,其突出表现在两个方面:其一,天津与腹地资金流动的路线是由贸易路线决定的。在铁路修建以前,天津与腹地间贸易的基本路径由海河水系决定,20世纪初铁路网基本形成后,部分铁路或与水路重合,或形成互补,使贸易更加便利。因此,以天津为中心的基本贸易路径进一步增强,并向边远地区扩展,资金流动也与贸易路径同步增强。其二,资金流动的季节性,即所谓天津及腹地的金融季节。金融季节,是指金融市场资金的供求呈现季节性变化,它存在于农业占统治地位、工业不甚发达的经济形态中,缘于农产品的季节性贸易对资金的季节性需求。当农产品大量上市时,货币需求量大,金融出现紧张;反之,金融出现松弛。具体到天津,其金融季节变化大致如下:一年之中,银根当以秋冬之交最为吃紧,因为此时华北农产品如棉花、小麦、高粱、芝麻、花生等先后上市,或由客商运津求售,或由天津的商人赴内地收购,需款极巨。2月间正值阴历年关,因年关结账,金融也很吃紧。3月至5月,海河及其支流均已解冻,西北一带的皮毛土货多运津求售,同时一年之中进口货物也以此时最多,故银根虽不像秋冬两季紧迫,但较夏季还是要吃紧很多。6至8月,时当夏令,商业停滞,银根松弛。进入9月,中秋节结账,粮食、棉花行将上市,银根转趋紧迫,至秋冬季节则最为吃紧。北方各地与天津的金融季节大致相同:最紧张时期为每年10月至翌年2月,尤以11月最为吃紧,自3月至5月金融趋于缓和,6月至9月间金融最为疲软,而以8月为全年最松弛时期,进入9月则转趋紧迫。金融季节趋紧时,资金流向腹地;反之则流向天津,从而在北方区域内形成了以天津为中心的资金有节奏地聚集和分散的情况。

  天津与上海之间贸易规模十分庞大,资金流动巨大,两地间汇兑、运现都十分频繁。19世纪末,天津已经形成了申汇行市,①天津是用银码头,上海输出的现银运往天津最多,上海对天津的银元输出在全国所占比例最高。②因贸易关系,天津商号在沪的外庄购货时常向上海的钱庄和票号借款,运津货物售后偿还货款。当时,上海钱庄和票号对天津商号的贷款曾达七八百万两白银,即使是义和团运动后的1904年,天津的对外贸易转为直接贸易后,两地

---

① 孔敏主编:《南开经济指数资料汇编》,中国社会科学出版社1988年版,第497页。
② 上海商业储蓄银行调查部:《十年来上海现金流动之观察》(二),《银行周报》第16卷41期,1932年。

第五章　北方经济中心的形成(1928—1937)

之间仍有三四百万银两的规模。①民国时期,天津金融市场的资力有了很大增长,但商号向上海融资依然存在。如天津大米庄在上海信誉较好,当地钱庄多愿与之交往,多数是定额透支,这种透支直到1937年全民族抗战爆发后方才减少。②由于两地间的金融联系,"天津银号多在上海设有寄庄,常川委派专员,俗称津客,逐户办理调剂款项等事宜。华商银行多为沪行之分行,关系更为密切。津沪外商银行虽多为分行性质,而津行势力远逊于沪,常需后者为之调剂也。故当本地银根松动时,各银行号均将款项调往上海活动,遇本地银根紧急时,亦以向上海调款为主要之应付方法"。③

天津运送现金的范围,"不独平津两地时须互运现洋往来以济市面,即华北各地,东至北宁路之唐山、秦皇岛,西北至平绥路之归绥、包头,南至平汉路之郑州等处,或为实业工厂所在,或为内地土货所集,所须现洋向须由津运往接济"④,几乎覆盖北方广大地区。以西北方向为例,在绥远,"当地现银以平津山西为来源",归绥又成为绥西广大地区现洋的重要来源地。⑤张家口是西北重要贸易中心,又是内地与外蒙古库伦的商务枢纽,"市面所需现金,多自京津运往,与京津商业金融关系至为密切"。⑥不仅河北、山西的现洋主要来自于天津,而且河南、山东、陕西等其他省区的现洋虽然大部分来自上海和汉口,但天津也仍是一个重要来源。

天津与腹地间可通汇的地方很多,"有华北西北各省之大埠,及东三省各地",其中,最为密切者有北平、包头、张家口、石家庄、大连、沈阳、营口等地。⑦北方各埠均以天津为主要汇兑地,张家口汇出汇款,以天津为最多,北平次之,其他各埠又次之。⑧包头与天津、北平、太原、张家口等地均有汇兑关

---

① 天津市档案馆等编:《天津商会档案汇编(1903—1911)》,第1075页。
② 朱仙洲:《天津粮食批发商业百年史》,《天津文史资料选辑》第28辑,1984年。
③ 吴石城:《天津金融季节之研究》,《银行周报》第19卷42期,1935年。
④ 天津市档案馆等编:《天津商会档案汇编(1928—1937)》,第666页。
⑤ 范椿年:《绥远经济调查》,《中央银行月报》第4卷第3号,1935年。
⑥ 天津市档案馆等编:《天津商会档案汇编(1912—1928)》,第1232—1233页。
⑦《天津市金融调查》,《中央银行月报》第3卷第9号,1934年。
⑧《交通银行民国十五年营业报告》,《银行周报》第11卷18期,1927年。

系,1935年全年汇兑总额为3000万元,汇出汇入均以天津为最巨。在汇入的总额2258万元中,天津占51%;汇出的总额958万元中,天津占62%。①石家庄汇兑也以对天津的往来居多。②如山西对省外的汇款中,1935年钱庄的汇兑总额中汇出为2758万余元,其中汇往天津为1460余万元,超过总额的一半;汇入总额为2712万余元,其中由天津汇入为1347万余元,也占一半左右。③甘肃兰州"省外以天津一埠汇兑为最繁盛,盖甘省货物大率由黄河下运,直走包头、绥远转运京绥路以至天津等处。其次为陕西、上海等处"。④山东、河南两省与青岛、上海、汉口、天津等口岸均有密切联系,与天津之间的通汇亦有很多。30年代以后,很多外地银行在天津设立分行或支行,其主要业务之一就是总行所在地商号与天津的汇兑。

天津与腹地间的汇兑,除顺汇(以票汇、信汇为主)外,逆汇的发展更引人注目。在几种逆汇方式中,押汇由银行开办。1921年前后,天津各银行都开始办理押汇,但业务量有限。⑤同时,购买外埠期票亦为逆汇的一种形式,在天津与腹地的资金流动中有着重要的影响。代收代付款是指银行、银号委托异地金融机构代收或代付款项,这种逆汇方式并不多见,随着外地银行在天津分支机构的增加,这种业务多由这些分行代理。

从津票的流通也可见天津与腹地的金融往来。津票与申票类似,既是汇兑工具,亦可充当流通手段和支付手段。津票流通范围极其广泛,涵盖河北、山西、察哈尔、绥远、河南、山东等北方地区。包头"历年旧历十月以后,是为大宗皮毛粮食交易旺盛期,包交津收之逆汇汇款,为数最巨"⑥。河北辛集"皮行赴各地购货,早年习惯均持银号所开七日津付汇票,赴买地使用"⑦。在山东、河南等地,申票、汉票、津票都有流通,如济南"各种汇票,以上海为最多,

---

① 包头市人民银行:《包头金融志》上篇,载《包头史料荟要》第12辑,1984年。
② 《石家庄之经济状况》,《中外经济周刊》第181号,1926年9月25日。
③ 实业部国际贸易局:《中国实业志》(山西省),1937年版,辛,第57—59页。
④ 李亦人:《甘肃兰州金融概况》,《钱业月报》第14卷第6号,1934年。
⑤ 天津市地方志编修委员会编著:《天津通志·金融志》,第324页。
⑥ 《交通银行民国十五年营业报告》,《银行周报》第11卷第18期,1927年。
⑦ 石家庄中国银行:《新集镇调查报告》,《中行月刊》第1卷第1期,1930年。

第五章 北方经济中心的形成(1928—1937)

其次为天津、青岛"[1];郑州"外来客商,购办货物,均开立期票,售与银行号,以沪汉居多数,津汉次之"[2]。津票已成为天津与腹地间资金流动的重要工具。

天津与腹地间的资金流动,除运送现金、直接通汇外,还有间接汇兑。它主要是为了使不能实现直接汇兑的两地间借助第三地实现资金的流动,或是基于所涉及的各地之间一定的经济贸易关系,即商品流通上的单向流动关系。

间接汇兑多以一定区域内处于中心地位的大城市为资金调拨中心,在北方各地,天津是实现间接汇兑的中心。以天津为中心的北方地区,有许多易于形成间接汇兑贸易关系的城镇。例如,河北省的邢台、辛集等是重要的皮毛加工集中之地,原料多来自内外蒙、甘肃、宁夏等地,但邢台、辛集很少有商品反向流往上述地区。同时,邢台、辛集等地所产的棉花等农产品主要输往天津,天津则有洋货及国内机制工业品输往西北的上述地区,这样就形成了三地之间商品流动的循环关系。而邢台、辛集与甘肃等地不能直接汇兑,也无法运现,偿付货款便成为一个难题。为将邢台的资金调往兰州,形成了兰州、西安、邢台、天津四地间的间接汇兑关系。邢台皮毛店为向甘肃方偿付皮毛款,不得不借重于天津,而天津与甘肃也没有直接来往,于是又加进陕西西安,天津与西安有来往,西安与兰州有来往。邢台皮毛店派人驻在西安,专办兑付款项事宜,当皮毛商在兰州无款可付而恰有兰州的钱庄在西安用款时,经双方商议或根据以往的习惯,由在兰州的钱庄按数额拨款给皮毛商,皮毛商即写信给本店派驻西安的兑款人,按数额付与兰州钱庄西安分庄(假定系平价)。此时,在西安的皮毛商兑款人手中并无现款,同时又有西安的钱庄在天津用款,于是两方商定,钱庄在西安交款与兑款人,兑款人随即写信给与天津有关系的钱庄,付款给西安钱庄的天津分庄。但若邢台皮毛商在天津无存款,由于天津到邢台采购皮毛的商人很多,付货款多用天津本庄付款的汇票,邢台皮毛店收到汇票后,即寄给与天津有关系的西安的钱庄代收,所得之款

---

[1]《济南金融市场之概况》,《中央银行月报》第3卷第7号,1934年。
[2]《调查郑州出产及商业金融状况报告书》,《中行月刊》第2卷第10期,1931年。

即补足钱庄所垫付之款。①这样,邢台皮毛商为付在兰州购买皮毛之款,依次经历了兰州与西安、西安与天津、天津与邢台之间的汇兑,中间借助了西安、天津两地。

再如,天津、宝坻、高阳、包头之间的间接汇兑。天津的棉纱输往宝坻、高阳等地,高阳、宝坻的棉布输往西北包头、丰镇、张家口等地,而西北这些地区的土货则输往天津。三个地区之间的商品流通中有一边或多边只存在单向流动,由其各自直接进行贸易结算,反而会产生极大不便。当时,宝坻布商所用棉纱悉数仰给于天津,所织布匹需运至包头销售,与之相应的资金流动方向是,宝坻需调购置棉纱的款项至天津,包头需将购买布匹的款项调往宝坻。若包头有杂货输往天津,则需将货款由天津调往包头。这样,围绕着棉纱、棉布、杂货的流动,形成了三地间资金的循环流动。这种资金流动的最初形态是直接输送现款。随着商务日繁,商人对三地间资金的流动开始采用间接汇兑的方法:包头的杂货输出商运货至津,销售后所得货款并不运回本地,而是向在天津的购买宝坻布的布商提供现款,即以其存在天津的现款付与该布商的天津分庄,这是第一层的相互抵兑。经过这一层,杂货输出商的货款调回了本地,而输入宝坻布的布商也将资金调往了天津。包头输入宝坻布的布商,以其天津分庄的存款就近付给宝坻布商的天津分庄。宝坻布商在天津购纱就以其在天津分庄的这些存款付与纱厂,而无需从宝坻镖送现金,这是又一层的相互抵兑。通过这一层抵兑,输入宝坻布的布商偿还了对宝坻布商的欠款,而宝坻布商也付了纱厂的货款,或者偿还了对天津纱厂的欠款。整个资金流动的完成主要是在天津,因为包头的杂货输出商、布商、宝坻的布商都在天津设有分庄,除了包头布商向杂货输出商付款是在第三地完成外,其他都在天津。在整个资金流动过程中,各类商人相互之间的付款以津票为工具,如宝坻布商(甲)售给包头布匹输入商(乙),乙因与包头杂货输出商(丙)实行相互抵兑而持有丙所付的向天津杂货购买商(丁)取款的津票,乙以此项津票付甲。而甲又常在天津棉纱号(戊)购买棉纱,则甲即以此项津票付

---

① 曲殿元:《中国之金融与汇兑》,大东书局1930年版,第132—134页。

第五章 北方经济中心的形成(1928—1937)

天津棉纱号(戊),天津棉纱号(戊)还可用此项津票付其余商家。津票成为整个过程中资金流动的重要工具。①

高阳的情形与宝坻相似。高阳所需棉纱由纱布商从天津购入,织成布匹后由商人运至各地销售,换取现金,现金直接从各地汇至天津,以偿还原料货款或再购买原料。如此周而复始,循环不已,从而形成了天津、高阳、高阳布销售地三地之间的资金循环流动,"以天津为中心,直隶高阳之布庄,欠天津棉纱庄之款,包头、丰镇、山西之布商又欠高阳布庄之款,同时天津皮毛、粮食商又欠丰镇等地商人之款,如此则三方可以用间接汇兑法,以清理前款。天津之皮毛商,给丰镇商人以本庄付款之汇票,丰镇商人,又卖与本地布商,交高阳布庄,布庄并不带回原籍,即存于天津,以清理棉纱欠账"②。

由于商业贸易具有季节性,天津与腹地间资金流动形成了以天津为中心的有节奏的聚集和分散。在资金流动的路径上形成了以天津为中心的纵向与横向交叉的资金流动网络,既便利了商品流通,也降低了腹地各地相互之间的资金流动成本。于是,天津逐渐成为北方地区的资金流动中心。

因商业贸易而形成的天津与腹地间的资金流动,主要是为了资金结算,同时还包含商业性融资。商业性融资的一种方式是商业信用,即天津的商号向腹地商号的融资。腹地商号来津购货时,如果遇到资金不足,可在天津向当地的商号赊购。例如,高阳的商号来天津购买棉纱时,在1921年以前主要是向纱厂、纱号赊购。另一种情形是,当腹地各商号运货来津时,一些经营经纪业务的商号如斗店、货栈等为其垫借资金,以使之及时获得购货资金。在天津的粮食交易中,外地客商运粮来津后,由西集、北集各斗店买卖,"外客卖粮各店先行垫付,然后再向买客收敛,辘轳周转,每店垫付每店,至少须十万余两"③。货栈亦有为客商垫款的业务,"货栈以堆存货物收取栈租为主,并代客办理报关完税保险及起卸货物等事,如遇外客需款,亦可垫借"④。这表明,

---

① 毕相辉:《河北省宝坻县金融流通之方式》,《大公报》1934年7月11日。
② 曲殿元:《中国之金融与汇兑》,第137—138页。
③ 天津市档案馆等编:《天津商会档案汇编(1903—1911)》,第1982页。
④ 天津中国银行:《天津商业调查概略》,《银行周报》第14卷26期,1930年。

斗店、货栈、棉纱棉布等批发商都承担了一部分资金融通的功能。当然,这些商号本身并没有那么多的资金,如经营粮食买卖的斗店自身资本有限,而棉纱批发庄号的自有资本仅占整个营运资本的20%~30%,资金缺口很大,需要获得外部资金的支持,以维持自身的经营。因此,他们需要借入资金,资金的主要来源则是银号、银行和自身的存款等。例如,斗店要向银号借贷以资周转,一旦银号不能及时提供资金,粮食交易便会出现困难。①因此,从表面看,这些商号向客商的借贷基于相互之间的商业信用,实际上背后是天津金融机构对腹地客商的间接融资。

民国成立以后,天津腹地的城镇兴办了越来越多的新式工矿企业,对资金需求量大增,当本地金融机构难以满足时,便从上海、天津、汉口等大城市寻求资金支持,其中又以从天津各银行获得的资金最多,进而形成了天津与腹地城镇之间以工矿业放款和投资为内容的资金流动。天津的银行向腹地城镇的企业提供一定数量的放款和投资,既可以扩大银行投资的空间范围,也可以实现金融家们支持内地工矿企业发展的目的。

天津腹地城镇的工矿企业以棉纺织业、煤矿业和面粉业最为突出,也是各银行向腹地城镇企业放款的主要行业,这种放款多以原料和产品押款。以中国银行天津分行在各地的工业贷款为例,1930年1月,与郑州豫丰纱厂订立透支50万元合同,1931年3月增加临时透支30万元,以陕棉八折作押;②1931年3月,与河南的华新卫辉纱厂订立花纱透支100万元的合同;③1931年6月,与榆次晋华纱厂订立透支100万元的合同,1934年11月增至240万元;④1931年6月,与太原晋生织染厂订立纱布抵押透支30万元的合同;⑤1933年5月,与河南武陟巨兴纺纱公司订立抵押透支30万元的合同。⑥银行对煤矿的放款则

---

① 天津市档案馆等编:《天津商会档案汇编(1903—1911)》,第1982页。
② 林士清、刘继增:《中国银行天津分行行史资料》第3册,第317、319页。
③ 林士清、刘继增:《中国银行天津分行行史资料》第3册,第346页。
④ 林士清、刘继增:《中国银行天津分行行史资料》第3册,第349、351页。
⑤ 林士清、刘继增:《中国银行天津分行行史资料》第3册,第352页。
⑥ 林士清、刘继增:《中国银行天津分行行史资料》第3册,第356页。

第五章 北方经济中心的形成(1928—1937)

以所出煤炭为抵押,1933年,中国银行以煤作押借款给井陉煤矿16万元;①1934年6月,河南农工银行、中国银行、金城银行、上海商业储蓄银行以焦作道口存煤作押,借款50万元给中福公司。②除将原料和产品作为押品外,银行还以厂基为抵押,借款给工矿企业。例如,中国银行天津分行曾于1931年3月与河南的华新卫辉纱厂订立厂基押款30万元(后增至45万元)的合同。③此外,银行也有一定的信用放款。例如,1930年中国银行天津分行在与石家庄大兴纱厂订立抵押透支50万元合同的同时,还订立了往来透支5万元的合同。④当然,银行对企业的信用放款规模有限,且往往只限于殷实可靠、经营状况良好、信用度高的企业。

总之,在南京国民政府成立后的10年中,天津愈来愈凸显出其作为北方地区金融中心的地位。北京政府时期,北京作为中国的财政金融中心,也增大了天津金融市场的资金供给,在一定程度上有利于提升天津的区域金融中心地位。南京政府时期,北平已经不再是财政金融中心,这使天津失去一部分资金供给,但同时又会减少天津市场的资金用于政府方面的需求,使其能够更专注于区域贸易、金融的发展,促进工商业、腹地经济的发展,进而更有利于增强天津作为区域金融中心的地位。

第六节 天津农业的发展与城郊型特征

1900—1937年是天津城市发展的一个重要时期,但相对而言,包括当时的天津、宁河、武清、静海、宝坻、蓟县在内的今天津所属各区县农业的发展,仍然比较缓慢。囿于史料,以下仅从发展概况、生产组织和技术的进步、主要特征和影响因素等方面进行考察。

---

① 林士清、刘继增:《中国银行天津分行行史资料》第3册,第365页。
② 林士清、刘继增:《中国银行天津分行行史资料》第3册,第367页。
③ 林士清、刘继增:《中国银行天津分行行史资料》第3册,第346、347页。
④ 林士清、刘继增:《中国银行天津分行行史资料》第3册,第353页。

一、发展概况

(一)总体发展趋势

这一时期天津农业发展的总体状况,可以从总面积、作物种类与分布、收获量等方面进行考察。据统计,直隶省的耕地面积,1893年为10,343.2万亩,到1949年不过12,258.9万亩,[①]50余年间耕地面积只是略有增加。天津所属各县没有多少可供开垦的荒地,又受到水旱灾害、战争等影响,耕地面积的增加十分有限。据《天津市农林志》记载,1915年天津(今行政区划内,下同)耕地总面积为6,715,189亩,其中农田6,315,512亩,园圃399,677亩。1919年天津共有耕地6,550,464亩,其中农田5,877,969亩,园圃672,495亩。在农田中,有水田140,340亩,占2.4%,旱田5,737,629亩,占97.6%。值得关注的是,农田面积有所减少,种植蔬菜的园圃的面积增加了近一倍。1931年,天津全市有农田8,612,812亩,1933年共有田亩9,070,499亩,1936年有耕地6,487,000亩。[②]对比这几组数据可以看到,其一,这一时期天津耕地总面积并不稳定。其二,旱田在天津耕地面积中占绝对优势。其三,园圃面积在短期内有显著增加。如1915—1919年间短短几年中,就增加了272,818亩。

在作物种类与分布方面,清末直隶工艺总局曾经调查各县的农业生产状况,但调查手段和内容所限,只能了解大致的状况。如天津县主要农作物有稻米、芝麻、春韭等,静海县主要农作物有稻米、红白粱、春秋麦、黍、芝麻、棉花、各种豆类、果类、蔬菜等,武清县主要农作物有杂粮和棉花、花生等,宝坻县主要农作物有谷、粟、黍、麦、豆、高粱、荞麦、芝麻、烟叶、棉花、葡萄等,宁河县主要农作物有稻米、粟、麦、豆、高粱、芝麻、棉花、烟叶等。[③]民国以后,直隶商品陈列所继续开展调查,这次调查较上一次略微详细,记录了一些经济作物和蔬菜等种植状况,其中天津、宁河、武清、静海、宝坻、蓟县各县的主要农

---

① 许道夫:《中国近代农业生产及贸易统计资料》,上海人民出版社1983年版,第8—9页。
② 天津市农林局:《天津市农林志》,天津人民出版社1995年版,第403、405、407、408、410页。
③ 〔清〕周尔润纂:《直隶工艺志初编》报告类卷上,第3—18页。

第五章 北方经济中心的形成(1928—1937)

作物分布如表5-21。

表5-21 1917年前天津等六县主要农作物分布表

	天津	宁河	武清	静海	宝坻	蓟县
谷(小米)	西及西北各乡产	产	各乡皆产	境内产	西北乡产	全境产
黍(黄米)	境内产			境内产	西北乡产	全境产
稷(糜子)	境内产			境内产	西北乡产	
秫(高粱)	西及西北各乡产	全境皆产	全境皆产	境内产	全境皆产	全境年产
黏秫米(黏高粱)	境内产			境内产		
玉米	境内产	各乡皆产	各乡皆产		全境皆产	
小麦	境内产	全境皆产	全境皆产	境内产	全境皆产	全境产
大麦	境内产			境内产	全境皆产	全境产
水稻	境内东南乡产	军粮城一带种稻颇著成效	皇后庄附近稍产质亦甚佳	境内西北乡产		全境产
陆稻						各乡产
荞麦						全境产
黄豆	西及西北各乡产	产不甚多	全境产	境内产	全境皆产	全境产
黑豆	西及西北各乡产	产不甚多	产	境内产	全境皆产	全境产
绿豆		产不甚多	产		全境皆产	全境产
豇豆	西及西北各乡	产不甚多		境内产		
芸豆	西及西北各乡	产不甚多		境内产		
青豆		产不甚多	产			
小豆	西及西北各乡	产不甚多		境内产		
豌豆	西北各乡产	产不甚多	产	境内产	全境皆产	
蚕豆	西及西北各乡产	产不甚多	产	境内产		
菜豆	境内西乡沿河一带产					
甘薯			全境种	境内产		
山药	境内西乡沿河一带产		种者亦多			

资料来源:直隶省商品陈列所编辑:《直隶省商品陈列所第一次实业调查记》,直隶省商品陈列所1917年版,物产表。

从天津地区各县在不同时期的记述中,也能够了解一般状况。1928年前,蓟县"多种五谷,以高粱、小麦为大宗"①;静海县"农产食用作物以高粱、玉米为最盛,粟、稷、豆、麦次之"②;宁河县农作物"以红白高粱为农产大宗,此外春麦、稻、棉、玉蜀黍、豆类,亦间有播种者"③。30年代,铁路部门曾经对北宁铁路沿线经济进行调查,记述了各县的农业状况。在武清县,小麦和大麦主要分布在黄花店、蔡村一带,粟主要分布在城西一带,高粱主要分布在崔黄口一带,黍和稷主要分布在梅厂一带,玉米分布在各区,尤其以县城附近较多,大豆分布在各区,豌豆主要分布在杨村一带,美种棉花在大良庄分布最多。在宝坻县,高粱主要分布在大口屯、黄庄、八门城、林亭口及黑狼口附近,大麦主要分布在新集附近,小麦主要分布在县城及新集附近,玉蜀黍主要分布在大口屯及黑狼口以北和新开口附近,粟主要分布在新开口、新集附近和县城以西,豆类和棉花主要分布在县城、大口屯及新开口附近和黑狼口以北,白菜、葱、菠菜、萝卜、黄瓜、菜瓜、西瓜、青麻等分散在各村。在天津县,棉花产于县北和东北部,稻米产于县境东南的小站、葛沽、咸水沽、张贵庄以及宁河县的军粮城、新河一带。④

从各县农业的种植品种看,多为旱地,普遍种植高粱、小麦、玉米,也种植一些各种豆类和谷子等。从1929年对在天津西北部的席厂村的调查可以得到证明。该村仅有耕地30余亩,多为旱地,"农地面积除去庄基及坟地外,仅二顷五十余亩,每一户平均耕地五亩";"农产品之种类,约为高粱、谷子、棒子、棉花、豆子五种,近数年来,收获尚佳"⑤。在天津县东南部和宁河县,则因为地利和水利灌溉以及传统种植习惯等因素的影响,广种水稻。各种蔬菜的种植逐渐受到重视,距离城区越近,则种植蔬菜的园田就越多;水果则以瓜类为主,蓟县有一些山货,但进入市场的品种和数量有限。

---

① 河北省政府建设厅编:《调查报告第三编农矿》,1928年,第5—6页。
②《静海县经济状况》,《经济半月刊》第2卷第8期,1928年。
③ 河北省政府建设厅编:《调查报告第三编农矿》,第47页。
④ 北宁铁路经济调查队编辑:《北宁铁路沿线经济调查报告》,第1016、1070、1100页。
⑤《席厂村农事概况》,《天津益世报》1929年11月1日。

第五章 北方经济中心的形成(1928—1937)

由此可以推断,天津各县的农业种植主要是供应自身的需要,如玉米的产量高,秆叶可以充作饲料和燃料;高粱抗涝和产量高,可以食用和酿酒,秸秆用途广。这些皆适合生活在城市周边且人口在不断增加的农民的认同,广为种植,以弥补主食的不足。但是,这些粮食作物进入市场就显示出自身的劣势。相对土壤肥沃,作物产量高的大面积生产,以及较为专业的生产区,天津各县地力多贫瘠,盐碱地和洼地多,常受洪涝、干旱灾害侵袭,各种农作物的产量低,除水稻外没有形成较大范围的专业化生产区,所以农产品生产成本偏高,在市场上缺乏竞争力。例如,东北地区的高粱生产成本较低,随之东北输入数量的增加,致使本地农民种植高粱无利可图,种植面积没有增加。而小麦又是民食所必需,价格在粮食作物中较高,尽管有面粉和小麦进口,但在传统种植所形成的惯性下,仍然是粮食作物的主要部分。种植小米以及各种豆类和花生等作物,主要是农民出于自身种植和食用习惯,以及榨油、制作豆制品等生活需求的便利,仍然主要是供给自身和周边民众的消费。只有少数的经济作物是出于国内外市场的需要,并能够带来更多的收益,进而有一定商品化生产的趋势,如种植棉花、蔬菜等。这是城市尤其是特大城市周边农业的特点,即越是人口聚集快、空间迅速扩大的城市,周边的农村不仅耕地面积会受到挤压,农业人口会减少,农业生产的成本也相对偏高,而且多以保证自身生活需要为前提,而非以改善生活条件和提高生活质量为主要目的,越是临近城市,这种态势就越明显。

农产品收获量可分为总收获量和亩产量两项,其为衡量农业发展的又一重要指标。在总产量方面,没有系统完整的记录,也没有相应的播种面积,目前能看到若干年份某一农作物的大约产量,故难以系统准确地考察发展状况。例如,静海县1909年前后,年产黏高粱30万石、玉米15万石、小麦(春秋麦)20万石、水稻2000石、黄豆3万余石。到了1923年,静海县生产高粱243,232石、玉米165,360石、小麦17,400石、大麦16,620石、大豆37,136石、小豆37,804石、绿豆41,010石、粟52,573石、稷36,421石、共计647,556石[①]。似

---

① 《静海县经济状况》,《经济半月刊》第2卷第8期,1928年。

乎比1909年有所变化,即高粱略有减少,豆类有较大的增加。1917年前,宁河县年产高粱约60万石、玉米1800石、小麦12,000石;宝坻县年产小米4000石、黄米9600石、稷(糜子)9800石、高粱110万石、玉米约2万石、小麦约24万石、秋麦约24万石、亚麦约10万余石、大麦约20万石、黄豆约4800石、黑豆约70万石、豌豆约3000石。

30年代以后,有些统计数字比较可靠,但仍然不尽如人意。1931年,天津、宁河、武清、静海、宝坻六县共产小麦、谷物、豆类、玉米、高粱、水旱稻等粮食作物19,653.5万斤。[①]1937年前,天津各县主要粮食作物的年产量大约为:天津县稻米21,752,017公斤、高粱46,820,648公斤、大麦2,657,282公斤、小麦480,428,865公斤、玉米16,864,426公斤。其他各县的产量也有一些估计。如武清县年产小麦79,015,662公斤、大麦267,264公斤、粟23,138,304公斤、高粱30,791,134公斤、黍1,158,144公斤、稷774,144公斤、玉米39,729,082公斤,以及经济作物大豆813.6万公斤、豌豆715,162公斤、花生59.7万公斤和各种棉花872.4万公斤。宝坻县年产高粱525,000担、大麦250,000担、小麦90,000担、玉米500,000担、粟80,000担、豆类250,000担。宁河县红白高粱7万石、其他菽类2000石、稻米3000石、谷约500石、小麦约2000石、大麦约300石。蓟县产稻米15,360担、小麦5120担、高粱210,000担、小米80,000担、玉米1,920,000担、黑豆1600担、甘薯7500担、大麦28,000担、黍4000担,以及花生70,000担。[②]

20世纪前,天津地区的棉花生产多为自用,鲜见有进入市场者。20世纪后,棉花成为天津主要出口商品,市场需求量大,价格上扬,种植棉花比种植粮食作物有较大的收益,武清、宝坻等县的棉花生产开始增加,所产棉花进入天津市场,输出海内外,所以棉花生产的统计数字稍微准确。1919年天津、宁

---

① 天津市农林局:《天津市农林志》,第407页。
② 北宁铁路经济调查队编辑:《北宁铁路沿线经济调查报告》,第1100—1101、1016、1070、1127、1149页。

第五章　北方经济中心的形成(1928—1937)

河、武清县共产皮棉36.3万担，①1921年宝坻和天津两县共产籽棉5500担，②1923年宝坻和天津两县所产籽棉增加到9360担。③30年代以后，各县的棉花产量有所增加，天津县年产皮棉95.68万公斤，武清县年产美种棉724.59万公斤，本地种棉147.81万公斤；宝坻县年产棉花3600担，宁河县年产棉花约2万斤，蓟县年产棉花20万担。④

　　这一时期，天津地区农作物的亩产量也没有系统完整的调查和统计，从各县在不同时期对一些粮食作物的描述中可以了解到大致的状况。1917年前，武清县高粱每亩约产五六斗，小麦每亩约产四五斗，黄豆每亩约产五六斗。据1928年农业、矿业调查报告显示，静海县各种粮食作物的亩产量约为：小麦4斗、谷子6斗、高粱8斗、玉米5斗、糜6斗；天津县各种粮食作物的亩产量约为：小麦六七斗、谷子1石、高粱七八斗、玉米1石、稻米1石、黑豆五六斗；蓟县多为山地，同期粮食作物的亩产量约为：小麦5斗、谷子1石2斗、高粱1石、玉米1石、黍子8斗、稻米1石2斗、豆子5斗、芝麻5斗、花生3石。宁河县约为：春麦6斗、高粱6斗、玉米5斗、稻米5斗、豆子4斗。⑤水稻的种植多在天津县，如高家庄"村民业农者占百分之三十，农作物以稻米为大宗"。在30年代前，稻种为长芒，每亩产量二百四五十斤，后改种日本或朝鲜的无芒种蚌蛛稻，每亩产量增至五百斤。⑥1937年前，天津县境内所种日本或朝鲜稻种"每亩可产二三石之多，旧种不过一石至一石五斗左右"⑦。除了天津县的水稻种植外，20年代以后静海县的东淀南泊及西洼附近也有种植水稻的水田，"中等

---

① 《直隶省各产棉县分总表》(民国八年份)，整理棉业筹备处：《最近中国棉业调查录》(直隶省总表)，整理棉业筹备处1920年版，第1—5页。
② 华商纱厂联合会编辑部：《民国十年棉产调查报告》(直隶省)，华商纱厂联合会编辑部1922年版，第8页。
③ 华商纱厂联合会棉产统计部：《民国十二年调查中国棉产统计》(直隶省)，华商纱厂联合会编辑部1924年版，第17页。
④ 北宁铁路经济调查队编辑：《北宁铁路沿线经济调查报告》，第1101、1016、1070、1127、1149页。
⑤ 河北省政府建设厅编：《调查报告第三编农矿》，第218—220、190—191、118—120、243页。
⑥ 《津县模范村高家庄访问记》，《大公报》1935年4月16日。
⑦ 北宁铁路经济调查队编辑：《北宁铁路沿线经济调查报告》，第1100页。

499

地每亩可收糙米二百斤上下,上地丰收时可得三百余斤"①。

棉花亩产量的调查统计虽有统计口径不一等问题,但较为完整。1919年,天津县和宁河县棉花亩产量约1担,武清县棉花亩产量约1.14担。另有调查报告显示,1920年前,蓟县每亩产籽棉50斤上下,宝坻县每亩产籽棉80斤上下。随着棉花品种的改良,美种棉花亩产量要高于本地棉,且质量好,有很好的市场,于是美种棉花的种植逐渐增加。1921年,宝坻县所种棉花中,本地棉亩产籽棉110斤,美棉亩产籽棉150斤;天津县本地棉亩产棉花籽棉70斤,美种棉亩产籽棉80斤。②此后,因为气候等原因,亩产下降。1923年,宝坻县的本地棉亩产籽棉55斤,美种棉亩产籽棉75斤;天津县的本地棉亩产籽棉40斤,美种棉亩产籽棉100斤。③武清、静海和宁河县也多有棉花种植,美种棉的亩产始终高于本地的东河棉,一般在籽棉100斤左右;蓟县多为山区,本地棉亩产20斤、美种棉亩产40斤。1934年时,天津各县每亩籽棉的产量为:天津县110斤,宝坻美种棉90斤,武清美种棉90斤、本地棉40斤,宁河县100斤。④1936年前,天津各县每亩皮棉产量约为:天津县本地棉26.1斤、美种棉28.5斤,武清县本地棉22.4斤、美种棉25.7斤,静海县本地棉26.6斤、美种棉26.7斤,宁河县本地棉32.9斤、美种棉29.4斤,宝坻县本地棉23.7斤、美种棉21.5斤。⑤总的来看,到30年代天津附近各县的棉花亩产量有所提高,皮棉亩产量,本地棉花在30斤左右,美种棉花略高。

综合以上三方面来看,进入20世纪以后天津农业在总体上发展比较缓慢。

(二)小站稻和棉花生产的发展

在天津农业总体上发展比较缓慢的同时,小站稻和棉花生产则有比较明

---

① 《静海县经济状况》,《经济半月刊》第2卷第8期,1928年。
② 华商纱厂联合会编辑部:《民国十年棉产调查报告》(直隶省),1922年版,第8页;籽棉即有籽的棉花,经过轧棉加工后成为皮棉,籽棉加工成皮棉的比例约为10:3。
③ 华商纱厂联合会棉产统计部:《民国十二年调查中国棉产统计》(直隶省),1924年版,第15页。
④ 天津农林局:《天津市农林志》,第409页。
⑤ 参见《中华民国二十五年河北省棉产调查报告》相关各县。

第五章　北方经济中心的形成(1928—1937)

显的发展。

天津城区东南的小站等地区有悠久的种植水稻历史。早在宋代就开渠建闸,引水灌溉,种植水稻。明代,汪应姣和徐光启等的屯田也涉及到小站一带水稻的种植。清同治十年(1871),周盛传率兵十八营驻马厂一带练兵,为补充军饷,在新城附近开渠设闸,开垦稻田一万亩。不久,周盛传又开挖马厂减河,并大规模屯田,引进了大红芒、大白芒、小红芒等水稻品种,种植稻田面积达到136,500亩,"由于一开始用御河水灌溉,所产稻米有油性,清香适口,风味独特,因此颇受群众欢迎",从此就有了名扬一时的小站稻。①小站地区的稻田,以减河为界大致分为河南和河北两部分。河北多由周盛传的军队开垦,河南多由乡民开垦,"周军所垦总数仅二百左右顷,余均为民垦,而售诸营田局,再由局租出耕种"。据20世纪30年代初统计,小站地区稻田"属于官营"者号称800顷,内仅500顷为熟地,民营者亦仅150余顷。平均每年总产额在12万余石。②天津县属葛沽、新城、小站等地的稻米略有不同,"葛新两地产品,不若小站之富,物质亦较粗糙,市场鲜有注意及之者"。直到30年代,"现稻田区域,仍照各营驻扎地点名之,故均以营名,共十四营","其余民营者,则分散各地"。各个地区的产量"以天时为转移,近年该地水利不调,产量相差约十分之四,故乡农仅能维持现状"。水稻的亩产量为1石至1.5石左右,后从日本或朝鲜引进新的稻种,亩产量有所增加,达到2—3石。30年代前后,小站地区各营约有稻田600顷左右,产量在10万袋以下(见表5-22)。30年代中后期,该地区"因减河堵截,碱水上潮,不能冲刷,故稻田多改植棉花"③。在天津其它各县的水稻种植,受环境、品种和技术所限,没有形成很大的规模,上市量不大。

棉花是比较重要的经济作物之一。据津海关贸易报告记载,1865年前,"直省各地棉花之种植日见普遍,但其数量几难确计,出口之担数亦难估算"④。进入20世纪以后,天津成为棉花出口的主要口岸,各地的棉花生产才

---

① 《小站镇志》编修委员会编:《小站镇志》,《小站镇志》编修委员会1993年版,第72—75页。
② 《天津小站食米产销状况》《工商半月刊》第2卷第15期,1930年。
③ 北宁铁路经济调查队编辑:《北宁铁路沿线经济调查报告》,第1100页。
④ 吴弘明编译:《津海关贸易年报(1865—1946)》,第5页。

有很大增加。1907年前,静海、武清、宁河、宝坻等县均种植棉花,且武清、宝坻所产棉花已运销京津。清末民初时,宝坻棉花有四种,即大子棉花、小白子棉花、小黑子棉花、茧花,"皆本地将种子轧出之后,销售于京津"。

表5-22 1928—1930年小站各营水稻生产状况表

营别	1928年 耕地(顷)	1928年 收成(袋)	1929年 耕地(顷)	1929年 收成(袋)	1930年(预估) 耕地(顷)	1930年(预估) 收成(袋)
传字营	40.0	660	38.5	532	42.0	756
盛字营	36.0	594	36.0	504	37.0	666
右正营	30.0	495	30.0	420	33.0	594
老左营	34.0	561	33.0	462	34.0	612
前营	28.0	460	27.4	378	28.0	504
后营	32.0	528	30.0	420	32.0	676
新军营	28.0	460	27.5	385	28.0	504
南副营	33.0	544.5	33.0	462	33.0	594
左正营	34.0	561	32.8	459.2	35.0	630
左左营	35.0	577.5	34.5	475	35.0	630
中右营	28.0	460	28.0	392	28.0	504
左右营	31.5	511.5	31.0	434	31.5	667
老副营	32.3	532.9	32.0	448	32.3	581.4
左右营	33.8	550.7	33.0	462	34.0	612
民垦者	142.0	2343	138.0	1932	149.5	3691
共计	597.6	98,391	584.7	81,652	612.3	122,214

资料来源:《天津小站食米产销状况》《工商半月刊》第2卷第15期(1930年8月1日)。
注:每袋实重158斤。1929年产量总数原文作81,612袋,1930年耕地总数原文617.3顷,预估产量作112,214袋,似误。

民国初年,静海县"所产之棉,纤维最长,而且细软,于纱厂最为适宜。惜无人提倡多种,大概种者皆系自种自用,年产额约有数千斤之谱。因境内织布者皆喜用洋线,故所产之棉,均为絮衣之用"。棉花品种改良后,美种棉花的产量和质量要优于本地棉,市场价格高,许多棉农多种植美种棉。据调查,1919年武清县棉花种植较多,有棉田305,000亩,集中"在东南乡之崔黄口、梅厂、杨村数镇",1918年产棉350,000担,有280,000担运销天津、北京等处,其余"为当地纺织衣被之用"。天津县有棉田11,000亩,棉花产额11,000担,每年

第五章　北方经济中心的形成(1928—1937)

上市量10,000担。宁河县有棉田3000亩,产棉3000担,上市量仅1500担。[①]另有调查报告显示,1920年前,宝坻和武清县棉花种植面积较多。宝坻全县耕地面积约12,600顷左右,植棉面积约50顷左右,约占耕地面积的0.4%,年产籽棉44余万斤,以宝坻城内为集散市场,所集散棉花中有30余万斤销于本县,10余万斤销往山西及口北等处。武清县全县耕地面积2万余顷,植棉面积500余顷,占耕地面积的2.5%,年产籽棉约400余万斤,有300余万斤经天津输出。

表5-23　1930—1935年天津等五县棉花种植面积统计表　（单位:亩）

		1930	1931	1932	1933	1934	1935
静海	中棉				995	850	550
	洋棉				985	20,150	18,000
	小计				1980	21,000	18,550
宝坻	中棉	8000	7000	2500	3400	3500	25,000
	洋棉	6000	7000	1500	5100	53,000	132,500
	小计	14,000	14,000	4000	8500	58,500	157,500
武清	中棉			25,000	133,500	500	500
	洋棉			125,000	85,000	17,800	145,000
	小计			150,000	218,500	18,300	145,500
宁河	中棉			—	—	—	5,000
	洋棉			2100	8500	25,000	25,000
	小计			2100	8500	25,000	30,000
天津	中棉			435	500	—	5000
	洋棉			215	300	118,600	191,200
	小计			650	800	118,600	196,200
合计					238100	241,400	547,750

资料来源:《河北省三棉产河流区域各县中棉及洋棉棉田面积皮棉产额及每亩产量统计表》,转引自方显廷《天津棉花运销概况》,厉以宁、熊性美主编:《方显廷文集》2,第502—509页。

20年代以后,棉花生产越发向宝坻、武清和天津县集中,种植面积和产量略有上升。1923年,宝坻县种植本地棉20,000亩,美种棉3000亩,合计23,000

[①]《直隶省各产棉县分总表》(民国八年份),整理棉业筹备处:《最近中国棉业调查录》(直隶省),整理棉业筹备处1920年版,第1—5、51—52页。

503

亩,共产皮棉 4200 担。天津县种植本地棉 5422 亩,美种棉 18,799 亩,合计 24,221 亩,共产皮棉 5160 担。①1926—1928 年间,宝坻县棉花种植面积分别为 8000 亩、9000 亩和 12,000 亩,产量分别为皮棉 1500 担、2000 担和 2500 担。② 志书的记载表明,1932 年天津、宁河、武清、静海、宝坻、蓟县六县共有棉田 20.93 万亩,其中武清县 20 万亩,占 95.5%;产棉 1,447.2 万余斤,其中武清县 1400 万斤,占 96.7%。1935 年,天津等六县棉田增至 55.7 万亩,棉花产量增至 10.72 万担。1936 年,六县共有棉田 47 万余亩,产棉花 12.2 万余担。③另有 1937 年对 30 年代初年静海、宝坻、武清、宁河、天津五县棉花种植面积和产额的调查,见表 5-23。

由此可知,1937 年以前天津地区的棉花种植业有一定发展,以宝坻县和武清县种植面积最多,其次是天津县。但是,棉花生产因气候、市场等因素并不稳定,起伏较大。如宝坻县 1921 年种植棉花 3233 亩,1923 年增至 2.3 万亩,1926 年降至 0.8 万亩,1928 年增至 1.2 万亩,1930 年增至 1.4 万亩,1932 年骤降至 0.4 万亩,1933 年增至 0.85 万亩,1934 年增至 5.85 万亩,1935 年增至 15.75 万亩。武清县 1919 年前种植棉花一度曾经达到 30.5 万亩,1932 年为 15 万亩,翌年增加至 21.85 万亩,1932 年骤降至 1.83 万亩,1935 年回升至 14.55 万亩。1932 年,天津地区五县(未计静海县),共种植棉花 15.675 万亩;翌年六县棉花种植增到 23.81 万亩,1935 年剧增至 54.775 万亩;以上各年的皮棉产量少则 4 万余担,多则 7 万担有余。

(三)蔬菜和花卉种植的增加

天津地区的农业具有城市周边农业的一般特点,即蔬菜和花卉的种植逐渐增加。天津自明代置卫筑城后,人口聚居,蔬菜种植渐广。清乾隆年间撰写的《天津县志》就曾记载:"沿河一带又皆民间种植菜园,素称美产。"④晚清

---

① 华商纱厂联合会棉产统计部:《民国十二年调查中国棉产统计》(直隶省),1924 年,第 13—17 页。
② 华商纱厂联合会棉产统计部:《民国十八年中国棉产统计》(河北省),第 12 页。
③ 天津市农林局:《天津市农林志》,第 408、410 页。
④ 乾隆《天津县志》卷 21《艺文志》,第 54 页。

第五章　北方经济中心的形成(1928—1937)

以来,随着天津人口的显著增长,周边各县的蔬菜种植业有明显发展。20世纪30年代初出版的《天津县新志》曾记载:"天津环境,溪流随处皆可戽水浇畦,故园圃蔬茹之饶,四时弗绝。每晨村民肩挑入市,盈筐累筥能供城中一日之需。"后人总结道:"清时天津舟车四达,百货云集,地广人殷,种菜面积亦相应扩大,蔬菜品种增多,如山药、黄花菜、南瓜、甘薯、北瓜、油菜、瓢儿菜、茴香、秦椒、芋、云豆角、山药豆、蚕豆、豌豆。"[①]直隶商品陈列所1917年的实业调查,记录了天津六县蔬菜种植的状况。

表5-24　1917年天津等六县蔬菜种植状况表

	天津	宁河	武清	静海	宝坻	蓟县
萝卜	境内西乡沿河一带产食用有红白绿三种		全境产地约占五顷	境内产食销于本境有红白绿三种		
韭菜	境内西乡沿河一带产食用销于本境		河西务村土名务韭为一特产行销京津甚著名	境内产食用销于本境		
芜菁(蔓菁、大头菜)	境内西乡沿河一带产食用销于本境			境内产食用销于本境		
芥菜	境内西乡沿河一带产食用销于本境			境内产食用销于本境		
胡萝卜	境内西乡沿河一带产食用销于本境			境内产食用销于本境		
马铃薯	东南乡沿海河左近产食用销于天津市					
蒜	境内西乡沿河一带产食用销于本境			境内产食用销于本境		

---

① 天津市农林局:《天津市农林志》,第95页。

续表

	天津	宁河	武清	静海	宝坻	蓟县
葱	境内西乡沿河一带产食用销于本境			境内产食用销于本境		
洋葱	东南乡沿海河左近产食用销于天津市					
莴苣	西乡沿河及东南乡沿海河左近产食用销于本境及天津市			境内产食用销于本境		
甘蓝	东南乡沿海河左近产食用销于天津市					
菠菜	境内西乡沿河一带产食用销于本境			境内产食用销于本境		
香菜	境内西乡沿河一带产食用销于本境			境内产食用销于本境		
芹菜	境内西乡沿河一带产食用销于本境			境内产食用销于本境		
茴香	境内西乡沿河一带产食用销于本境			境内产食用销于本境		
茄子	境内西乡沿河一带产食用销于本境			境内产食用销于本境		
番椒	境内西乡沿河一带产食用销于本境			境内产食用销于本境		
屈菜	境内各乡碱地产食用解河豚毒					
胡瓜(黄瓜)	境内西乡沿河一带产食用销于本境			境内产食用销于本境		

第五章　北方经济中心的形成(1928—1937)

续表

	天津	宁河	武清	静海	宝坻	蓟县
冬瓜	境内西及西北各乡产食用销于本境			境内产食用销于本境		
北瓜(倭瓜)	境内西及西北各乡产食用销于本境			境内产食用销于本境		
南瓜	境内西及西北各乡产食用销于本境			境内产食用销于本境		
菜瓜	境内西乡沿河一带产食用销于本境			境内产食用销于本境		
菱角	境内西乡沿河一带产食用销于本境			境内西北乡产食用销于本境		
藕				境内西北乡产食用销于本境		

资料来源:直隶省商品陈列所编辑:《直隶省商品陈列所第一次实业调查记》,物产表。

由上表可以了解,周边农村种植蔬菜最多的是距离城区最近的天津县,以及具有种菜传统且临近运河的静海县,而距离城市较远的宁河、蓟县,以及人口等压力较大的武清县则较少种植。随着天津城市人口剧增和民众生活水平提升,市场的需求量加大,蔬菜价格稳中有升,武清县等农村的蔬菜种植有所增加,品种也逐渐增多。

到1928年,天津、武清、蓟县、宝坻、静海五县种植的白菜、萝卜、茄子等7种蔬菜达到4066公顷。①当时,静海县"运河沿岸多种菜蔬,其种类有白菜、萝卜、芥菜、葱、黄瓜、倭瓜、菠菜等,而以白菜为最多,据实业局调查,民国十二年白菜产额约七千万斤,大部分供制造冬菜之用"。②杨柳青镇种植的蔬菜,

---

① 天津市农林局:《天津市农林志》,第95页。
② 《静海县经济状况》,《经济半月刊》第2卷第8期,1928年4月。

"日常所用的如茄子、韭菜、葱蒜、菠菜、豆荚、土豆、黄瓜、白菜、萝卜……等类,无不齐全,产量不但能供本镇的吃用,还能运到天津销售,其中更以萝卜、白菜两种,质良驰名";"沿南运、子牙河之两岸田园尤为膏腴,出产的紫心萝卜,甜脆适口,为县境所无"①。1928年,静海全县白菜、萝卜、芥菜和山药等四种蔬菜的种植面积占耕地面积的14.4%。②天津县种植白菜18,700亩,亩产2500斤,马铃薯6930亩,亩产2800斤,萝卜4100亩,亩产2600斤。蓟县种植白菜55顷,约占全县耕地面积的0.5%,每亩产量3000斤。③

30年代初,天津等六县共种植白菜37,370亩、芥菜2700亩、蒜2000亩、萝卜12,142亩、韭菜900亩、大葱3360亩、倭瓜2645亩。其中单产以天津县最高,亩产白菜7613斤、萝卜7895斤、倭瓜10,846斤、韭菜800斤、大葱10,714斤。④

1937年前,天津县"园艺有各种蔬菜,如韭菜、白菜、茄子等供给天津市内食用,而韭菜一项,品质甚佳,俗称卫韭,运往北平等处"。武清县种植白菜17,280亩,产量6,152,000公斤,平均亩产356公斤;种植葱2500亩,产量1,425,000斤,平均亩产570公斤;种植韭菜2000亩,产量1,000,000公斤,平均亩产500公斤;种植萝卜8000亩,产量2,320,000公斤,平均亩产290公斤;种植芜菁(用于制作咸菜)6000亩,产量2,100,000公斤,平均亩产350公斤;种植黄瓜1500亩,产量45,000公斤,平均亩产30公斤;总共蔬菜种植面积达到37,280亩。宝坻县种植白菜10,000亩,产量400,000担;葱1000亩,产量8000担;韭菜600亩,产量4800担;菠菜100亩,产量400担;萝卜300亩,产量1200担;黄瓜150亩,产量2400担;菜瓜560亩,产量6720担,总共有12710亩。蓟县邦均镇附近18村,每年种植白菜约100顷,可产白菜50万斤,"多销售于平谷、三河及邻近各地"。⑤

随着城市需求量的增加,天津周边地区开始出现了专门种植蔬菜的菜

---

① 郭登浩编:《天津县乡土志辑略》,天津古籍出版社2016年版,第48—49、195—196页。
② 河北省政府建设厅:《调查报告第三编农矿》,第219—220页。
③ 河北省政府建设厅:《调查报告第三编农矿》,第191、119页。
④ 天津市农林局:《天津市农林志》,第407—408页。
⑤ 北宁铁路经济调查队编辑:《北宁铁路沿线经济调查报告》,第1104、1020—1021、1070、1149页。

第五章 北方经济中心的形成(1928—1937)

农。他们利用河水之便,以种植蔬菜为生活来源,从市场需求出发决定种植面积和品种,尤其是种植反季节的蔬菜,少种甚至不种粮食作物,而依靠市场来解决食粮问题;进而形成了有诸多菜农的专业生产村,成为城市周边农业经济中的特色。

1929年前后,紧邻天津河北新市区的炮台村,在金钟河岸,"地概系园圃,故作物均为菜蔬,鲜种谷类者,蔬菜种类,计有白菜、菠菜、萝卜、莞菜、撒兰(苤蓝)、葱、蒜、芥、辣、茄、瓜、马铃薯等,尤以白菜、青菜为大宗,其生产量颇难求其确数,若将其作物估价,每亩可值二十元至五十元,收获丰富时,尚可较此多出一倍也"①。附近的小于庄,"十余年前均以种植为业,盖因有金钟河贯注之故,且均植菜蔬,获利甚厚,近因金钟河淤塞,灌溉之利既失,农户之数目逐渐减少,但现所植者,仍以菜蔬为大宗,花卉次之,菜蔬每年,可作物三次,每次每畦可得洋一元之谱,则每亩(四十畦)作物可值四十余元矣"②。种植蔬菜之风,从邻近城区的各村逐渐向周边蔓延。

30年代,大任庄有2000多人,"园圃因临运河,便于灌溉,收获尚丰";王兰庄有538人,主要生产白菜、韭菜、洋葱、大葱、土豆、萝卜,以及各类瓜果;③灰堆镇有950余户1万多人,"白菜为特产品,有大量的产额……行销上海、汉口、香港、大连等处";产藕为"津市之冠",有560余亩,年产四五万斤;该镇所属的黄家村,不过百余户,位于海河南岸,"取水较易,故灌溉便利,附近村庄皆为菜园,多种植各种蔬菜,每届冬令,所产白菜销行津、沪、港各地",而秋冬季生产的韭黄,"每届年终春节,小贩争先购买,销行津市,味美价昂,亦为本村出产大宗";距离灰堆南5里的北马集村,"以大葱、白菜、韭菜为大宗",麦、高粱、玉米、豆、瓜、马铃薯次之。④

距离城市稍远一些的村庄,受其影响,也开始种植蔬菜,但以白菜、萝卜等为主。如静海县的府君庙村、白杨树村、王家院村,均在运河沿岸,园田用

---

① 吴瓯编:《天津市农业调查报告》,第34页。
② 吴瓯编:《天津市农业调查报告》,第35页。
③ 郭登浩编:《天津县乡土志辑略》,第210、231页
④ 郭登浩编:《天津县乡土志辑略》,第500—503、496—497、341页。

水便利,有30公顷园田,秋季多产白菜、萝卜和瓜类,春季多产菠菜、韭菜等,西乡的沿河一带有上百顷园田。①

天津各村生产的蔬菜中,白菜和萝卜等是大宗生产,主要是供应市民的日常所需。同时,有些菜农已经开始利用类似大棚的方式生产反时令的蔬菜供应城市市场。当时,天津县农村,"近有将欧美嗜好之蔬菜,移欧美种子种植者,略在东西楼一带,专供租界销费,甚能得利。其向来之名产,尤有卫韭一种,亦为该地园圃大宗,行销本市及北京甚多"。"该地菜业中有一种洞货,系专以暖室栽培者,种类有黄瓜、苤蓝、豌豆、青蒜等数种,专供好不时食者之珍品,价格视时之先后,愈早其价愈贵。最早者能于旧历十一月见鲜黄瓜,初见之数日,每条至值洋半元。此为奢侈品之一。亦足见农人技术之进步"。西沽村的具体方法为:"一,用木构为屋,其形前高后矮,上面及两旁均遮以泥,前面空敞,口向南方,以藉太阳光之热力而生殖,屋内种以黄瓜、蒜台(薹)、豆角、蒲菜等,每遇风雨交加及晚间,用苇篱将空口遮蔽,及太阳出则启放,此一法也;若将地掘深尺余,周围用土堆成高尺余之土背,其深度共约二尺有余,内种以苣萵等物,其遮蔽启放与前法同,此又一法也。其手续如此复杂,故价格甚高,亦不过供少数人之享用而已。"②

韭黄也是反时令蔬菜,是天津四大特产之一。韭黄实为冬季的韭菜,因为叶子为黄色而得名,其在冬季尤其是春节前后是城市居民极其喜爱的配菜。农民为了迎合市场需求,从夏秋之际就开始种植。据30年代大梨园头村小学教员对本村的调查,韭菜是春季播种,夏秋两季后并不除去,"到初冬的时候先用篱笆围着,以蔽强风,然后把韭菜割去,加上肥料,叫日光晒热的松土埋上,冷时用稿帘盖好,以为御寒的唯一物。每日九十点时,把帘子掀起,用手或竹签把埋好的韭苗露出,一面晒土,一面晒苗,至太阳夕下,照样的把它盖好,如此月余,韭苗便可吃了,割下销售于津市,以供人们非时的食用";割叶五刀后,"普通风仗货已见于菜市,而它便不能再割,以为翌年的种苗"③。

---

① 政协静海县委员会编:《静海运河文化》,百花文艺出版社2015年版,第26页。
② 吴瓯编:《天津市农业调查报告》,第16页。
③ 郭登浩编:《天津县乡土志辑略》,第221—222页。

第五章 北方经济中心的形成(1928—1937)

所以,有的村庄,"村民以园田之多寡为贫富之标准,旱田高粱视为不足轻重"①。

在距离天津城区最近的一些村庄,有种植花卉的传统,主要是市场需要的白兰花、菊花、梅花和芭兰等。清代诗人蒋诗在《沽河杂咏》中言:"小园相与大园邻,艳紫嫣红花朵新。五十二村春正丽,相逢都是卖花人。"②大园村和小园村均位于现今天津市南开区芥园道附近,据天津县1925年调查,大园村耕地面积的43%、芥园村耕地面积的近29%,都用来种花。③现今天津市河西区的杨家庄和大觉庵,当时距离城区四五里,也是以园艺为生活来源之一。20世纪30年代初,当地小学的教员曾经记录道,杨家庄人的职业,除去少数供职在市里以外,其余的都是"艺园"。"他们的花卉中以芭兰为最著名,市里花贩所贩的花都要到该村和一二个邻村去趸买。这种芭兰培植的方法倒还简单,不过成本很大,一棵普通的(还有黄色一种)置本要十几元钱,但是该地的花户有这花多的往往到二三百棵,平常的也有几十棵。所结的花,每天有多数的主顾(市中花贩)兜销,大花户每天所售得代价要到十几元,或二十几元。在冬季天冷的时候,便是花户们的背月了,花虽是很贵(每元二十余朵),可是开的不多,挑费太重(煤费在内),往往感到经济的不足"。农业中"最精者为园艺,而花卉之产额竟超诸其他产物之上,实为村人之第一富源。如春季之树苗、夏季之白兰、秋季之菊花、冬季之梅花、海棠,及碧桃、水仙等,其最著者也"④。大觉庵村也以养花闻名,"鲜花事业为本村特产,全市的鲜花差不多全出产在本村。类如每日市上所卖的白兰花及各种草花,还有废历年各家所用的鲜花亦出在本村。玉芳花园主人周馨吾氏,艺菊最有名,亦就是本校(公立第46小学)的校董,对于教育尤为热心"⑤。由此可见,在天津城市的西部和东部,都有一些村庄以养花为业,供应城市市民的需要。但是,由于蔬菜和花卉的种植需要充足的水源,所以一旦河流干涸,"田园蔬果枯萎",

---

① 天津县实业局:《天津县实业调查报告》,该局1925年版,第27页。
② 蒋诗等:《沽河杂咏》,来新夏主编:《梓里联珠集》,天津古籍出版社1986年版,第89页。
③ 据1925年《天津县实业调查报告》所载数据统计。
④ 郭登浩编:《天津县乡土志辑略》,第257—259、268页。
⑤ 郭登浩编:《天津县乡土志辑略》,第278页。

种植者难以为继。①

纵观1900—1937年的天津农业发展,可以看到,其发展主要体现在棉花、小站稻和蔬菜种植业的发展上,主要农作物亩产量等方面变化不大,因此总体上发展速度比较缓慢。

二、生产组织与技术的演进

以农业为基础的传统中国,创造和积累了先进的农业生产技术和丰富的农事经验。但是,清中叶以后中国农业生产组织和技术长期未能改进,尤其是19世纪下半叶后,与西方国家的差距迅速显现出来。甲午战后,从迷梦中惊醒的中国有识之士倡言农业改良,形成蔚为壮观的思潮,"凡有国家者,立国之本不在兵也,立国之本不在商也,在乎工与农,而农为尤要"②。在朝野的推动下,天津的农业生产组织和技术也开始出现一些改良,主要体现在农业生产组织上设立了近代性质的公司,采用机械化生产;实施灌溉技术,对盐碱地进行冲灌;建立农事试验场,推广科学育种和种植等方面。但作为大城市附近的农业,其增产的附加值远远低于工商业,故起色不大。

(一)生产组织的改进

建立近代性质的农业垦殖公司主要是推行农场形式的经营方式,并采用机械化生产和灌溉。1881年,在直隶总督李鸿章的支持下,轮船招商局总办唐廷枢联络了具有先进思想的知识分子郑观应、徐润等人,在开办开平矿务局同时,以股份制的方式建立了天津沽塘耕植畜牧公司。该公司共集资银两13万两,开平矿务局认股62,000两,唐廷枢、徐润各认股65,000两,郑观应认股3000两,在临近海河便于开沟作渠的塘沽火车站一带(当时属于宁河县的新河),以普惠堂的名义购买荒地4000顷,计划进行种植和畜牧业的开发。③

---

① 郭登浩编:《天津县乡土志辑略》,第281页。
② 中国史学会主编:《戊戌变法》(二),上海人民出版社1957年版,第307—309页。
③ 夏东元编:《郑观应集》下册,上海人民出版社1988年版,第501页;《唐廷枢年谱》,汪敬虞:《唐廷枢研究》,中国社会科学出版社1983年版,第202—203页。

第五章　北方经济中心的形成(1928—1937)

天津沽塘耕植畜牧公司比张謇在江苏南通建立的通海垦牧公司早了20多年,是近代中国第一家股份制农场,所以国外舆论称其为中国的"模范农场"。该农场计划引进西方的农业机器耕作,"概从西法,以机器从事,行见翻犁锄禾,事半功倍"[1],将大量盐碱地改良为可耕地。但是,该公司只是完成了购地,并未投入机械开垦荒地,故仅仅是昙花一现。

1904年,天津又出现了天津福兴垦务有限公司。据记载,天津福兴垦务有限公司由曹嘉祥[2]联合英商太古洋行买办郑翼之等7人集资54万银两创建的,[3]其总号设在天津河北新马路,分号设在静海县朝宗桥(现属滨海新区中塘镇)。该公司在天津、静海、沧州三县交界处购买荒地33万亩,计划开垦和种植农作物,并饲养牲畜。但现有资料仅说明了该公司购置荒地的位置,并没有其开垦荒地、种植,以及经营的状况,估计是曹嘉祥与郑翼之等人利用同乡的关系圈购土地,待价而沽,并未开垦和经营。

20世纪以后,全国出现了很多家垦殖公司,旨在开垦荒地,发展农业。据江苏、安徽、浙江、山东、河南、山西、吉林、察哈尔等省区1912年至1919年历年的申报数字,新式农牧企业由59家增至100家,增加了69%,资本增长了3倍多。[4]但到了20年代中叶以后,多数地区不同程度地呈现停滞和衰落的景象。天津城市周边地区除沿海的盐碱地外,荒地无多,土地关系已经基本固化。城市周边土地的拥有者除一般的地主外,还有在城市居住的军阀官僚、企业家和商人,以及一般的居民,他们将部分资金投资周边的耕地,以作退身之路;即便是当地拥有较多土地的所有者,有些人举家在城市中居住,即所谓的"不再地主",因此鲜见农业公司出现。比较有成效的是1917年由军阀官僚开始筹建、1920年2月成立的开源垦殖有限公司,这是华北地区经营规

---

[1] 《唐廷枢年谱》,汪敬虞:《唐廷枢研究》,第202—203页。
[2] 曹嘉祥(1864—1926),字希麟,广东顺德人,为第三批赴美留学幼童。1881年,幼童留美事业夭折,曹嘉祥入天津水师学堂,毕业后供职于北洋海军,历任"镇远"铁甲舰枪炮大副等,曾参加中日甲午海战并受伤。1902年随袁世凯接管天津,出任天津巡警总局首任总办,是中国近代警察制度的创始人,8个月后因贪腐撤职,民国后曾任海军部次长。
[3] 黎细玲:《香山人物传略》第4册,中国文史出版社2014年版,第428页。
[4] 章有义编:《中国近代农业史资料》第2辑,生活·读书·新知三联书店1957年版,第340—341页。

模最大、时间较长的农垦企业。其以新式农场的面目出现,意图将盐碱地开垦改良为农田,并采用机械灌溉等先进技术,成为近代天津农业发展的一个亮点。

开源垦殖公司的创办与皖系军阀和交通系政客有关。最初的动议是1915年这些军阀官僚和政客筹建裕元纺织公司时形成的。开源垦殖公司的发起人为朱启钤、王郅隆、曹汝霖、潘复、倪道杰等18人,以农垦、林业、畜牧农产或土地之抵押及买卖为经营范围,计划先期投资100万元,实付资本29万元。该公司股东身份地位特殊,多是北洋军政官员或金融界精英,如新老交通系人员梁士诒、朱启钤、周自齐、胡笔江、曹汝霖、曾毓隽等,皖系要人倪道杰、王宝鑫、王克敏、傅良佐、段宏业、王郅隆、徐树铮、张敬尧等,天津金融界代表人物周作民、吴鼎昌、任凤苞、岳乾斋,以及银号和棉布批发商王宝钊等。他们投资农业,规划经营土地达40余万亩,意在开垦后种植棉花,为正在兴建的裕元等大型纱厂提供原料。基于对产业链的掌控和经营预期的乐观判断,其最大的股东以及董事长、总经理,多是裕元纱厂的投资者,多有军阀官僚的背景。

开源垦殖公司设立的宗旨十分明确,"以纱厂工业日趋发展,不豫备植棉,势必供求不相剂,纺纱原料无所取资,不意逆亿而言中。近年纱业影响于棉花之不敷用,议禁棉出洋,议停纺纱,为救急之末务,此事根本之图要在励行植棉";"为纱厂谋纺织之根据地",计划发展植棉事业,推广种植美棉,以解决发展中的纺纱工业的原料问题,"既以供国内之需要","兼可输出海外,挽回利权"。而且,他们也有对土地投资的意图,以在地价日增的情形下保持有稳定的收入,即"不可不留其一部分之岁收,投资于此稳固切实之农垦",认为"吾国以农为本务,昔人入官,不忘归田……投资于农垦,姑勿论其将来之效果,此时节缩不急之需,以农垦为储蓄之地,实较他种储蓄为优"[①]。

开源公司办公地点设在天津日租界福岛街,下辖三个农场。第一农场设宁河县属军粮城,规模最大,有地36,061.34亩。第二农场设大兴县属南苑龙爪湾,共计620亩。第三农场设宁河县属后勾楼沽,有地22,791亩,又称茶淀

---

① 章有义编著:《明清及近代农业史论集》,中国农业出版社1997年版,第289—294页。

第五章　北方经济中心的形成(1928—1937)

农场。1924年第二农场取消后,第三农场改称第二农场,总共有土地近6万亩;军粮城、茶淀农场距天津不过"百数十里",地位紧靠海河,灌溉水源充足,且交通便利,附近人口繁多,"佣工固不难招致"。开办之初,公司为各农场配置了电力灌溉的抽水机,开挖沟渠,一边改良土质,一边种植水稻和美种棉花。各个农场负责土地的灌溉和肥料,除一部分土地雇用工人自己经营外,大部分土地采取"招佃租种"方式,签订租佃契约,每年收取租金,大致是收获或均分,或公司得六成、佃户得四成,皆根据地力而定。军粮城农场主要种植水稻;茶淀农场则种植蔬菜、小麦和杂粮,其中园田约10顷,有佃户170余户,"聚居而成村落",21,600余亩荒地,招租90家佃户,负责开垦。但是,该公司购置的土地除了熟地和园田外,大部分是不能立刻使用的盐碱地,需要数年不断地灌冲和改良,才能够种植。该公司经营的土地达4万余亩,二年后"甫经试种者一万四千亩,自种、佃种之棉田、稻田仅七千五百余亩,其余皆正在垦辟"。加之,经营者和管理者并不是专业人员,经理时常调换,更不懂农学,科室人员不稳定且职责不清,基层农场的人员"能熟谙农事,实心任事者不过十之一二",由于薪资过薄,难以招聘专业人员,"以目前所有农事人才而论,只可经营四五十顷之地,过多则恐力有不及"。[①]因此,看似是农场的规模经营,却没有资本投入,没有很多的农业机械和专业人员,仍然是租户耕种的小农耕作模式。

开源公司购置的近6万亩土地的三个农场,成效甚微,很多土地处于抛荒状态,通过冲灌改良后的土地多只能种植水稻,不能种植棉花,原本为裕元纱厂提供原棉的意愿落空。1922年的种植计划中,植棉仅5千余亩,而水稻种植达2万余亩,其它地块仍在改良中。1925年5月第三农场管理员汇报称"通观农场各地,其能适于种棉者尚不及十之一二,可以种杂粮者亦仅十之四五,此外十之二三则赤碱如故。"[②]1924年该公司进行了改组,更名为新开源公司,规

[①] 郭从杰:《近代农业土地规模经营的资本制约——基于开源农场财务的分析》,《历史教学》2018年第6期。

[②] 郭从杰:《近代农业土地规模经营的资本制约——基于开源农场财务的分析》,《历史教学》2018年第6期。

515

模大大缩小,吴鼎昌、朱启钤、张仲平等股东相继退出,最后股东只剩下裕元公司与倪氏家族。新开源公司艰难维持10年,截至1934年6月,欠金城、盐业、中南3家银行借款本息总共近70万元,加之欠金城银行透支款和裕元纱厂垫款等,负债总共近100万元;固定资产中最主要的是地产和房产,占总额的72.98%,其他机械农具等占13.33%,还有器具和牲畜等,固定资产总额为92万余元,已经资不抵债。1935年,该公司被贷款的3家银行接收。由于农场土地不易出售,现金难以收回,债权人将其改组后成立宁河开源垦殖股份有限公司,股东为三家银行,委托诚孚信托公司代为管理,租给河北棉业改良所,由其经营5年。但是,1936年华北局势进一步恶化,该公司所辖农场被伪冀东政府强占。全民族抗战爆发后的1938年4月,被伪北京中央农事试验场接管,名为中日合办,实际上受日本人控制。

另外,农会也是近代中国转型中出现的超越宗族关系、旨在改良农业的新型社会组织,目的在于解决渐至衰落的农业生产和弊端丛生的乡村社会问题。

清末,努力推行新政的直隶总督袁世凯力倡兴农。1907年7月直隶农务总会在保定成立。当日,"官绅农民入会者已至百余人之多,会费捐款已达千余金之数";同时,举办的第一次农产品评会,除官绅外到会的农民二百余人。会上,由布政司代表"演说开会宗旨及直隶农业应行振兴改良各事。复由洋教员演说东西洋农业,农民闻所未闻,欢欣鼓舞,莫可名言"。直隶农务总会成立时,拟订试办章程12条,"以译书、编报、筹办森林蚕桑、仿照农具肥料为入手之方,开智合群,此为先导"[1]。农工商部为此奏请清廷,"拟请饬下各直省将军、督抚,通饬所属仿照直隶办法,先由官绅提倡,于省垣设立农务总会,再行推广各府、厅、州、县,设立分会"。[2] 农工商部在《奏为筹办农会酌拟简明章程以防流弊而兴实业缮具清单恭折仰祈》中,对农会进行更加全面的阐明:

---

[1] 天津市档案馆等编:《天津商会档案汇编(1903—1911)》,第304—305页。
[2]《农工商部奏直隶保定设立农务总会请予立案并饬令各省仿办折》,《东方杂志》第4卷第12期,1907年12月。

"农会之设,实为整理农业之枢纽。综厥要义,约有三端:曰开通智识,曰改良种植,曰联合社会",并尽述开办农会之利。①此后,各省纷纷遵章创办农务总会、分会、分所。据有关史料记载,截至1911年,全国成立农务总会19处,农务分会276处。关于直隶省各地农务分会的数量,有学者认为在辛亥革命前至少有农务分会62处。②

但是,天津县农务分会直至1922年前仍然迟迟没有建立,仅有天津县农会筹备事务所,因此被直隶实业厅勒令催办。1922年12月3日,为"发展农业,促进耕种改良",天津总商会会董孙俊卿、孙向陆、夏琴西,及天津县劝业所长邓澄波等各绅商及四乡各乡耆约20余人,在天津总商会召开第一次筹备会。会上,主要讨论了修改农会章程、农会设立方法等议题。以后又多次召开筹备会,讨论乡与县农会设立顺序、农会人员隶属关系等问题,最后决定先成立各乡镇的农会,然后再成立县级农会,各乡陆续成立了17个乡农会。直至1925年7月5日,天津县农会终于在玉皇阁召开成立大会。③天津县农会建立的过程颇为曲折,建立后亦并未见其组织各种活动,所以对振兴农业的作用十分有限。

(二)农业生产技术的演进

天津地区农业生产技术的演进主要体现在灌溉农田、改良土壤,以及培育良种等方面。

天津的气候特点是雨期集中,且降雨量少,各种农作物仅靠自然降雨难以生长,而且灾害频发,最多的是水灾和旱灾。以旱灾为例,天津地区在1743年至1910年的168年中,出现过76次,平均2.2年一次;在1911年至1944年的39年中有29次,平均1.3年一次。每遇旱灾,天津地区农业遭受的破坏极大。

---

① 《农工商部奏筹办农会酌拟简明章程折》,《东方杂志》第5卷第5期,1908年5月。
② 参见刘新阳:《清末直隶农会述论》,河北师范大学硕士学位论文,2019年,第32—35页。
③ 《乡农会第一次筹备会开会纪》(1922年12月5日),天津市地方志编修委员会办公室、天津图书馆编:《〈益世报〉天津资料点校汇编》(一),第656—657页。《县农会开成立会》(1925年7月5日),天津市地方志编修委员会办公室、天津图书馆编:《〈益世报〉天津资料点校汇编》(一),第668—669页。

如1900年,天津全年降雨量仅313.9毫米,其中汛期256.4毫米,3月至5月24.4毫米,10月至次年2月仅45毫米。其中,宝坻的旱情最为严重,"一春无雨,麦田干旱",6月23日方有降雨;1902年的降水量更少。1920年为天津历史上有确切记载的受旱灾较重的一年,全年降雨量为316.8毫米。武清县"旱,数月未得透雨";静海县北乡一带二十余村,河水干涸,乡民绝生路。[①]

因此,灌溉对于旱灾频发的天津农业至关重要。同时,天津城区周边盐碱地很多,需要常年不断引河水冲灌才能使其变为水田,因此,天津官民对土地改良多关注于通过引进和推广机器等进行人工灌溉。因机器灌溉改良农田用力少、效果佳,于是被视为抗旱的有效途径。例如,1917年天津出现旱情,王秦庄绅士韩虎臣认为:"天气亢旱,田苗枯槁,若长此不雨,非但麦田不能收获即大田亦无希望",因此他建议政府采用机器灌田,并提出了自己的灌溉设想:"沿河一带各村均用机器灌田,每机器一架可挂水车四五十辆,至少亦挂水车二十辆,每辆车每日可灌田一顷,四五十辆即可灌田四五十顷"。同年5月27日,王杏坡等人提议"在全省沿河试办治水机器灌救农田",其提议已经呈请朱省长查核,政府随即"派实业调查员黄洁尘前往会同该公民将此项机器在河北农事试验场试验"[②]。

在水稻的种植中,也比较重视使用机器灌溉。"海河一带稻田尚称优美,惟操作多延旧习惯,未克改良"。为解决该问题,1921年8月劝业所邀同上高庄绅士李英孙,"拟于稻地内所有吸水泻水,以及轧稻各事项,俱改用机器,以期用力少而收效宏。当即赴海河一带,提倡组合各村,伙置机器,以图逐渐改良"。[③]对于种植小麦、高粱和玉米等旱田,更多的还是采用传统的引河水和凿井灌田之法,以解决干旱缺水等问题。1928年前,"静海溉田多用井水,以辘轳汲取,东乡减河一带间有用畜力摇车者,运河沿岸多用人力摇车,亦有用汲水斗者,近来县城北之五里庄及城南之周莫屯等处,因官府之提倡,有就运

[①] 天津市档案馆编:《天津地区重大自然灾害实录》,天津人民出版社2005年版,第153—156页。
[②] 天津市地方志编修委员会办公室、天津图书馆编:《〈益世报〉天津资料点校汇编》(一),第637页。
[③] 天津市地方志编修委员会办公室、天津图书馆编:《〈益世报〉天津资料点校汇编》(一),第642页。

第五章　北方经济中心的形成(1928—1937)

河堤岸开作涵洞以饮水灌地者"①。

　　政府也颇为积极地推行凿井灌田之法。"井泉灌溉之利与川渎同功,是以管子有抒井之谟,汉家重桔槔之制",但"民间农业智识极形幼稚,于凿井灌田之利又鲜讲求,一遇亢旱,辄至束手无策","倘惟倚仰天时,不另图补救方法,不但云霓之望或至虚悬,且天灾流行何几蔑有。如此后再遭炎旱,则临渴掘井,亦终无济民生"。1920年,河北省政府为了减轻旱灾的影响,"以未雨绸缪之计,为惩前毖后之谋用,特拟计凿井办法大纲七条",并命令各县知事在管辖"境内各村无论已否得雨,仰速认真开导,设法筹维,务令民间多凿井泉,讲求水利,以重民食,而利田畴"。大纲要求各村由村正、村副负责,根据每村的耕地计算灌溉应用水量,进而确定凿井的数量,"地多者,或一家数井;地少者,或合数家为一井。务使通力合作,不分畛域";要按照新法开凿深井;村正、村副对于一家独立开凿和公众集资开凿都有稽察、保护之责,公众集资的井可由其代办;凿井用款应由地主自行筹措,如是村内公用之井,应由村正、村副等就地筹集;凿井的数量要够一村灌溉之用,开具办法由县核定;各县知事要将各村凿井之数造册呈报省主管部门,以备查勘,并列入奖励、惩戒各条例。②但是,以上仅仅是计划或办法,各地方推行状况良莠不齐。如1937年前,武清县的农田仍然"向不灌溉,仅恃雨水润泽土壤,惟菜圃每利用土井之水由人工灌溉"。宝坻县灌溉情形"与他县有殊,因本县地势低洼,水盛时到处皆水,无庸灌溉,水旱时则用水须由远方运来,无法灌溉"。宁河县"县内田地多利用蓟运河之水灌溉,临近河岸者,用水斗打灌,距河较远者,用水车输送"③。

　　对于土壤的改良也有同样的问题。"土壤为农业之原根,土壤之良劣,影响于作物之生长甚巨。"但是,天津地区的土壤从未进行过调查和实验,土壤情况不明,不利于推进土壤改良。1922年,农业试验场呈请实业厅推行土壤

---

　　①《静海县经济状况》,《经济半月刊》第2卷第8期,1928年。
　　② 天津市地方志编修委员会办公室、天津图书馆编:《〈益世报〉天津资料点校汇编》(一),第640—641页。
　　③ 北宁铁路经济调查队编辑:《北宁铁路沿线经济调查报告》,第1018页,1068—1069页,1128页。

调查和试验,"全省各县土壤,向未一经试验,对于改良上殊难着手。爰将土壤采取法,印成一百二十份,呈请钧厅,通饬各县"。实业厅遂向各县征集土壤,并规定了采集土壤的方法,令依法采样上报,以供试验研究。① 针对天津各县的土壤特征,对于如何减轻盐碱、改良土质,以及根据土质特点种植农作物等,天津等县农业试验场等都曾经提出了一些方法,但各县和各村并没有认真实施。至于土壤的改良,则只有天津、宁河县种植水稻的水田继续沿袭明清以来冲灌盐碱种植水稻,其他地区未见有规模的举动。这其中,有资金的问题,也有忽视农业生产重要性的因素。比如,1935年底,国民政府财政部成立了长芦盐区改良碱地委员会,由长芦盐务稽核分所、华北水利委员会和河北省建设厅组成,目的是改良该区各县的碱地,使农民可从事农业,增加生产而维持生活;选出碱性最严重的22个县推行改良,其中对宝坻和武清县制定了计划,对盐碱地挖渠引水冲刷和开凿深井排泄;对于无法引水冲刷的土地,采取换土、施肥、深耕和种植抗碱性作物等方法。各县都成立了由官绅组成的改良碱地协进会推进,只有邯郸和宝坻并未开办,而武清县也因战争迫近,没有实际进展。②

这一时期,天津在良种引进和某些作物种植技术方面有了新的变化,即开始设立各种试验场,运用近代的科学方法进行良种选育。以往,天津地区在选种育种方面主要沿用传统方法,自己选育各种农作物品种,供生产使用。20世纪初,直隶总督袁世凯在天津推广振兴实业的同时,也十分重视农业的发展,积极提倡农业改良,"直隶地瘠民贫,兵燹以后,元气凋伤,民生困敝,非于农工诸务切实讲求,不足以辟利源而资生计","农、工为商务根本,而商之懋迁,全赖农之物产、工之制造。欧、美、日本以商战立国,而于农业、工艺精益求精。经营董劝不遗余力",③进而诞生了农业试验场。

1906年,直隶工艺总局总办周学熙奉袁世凯之命,在天津北站附近(当时的天津新车站)购买1200余亩土地设置了种植园,开渠引入月牙河及金钟河

---

① 天津市地方志编修委员会办公室、天津图书馆编:《〈益世报〉天津资料点校汇编》(一),第645页。
② 参见陈洪友等:《试论20世纪30年代华北的碱地改良》,《中国农史》2012年第2期。
③《直隶筹办农工诸政情形折》,《袁世凯奏议》,第852页。

第五章　北方经济中心的形成(1928—1937)

水,同时开凿机器井,架设西式风车提水。在种植园中设置苗圃、开办种植园,计划每年植树100万株,种植枣树改良碱地,种植棉花为纺织业提供原料,种植茛草、马莲、秋葵、粟菊为造纸原料,种植牡丹、芍药为制药原料,种植五谷以饲养牲畜;同时在池沼内种植菱芡、芰莲,放养鱼苗。此外还广植各种果树,养殖蜂群。同时,该种植园设有"研究会所",每月召集"通晓工业及精于植物学者"开会两次,研究农产品和植物品种的改良。①

天津种植园在成立的当年便开始试种美国棉种,1910年还在静海县建苗圃,种植日本桑树,繁育300万株幼苗。1911年改称直隶农事试验总场后,主要承担天津、宁河、静海、武清、霸县等20余县的农事试验和推广,先后引进日本的水稻品种和美国的棉花、玉米品种,试种小麦、水稻、玉米、棉花等;1917年又进行白菜、美国莴苣、春水萝卜、茄子、番椒、冬瓜等蔬菜品种的试验;并建立农业气象站和农林种子交换所。1920年,该场对肃宁县农民的春季小麦种子先行试验,试验成功后将种子发给因雨水稀少、天气亢旱而未及时播种小麦的农民,"劝导乡民仿照试种,以免灾荒,而重民食"②。农事试验场除了试种各种农作物外,还试养和推广各种家禽,如中外优良种鸡以及蚕种等。

1909年,清政府下令各州署设立劝业所,旨在劝导农民垦荒,督办水利和提倡农耕。天津县劝业所设立了苗圃,其中有38亩的天津县试验场,在选种育种上开展的主要工作有,选择和培育棉花、谷物、玉米、园艺等纯良品种和种植试验,棉花肥料试验,计划开办种子公司择优推广,招集各种农业机关技术员及种子公司商人,讲习选种、检查种子方法。③20年代以后,各级政府推行农业改良,各县普遍建立了农事试验场。1921年静海县在城东占地67亩建县农事试验场,1925年天津县在塌河淀建立了天津县农事试验场,1928年宁河县在天宁寺设立农业试验场,其他县也兴建了占地面积和规模大小不一的农业试验场、试验园等。这些农业试验场除了配合各级政府推动的棉花品种

---

① 罗澍伟编著:《引领近代文明 百年中国看天津》,天津人民出版社2005年版,第36页。
② 天津市地方志编修委员会办公室、天津图书馆编:《〈益世报〉天津资料点校汇编》(一),第640页。
③ 天津市地方志编修委员会办公室、天津图书馆编:《〈益世报〉天津资料点校汇编》(一),第653页。

改良、桑蚕试验和有限的土地改良外,也结合当地的生产改良蔬菜的生产。在政府的主持下,劝业所、各农业试验场纷纷致力于农作物品种的选育与改良,并在部分农村得以推广,尤其是对棉花等经济作物的品种改良有较大进展,得到农户的广泛使用。

在直隶农事试验场、劝业所和各县农事试验场的推动下,农户们也开始使用选育的种子种植。以经济效益较高的棉花种植为例。天津县农户往昔对于植棉一事,"不甚经意,故种者甚稀"。农事试验场积极推广植棉尤其是美棉,发给美国棉种,令各村试种,成绩颇佳,"除南乡蔡家台,及姚家村附近各地土地咸卤硗薄,不能植棉外,其余各地植棉颇多。而产棉最盛之区,首推东乡大孙庄、贯儿庄、排地、宜兴埠、大毕庄一带,产额,籽棉达一百二十万斤以上,其中美棉约占全额十分之七。北仓、双口一带,以播种稍晚,致减收成。北斜村一带,秋患虫灾,每亩产额,美棉仅得籽棉三十斤上下,中棉仅得十余斤。各地种棉,中种有黑白之分,美棉有长绒金丝之别。亦调查所及,美棉每亩产额,恒倍于中棉。现查农人心理,拟种美棉者,实居多数"。①为此,双口村棉农自发成立植棉公会和植棉试验场。在东乡贾家沽道兴业庄,农民以种棉为业,该村村董孙俊卿也成立了植棉公会,号召全村改种美棉,"颇著成绩",1922年种植棉花者增多,种植面积是去年的两倍,植棉地约得二千六百余亩。②

三、农业发展的城郊型特征

这一时期,天津农业在发展中逐渐形成了以下比较突出的特征:

(一)城郊型特征更加凸显

开埠通商以前,天津城市与周边各县之间虽已有商品交流,但商品种类及交流的区域范围并不广泛,且以补缺为主。如静海县,"贩粟者南至卫辉磁州,北至京师,视年之丰歉以为籴粜。其余贸易,东则海滨之盐,西则独流洋

---

① 天津市地方志编修委员会办公室、天津图书馆编:《〈益世报〉天津资料点校汇编》(一),第644页。
② 天津市地方志编修委员会办公室、天津图书馆编:《〈益世报〉天津资料点校汇编》(一),第644页。

第五章　北方经济中心的形成(1928—1937)

芬港之苇鱼席藕,北则直沽之海味鱼虾,南则临清之百货及运艘之竹木酒米"①。即除了有一定数量的粮食外,多为食品种类上的补缺,包括购入沿海各地出产的海味、鱼虾、食盐,以及南方的竹木、大米等。宝坻县则是"邑之列肆开典者,大率来自他省,惟山右为多,本邑殊少大商,所贸易不过布米鱼盐之类,无他异物也"②。四乡的集市各有定期,"届期,凡近境者披星戴月络绎毕至,集场约半里许,各赁坐地陈货于左右,一切食用所需具备,要皆村庄中出也,自辰至未,肩摩毂击,喧填道途,日斜则人影散乱,捆载而归矣"③。由此可见,多为农户自产多余的物资,在集市上易得余缺。

随着内外贸易的发展和交通的便利,农村更多地接近市场,根据国内外市场的需求和各自的生产条件,增加经济作物、蔬菜等品种的种植,增加与市场的交流,形成了城市与乡村之间的经济互动。在粮食作物方面,武清所产高粱、玉米、黄豆销于本地、北京和天津;静海所产玉米、小麦、大麦、水稻、高粱、小米、黄豆等多运销天津;宁河县所产高粱销本地或天津;蓟县所产高粱、小麦、黄米等农产物"多销售北平,天津次之"④。1930年前,小站地区所产稻米,"除五分之一弱留于该地自用外,其余概销平津两地及东三省各地;他如保定、唐山及御河一带,均有销场"⑤。另外,各县生产的一些杂粮、豆类也运到天津销售。武清县城附近所产杂粮,"多由落堡车站装车运津,河西务、杨村及蔡村等镇所产者则均由河道运津","杨村运出者,以高粱、黑豆等为大宗";宝坻县仅有高粱和豆类能够外销,但"红粮可半数运往天津或邻县","豆类以黄黑豆为大宗,全产量之十分之三,可运往天津及玉田";蓟县虽然农产品"大宗为粮食,专供本县食用,殊少外运",但县属邦均镇每年所产300—400万斤花生"除供给当地制油外,多运销天津"⑥。

另有调查表明,1937年前,天津、武清、宁河、静海等四县农产品中,运销

---

① 康熙《静海县志》卷1《风土》,第12页。
② 乾隆《宝坻县志》,台湾成文出版社1968年影印本,第365页。
③ 乾隆《宝坻县志》,第348页。
④ 河北省政府建设厅编:《调查报告第三编农矿》,该建设厅1928年版,第6页。
⑤ 《天津小站食米产销状况》,《工商半月刊》第2卷第15期,1930年。
⑥ 北宁铁路经济调查队编辑:《北宁铁路沿线经济调查报告》,第1019—1020、1071、1149页。

天津经济史(下卷)

天津者状况如表5-25所示：

表5-25　1937年前天津等六县农产品运销天津状况表

农产品名称	全年运销量	运销地点	农产品名称	全年运销量	运销地点
(天津县)米	47,300担	当地	(天津县小站)米	25万包	本省
(天津县葛沽)米	约850万石	天津、北平、上海、山东	(天津县葛沽)棉花	约8000万斤	天津、北平、上海
(天津县葛沽)白菜	约200万斤	天津、北平、上海	(天津县葛沽)大葱	约300万斤	天津、北平、上海
(武清县)花生	700万斤	天津	(武清县)芝麻	3000石	天津
(武清县)瓜子	6000石	天津	(武清县)小米	3000石	天津
(武清县)黑豆	3000石	天津	(武清县)黄豆	3000石	天津
(武清县杨村)棉花	19.02万斤	天津	(武清县王庆坨)玉米	192万斤	天津、杨柳青
(武清县王庆坨)青豆	96万斤	天津、杨柳青	(武清县王庆坨)棉花	3.6万斤	天津、杨柳青
(武清县王庆坨)花生	18万斤	天津、杨柳青	(宁河县军粮城)棉花	500万斤	天津
(宁河县军粮城)小米	800石	天津	(宁河县军粮城)白菜	8万斤	天津
(宁河县军粮城)萝卜	2万斤	天津	(宁河县军粮城)麦	800石	天津
(静海县)麦	46200担	天津	(静海县)高粱	22.1万担	天津

资料来源：交通部邮政总局编：《中国通邮地方物产志》(河北编)，商务印书馆1937年版，第11—17页。

由于天津周边农村人均土地偏少，耕地质量不高，产量有限，粮食作物进入各级市场的数量与规模并不大。棉花为主的经济作物多因市场开始种植或扩大生产，也多以市场为导向，如武清县所产棉花"行销京津"[1]，1920年前，武清县城及北旺镇、安平镇、东西杨村、南北蔡村、梅厂、大良、崔黄口、王庆坨、河西务等集市(镇)集散棉花数百万斤，除销售本县外，多由天津销往国外；[2]与此同时，天津县杨柳青、大直沽、宜兴埠等地所产棉花，"数年前运销外

---
[1]〔清〕周尔润纂：《直隶工艺志初编》报告类卷上，第4页。
[2] 刘家瑶：《京兆直隶棉业调查报告书》，农商部棉业处1920年版，第28—29页。

第五章　北方经济中心的形成(1928—1937)

地之棉花,约占全产额十分之六,近年则均售于本地各纱厂,外销仅什一而已"①。30年代以后,随着各县种植棉花面积的增加,更多的棉花通过各级市场运到天津。1932年,宁河县"遇棉市抬高之时,亦有小贩收买,运津销售";武清县杨村镇附近棉花,"多由各帮坐庄收买,轧包后由火车载运来津,然后转口,销售津市各纱厂者,为数亦多",其中"落堡为新辟之棉花市场……均由火车运津销售各纱厂,或转口至大连、上海等处"②。静海县初步统计,1934年前可产皮棉7850担,"除一部供农民应用外,大部出售于天津"③。据1935年的调查,天津县境内大毕庄、北仓、杨柳青、张家窝、咸水沽、葛沽、小站等7个棉花市场共集散棉花(皮棉,下同)9380担,武清县境内县城、河西务、蔡村、大良镇、梅厂、杨村、黄花店7个棉花市场共集散棉花11,877市担,静海县境内县城、惠丰桥、唐官屯、大瓦子头、独流镇、王家院、良王庄等7个棉花市场共集散皮棉7070市担,宁河县境内县城、芦台镇、潘庄镇、新河镇、塞上镇等5个棉花市场共集散皮棉1543市担,宝坻县境内县城、王卜庄、大口屯、辛(新)开口等4个棉花市场共集散皮棉24,360市担。这些在棉花市场集中的棉花,经过当地棉栈打包后,通过陆路或水路运销天津。④

蔬菜种植则多因城市民众所需而扩大生产。1917年前,在天津等六县中,天津县所产马铃薯、洋葱、莴苣、甘蓝等销往城区。1928年前,由于天津市"工厂林立,商务繁盛,其衣食原料之需要,实远过于他县,故经营农业者,获利之丰厚,亦非他县可比"。天津县"各河沿岸,菜园极多,缘屡遭虫害,损失颇巨,昨岁收获寥寥,几令津埠菜荒"。⑤静海县"运河沿岸多种菜蔬",所产白菜、大头菜、萝卜等运销天津(参见表5—26);蓟县所产萝卜也销往京津。1937年前,天津县"园艺有各种蔬菜,如韭菜、白菜、茄子等供给天津市内食用";宝坻县属林亭口"沿河复产蒜甚多,大部运销平津"。⑥

---

① 整理棉业筹备处:《中国棉业调查录》(直隶省),第2页。
② 中华棉业统计会编:《中国棉产统计》(1932年),中华棉业统计会1932年版,第18—25页。
③ 王又民编:《河北省棉产概况》,实业部正定棉业试验场1935年版,第12、82页。
④ 河北省棉产改进会:《中华民国二十五年河北省棉产调查报告》相关各县。
⑤ 河北省政府建设厅编:《调查报告第三编农矿》,第21页。
⑥ 北宁铁路经济调查队编辑:《北宁铁路沿线经济调查报告》,第1099—1104、1071—1072页。

表5-26　1928年静海县农产品运销状况表

农产品名称	运销量	运销地点	农产品名称	运销量	运销地点
麦	12,000石	天津	粟	35,000石	天津
高粱	36,000石	天津	玉蜀黍	9800石	天津
豆	18,000石	天津	糜	12,000石	天津
白菜	380万斤	天津	大头菜	25,800万斤	天津
萝卜	9820万斤	天津	山药	260万斤	天津

资料来源：河北省政府建设厅编：《调查报告第三编农矿》，第218—220页。

由此可见，随着天津城市发展和人口增长，天津周边各县所产棉花、粮食、蔬菜等，以运往天津或北京的城区销售为主，也有部分棉花转运国内外市场，其城郊型农业的特征更加凸显。

(二)农业试验场和垦殖公司具有鲜明的双重属性

如前所述，农业试验场和垦殖公司在天津农业发展中有所显现，如组织形式在一定程度上具有有限公司的性质，也采用了一些近代化的技术和工具；同时，土地和品种的改良，也推动了农业生产。如大白菜的原产地为河北安肃(今徐水)，早年天津种植者不多，秋冬食用依靠外地。民国初期，由天津农事试验场试行种植，成色不逊于安肃原产，但多属"青麻叶"类。后来又从唐山一带引进"唐山白"，即所谓的"白麻叶"类。这两种白菜经过农事试验场的试种和推广，得到天津周边农民的精心培育，均成为优良品种，口味好，而且抗病力强，耐储存，在市场上赢得了声誉，除本地消费外，远销华北、东北以及江南各省和香港地区。

另一方面，这些公司和试验场具有浓厚的传统性。例如，开源垦殖公司最初意图是开发农业，与纱厂一起形成产业链，但由于种种原因，起步时就陷入改良盐碱地的泥潭，长期经营困难，实际的效果仅仅是对荒地和田产的投资，又难以收取地租之利，最终结果是难免重返收租的原路。而且，无论是私人投资的垦殖公司，还是具有政府色彩的农业试验场，都缺乏资金与经营管理能力，更没有深入到农村进行具体指导的措施，多浮在城市做表面文章，推

第五章　北方经济中心的形成(1928—1937)

动农业发展的作用十分有限。

(三)农业未能在天津社会经济中占居首要地位

从前文的考察可以看到,虽然这一时期天津农业总体上有所发展,也引进了一些机械化设施灌溉农田,并进行了土地和一些农作物品种的改良,但由于天津所处的地理位置和自然条件所限,在生产条件、生产技术、经营模式、生产结构等方面,均无突破性的进展。在迅速发展的城市工业、商业等各部门经济中,农业生产的重要性越来越被忽视。

在生产技术方面,灌溉技术和生产工具的改进具有一定的代表性。例如,除冲灌改造盐碱地,使之能够成为种植水稻的水田外,各县没有兴修大规模的水利设施,引河水和凿井的大田灌溉也并不普及,仍然多是靠天吃饭。在产品结构方面也是如此,虽然种植棉花和蔬菜的亩数所占比例有一定上升,但种植粮食仍占耕地面积的最大比例。据1928年政府对各县农业的调查,可以大致了解各县粮食、经济作物和蔬菜的种植状况与所占比重。静海县,种植棉花约1万余亩,而种植麦子的旱田62,700亩、粟156,234亩、高粱304,130亩、玉米206,700亩、豆类151,687亩、小米53,100亩,另外,种植白菜46,800亩、大头菜59,700亩、萝卜37,300亩、山药13,200亩,总计种植各种粮食为近百万亩(934,551亩),各种蔬菜达15.7万亩,而棉田仅1万亩,所占比重十分有限。①此时,天津县共种植高粱336,586亩、玉米98,646亩、稻132,880亩、麦58,420亩、谷27,802亩、黑豆20,460亩、白菜18,700亩、马铃薯6930亩、萝卜4100亩,总计粮食作物为674,794亩,蔬菜为29,730亩(未见棉花种植的统计,下同)。②蓟县种植的粮食作物和蔬菜中,小麦占20%、高粱占25%、豆子占25%、谷子占20%、玉米占20%、芝麻占0.5%、花生和稻子各占1%、白菜仅占0.5%,另有棉花5500亩,所占比重与白菜种植面积相当,占0.5%。③同一年,宁河县所种植的农作物中,高粱约占农田面积的95%、玉蜀黍占1%、稻米占

---

① 河北省政府建设厅编:《调查报告第三编农矿》,第218—220页。
② 河北省政府建设厅编:《调查报告第三编农矿》,第190—191页。
③ 河北省政府建设厅编:《调查报告第三编农矿》,第117—120页。

2%、豆占2%。①1931年,天津、宁河、武清、静海、宝坻、蓟县六县共种植小麦1,194,918亩,谷684,200亩,豆类937,160亩,玉米470,464亩,高粱2,311,286亩,水旱稻40,000亩,合计为563.8万亩;而白菜、芥菜、蒜、萝卜、韭菜、大葱、倭瓜等7种蔬菜合计仅61,117亩。②1932年,天津县"出产以蔬菜为大宗","棉花在县境内不过点缀而已"③。据1936年前后的棉产调查所示,天津、武清、静海、宁河、宝坻五县的棉花种植面积占耕地面积为,天津县为9.28%、武清县占16.4%、静海县占2.09%、宁河县占7.34%、宝坻县占5.25%。④

以上三个特征表明,这一时期的天津农业正处于由传统农业向近代农业过渡的进程中。一方面,城郊型农业的特征逐渐凸显,资本主义生产关系略有发展,机械设备开始采用,育种等技术有所改良;另一方面,经营方式、灌溉技术、生产工具、产品结构等仍具有比较浓厚的传统性质,即所谓的"农民于工商业发达之天津市内,颇能保持其固有守旧之色彩也"⑤。30年代中叶,在北宁铁路沿线经济调查时,编者对近邻城区的天津县农民评判道:"本县农民因生活维艰,自行开垦,力有未逮,是以荒地仍多,因此地主与佃户,除耕守田业外,亦无进展之希望,且农民数目虽多,并无团结,每年劳苦所得(长工每年平均七十元,短工每日五角),仅勉强维持一家生计,无力以言发展也"⑥。

四、制约农业发展的因素

这一时期,天津农业发展较为缓慢的原因,有客观环境因素,也有人为主观因素。

(一)环境因素的影响

包括自然地理因素和旱涝灾害在内的环境因素,对天津农业的发展具有

---

① 河北省政府建设厅编:《调查报告第三编农矿》,第243页。
② 天津市农林局:《天津市农林志》,第407—408页。
③ 中华棉业统计会编:《中国棉产统计》(1932年),第25页。
④ 河北省棉产改进会:《中华民国二十五年河北省棉产调查报告》相关各县。
⑤ 吴瓯编:《天津市农业调查报告》,第1页。
⑥ 北宁铁路经济调查队编辑:《北宁铁路沿线经济调查报告》,第1101页。

第五章 北方经济中心的形成(1928—1937)

重要的影响。除了前述的干旱频仍外,水灾对本来就低洼的各县耕地也是毁灭性的打击。据统计,1912年至1948年有24次水灾,平均1.5年一次。早在清末时期的报告中,即对此有所关注。例如《直隶工艺志初编》中就明确记载:宝坻县"本境为蓟运鲍邱青龙湾等九河下流,形如釜底,潦年被淹,旱年则涸裂"[1]。

除了天灾外,土地本身也有一些不利于农业生产的因素。

其一,天津各县的耕地,只是在临近各条河流附近的土地较为肥沃,适宜农作物生长,但更多的耕地为沙质的贫瘠之地,还有很多盐碱地,不利于粮食作物的种植和生长。如天津县,1917年前后,耕地"其稍肥沃者,仅西北部及西部,西北部因有榻河淀淤地,开垦者颇获厚利"。[2]30年代,有人调查后指出:天津县"地势平坦无山,南部低洼,东滨渤海,碱荒甚多。河流有金钟河、运河、永定河、海河等。土壤多系砂土,沿河两岸土质肥沃;离河远者,土质荒瘠,河水少害,灌溉便利,植棉相宜"[3]。宝坻县的土地,"西北肥沃,黄沙居多,约占全县面积十分之三,东南瘠薄,黑土居多,约占全县面积十分之七"。武清县的土地,"西北一带沙质最多,东北东南多碱,惟西南肥沃","全县土质,肥者三分之一,沙者三分之一,减(碱)者三分之一"。蓟县的土地,"肥土约五六成,余非沙荒,即系水碱"[4]。"土质大抵县北多黄土,县南多黑土,综计全县黏土地占百分之二十,砂土地占百分之六十,坏土地占百分之二十"[5]。到了30年代,天津除了东南地区延续传统的冲灌水田,种植水稻外,政府并没有采取改良耕地的具体措施,农民也曾有所行动,如1929年天津县西乡拥有2500人的祁蒋庄,"庄民因地质碱卤,若不设法改良,影响民生颇巨,遂集资两千元,装置抽水机二架,引河水以溉田,结果村郊不毛之田六百亩,皆变肥沃。今他庄亦有起而效焉者矣"[6]。但这多是个别举动,没有起到示范效应,各县

---

[1] 〔清〕周尔润纂:《直隶工艺志初编》报告类卷上,第4页。
[2] 直隶省商品陈列所编:《直隶商品陈列所第一次实业调查记》,第40页。
[3] 河北省棉产改进会:《中华民国二十五年河北省棉产调查报告》相关各县。
[4] 刘家瑶:《京兆直隶棉业调查报告》相关各县,1920年。
[5] 北宁铁路经济调查队编辑:《北宁铁路沿线经济调查报告》,第1143页。
[6] 郭登浩编:《天津县乡土志辑略》,第283页。

土地贫瘠和盐碱严重状况几乎没有改善。1928年前,静海县,"地势洼下,土多盐碱,县西贾口洼一带,地势最低,面积约三千七百余顷,频遭湮没,县东及东南两乡,盐碱最多,面积亦达三千余顷,率系不毛之地","除洼地碱地外,其较高土地,土质亦不甚劣"①,"西北部多黏土,其他概系砂土"②。宁河县地处海滨,面积狭小,土质瘠瘦,"地势洼下,土多盐碱,不适农作","最南海滨一带,碱性极大甚至寸草不生"③。武清县"土质虽属沙性,因便于灌溉,生长力甚强,棉花为主要农作物"④。

其二,因靠近河流,地势低洼,极易遭受洪涝灾害。如宝坻县境内河流最多,九河下梢,东北部"以鲍邱河、引河、秀针河、独漏河为最大","地势卑洼异常,形如釜底,仅西北地势稍高","东南则为洼地,约占全境五分之四,每年即无多量雨水,而河床高涨,亦时能成灾",一遇水灾,全县耕地多成水灾区域。1917年全境可耕地面积共275万亩中,被水面积达二分之一。⑤1932年前,"每当暑伏,淫雨连绵,山洪暴发,河水注满,县境东南半壁,绵亘数十里,尽成泽国,然河缩水随,水退地露,除非河水连续澎涨至十数日,不能成灾,农民履险如夷,习以为常,水淹之区,照常树艺五谷及棉花等作物,盖成灾年份,十不遇一也"⑥。静海县内有南运河、子牙河和减河,有利于农田和菜地的灌溉,但"地势低平,东部稍高,西部最低,且多大淀泊,在县城西南有凤台洼、周家洼等,俗称西洼,西洼之北即独流镇之西南,有老君泊、千金泊等,俗称南泊,独流以北则为三角淀,俗称东淀(俗称安新县附近之白洋淀为西淀,故称此为东淀),此淀自独流以西经台头村(属大城县距独流西北18里)黄岔至文安县属之胜芳镇(距独流西北三十六里)左各庄等处,一片汪洋,附近农田多被淹没。民国以来,子牙河连年泛滥,静海西部洼泊相联,竟成巨浸,尤以东河头梁头

---

① 河北省政府建设厅编:《调查报告第三编农矿》,第32、35页。
② 河北省棉产改进会:《中华民国二十五年河北省棉产调查报告》,第31页。
③ 河北省政府建设厅编:《调查报告第三编农矿》,第47页。河北省棉产改进会:《中华民国二十五年河北省棉产调查报告》,第37页。
④ 中华棉业统计会编:《中国棉产统计》(1932年),第24页。
⑤ 方显廷:《由宝坻手织工业观察工业制度之演变》,南开大学经济研究所1936年版,第4页。
⑥ 中华棉业统计会编:《中国棉产统计》(1932年),第21页。

第五章　北方经济中心的形成(1928—1937)

村一带,居黑龙河下游,势如釜底,一遇淫雨连绵,即成泽国。运河以东,洼地亦不少,最大之洼地在惠丰桥(距县城东南五十里)以北至朝宗桥(惠丰桥三十余里)一带,俗称东洼,常受靳官屯减河之水淹;以大侯庄为中心周围四十余里,其土多含碱质,已垦之农田不过十之四五,其余皆荒草野蔓,人烟甚稀"①。武清县内西北地势高爽,东南低洼,境内有"北运河、凤河、龙河、永定河等,除北运河、凤河两岸农民可资灌溉外,其他河流频年为患,有害无益"②。宁河县"南临海滨,地势低洼;境内有蓟运河,纵经南北,青龙及金钟河,横贯中西"③。1928年6月遭遇大雨,"全县水灾区域,约占十分之八……以地洼易受水害,畏水之农作物,均难栽培"④。天津县内的佟楼村、邵公庄,"皆位于本市之西部,在子牙河运河之间","该二村地势洼下,西运河绕于前,津浦路横贯于后,每于淫雨之时,则积水成潴,无由宣泄。是以水灾无年无之,惟有轻重之差异耳";西沽村"西北之园田地极洼下,更有沟渠之便,可调剂燥旱。但在淫雨连绵,雨水过量之时,易于积水,无处宣泄,致酿成水灾,数年来该地受害极巨"⑤。

由以上考察可知,这一时期天津周边各县普遍河流较多,可利用土地十分有限;地势低洼,盐碱地占有相当比例,难以种植小麦、玉米和棉花等;更难以克服的是旱灾、水灾频仍,经常遭受洪涝灾害。这些,对农业生产的种植结构、农作物产量等均有不同程度的影响。

(二)天津城市发展的影响

天津作为华北地区最重要的工商业城市、农产品集散地和输出口岸,对周边地区农业发展有不小的影响。对此时人已有清醒认识。1917年,直隶商品陈列所的调查称:"(天津县)农作物略同运河流域各县,惟地附商埠,人口

---

① 《静海县经济状况》,《经济半月刊》第2卷第8期,1928年。
② 河北省棉产改进会:《中华民国二十五年河北省棉产调查报告》,第28页。
③ 河北省棉产改进会:《中华民国二十五年河北省棉产调查报告》,第37页。
④ 河北省政府建设厅编:《调查报告第三编农矿》,第47页。
⑤ 吴瓯编:《天津市农业调查报告》相关各村。

增多,园艺颇多发达。"①1928年,河北省建设厅也指出:"天津以系商埠,居民率多注重工商,而对于经营农业则比较不甚注意。"

城市自身经济的发展,对周边农业的影响主要体现在两个方面:一方面,天津迅速发展,尤其是城市人口的增加,刺激了以蔬菜种植业为代表的城郊型农业的发展。与此同时,蓟县、武清、静海等县所产的麦、粟、高粱、玉米、豆、糜、白菜、大头菜、萝卜、山药等能够运销天津,提高了农产品的商品化率,并在一定程度上推动了种植业结构的改变。另一方面,由于天津工商业发达,且有大量内地农产品运至天津销售,因此周边居民对农业改进"不甚注意"。例如,1929年前后,天津市西沽村居民"大多不事农作,农产品数量仅敷自用,无须乎运销,至于园地每季所产蔬菜之属,由北运河转海河转运各地菜市行销,年来歉收频仍,各菜园户生产有限,多不赴菜市整卖,而挑菜赴各街叫卖"②。

(三)政治环境的影响

对于天津各县的农业来说,政治环境的影响主要是战祸,李鸿章所言"地瘠民贫,兵燹以后,民生困敝",是太平天国以后的状况。进入20世纪后,战祸等人为因素对农业发展的影响不可低估。例如,义和团运动时八国联军对周边农村的破坏、20世纪20年代军阀混战带来的耕地荒芜,军队强征粮草和征兵造成的农民流失等。如1917年6月,张勋率领5000名辫子军从徐州抵达天津,在天津策划复辟,段祺瑞聚集军队在马厂誓师,击溃张勋的辫子军。1922年第一次直奉战争在天津周边开战,奉系军队12.5万以天津为基地,大本营设在军粮城,与其对峙的直系军队12万余人也在附近驻扎,这些严重影响到农业生产和社会安定。不仅如此,军队往来和驻扎皆以掠夺当地粮食等作为给养来源之一。如1925年11月,镇威第一方面军军团长命令天津县公署赶速先办谷草50万斤、木柴100万斤,作为应征各军队给养;二天后驻扎在附近

---

① 《第七区(运河流域报告书)》(天津县),直隶省商品陈列所编《直隶商品陈列所第一次实业调查记》,第40页。
② 吴瓯编:《天津市农业调查报告》,第15页。

第五章　北方经济中心的形成(1928—1937)

的兵站总监部致函天津县公署,要征用谷草60万斤、红粮20万斤、小米10万斤、木柴100万斤。再如1928年6月,陆军第七方面军兵站司令部致函天津商会,要求紧急凑交粮食10万石,"以期迅速而免贻误军食"①。周边各县已经遭受军队的劫掠,还被强行征用各种农产品,由此带来的恐慌和困苦堪比自然灾害。

政府在设立劝业所、农会、农业试验场,推广品种改良和改善土壤等方面发挥了一定作用,但仍然十分有限。如天津县农会从清末开始筹办,直到1925年才得以成立,其中有战争的影响,也有人事关系的制约。推广优质品种和改良土地均限于政府的上传下达,并没有采取具体有效的实际措施,更没有落实到县以下的各个乡村,因此地势低洼和盐碱严重的状况基本没有改变。优质品种也仅限于部分地区的棉花和水稻的生产,其他农作物的品种几乎没有多少变化。所以,天津各县除了棉花种植尚有一些调查和统计外,难以形成对农业生产,包括耕地面积、农作物种植比重、亩产量、各种农作物的总产量等系统完整的统计。

(四)农民群众参与意愿的影响

农民群众的参与意愿对农业生产的发展也有重要影响。这一时期,民众参与农业发展的意愿体现在两个方面:一方面,如前所述,村民积极参与引进机器灌溉和选育种子,扩大棉花等作物种植面积,促进了农作物商品化进程,生活也有所改善。另一方面,也有一部分农户对农业方面改良的意义认识不深,参与意愿不高。正如前述的天津县"居民率多注重工商,而对于经营农业则比较不甚注意"。又如农事试验场为推广美棉,通过植棉研究会向各村农户转发美棉种子,并约定收获后缴出棉种,以进一步扩大种植,但"如约缴还者为数无几",该会只得再次函请整理棉业筹备处核发棉种2000余斤。②

此外,天津各县土地贫瘠,盐碱地缺水改良,各种农作物的产量虽有部分

---

① 天津市档案馆等编:《天津商会档案汇编(1912—1928)》,第4169、4165、4186—4187页。
② 天津市地方志编修委员会办公室、天津图书馆编:《〈益世报〉天津资料点校汇编》(一),第651—652页。

进入各级市场,但除了棉花和蔬菜外,其他品种上市量并不大,即便是有较大收益的棉花生产也没有形成规模效益,没有出现专业生产区。加之,对于城市周边的农民来说,进城做工、学徒和经商等为其提供了更多的改善生活的机遇,因此农作物生产增加收益的诱惑力也不足吸引更多的人力和财力,因此通过农业生产来改变生活境遇的积极性不高。例如,30年代政府在进行河北省棉产调查时,通过与其他各县的比较,调查者认为"棉作的利益虽是很大,但农民连年种植不知利用轮作方法,致土壤对于棉作养料的供给,常有盈缺不调之患,而且因为连作的关系,病虫害自所难免",影响了棉花的产量。天津县和武清县"棉作栽培,发展甚速,惜农民不知选种,棉种颇杂,棉花品质将来恐日渐退化耳"[①]。

总之,在以上诸多因素的影响下,天津农业在种植部分粮食和经济作物,以及蔬菜上取得了不同程度的进展,在土地改良和生产技术上也取得了一些成效,但总体上发展速度仍然比较缓慢。这样的发展态势,与近代工商业的迅速发展形成了反差,致使农业在天津社会经济中的地位不断下降。

第七节　周边的城镇与集市的发展演变

随着天津逐渐发展为北方的经济中心,其辐射能力迅速扩大至周边地区[②]的城镇和集市。由于这些城镇和集市的演变深受交通方式和经济交流等因素的影响,因此将首先考察天津与周边地区交通方式的演变和经济交流的增强,再考察县城(城镇)、市镇和集市的演变。并且,在考察县城(城镇)、市镇和集市的演变时,将天津与其经济关系作为一项重要内容。

---

① 王又民编:《河北棉产概况》,第8—9、81、83页。
② 本书所谓"天津"是以今天津市域为空间范围,但在具体行文中,则以今市内六区及环城四区为主,兼顾远郊各区(县)。具体到"天津与周边城镇关系"这一论题,将今天津所辖市内六区和环城四区视为"天津",而将远郊各区(县)及其所辖的城镇列为"周边城镇"。

第五章　北方经济中心的形成(1928—1937)

一、天津与周边地区的交通和经济交流

(一)天津城市与周边地区交通方式的演变

开埠通商以前,天津城市与周边地区之间的交通方式,以陆路官道和水运两种交通方式为主。如《畿辅通志》载:"河西务在(武清)县东北三十余里,自元以来皆为漕运要途","杨村务在(武清)县东南五十里","由杨村而东南二十里为桃花口,又二十五里为丁字沽,由杨村西北四十里为黄家务,又三十里为河西务,皆运道所经也"。当时漕运通达天津,漕道便成为沟通天津城市与杨村、河西务等城镇和集市的主要交通方式之一。陆路和水道走向在一定时期变化不大,一些较晚的史料亦反映了近代以前天津城市与周边县城、城镇、集市之间的交通状况。如《宁河县乡土志》载,蓟运河在"芦台镇大小渡船各一……渡直沽河,河南为天津界,以上各渡处俱可通车辆",蓟运河"又南折西五里径芦台镇","由县城西出三里……又西七十里过屠公桥至潘镇,又至一百里至西堤头入天津县界,为邑与天津往来之大道"[①]。

1860年以后,通达沿海外洋和内河的轮船均以天津为主要码头;1888年以后,唐(山)胥(各庄)铁路通至天津;1921年,京津大道(又称京津公路)修通。这标志着轮船、铁路和公路三种近代化交通方式先后进入天津地区,推动了天津城市与周边地区之间交通方式的变迁。

首先,轮船在内河也起到联络天津与周边城镇的作用。蓟运河上,"长芦转运局在1906年也购置了两艘内河轮船,拖带8艘木质货船,在芦台至天津间的金钟河和海河转运原盐"[②],1913年,在子牙河上津磁间开始行驶轮船,1914年,在南运河也开始行使小轮。1914年6月,直隶全省内河行轮筹备处成立,购置轮木船只,筹划开办内河轮船航运,计划开辟津保、蓟运、栏沽三条轮船航线。到1936年,天津有内河轮船航运干线4条,支线3条,通往杨柳青、

[①] 光绪《宁河县乡土志》,国家图书馆分馆编《乡土志抄稿本选编》第1册,线装书局2002年影印本,第285—286、313—314页。

[②] 王树才主编:《河北省航运史》,第125页。

独流、塘沽、静海唐官屯等,成为沟通天津城市与周边地区之间联系的重要交通方式之一。

其次,铁路在沟通天津城市与周边武清、天津、宁河、静海等县之间的联系中发挥了重要作用。1888年,天津至唐山间铁路通车,其中天津至塘沽之间线路长27英里,塘沽至芦台之间长25英里,芦台至唐山之间长29英里,当时连接天津城市与周边城镇之间的线路约占通车里程的64%。其后,随着京奉和津浦铁路的通车,铁路成为天津城市与周边地区之间另外一种重要的交通方式。其中较为重要的站点有京奉铁路沿线的天津、杨柳青、杨村、塘沽、芦台,津浦铁路沿线的独流、唐官屯、陈官屯、良王庄等。

第三,20世纪以后公路也逐渐成为沟通天津城市与周边地区之间联系的重要方式。1921年京津公路通车,途经杨村、河西务等重要市镇。到1928年时,联络天津城市与周边地区的公路已有6条,除京津公路外,其余5条公路分别为津保、津沽、津盐(山)、津沧(州)、津白(沟),经过杨柳青、咸水沽、葛沽、小站、潘庄、林亭口等周边的城镇。加上途经天津的公路,共计有11条。到1937年前,除汽车路之外,各县地方公路亦有所发展。天津县有地方公路19条,长665里(其中有部分未建成);武清县有11条,长195.8里,宁河县初具公路形态的道路长达450里以上。这些公路,在沟通天津城市与周边城镇、集市联系方面发挥了重要作用。

在轮船、铁路、公路等近代交通方式作用日益彰显的同时,原有的民船航运、道路等交通方式,仍然发挥着重要作用。这一时期,以天津为中枢的内河航线,北自北运河可达顺义县牛栏山,自蓟运河可达蓟州等地;南自子牙河经滏阳河可达磁县,自南运河可达山东临清,并可转卫河至河南卫辉;西自大清河可达保定,东自海河可达大沽海口。其中,蓟运河是宁河县和宝坻县水路交通的主要通道,宁河县"下行可由北塘转金钟河直达天津","多为民营船舶运输";[1]宝坻县境内的蓟运河从新安镇以下至北塘海口可通行百吨以上大船。静海县内河航线以南运河为主,静海、独流、唐官屯三处依傍南运河之

---

[1] 宁河县地方史志编修委员会编著:《宁河县志》,天津社会科学院出版社1991年版,第449页。

第五章　北方经济中心的形成(1928—1937)

地,共有民船300余只。这一时期天津城市与周边地区之间的道路运输也有所发展。

(二)天津与周边地区的经济交流

随着天津城市经济的快速发展、政治地位的不断提升,以及轮船、铁路、公路等近代交通的日渐发展,天津的经济辐射力日渐增强,其与周边地区的经济交流亦不断增强。

1860年开埠通商以前,天津城市与周边地区之间商品流通的种类和区域范围并不广泛,仅见静海等县从天津购入海味、鱼虾等产品,宝坻等县则甚少与天津进行商品交流。[①]随着天津开埠及对内、对外贸易的发展,以及交通方式的变革,天津城市与周边各县之间商品交流的种类不断增加,瓜子、芝麻、醋、苇席、布、面粉、棉花、棉纱等均进入天津与周边地区交流的商品之列。[②]

其一,天津周边地区的农产品开始运销天津及国外。例如,清朝末年武清县所产棉花已"行销京津"[③]。1920年前,宁河、静海两县棉花产销状况未见记载,蓟州棉花仅销本境,天津县杨柳青、大直沽、宜兴埠等地所产棉花,以及武清县城及北旺镇、安平镇、东西杨村、南北蔡村、梅厂、大良、崔黄口、王庆坨、河西务等处所集散棉花,已行销天津及国外。[④]

其二,由天津进口的洋货和机制品开始进入天津周边地区。清朝末年,宁河县"他境货物运入本境者,大率木料、纸张、洋货、油、糖等项,由南省运入天津、烟台等处,转入本境,以赡乡民之不足"[⑤]。在1900年以后,纺织机、棉

[①] 康熙《静海县志》卷1《风土》,第12页;乾隆《宝坻县志》卷6《乡闾》,第19页。
[②]《第三区(顺天平原)报告书》,直隶商品陈列所编:《直隶省商品陈列所第一次实业调查记》,第7—12页。北宁铁路经济调查队编辑:《北宁铁路沿线经济调查报告》,第722—921页。
[③] 周尔润纂:《直隶工艺志初编》报告类卷上,第4页。
[④] 刘家瑶:《京兆直隶棉业调查报告书》,第20、28—29页;整理棉业等备处:《中华民国九十两年中国棉业调查录》(直隶省),1922年版,第2页。
[⑤]《宁河县乡土志》,国家图书馆分馆编:《乡土志抄稿本选编》第1册,第372页。

纱、洋布、煤油等已经进入各县城镇集市。①例如，宝坻县所用棉纱多由天津采购，"不特天津所运外来洋纱得长驱运入宝坻，即华北本部自纺棉纱，该县亦得资用"。②1912年至1916年间全县每年可销津纱1000余包；1917年至1918年每年可销2000包至3000包；1919年后每年可销10,000余包。1929年以后，由于土布生产和销路不振，棉纱销量大大减少，每年销量从二三千包，下降至1934年的不过1000包。③1937年前，武清县河西务镇，"运进之煤油、卷烟、文具、书籍、广货、杂货、茶叶、大米、面粉等，多托栈房或派人在天津购买"。黄花店镇"销售之杂货、布疋、米面、茶叶、文具、书籍等，均由天津丁字沽水运至东洲卸载……东洲至本镇再装大车"④。

其三，与天津进行交流商品交流的区域范围进一步扩大，已由静海等县，扩展至武清、宁河、宝坻等县。如各地的棉花，在清朝末年仅武清县所产棉花运销天津；到1937年前宁河县属5个棉花市场、宝坻县属4个棉花市场、武清县属7个棉花市场、静海县属6个棉花市场、天津县属7个棉花市场所集散皮棉，均已运销天津。⑤

上述事实，一方面表明天津与周边地区商品交流的区域范围扩展，另一方面也表明天津周边地区各个初级市场已经逐渐被整合到以天津为终点市场的华北区域市场体系之中。这一点，在各县棉花运销天津过程中表现得尤为明显。

同时，周边各县与天津之间也保持着一定数量的人口迁移。其一，1937年前，宁河、宝坻、武清、天津四县均有民众前往平津等地谋生。其中，宁河县居民"外出者多系经商或劳工"；宝坻县居民"赴外地谋生情形，至平津作泥瓦匠者，以八区居民为多……赴平津开设鞋帽商店者，以四区居民为多"；武清

---

① 北宁铁路经济调查队编辑：《北宁铁路沿线经济调查报告》，第1024—1027、1080—1138页。民国《静海县志》，第903页。
② 方显廷、毕相辉：《由宝坻手织工业观察工业制度之演变》，第8页。
③ 北宁铁路经济调查队编辑：《北宁铁路沿线经济调查报告》，第1075—1076页。
④ 北宁铁路经济调查队编辑：《北宁铁路沿线经济调查报告》，第1027页。
⑤ 河北省棉产改进会：《中华民国二十五年河北省棉产调查报告》，第28—40、47—48页。

第五章 北方经济中心的形成(1928—1937)

表5-27　1935年天津及周边县棉花运销状况表　（单位：市担）

县份	集散市场	集散量 中棉	集散量 美棉	运销经过地点	最终市场
武清	城内	25	800	落垡	天津
武清	河西务	5	350	杨村	天津
武清	蔡村	30	1800	杨村	天津
武清	大良镇	60	2500	杨村	天津
武清	梅厂	50	2500	杨村	天津
武清	杨村	70	3500	杨村	天津
武清	黄花店	7	180	落垡	天津
静海	静海城内	20	550	运河独流	天津
静海	惠丰桥	0	20	马减河唐官屯县城独流	天津
静海	唐官屯	20	650	县城、独流	天津
静海	大瓦头	0	50	子牙河、当城	天津
静海	独流镇	80	2550	南运河	天津
静海	王家院	50	2500	南运河、独流	天津
静海	良王庄	30	550	南运河	天津
天津	大毕庄	20	100	减河经王串场	天津
天津	北仓	20	100	北运河丁字沽、西沽	天津
天津	杨柳青	200	5300	南运河王家庄曹家庄	天津
天津	张家窝	0	30	蔡家台、八里台	天津
天津	咸水沽	80	2500	东泥沽、新海河	天津
天津	葛沽	30	850	新海河咸水沽	天津
天津	小站	0	150	新海河葛沽咸水沽	天津
宁河	宁河县城	0	250	经潘庄用大车抵军粮城	天津、河头
宁河	芦台镇	10	1000	经北塘入金钟河；经宝坻县属王庄	天津
宁河	潘庄镇	7	150	经北塘入金钟河；经宝坻县属王庄	天津
宁河	新河镇	0	20	经军粮城站；海河	天津
宁河	寨上镇	6	100	经北塘入金钟河；汉沽、塘沽	天津
宝坻	县城	0	8400	武清	天津
宝坻	王卜庄镇	0	3600	武清	天津
宝坻	大口屯镇	0	7500	武清	天津
宝坻	新开口镇	0	4860	武清	天津

资料来源：河北省棉产改进会：《中华民国二十五年河北省棉产调查报告》，第28—40、47—48页。

县杨村站附近居民"因地邻津市,较为开通,外出者,亦不限定经商";天津县北仓站旅客"多为附近各村镇之居民,业农经商,生活裕如,且以地近津市,往来亦频"①。其二,天津各业工人中有相当部分是来自周边各县。以1929年天津地毯和织布业的工人及学徒的籍贯为例,367名地毯业工人的籍贯中,有47人来自武清,10人来自天津,合计占15.5%;230名学徒的籍贯中,有8名来自武清,2人来自天津,合计4.3%。256名织布业工人的籍贯中,有16人来自武清,12人来自天津,10人来自静海,合计占14.8%;469名学徒的籍贯中,有31人来自武清,27人来自天津,13人来自静海,合计占15.1%。②这表明,至少在技术性并不高的工业行业中,天津与周边地区有很强的地缘关系。

二、县城的经济状况与发展

天津周边地区的县城、市镇和集市等,在城市经济实力不断增长和辐射能力不断增强的影响下,均有不同程度的变化。

(一)蓟县县城、宝坻县城与宁河县城

蓟县县城位于县境北部,1918年前后县城内商业以杂货商、粮店较为重要,由于商业较盛,居民生活水平比附近其他县城稍高。③到1934年前后,蓟县县城有商号70余家,其中饭铺最多,大小饭铺约有30家,杂货铺次之,约有13家。其中,杂货铺中资本最多的为1000元,最低为100元,普通为500元,销售各项日常用品、食品及米面等,全年交易总额6万元;棉织业6家,资本最高为450元,最低为100元,普通为200元,销售布匹绸缎等,全年交易总额3.2万元;粮业5家,资本最高为2000元,最低为100元,普通为400元,销售各种杂粮;铁业4家,资本最高为200元,最低为100元,销售农具及各项日用铁器,全

---

① 北宁铁路经济调查队编辑:《北宁铁路沿线经济调查报告》,第732、739、1062、1118页。
② 张瑞德:《平汉铁路与华北的经济发展》,台湾"中央研究院"近代史研究所1987年版,第111—112页。
③ 東亜同文會:『支那省別全誌』第18卷,東亜同文會1920年版,第164页。

第五章　北方经济中心的形成(1928—1937)

年交易总额7700元；自行车业4家，资本普通500元。①

宝坻县城在1900年时有商铺180户，其中，钱粮行25行，经售粮食数量为37,500石；银号30家，营业额10万元。1917年前，宝坻城内有三义、振华和华昌等多家织布工场，每工场约有织机十余台，工徒约有三四十人。1924年前，县城东西南北四条大街中，东街与南街相交为丁字街处，行商负贩麇集，为城内殷繁之地。1928年前后，"布行商号，即占三四十家，且资力雄厚，每家俱在十万元以上。而此种布业，并非零售，完全为大规模之批发"②。1933年时商铺增至233户，其中钱粮行17行，经售粮食数量为13,600石；银号13家，营业额10万元。1934年前后，县城设有总商会，附设布业、线纱业、杂货业、酒业及粮业等同业公会；县城商号总数约有177家，其中棉花3家，资本最高1万元，最低2000元；粮业8家，资本最高2万元，最低3000元，销售五谷杂粮兼营棉花布匹等货物；棉纱8家，资本普通5000元；杂货业34家，资本最高5000元，最低千余元，普通4000余元，销售面粉及其他日用杂货；煤业3家，资本普通二三千元；绸缎布匹商号资本普通四五千元，经销绸缎布匹兼杂货，全年交易总额约四五万元；土布商有28家，资本最高1万元，最低千余元，普通2000元，销售本地土布，也有兼营棉纱、籽棉、颜料者，全年交易土布8.3万元，棉纱3600元，籽棉万余元；中药10余家，资本普通500元，全年交易总额8000元；饭馆10余家，资本普通500元，全年交易总额8000元；理发10余家；染房8家，资本普通2000元，全年交易总额8000元。③以上商号所售商品中，"城中所用棉纱，系由天津采购，其订货方法或派人赴津购办，或通讯订购，运输多用河道或用大车，水运系在津上船至三岔口或王卜庄再转大车运至城内"④。

宁河县城位于天津东北约70公里。1934年前后，县城城内设有商会，附设有杂货业、糕点业、鲜货业三个同业公会。县城有60余家商号，其中有，棉花布匹广货3家，资本最高3000元，最低1000元，普通2000元，全年交易总额

---

① 北宁铁路经济调查队编辑：《北宁铁路沿线经济调查报告》，第1153页。
② 河北省政府建设厅编：《调查报告第四编工商》，第60页。
③ 北宁铁路经济调查队编辑：《北宁铁路沿线经济调查报告》，第1081—1083页。
④ 北宁铁路经济调查队编辑：《北宁铁路沿线经济调查报告》，第1083页。

10万元;粮食米面杂货14家,资本最高3000元,最低500元,普通1000元,全年交易总额20万元;鲜货6家,资本最高1000元,最低200元,普通500元,交易总额3万元;木料6家,资本最高1000元,最低200元,普通400元,全年交易总额1.5万元;另外有药材店3家、旅店4家、理发店5家。在各商号所售商品中,"洋广杂货、米面、糖、纸、山货等均由天津购办,平时由驳船直接运至县城"①。

(二)武清县城与静海县城

武清县城在京奉铁路落垡站东15里。1924年前后以南门外市街商业较为繁盛,有米市、牲畜市,东门内商店林立,有烧锅5家,资本雄厚,所产高粱酒远近闻名。1928年前后,县城内有商店57家,"因距平津皆近。凡过十元以上之物件,多往平津购买,故该县无大工商业可言"。1934年前后,县城设有商会,附设粮业、米面业、杂货业、布业、药业、煤业等同业公会。县城商号总数约80余家。其中,棉花业8家,资本在1000元至10,000元不等,全年交易额约4万元;粮业10余家,资本在4000元至15,000元不等,销售以小米、黑豆较多,全年交易约10万元;布业10余家,资本普通为5,000元;杂货业10余家,资本普通5000元,同时兼营铁器、瓷器、煤油及纸烟等物品;油酱业5家,资本普通5000元,均自制油酱;煤业6家,资本1000余元;药业5家,资本6000元;煤油业多由杂货业兼营,在廊坊、河西务有批发商,县城所用即由该处用大车运来;客栈10余家,同时兼营饭馆业;此外尚有书店、车业、皮业、长途汽车行各2家,修理自行车业3家。②各商号所售洋广杂货,"多由天津经水道运至县属小王庄,再装大车运至县城"③。

静海县城西临南运河,东连津浦铁路。由于距天津较近,工商业不发达。1917年前后,城西河岸有大聚源花生油作坊一处,于1911年夏季所设,内有马力铁碾一盘,轧油机4具,购自天津东马路民立第四铁工厂,有工人4人,每年

---

① 北宁铁路经济调查队编辑:《北宁铁路沿线经济调查报告》,第1131—1132、1137页。
② 北宁铁路经济调查队编辑:《北宁铁路沿线经济调查报告》,第1024页。
③ 北宁铁路经济调查队编辑:《北宁铁路沿线经济调查报告》,第1027页。

消耗花生150万斤,出油40万斤,销售于本地及天津,产花生油饼70万斤,均销于本地。1928年前后,"商务凋敝,全城仅有大街一条,除少数商号售卖日需品外,他无所有,至于工业,更无足述"①。县商会设在独流镇,县城内仅设有分会。1934年前后,静海县城工商业仍不发达。"吾邑无异产名货可以居奇,又鲜富商大贾,故无国外贸易,国内贸易惟业冬菜及醋酒等,其余市面贩卖粮食及杂货之商店较多,津埠近来商业发达,吾邑人未能染指者,皆因往昔俗不重商,诚属可惜。"②

三、周边市镇与经济发展

(一)市镇数量的变化

由于对市镇概念并无统一认识,加之资料缺乏,天津周边地区市镇的数目难以确知。本书主要依据"称镇有集"、"驻官有集"、"商业较盛"、"居民较多有集"(人口数多在1000以上)、"有固定店铺和集市"、"大集"、"重要"等7个关键词确认"市镇",即至少具备其中之一的为"市镇"。③据各县县志和30年代的《北宁铁路沿线经济调查报告书》相关记载,可知道其概况与变化。

蓟县1917年前有邦均、下仓、上仓、马伸桥、段家岭、侯家营、下营、别山等市镇;1937年前至少有邦均、马伸桥、上仓、侯家营、别山、蔡庄子等市镇。宁河县在19世纪80年代有芦台、潘庄集、大月河等市镇;清朝末年有芦台、潘庄、汉沽等市镇;1937年前至少有芦台、潘庄、大月河、新河、塞上等市镇。宝坻县20世纪以前至少有新安、林亭口、新开口、新集等市镇;1937年前至少有王卜庄、大口屯、新开口、林亭口、新集等较大市镇。武清县在清乾隆年间有太子务、东栢、崔黄口、杨村、南北蔡村、河西务等市镇;1937年前至少有河西务、杨村、黄花店、王庆坨、蔡村、大良镇、梅厂等市镇。静海县在清同治年间有独流、唐官屯、子牙、中旺、陈官屯、土河、管铺头等市镇;1937年前有独流

---

① 河北省政府建设厅编:《调查报告第四编工商》,第49页。
② 民国《静海县志》,第902—903页。
③ 详见张玮、熊亚平:《华北农村市场体系的过渡:以河北省为例(1736—1937)》,未刊稿。

镇、唐官屯、子牙镇、中旺镇、瓦子头镇、惠丰桥市、陈官屯市、管铺头市等市镇。天津县在1937年前有炒米店、杨柳青、宜兴埠、北仓、咸水沽、葛沽、谦德庄、小站等12处重要市镇。①

(二)市镇经济的兴衰

上述市镇有的历史悠久,有的具有积极发展的活力,随着与天津、县城关系的变化,周边经济的发展,以及交通运输的变革等,有的得以迅速发展,有的却逐渐衰退。

芦台镇在宁河县南30里,早在后唐同光年间已是重镇。元朝在此设盐使司,明朝设芦台场,置巡司。清道光二十年(1840年)春,奉旨设立通永镇,驻节芦台,以防海口。此时的芦台镇已成为盐业产区和粮食运输集中地。光绪年间,由于"船户凋零,铺商半皆失业,现又以汉沽桥闭,粮艘不通",商业有所衰落,1917年前仍为宁河县商业最盛之地。1924年前,关东杂粮多由该镇运销北京、保定等地,这里也是津东粮食集散之地,粮食中来自天津者,均先由金钟河运来,再由本镇经铁路运销滦东各地。河北省平谷、蓟县、三河、宝坻、玉田等县,山东省海丰等地粮食亦多聚集于此。因此,粮业成为该镇最重要的商业行业。1937年前,8家土产杂粮业商号中,资本额最高10万元,最低8万元,年交易额达1400万元。其余重要商业还有棉花、广货布店、杂货等。②

新集镇位于宝坻县西北40里,清乾隆年间已是本县重要集市。光绪末年以前,宝坻县土布业渐兴,该镇成为此业最发达之地,每日可织布30匹,行销古北口、赤峰、独石、平泉等地。1911年,新集镇出现了天津最早的纱厂——利生祥纱厂,有资本10万元,纱锭1000枚,以本地棉花生产棉纱,主要供应本地织布业。1900年时全镇有商铺32行55户,1917年时,该镇仍为县内土

---

① 参见北宁铁路经济调查队编辑:《北宁铁路沿线经济调查报告》和各县县志。
②《宁河县乡土志》,国家图书馆分馆编:《乡土志抄稿本选编》第1册,第271、279页;光绪《宁河县志》卷13《载记》,第21页;《嘉庆重修一统志》第1册,中华书局1986年版,第387页;《第三区(顺天平原)报告书》(宁河县),直隶商品陈列所编:《直隶省商品陈列所第一次调查记》,第10页;京奉铁路管理局总务处编查课:《京奉铁路旅行指南》,1924年版,第111页;北宁铁路经济调查队编辑:《北宁铁路沿线经济调查报告》,第1132—1138、1179—1187页。

第五章 北方经济中心的形成(1928—1937)

布业最兴盛之地和重要商业市镇之一,其中布店共有10余家,所用棉纱购自本地纱厂和天津。1937年前,该镇共有大小商铺67家。其中土布业7家,全年营业额3.4万元;杂货业8家,全年营业额3万元;粮业7家,全年营业额1万元。①

河西务在武清县东北30里,元朝开始成为漕运要途,到清朝初年已成为"商民攒聚、舟航辐辏之地",此后一直是武清县重要的市镇之一。到1881年前,河西务共有居民204户,其中铺户有百余户。1937年前,本镇共有商号40余家,有粮业10余家,杂货业五六家,布业五六家,煤局3家,药业10余家,磁铁业二三家,饭馆2家,肉铺3家;所售商品中,煤油、卷烟、文具、书籍、广货、杂货、茶叶、大米、面粉等多托栈房或派人在天津购买。②

杨村在武清县南50里,与河西务同为漕运所经之地和武清县重要市镇之一。1881年前,杨村镇有居民440户,铺户24家;1937年前镇内商号有米面业15家、杂货业10余家、洋货业七八家、布业五六家、棉业2家、糕点业10余家、油房六七家、烟卷油业2家、酱园四五家、修理自行车铺10余家、书局2家、木厂七八家、客栈10余家;所售商品中,米面杂货购自天津。③

独流镇在静海县西北18里,又名独流寨,清代已是静海县商业最盛的市镇。该镇以酿造业闻名,1917年前该镇所产烧酒每年可达180万斤,均由天津运销南方各省;所制之醋,品质极佳,可运销津京及各县。织布工厂有德成号织工厂、华盛织布厂、华兴纺织工厂、金记工厂、德顺成织布厂、万顺号织布工厂等数家,规模较小,还有数十家织布作坊,织布机七八十架,所用铁轮机和棉纱洋线多由天津购买。1928年前,独流镇已成为桑园、兴济、连镇、胜芳等市镇之间的交通枢纽,有商店百余家。"货物山齐,船舶云集,俨然一大市场

---

① 乾隆《宝坻县志》,第348页;方显廷、毕相辉:《由宝坻手织工业观察工业制度之演变》,第15页;《第三区(顺天平原)报告书》(宁河县),直隶商品陈列所编《直隶省商品陈列所第一次调查记》,第9页;北宁铁路经济调查队编辑:《北宁铁路沿线经济调查报告》,第1075—1084页。
② 《读史方舆纪要》,《续修四库全书》599 史部地理类,第328页;光绪《武清县城乡总册》,无页码。北宁铁路经济调查队编辑:《北宁铁路沿线经济调查报告》,第1025—1027页。
③ 《读史方舆纪要》,《续修四库全书》599 史部地理类,第328页;光绪《武清县城乡总册》,无页码。北宁铁路经济调查队编:《北宁铁路沿线经济调查报告》,第1025—1027页。

也。"1937年前，独流镇仍为静海县工商业繁盛之地，有居民3800户。①

杨柳青镇在天津西30里，西距独流镇30里，北距武清县王庆坨镇20里，因四面多植杨柳，故名杨柳青。由于临近运河和盐河，交通便利，该镇居民多从事商业，从事农业者仅有百分之一二。1917年前，该镇所产白菜、棉花等多运至天津销售。曾经建立了恒泰织布厂和润生祥织布厂，所用铁轮织布机和棉纱等多购自天津，但由于天津布疋输入本地甚多，其产品不能销售，"皆有歇业之势"。1928年前，全镇商号约有一百四五十家，其中粮店最多，约有八九十家。工业"因距天津过近，无大规模工厂。其稍足称者，为油坊与磨坊"。1937年前，主要商业有土产粮业13家、广货业14家、杂货业30家、煤炭业10家、药材业12家、肉铺13家。由于天津县四境"均与天津市接壤，凡民众购置价额稍昂或数量较多之物品，俱至市境商店购买，是为本县商业不易发达之主因也"，因此隶属于天津县的杨柳青镇工商业发展亦必然受到一定影响。②

塘沽商业的兴衰，与天津和塘沽间轮运发展，以及海河的淤塞和疏浚密切相关。"昔在光绪五年时，吃水十三呎之汽轮，可航行无阻，迨沽河淤泥日浅，至光绪二十四年时，吃水十二呎之汽轮不能航入津埠，卸货即在塘沽，一时遽见殷盛，翌年始有疏浚沽河之举，至民国六年，航路畅通，塘沽亦复归常况"。而到1937年前，海河再次淤塞，较大轮船不能直驶天津，均在塘沽停泊，塘沽商业因此较为兴盛，共有商号100余家，其中广货业13家、杂货业18家、布业14家、鲜货业10家、药材10家、饭馆10家。③

---

① 光绪《畿辅通志》，《续修四库全书》631史部地理类，第575页；同治《静海县志》卷1《集市》，第26页；《第七区（运河流域）报告书》（静海县），直隶商品陈列所编《直隶省商品陈列所第一次调查记》，第38—39页；林传甲纂：《大中华直隶省地理志》，武学书馆1920年版，第96页；河北省政府建设厅编：《调查报告第四编工商》，第49—50、346页；民国《静海县志》，第215页。
② 张江裁纂：《中国地方志集成·乡镇志专辑（28）天津杨柳青小志》，江苏古籍出版社1992年版，第1页；《第七区（运河流域）报告书》（天津县），直隶商品陈列所编《直隶省商品陈列所第一次调查记》，第42—43页；河北省政府建设厅编：《调查报告第四编工商》，第63页；北宁铁路经济调查队编辑：《北宁铁路沿线经济调查报告》，第1106—1108页。
③ 白眉初：《中华民国省区全志》第1册（直隶省），北京师范大学史地系1924年版，第22页。北宁铁路经济调查队编辑：《北宁铁路沿线经济调查报告》，第1135页。

四、周边的集市与经济变迁

天津周边地区的集市,依据其所在位置,可以分为设于县城及城关的集市、设于市镇的集市和设于普通村庄的集市三类。由前文关于认定"市镇"的7个关键词可以看到,普通集市和市镇有一定区别,但又难以作出准确的区分,加之前文在考察县城和市镇时,并未涉及设于县城和市镇的集市,因此下文关于集市的考察包括设于县城和市镇的集市,且着重考察集市的数量、规模、集期、交易商品的状况与演变。

(一)集市的数量和规模

关于集市数量的考察,是集市研究中的一项重要内容。鉴于以往研究在统计集市数量时,多将设于县城或市镇的多个集市分别视为1个,本文亦采用这一做法以下。依据《北宁铁路沿线经济调查报告》和民国时期天津周边各县的县志,列举重要的集市,以了解大致状况。蓟县1917年前后有县城集、段家岭、下营、别山等集市。宁河县在19世纪80年代有县城集、潘庄集、大月河等3处集市;1917年前后有县城集、芦台、潘庄等3处集市;1937年前该县至少应有县城集、潘庄集、大月河、新河镇等集市。①宝坻县在清乾隆年间有县城集、八门城、新开口、黄庄、黑狼口、侯家营、丰台、口东庄等集市;1937年前至少有县城集、王卜庄镇、新开口、新集镇等7处较大的集市。②武清县在清乾隆年间有县城集、太子务、东柏、北旺、崔黄口、杨村等集市;光绪年间有县城集、大角、东柏、崔黄口、北旺、梅厂、大良、叉光、王庆坨等集市;1917年前后有县

---

① 光绪《宁河县志》,国家图书馆分馆编《乡土志抄稿本选编》第1册,第278页;北宁铁路经济调查队编辑:《北宁铁路沿线经济调查报告》,第1138页。河北省棉产改进会:《中华民国二十五年河北省棉产调查报告》,第40页。其中,《北宁铁路沿线经济调查报告》记载宁河县有芦台、潘庄、大月河3处集(市)镇,《河北棉产调查报告》统计宁河县棉花市场有城内、芦台、潘庄、新河镇、塞上镇5处,故本文认为,当时宁河县境内集市(镇)至少应有芦台、潘庄集、大月河、新河镇、塞上镇5处。

② 乾隆《宝坻县志》,第348页;编纂者不详:《畿辅舆地全图》,台湾成文出版社1969年影印本,第71页;北宁铁路经济调查队编辑:《北宁铁路沿线经济调查报告》,第1083—1087页。河北省棉产改进会:《中华民国二十五年河北省棉产调查报告》,第48页。

城集、王庆坨、崔黄口等集市;1937年前至少有县城集、王庆坨、大良镇、梅厂等集市。①静海县在清同治年间有县城集、独流、中旺、瓦子头、陈官屯、土河、管铺头等集市;1937年前有县城集、独流、中旺、瓦子头、惠丰桥市、陈官屯市、管铺头市等集市。②天津县在1937年前有炒米店、宜兴埠、北仓、东大沽、芦北口、汉沟、谦德庄、大毕庄等集市。③综合比较可以得知,各县集市中,除设于县城和市镇者外,其余设于普通村庄的集市(普通集市)数量变化不大。

集市规模的变化,大体可以从集市货物交易量的变化和平均每个集市的人口变化进行考察。在集市货物交易量变化方面,以棉花交易为例。该地区多属御河棉生产区,每年有大量的棉花集中在各地集市后运到天津出口和消费。1920年前,蓟州县城、邦均、马伸桥、别山、上仓、下仓、侯家营、下营、靠山集、兴隆山镇等10处花市,共集散棉花45万斤,平均每处约4.5万斤。④ 1917年前,武清县城、北旺镇、安平、东杨村、西杨村、南蔡村、北蔡村、梅厂、大良、崔黄口、汉沽港、王庆坨、牛镇、河西务等14处花市,共集散棉花约150万斤,平均每处约集散11万斤。⑤1935年时,武清县城、河西务、蔡村、大良、梅厂、杨村、黄花店等7处集市,共集散中棉247担、美棉11,630担,合计11,877担,平均每处集散约1697担。⑥在平均每个集市的人口数量变化方面。以宁河县和静海县为例,宁河县1920年前全县有人口241,513人,集市3处,平均每个集市涵盖的农民等人口约为80,504人,1934年前全县有人口249,997人,集市有4处,平均每个集市涵盖的农民等人口62,499人。⑦静海县1920年前有人口

---

① 乾隆《武清县志》卷1《集市》,第32页;光绪《武清县志》卷1《集市》;北宁铁路经济调查队编辑:《北宁铁路沿线经济调查报告》,第1027—1028页;河北省棉产改进会编:《中华民国二十五年河北省棉产调查报告》,第30—31页。
② 同治《静海县志》,卷1集市,第26页;民国《静海县志》,第215页。
③ 《河北省各县概况一览》,1934年版,第41页。
④ 刘家璠:《京兆直隶棉业调查报告书》,第17页。
⑤ 刘家璠:《京兆直隶棉业调查报告书》,第29页。
⑥ 河北省棉产改进会编:《中华民国二十五年河北省棉产调查报告》,第31页。
⑦ 林传甲纂:《大中华直隶省地理志》,第146页。《第三区(顺天平原)报告书》(宁河县),直隶商品陈列所编:《直隶省商品陈列所第一次实业调查记》,第11页;北宁铁路经济调查队编辑:《北宁铁路沿线经济调查报告》,第1118、1138页。

第五章　北方经济中心的形成(1928—1937)

245,204人,集市6个,平均每个集市涵盖的农民等人口40,867人。到1934年前人口数增至300,000左右,集市增至9处,平均每个集市涵盖的农民等人口约为33,333人。① 由此可见,1937年前天津周边集市的货物交易量存在较大差异,而且随着各县集市的增加,平均每个集市涵盖的人口数有不同程度的下降。

(二)集期和交易商品

近代以后,各区县集市在集期方面均基本稳定,各集市的集期多为5日一集。例如,宁河县潘庄集期为旧历的五、十日,到1937年前集期维持不变。武清县王庆坨1917年逢旧历的一、六、三、八日为集市,崔黄口逢旧历的二、四、七、九日为集市。王庆坨的集期后来虽然改为二、四、七、九日,但每月集市数量并未发生变化。

与之不同,设于县城的集市则有所变化。例如,蓟县县城1917年每逢旧历一、六日集市,1937年前县城内每逢一、六等日有大集,牲畜市在鼓楼南,菜市在鼓楼西,粮食市则轮流在东街、南街、西街,此外还有小集。宝坻县城集市,1917年前后为每月逢一、三、五、七、九日集市,1937年前县城集市改为每月逢一、三、五、七日,即减少了一个集日,且有的集日是大集,有的集日是小集;但空间有所扩大,逢一在东街,逢三在南街,逢五在西街。武清县城集市1917年前后是每月逢一、三、六、八日为集市,1937年前改为北街逢一日有大集,西街逢三等日有小集,南街逢六等日有大集,东街逢八日有小集。

设于市镇的集市,集期则有三种情况,一是保持不变,如1917年前静海县中旺是逢三、八日为集市,唐官屯是逢四、九日为集市,东子牙是逢四、九日为集市,独流是逢三、八日为集市。1937年前其集期保持不变。二是仅改变集期。如蓟县侯家营1917年前后是逢单日集,1937年改为逢二、七日为集市。静海县瓦子头1917年前是逢二、七日为集市,1937年前改为五、十日为集市。

---

① 林传甲纂:《大中华直隶省地理志》,第96页;《第七区(运河流域)报告书》(静海县),直隶商品陈列所编:《直隶省商品陈列所第一次实业调查记》,第38页;民国《静海县志》,第216、1339页。

三是集期变密。如武清县杨村1917年前是逢五、十日集市,1937年前改为每月逢三、五、八、十日集市。比较之下可知,县城集期变化较大,市镇次之,普通集市集期变化较少。

除以上三个方面外,天津周边各县集市交易产品仍以粮食、杂货等日用品和棉花,以及农业生产所需的农具及驴、马等牲畜为主。与此前相比,一方面,除工业品有所增加外,并无实质性改变。另一方面,由前文所述可知,随着这些集市逐渐被纳入以天津为终点市场的市场体系,与海外市场的联系逐渐加强。这种变化趋势,与天津经济由内贸型向外向型的转变是相一致的。

总之,就天津周边地区城镇、市镇、集市等发展演变的整体趋势而言,有三点值得注意。一是无论设于县城,还是设于市镇和村庄的集市,一方面已被逐渐整合到以天津为终点市场的华北区域市场体系,另一方面仍以满足周边地区民众的生产和日常生活为重要职能。二是由于有些市镇和集市距天津较近,本地的工商业发展受到极大制约。如前述天津县"四境均与天津市接壤,凡民众购置价额稍昂或数量较多之物品,俱至市境商店购买,是为本县商业不易发达之主因也"。武清县因距平津皆近,10元以上物件多由平津购买等,进而影响了天津周边乡村地区工商业的发展。三是各县县城中,除静海县城、天津县城设有车站外,武清、宁河、蓟县、宝坻各县县城均未通铁路,由此使县城与芦台、杨村、独流等重要市镇之间的差距进一步拉大,不仅影响了县域经济的发展格局,而且直接影响着天津地区城镇体系的演变。

第八节　经济腹地的扩展和经济中心的形成

明清时期,天津所处的华北地区的商品流通网络,由驿道、内河和海运为主要运输渠道,商品流通以区域内的互通有无为主,区域之间长途运输的贸易规模较小,商品市场主要有以集市为主的产地市场、以城镇为主的消费市场和商品流通枢纽,基本属于与自给自足自然经济相适应的内陆型商品流通网络。清乾隆以后,海运解禁,华北沿海地区通过近海贸易,加强了与南

第五章　北方经济中心的形成(1928—1937)

方、辽东等地的经济联系,相对稳定的人文环境也促使商品生产和市场经济逐步发展。因此,天津的经济功能不断增强,商业日见发达,商品流通已经将腹地扩展至山东、直隶、山西和河南的一部分,已经成为华北地区商品流通的集散中心。尽管尚未改变原有的商品流通市场网络的格局,天津仍然是首都的门户,但经济职能已成为天津的主要功能,且开始与首都逐渐形成功能上的不同。

1860年天津开埠通商以后,特别是20世纪后随着对外直接贸易的展开和工商业的发展,天津与腹地的经济联系日渐密切,经济腹地也随之有所扩展。论述天津与腹地的经济联系,有多个层次和多个角度,这里仅从支撑传统经济发展的盐业运输与腹地的关系、20世纪初天津与腹地的商品流通规模、20世纪后天津腹地空间范围的扩大展开探讨,以期通过纵向比较来阐释天津与腹地经济联系的不断增强,以及经济腹地的扩展。

一、20世纪以前天津与内地的经济交流

(一)传统时期的经济交流——以食盐运销为例

明清时期的天津,是凭借傍河临海的地理优势和盐业、漕运的发展,成为以集散和转运为主要职能的经济中心。早期天津兴起和发展的支柱产业是漕运与盐业。漕运和盐业都不是完整意义的商品流通,而是政府控制下的经济活动。但是,政府动员下的资源配置和社会力量的参与,也为民间开展商业活动提供了条件和空间,进而带动了商路的开拓和经济腹地的扩展。对天津而言,漕运和盐运是朝着两个相反方向的运输,漕运是将粮食由分散的产地通过海路和运河集中到天津,再运到北京和长城沿线的边境,天津则是运送路线的重要枢纽和主要的储粮基地。与之相反,盐业则是将沿海生产的长芦盐集中到天津,再由盐商凭借引岸,经内河向华北各消费地分散,天津是这种分散运输的起点。从某种意义上说,这个以天津为集散中心的交通运输网络,是由政府构建和开拓出来的,但又不仅仅用于漕粮和食盐,也是天津与各地商品流通和经济往来的通道。

随着盐业生产技术的革新,天津沿海地区成为长芦盐的主要生产地,进而在明末清初就形成了以天津为中心的长芦盐运销路线,清雍正时期《长芦盐法志》较系统的记载,说明盐路运销网已经完备。长芦盐的行销额缺乏精确统计,有研究表明,明洪武年间,长芦盐岁办引盐为63,153引(引重400斤),清初为719,550引(引重225斤),乾隆十八年(1753)增至966,046引(引重300斤)。[①]长芦盐引岸的运销范围,在明代主要包括直隶省的顺天府、永平府、保定府、河间府、真定府、顺德府、广平府、大名府、延庆府、宝安府等9府148州县。明万历十七年(1589)增加了河南省开封府属22州县,清康熙五年(1666)增加了河南省的杞县、通济、太康、蓝阳、仪封等5县,康熙年间还陆续增加了宣府口北的深井、东城、西城三处煎盐地,河南怀庆府的河内、济源、修武、武陟、孟县、温县、陈州、项城、舞阳等县。

长芦盐运销方式有陆运和水运。有一部分销售地因临近产区,可以直接从盐场陆路运达。北路直接运达的有卢龙、抚宁、昌黎、临榆、滦州、迁安、乐亭、遵化、丰润等县。南路多从沧州直接运达到沧州、南皮、盐山、庆云等县。大部分长芦盐都是从产区通过蓟运河和海河集中到天津的盐坨地,经过盐关查验后,再从水路分运各个州县。

食盐水运的路线,以北河(北运河、蓟运河等)系、淀(大清河)系、西河(子牙河)系、御河(南运河及卫河)系干流和支流为骨干,辅以陆路,基本覆盖了整个直隶省和山东、河南的部分地区,包括了直隶的9府、6直隶州、125州县、2营,河南的6府、1直隶州、53州县。

北河包括北运河和东河,即蓟运河、潮白河等,其中杨村和张家湾为长芦盐的主要落厂地。长芦盐通过河运到杨村后,再转运到武清县本县,以及东安县、旧州营,运输工具有的是河运,有的是陆运。张家湾作为较大的落厂地,宛平县、大兴县共十五六万引盐都通过河运在此落厂,通州、顺义、怀柔、密云、昌平、延庆县也都是从张家湾换为车运。通过蓟运河运达的县有:宁河、宝坻、三河、香河、遵化、蓟州、玉田、平谷,从各县的落厂地再转运到各个

[①] 张毅:《明清天津盐业研究(1368—1840)》,第82—83页。

第五章 北方经济中心的形成(1928—1937)

销售市场。

淀河包括大清河及白沟河、潴龙河、唐河等支流。长芦盐直接运达的县有：文安、霸县(苏家桥)、保定县(新镇)、清苑、雄县、安州新安镇、永清(至霸州换小船或车运至新安镇)、安肃(清苑县南关东)安州、高阳(至刘李厂)、任丘(至本县赵北口)。大清河的转运中心一是保定县的张青口(即雄县龙湾乡)，由这里再通过河运转运到固安、定兴、博野、蠡县、涞水、房山、良乡、肃宁等县；一是保定府的南关河口，再陆路转运到满城、唐县、完县、易县、阜平、行唐、新乐、定州、曲阳等县。

西河指子牙河及滹沱河、滏阳河等支流。长芦盐通过子牙河等干流直接运达献县、大城、束鹿、河间、蓟州、武邑、衡水、隆平、宁晋、武强、巨鹿、任县、永年、曲周、鸡泽各县的沿河码头。然后从各县的转运地再通过滹沱河等干支流或者陆路转运各个消费市场。如宁晋县白木码头是较大的转运地，从这里再转运到正定、获鹿、井陉、栾城、元氏、赞皇、平山、晋州、赵州、高邑等县。在任县的邢家湾再转运到沙河、南河、唐县、内丘等县。在衡水再转运到无极、平乡、邯郸、成安、磁州、武安、涉县，其中邯郸县苏漕是次级转运地。在武强的小范镇转运点再通过河运到饶阳、安平、深泽等县。在隆平县的牛家桥镇再转运到柏乡、临城、邢台等县。

御河包括南运河及漳河支流。长芦盐通过御河直接运达静海、青县、交河的泊头、宁津的连镇、景州的安陵、故城的郑家口、东光县城、大名的龙王庙、元城的小滩、清河的油坊、内黄的楚旺等转运点。然后，再从各个转运点运到吴桥(景州安陵转)、南宫(故城郑家口转)、枣强(故城郑家口转)、广宗(清河县油坊转)、威县(清河县油坊转)、广平(山东馆陶县馆陶镇转)、开州(至内黄楚旺转)。御河最重要的转运码头是大名府龙王庙，从这里转运到南乐、清丰、长垣、东明等县。大部分河南的引盐也是从大名龙王庙和白水潭经过水运转运的，包括祥符、陈留、汲县、新乡、辉县、获嘉、汤阴、延津(龙王庙换小船至汲县卫辉再车运)、河内、济源、修武、孟县、温县、洪县。有一些食盐是在大名白水潭或龙王庙落厂后，通过一段陆路渡黄河，再通过水运或陆路运到杞县、尉氏、仪封厅、蓝阳、通许、封丘、中牟、洧川、鄢陵、郑州、荥阳、荥泽、

553

汜水、密县、新郑、禹州、淮宁、项城、沈丘、许州、舞阳、至祥、扶沟、鄢城等县。河南省其他的长芦盐销售市场，也是通过御河的水路在一个较大的转运点落厂再转运的，如商水、西华、临颍、长葛、太康、安阳、临漳、林县、阳武、濬县、滑县等。由此，在食盐运输的推动下，在各个内河沿岸都出现了一些较为著名的中转码头，如子牙河的南赵扶、臧家桥、小范、邢家湾、苏曹，大清河的苏桥、张青口、保定南关，北运河的杨村、河西务、张家湾、白龙港，南运河及卫河的泊头、龙王庙、白水潭、安陵、连镇、馆陶、油坊等。甚至出现了几个叫"小天津"的城镇，如山东临清、滑县道口镇、故城郑口镇等。

实际上，这不仅仅是食盐的落厂地和中转地，也是各地农产品的聚集地，可以将各地的农副产品由溯流而上的盐船运到天津等地，即通过食盐的运销形成了较为完整的商品流通网络。

（二）19世纪80年代以后的变化

19世纪80年代以后，随着唐胥铁路的开通和延伸，到1903年铁路开始参与长芦盐的运销，即"光绪二十九年四月，京引商人禀准由火车运盐"，"光绪三十一年运司详准南引各商因河水浅阻船运维艰，改由火车装运引盐，以裨运务"①。由于铁路具有运量大、速度快、不受季节影响等优势，适于大宗商品的中长途运输，因此大量的长芦盐开始经由铁路向内地运销。

铁路运输的介入，使食盐运销方式发生变化：其一，虽然长芦盐在运销京津冀地区时，主要仍然经由内河运输，但有铁路参与的线路明显增多。在194条运销线路中，有50条采用了铁路运输，约占26%。其二，食盐运销的基本方式，由两种增加为三种，即由水陆联运和陆路两种，增加为水陆联运、陆路以及铁路和陆路结合三种。在有据可查的115条运销线路中，有41条经铁路运输，另有13条由清苑改装火车。因此，有铁路运输参与的运道应为54条，约占总数的47%。同时，水路、铁路、陆路三者结合成为长芦盐运道的一种新的

---

① 张茂炯编：《清盐法志》第5册(长芦)卷20，1920年排印本，第1页。

第五章　北方经济中心的形成(1928—1937)

基本形式。①

由此可见,长芦盐的运输几乎覆盖了河北和部分河南地区,同时将各地的土特产品运送到天津,或者各个沿河的市场,有些在天津集中的土货则运往闽粤和江浙等沿海地区。因此,运输长芦盐的线路也承担着天津与腹地间部分商品的运输,进而形成了天津与华北各地,沿海、沿河与内地之间的商品流通,构成了天津经济腹地的组成部分。

二、20世纪以来天津与内地的商品流通与规模的初步估算

天津开埠以后,尤其是随着铁路的开通和铁路运输网络的形成,天津市场的商品来源和销路都发生变化,种类迅速增加,商品市场迅速发展和繁荣,市场系统日趋完善,天津的经济腹地也在不断地扩大。

(一)天津的税收机构

明清时期,运到天津的商品要经过税关的验收和交税。天津在明代设卫时没有税关,清康熙元年(1662)户部的河西务税关移至天津,更名为天津关,设于北门里,临近南运河。天津关税主要来自运河和沿海的水路船只的货税和船料,其中来自南方的海船和运河船是关税的大宗。天津关最初每年关税原额不过3.5万银两,以后略有增加,康熙二十五年(1686)正额银4.8万有余,康熙末年加上盈余每年应征银达到8万余两。雍正年间,虽然天津改卫为州和升为天津府,税关实征税银仍在七八万两,从乾隆十八年(1753)后实征税银增加到10万两。②鸦片战争前,天津关每年的定额(包括正额、铜斤水脚和盈余)为68,156.313两库平银,③而实征税银不足10万银两。

天津在清康熙年间设立了海关,为其他各常关所无。④海税关设于东门

---

① 参见熊亚平:《铁路与区域城镇网络的变动——以1937年前长芦盐在京津冀的运销为例》,《盐业史研究》2018年第4期。
② 参见许檀、高福美:《乾隆至道光年间天津的关税与海税》,《中国史研究》2011年第2期。
③ 转引自任智勇:《咸同时期的榷关与财政》,北京师范大学出版社2020年版,第43页。
④ 参见廖声丰:《清代常关与区域经济研究》,人民出版社2010年版,第164页。

555

外,"即于南北运河交接之区",①"向以上海沙船装载茶叶为大宗,其杂货及奉天米粮次之"。②该税种属于地方商税,并无定额,最初报解户部很少,康熙二十五年(1686)不过500余银两,以后随着海上贸易的增加,天津集散能力的增强,海税税银与天津关税银同样都有所增加,乾隆二十九年(1764)海税征收银一万两有余。于是,清廷下旨确定每年定额4万银两,部分报解户部,部分留充地方公用,该定制一直持续到道光末年。③天津还有工部关,归直隶通永道管辖,征收木税和船料,民国以后归入常关,所收税额有限。

天津开埠以后,增设了津海关,统管进出口贸易,与内地的商品流通主要以子口税的方式收税,这样既可以免征沿途一切的内地税,又可以减少沿途各关卡的延宕留难,便利了口岸与内地的交易,扩大了商品流通的规模。随着进出口贸易的增加,进口洋货、出口农副土特产品成为商品市场的主要内容,很多商品以子口税的方式出入天津市场,不仅取代了以厘金为主的商品内地通过税,也影响了天津常关的税收,使得内地货税无征。1895年,直隶总督王文韶称:"自光绪八年添设子口单以来,商人贩运洋货土货出入内地皆报子口税,子口税一项已征至十一二万。"④另外,天津还有清期中叶设立的厘捐局,征收内地商品的通过税,归地方政府使用。虽然起初税率仅1%,但以后逐渐增多,且在道路、沿河遍布局卡,处处征税和刁难,被朝野所诟病。天津的厘金局和分卡不多。据不完全统计,同治初年全国各省有23个厘金局总局,直隶有两个,但全省仅有11处分局卡,而全国局卡总数在3000处左右,直隶省最少。⑤20世纪初,天津只有一个厘捐局,各处未见局卡。⑥

但是,原有的天津常关并没有失去征收往来商品税收的职能,且征税数

---

① 《直隶总督琦善奏报英船离津他往及海口防守情形折》,中国第一历史档案馆编:《鸦片战争档案史料》第2册,天津古籍出版社1992年版,第336页。
② 《讷尔经额折》,转引自任智勇:《咸同时期的榷关与财政》,第20页。
③ 参见许檀、高福美:《乾隆至道光年间天津的关税与海税》,《中国史研究》2011年第2期。
④ 《王文韶折》(光绪二十一年十一月初四日),《光绪朝朱批奏折》第73辑,第336页,转引自廖声丰:《清代常关与区域经济研究》,第275页。
⑤ 罗玉东:《中国厘金史》,大东图书公司1977年版,第82页。
⑥ 吴弘明编译:《津海关贸易年报(1865—1946)》,第571页。

第五章 北方经济中心的形成(1928—1937)

量也在增加。据1900年八国联军占领天津后设立的都统衙门调查,此时天津常关每年的应征定额不足10万银两,而实际收数估计有45万银两。[1]庚子事变后,海关兼管了沿海的20个常关,扩展了权势,加强了对中国财政的控制;同时将海关的管理模式逐步引入到常关,如组织机构、征税制度和税则等,进而增加了税收。[2]天津常关自1900年7月被八国联军建立的都统衙门库务司接管,开始进行改造。如聘用津海关的洋员掌管常关各个部门,进行制度和税则方面的调查,建立船只和货物往来的登记报告制度、税收的登记制度等等,大大便利了天津与内地的商品流通程序。据1907年津海关属副税务司韩森(P. C. Hanson)在《1902年至1906年天津钞关报告》记载,天津被八国联军占领时,天津关人员"风流云散",都统衙门库务司,"试着旧书办数人披露钞关之实际税率,对此彼等既不能为亦不愿为",故聘用洋员,规范和简化报税、征税等制度。至于税金定额,"所惜者,现成资料奇缺,以致对此种比较难作持平之论。然而,哲美森先生(Mr. Geo. Jamison)在其《中华帝国度支论》(*Revenue and Expenditure of the Chinese Empire*)中转引京报所载天津道台之言,其有关1892年应解户部之总数者,自当视为权威:'该道台报称,天津钞关之额征每岁计银68,156两,加之钞关经费银12,887两,连同上缴内务府之报效银12,380两,统共值银93,423两。本年该道台实征税银66,001两,因其减征漕船税(准免其税1/5)银27,922两,故令人称誉。合而计之,共银93,923两。'""上开数目乃户部之摊派额也。至几多用于地方,几多用于钞关之芸芸食客,则无以确知。而其实际收数至多估为银450,000两。"1906年天津常关税收共计关平银920,259两(不计子口税)。[3]天津常关被津海关兼管后与其他各地的常关不同,都统衙门曾经拨款4万银两在旧城东北角建立了新的办公地点,在火车站和沿河等地租用房间设立了19个分关和分卡,当时海关监管的常关中共计有112个分关和分卡,天津常关数量最多。[4]而且,天津常关每年的税

---

[1] 吴弘明编译:《津海关贸易年报(1865—1946)》,第569页。
[2] 参见戴一峰:《近代中国海关与中国财政》,厦门大学出版社1993年版,第121页。
[3] 吴弘明编译:《津海关贸易年报(1865—1946)》,第569页。
[4] 戴一峰:《近代中国海关与中国财政》,第115页。

收在1910年以前海关监管的20个常关中是税收最多的,超出其他各地常关数倍,甚至十几倍,在20个常关税收总额中占绝大比重,1903年至1910年天津常关税收占20个常关税收总额的比重分别为25.36%、24.42%、28.40%、31.41%、32.98%、28.49%、26.14%、29.88%。[1]这表明,天津常关在与内地的商品流通中占有十分重要的位置。

天津钞关被津海关监管后,与津海关分工明确,查验和税收的职能比较规范。对持有子口税单运往内地的洋货,天津常关仅是查验,并不征税。对自天津运往内地的未持有子口税单的洋货和土货都要查验和征税;对由内地运到天津的土货,无论是否持有以出口为目的的三联单都要查验和征税;自内地经过天津以铁路、水路等各种方式运往外埠的货物也要查验和征税。以上三项,是天津常关税收的主要来源,另外对通过沿海分卡大沽和北塘出入的本地帆船货物也要征税,但这部分规模小,收税数量有限。当然,税率则是根据土货、洋货和不同的市场有所不同,有海关的子口税,也有内地通过税。[2]由于天津常关有较为规范的税收程序,所以在每年度的贸易报告中均有详略不一且统计口径不同的记录。虽然有的只是估算的大致数额,但描述了天津与内地的贸易往来,它是了解天津与内地贸易的基础性资料。

梳理天津的税收机构可以看出,天津开埠以前的税收是由常关(钞关)、工关和海税征收,即常关和海税每年的实际征收体现了天津与外洋、内地的商品流通规模。天津开埠以后,津海关的贸易年报具体反映了进出口商品的流通,天津常关则记录了与内地土货、洋货的流通,尤其是20世纪初津海关监管天津常关后,有了年度贸易报告。利用津海关和天津常关的各种数据与估算,可细化和分析天津与内地的商品流通状况。

天津开埠以后,与各地之间的商品交流发生了很大的变化。进口洋货通过天津销往华北内地,而内地的很多商品也通过天津出口,成为与国际市

---

[1] 根据戴一峰《近代中国海关与中国财政》第123页资料计算;参见廖声丰:《清代常关与区域经济研究》,人民出版社2010年版,第296页。
[2] 参见天津海关译编委员会编译:《津海关史要览》,第334—353页。

第五章 北方经济中心的形成(1928—1937)

场接轨的世界性商品,如棉花、豆货、烟草、花生、皮毛、地毯、发网、禽蛋类。随着交通环境的变革和国际市场的开拓,天津集散的商品数量和品种迅速增加,市场的辐射能力增强,经济腹地有了较大的扩展。从商品来源路径看,有来自国际市场的各类生活资料和生产资料,即所谓的洋货;有来自上海等沿海口岸生产的棉织品、面粉、火柴、大米等,被津海关称为洋货仿机制品;有来自内地的土货,如皮毛、大豆、高粱、玉米、蚕茧、木材、药材;也有来自周围内地农村的农副产品,如棉花、粮食、土布、蛋类、皮毛、猪鬃等。从商品的性质上看,有传统时期就开始进入市场的农产品和手工业品,如粮食、棉花、土布等;有来自国内外的机制品,如棉纱、棉布、毛织品、煤油、火柴、卷烟、面粉、染料、煤炭、钢材、机械设备等。从商品的用途上看,有供民众日常生活的消费品,有近代工业需要的设备、原料和建筑材料,也有专门供应世界市场的土特产品。从商品流通的终端和初级市场看,有华北内地和沿海口岸的延续,也有向国际市场,以及香港、西北等地区市场的扩展。从运送方式看,有传统水路和陆路,也有铁路和轮船。从税收方式看,有原有的常关、工关和海税的内地通过税、船料等,也有海关设立后为进出口贸易而设的子口税。

总的来看,天津与内地的商品流通一方面是从天津将洋货、机制品和内地需要的各种商品运往华北等各地市场,另一方面是各地市场以出口为目的的农副土特产品和为各级市场需要的产品运到天津,参与更大范围的商品市场的流通。

(二)天津运往内地商品的分类与规模

天津运往内地的商品由津海关分为两个大类:第一大类是洋货,其中包括(A)津海关进口后领有子口税单的洋货,(B)未领子口税单从天津常关领有运单的洋货,(C)从国内各口岸输入的工业品,如从上海、汉口、青岛等口岸运来的棉纱、面粉、纸烟、火柴、肥皂、大米等(从1919年开始津海关将其另设为领有子口税单的仿机制品)。第二大类是土货,(D)在常关领有运单的本地或各地的产品,如茶叶、土粗布、土棉纱、纸烟等,亦称为出境土货。

在天津运往内地的货物中:其一是 A 类商品,即从天津用子口税单运往内地的洋货,是进口商品向内地的销售。1901 年,"按照新定章程",发给运往内地洋货的子口税单和内地运天津供出口土货的三联单,由津海关和都统衙门库务司税办理。但当年"都署所发单照,只可在应管天津县内使用,如入内地仍不能免征税项";①以后凭借各项税单,即可通行各地。1901 年至 1930 年的统计如表 5-28。

表 5-28　1901—1930 年津海关领有子口税单运往内地洋货统计表　（单位：万海关两）

年代	洋货贸易总值	年代	洋货贸易总值
1901	325.9	1916	2887.8
1902	2074.3	1917	2915.8
1903	2705.9	1918	2724.2
1904	2313.2	1918	3041.8
1905	3294.5	1920	3026.2
1906	3727.5	1921	4221.2
1907	3031.4	1922	3884.7
1908	2386.5	1923	3928.9
1909	2510.5	1924	3770.8
1910	2875.4	1925	5392.2
1911	2530.5	1926	5098.5
1912	2632.1	1927	5611.9
1913	3738.5	1928	6185.4
1914	3917.6	1929	5285.2
1915	3219.2	1930	4679.4

资料来源:历年津海关贸易年报,姚洪卓:《近代天津对外贸易研究》,第 212—214 页。

其二是 B 类商品,也是运往内地的洋货,是由洋行等批发给本地商号和外地客商,再转运内地销售。这些洋货是在天津常关查验和纳税,海关统计中称之为未领子口税单运往内地的洋货。②最初,通过这一途径运出的洋货数量有限,如 1905 年津海关贸易报告中记载,洋货除了由天津交纳子口税运往

① 吴弘明编译:《津海关贸易年报(1865—1946)》,第 208 页。
② 对偷税漏税和走私等方式运往内地和从内地运到天津的洋货、土货,均不计算在内。

第五章　北方经济中心的形成(1928—1937)

内地的,"尚有钞关单照运往直隶本省之货值价650万两"①。随着天津市场的繁荣,坐商和行商聚集,以及交通环境的改善,此类洋货的数量有较大幅度增加,天津常关每年的贸易年报对其数额多有估算。1921年和1923年的天津常关贸易报告记载,运往内地洋货中,领有子口税单和不用子口税单的洋货数额"适成反比例",即领有子口税单运往内地的多,则未领子口税单的就少。"其不用子口单之故有二:或因货非大宗,且运往地点附近津埠;或因待运甚急,无暇往海关请领子口单也"。洋货是否用子口税单的方式运往内地还与厘金征收有关。1921年"厘金增率多至一倍,商人迫不得已,乃改用子口单报运。子口税款爰以大形增加,各项货物均大受此剧烈更张之影响"。所以,1920年领有子口税单的洋货价值为3026.2万海关两,未领子口税单的洋货估计为1650万海关两;1921年因为厘金税率增加,领有子口税单的洋货价值增加到4221.2万海关两,而未领子口税单的洋货减少,估计为900万海关两。②1922年因为进口布匹、日本棉纱和纸烟增多,原来纸烟是用子口单运出,该年改为只在纸烟捐务处纳捐一次,"沿途除常税外,一切捐厘概免征收",故运往内地的纸烟达5亿支,未领子口税单的货值比上年增加了200万两,为1100万海关两。1926年,"半由内地形势不靖,半由厘金加倍征收之故",仅为650万海关两。以后,由于中国生产的机制品增加,未领子口税单的洋货值减少,1927年仅有400万海关两,1929年和1930年骤减至180万海关两和111万海关两。③

其三是C类商品,是国内生产的机制品输入天津后运往内地的商品,如棉纱、布匹、面粉、火柴、肥皂等工业品,被津海关列入洋货项下;自1919年后称为仿机制品,有专项统计。1919年,此类商品的总值不过606万海关两,此后迅速增加,成为天津运往内地商品的主要组成部分之一。1922年为1154.8万

---

① 吴弘明编译:《津海关贸易年报(1865—1946)》,第243页。
② 吴弘明编译:《津海关贸易年报(1865—1946)》,第415、388页。
③ 吴弘明编译:《津海关贸易年报(1865—1946)》,第401、454、466页;姚洪卓:《近代天津对外贸易研究》,第218页。

海关两,1927年为1927.2万海关两,1930年为2194.4万海关两。①

其四是D类商品,这是天津本地工厂生产的工业品和由各地聚集天津后再转运到内地的商品,既有煤炭、棉纱、机械、五金等生产资料,也有食粮、面粉、火柴、肥皂等生活资料,被津海关列入土货,在天津常关中没有完整准确的统计,仅仅是估算。如1904年天津常关贸易报告记载道:"转运内地之土货,共值关平银2581.1万两,是则代表此等货物出入天津之总数。"②翌年,由于在内地运天津的土货中,"有价值关平银800万两之货又复出口往内地,如是则助使转运内地之土货总数增大,共达关平银3600万两"③。由此,在了解此类商品总数增加的同时,也表明每年都有相当数额的土货从内地运到天津后又转运内地,反映了天津集散能力的不断增强。随着天津近代工业的迅速发展和交通环境变革,天津与内地之间商品流通规模扩大,此类商品呈逐年增加之势,且数额巨大。1920年代以后,天津常关贸易报告对其总量有大致的估算,1919年为7750万关平两、1920年为8450万关平两、1921年为13,100万关平两、1922年因战事和灾荒减至8400万关平两、1923年增加到11,000万关平两(其中过境货物价值2,200万关平两),1928年达到13,200万关平两,比上年增加了1600万关平两。④

尽管上述统计仅涉及1900年以后的年份,尚缺失厘捐局,以及走私和偷税漏税的数值,但也能够较为系统地反映出天津运往内地的商品规模。1912年天津运往内地的商品总值不过6209万海关两,四年后的1916年几乎翻番,达到11,072万海关两。此后,因为军阀混战,社会不稳定,商品流通受阻,增长速度较为缓慢。20年代中叶后,华北政局逐渐平静,天津和华北地区的近代工矿企业和农村商品经济的发展,促使天津运往内地商品规模扩大,1927年超过了20,000万海关两,1928年为21,618.9万海关两。

---

① 历年《海关中外贸易统计年刊》,转引自姚洪卓:《近代天津对外贸易研究》,第217—218页。
② 吴弘明编译:《津海关贸易年报(1865—1946)》,第239页;关平银即海关银,为常关的统计单位,下同。
③ 吴弘明编译:《津海关贸易年报(1865—1946)》,第248页。
④ 吴弘明编译:《津海关贸易年报(1865—1946)》,第388、401、415、479页。

第五章　北方经济中心的形成(1928—1937)

随着国内工业品生产的增加、商品流通网络的发展,以及进口货物的变化等,天津运往内地商品的方式也发生了变化。根据津海关和天津常关的统计和估算,1920年至1930年各种运送方式的大致数额如表5—29所示,其各自所占的比重见表5-30。

表5-29　1920—1930年天津运往内地各类商品值统计表　（单位:万海关两）

年代	A.领子口税单的洋货	B.未领子口税单的洋货（估算数）	C.领子口税税单的洋货仿机制品	D.领运单的土货和机制品（估算数）	合计（估算）
1920	3,026.2	1,650	664	8450	13,790.2
1921	4,221.2	900	848.6	13,100	19,069.8
1922	3,884.7	1,100	1,154.8	8400	14,539.5
1923	3,928.9	1,000	1,527.3	11,000	17,456.2
1924	3,770.8	850	1,311.1	9900	15,831.9
1925	5,392.2	1,000	3,876.5	12,900	23,168.7
1926	5,098.5	650	1,891.4	11,200	18,839.9
1927	5,611.9	400	1,927.2	11,600	19,539.1
1928	6,185.4	570	1,663.5	13,200	21,618.9
1929	5,285.2	180	1,995.6		
1930	4,679.4	111	2,194.4		

资料来源:历年天津常关贸易年报;吴弘明编译:《津海关贸易年报(1865—1946)》。因为有些数据是天津常关的估计,与表5-31略有不同。

表5-30　1920—1930年天津运往内地各类商品值占比表　（单位:%）

年代	A.领子口税单的洋货	B.未领子口税单的洋货（估算数）	C.领子口税税单的洋货仿机制品	D.领运单的土货和机制品（估算数）	合计（估算）
1920	21.94	11.97	4.82	61.28	100
1921	22.14	4.72	4.45	68.70	100
1922	26.72	7.57	7.94	57.77	100
1923	22.51	5.73	8.75	63.01	100
1924	23.82	5.37	8.28	62.53	100
1925	23.27	4.32	16.73	55.68	100
1926	27.06	3.45	10.04	59.45	100
1927	28.72	2.05	9.86	59.37	100
1928	28.61	2.64	7.69	61.06	100

从以上诸表可以看到,一方面,洋货一直是天津开埠以来运往内地的主

要商品。直销内地洋货的货值(A),因为20世纪后直接进出口贸易的开展有较大幅度的增加,并且由于该类商品可以免除沿途的苛捐杂税,故始终是运往内地商品的主要方式之一,在天津运往内地商品总额的比重较大。1904年至1906年分别占当年天津与内地贸易总额的28.41%、30.99%和33.75%;1913年为3738余万海关两,占当年天津运往内地商品总值的43.34%。第一次世界大战以后,国内近代工厂的兴起,一些棉纱、棉布、面粉、火柴等工业品替代了进口洋货,直接进口的洋货在历年天津与内地贸易总额的比重中略有下降,但仍然在25%以上,1915年占32.28%、1917年占28.88%、1919年占22.59%、1926、1927、1928年分别占当年天津运往内地商品总值的27.06%、28.72%、28.61%。

第二类是间接销往内地的洋货(B),20世纪初的二三十年间是一个由盛到衰的过程。该类洋货是由天津商人或外地客商从洋行等购买后从天津通过运单运往内地,其规模受到政局、销路、地方厘捐和杂捐征收,以及市场网络和商人资金等多重因素的制约,贸易额起伏不定,占天津运往内地商品总值的比重,1920年达到11.97%,以后一般占5%左右,从1925年以后迅速减少,每年不过数百万海关两,所占比重下降到2~3%。以上两项皆为洋货运往内地,总共所占每年运往内地商品总值的比重均达到30%以上,说明进口商品一直是天津销往内地商品的主要构成,是外向型经济的体现。

表5-31 1912—1928年天津运往内地商品估算总值表 (单位:万海关两)

年份	金额	年份	金额
1912	6,209	1921	18,100
1913	8,624	1922	17,139
1914	9,473	1923	16,008
1915	9,972	1924	14,520
1916	11,072	1925	
1917	10,095	1926	15,169
1918	10,615	1927	21,212
1919	13,342	1928	20,370
1920	13,783		

资料来源:历年天津常关贸易报告,吴弘明编译:《津海关贸易年报(1865—1946)》。

第五章 北方经济中心的形成(1928—1937)

另一方面,河海交汇的地理优势使天津自清代中期就是华北地区的商品集散中心,开埠以后随着城市经济实力增强、市场网络完善、农业生产商品化提高而导致的对商品市场的依赖等,包括各地的机制品(C)和农副土特商品(D)在天津集聚的规模迅速扩大,从1904年的2581万海关两,翌年就增加到3600万海关两,1916年达到11,072万海关两,1927年超过了20,000万海关两。该类商品在天津运往内地的商品总值中占有较高的比重,一般占比为60%以上,可以体现天津与内地市场的发展。

综合津海关、天津常关对各类运往内地商品的统计和估算,1912年后天津运往内地的商品价值总额大致如表5-31。

(三)由内地运到天津的商品与规模

由内地运到天津的货物皆被津海关称为土货,在天津常关查验和纳税。该类商品的去向有两种:一类是通过三联单报关后运到天津,出口到国际市场和国内其他口岸,另一类是供应城市工业和市民生活的需要。前者津海关有系统的统计,后者为天津常关的估算。

1901年至1930年内地凭三联单运到天津出口的土货总值如表5-32。

内地商品领有三联单运到天津出口的土货,20世纪初为1000万海关两,第一次世界大战后国际市场需求量剧增,1916年达到2000万海关两。1925年以后,该类商品总值大幅度缩减,而此时天津海关统计的进出口贸易净值和税收却大幅度上升。这是因为1922年直隶省设立了一个新的税收稽征机构,"专司稽查凭三联单领运之土货,非实系洋商采买,或并不运出外洋者",对滥用三联单就地销售的"偷漏厘捐"行为,查出后征收统税和常关的通过税,尤其是棉花、干果和皮毛等。于是,有的商人领有三联单后,"在沿途照常使用,及至将抵天津时,便将单销毁,宁愿缴纳税率较重之常关税和厘金";有的通过当地收购商和天津坐庄运津,或者在内地的中级市场或专业市场分类加工后运津。因此,运津货物采用三联单方式者,"为数大形减少";1925年津海关发三联单8212张,征税56.3万两关平银,到1928年只发1385张,征税5.8

万两关平银,[1]用三联单方式的商品也随之减少。

表5-32 1901—1930年内地凭三联单运到天津出口的土货价值统计表 （单位:万海关两）

年代	贸易值	年代	贸易总值
1901		1916	2032.5
1902	832.5	1917	1519.1
1903		1918	2123.1
1904		1918	2568.1
1905	1072.0	1920	1769.6
1906	1255.7	1921	2043.9
1907	1130.1	1922	2904.5
1908	872.4	1923	2309.8
1909	1249.0	1924	1750.2
1910	1245.6	1925	2250.6
1911	1512.3	1926	961.2
1912	1919.4	1927	712.0
1913	1482.1	1928	233.6
1914	1449.1	1929	394.1
1915	1957.8	1930	398.2

资料来源:历年津海关和常关贸易年报;姚洪卓:《近代天津对外贸易研究》,第215—216页。

由内地运到天津的另一类商品未领有三联单,其中既包括供天津城市经济发展和市民生活需要的原料与资源,如棉花、小麦、煤炭、杂粮、豆货等,也包括集中到天津未加工或粗加工后出口到国外和其他口岸的土货。另有一部分则为过境商品,即运到天津后又运往内地的商品。这一类商品总额只有天津常关的估算,但始终大于领有三联单出口的数额。1905年天津常关贸易报告记载,"领有三联单之土货约值1100万两",除了三联单外,"另有价值关平银2700万两之土货已由内地运来,其中有价值关平银800万两之货,又复出口往内地"[2]。据天津常关历年的估算,1904年,各地运到天津未领三联单的土货约为1800万关平两;1905年为2700万两关平银。[3]随着进出口贸易发

---

[1] 吴弘明编译:《津海关贸易年报(1865—1946)》,第467、416、411、462、475页。
[2] 吴弘明编译:《津海关贸易年报(1865—1946)》,第248页。
[3] 吴弘明编译:《津海关贸易年报(1865—1946)》,第239、248页。

第五章　北方经济中心的形成(1928—1937)

展、城市规模扩大、人口增长和工商业发达,内地运到天津的商品日见增加。1914年,各地运到天津的土货总值约为5652万关平两,而当年领有三联单的商品值仅为1449.1万关平两。1915年,各地运到天津的土货总值约为8306万关平两,其中领有三联单的商品值也仅为1957.8万关平两。1919年,各地运到天津的土货总值超过1亿海关两,约为10,643.8万海关两。以后由于环境不靖,始终在1亿海关两左右徘徊。1927年,仅从内地运到天津的未领三联单的土货,已经增加到约11,400万海关两。①

(四)天津与内地商品流通规模的估算

以上是津海关和天津常关对天津运往内地洋货、土货与内地运到天津土货总值的部分年份的统计和估算,从中可以大致了解20世纪后天津与内地商品流通的规模。据天津常关统计,仅1902年8月至11月的4个月内,经由铁路、内河、陆路与内地进行的贸易总额为2200万关平两,这"包括通过常关各卡之所有应税土洋各货"以及全部粮米等免税货物。②天津常关的贸易报告记录显示,1906年,"天津与腹地之贸易总额,不算盐业,但包括领有海关或常关单照之各货,共计关平银11,044.5万两,而1905年为关平银10,632.2万两,1904年则为关平银8141万两"③。此时,已经超过了1亿万关平两。1914年,运往内地商品总值约为9473万关平两,从内地运到天津商品总值约为5652万关平两,两者合计大约在15,000万关平两左右。1915年两者分别约为9972万关平两和8306万关平两,两者合计比上年增加了3000余万关平两。1918年运往内地商品总值比上一年增加了约520余万关平两,为10,614.9461万关平两;内地运到天津的商品总值超过上一年21,264,550关平两,为9714.9772万关平两,商品流通总值超过了2亿关平两。以后,随着国际市场需求增加、城市工业发展和人口增加,以及农业商品化生产的提升,天津与内地流通的

---

①　吴弘明编译:《津海关贸易年报(1865—1946)》,第320、327、331、338、360、370、378、388、402、415、429、441、454、468、480页。
②　吴弘明编译:《津海关贸易年报(1865—1946)》,第218页。
③　吴弘明编译:《津海关贸易年报(1865—1946)》,第256页。

商品总值迅速增加,到1921年,运往内地的洋货(包括用子口税单和不用子口税单)共估价5200万关平银,比上一年增加了550万两关平银,运往内地的土货估价为13,100万关平银,上一年为8450万关平银,增加了4650万关平两;而内地运到天津的土货,用三联单的估价为3500万两关平银,比上一年增加了600万两关平银,不用三联单且不包括转运出口的估价为4900万两关平银,以上合计估价为26,700万两关平银。如果将土货从天津转运出口至海外和外埠的土货计算在内的话,1921年天津与内地的商品流通规模,估计在3亿两关平银以上。[1]

以后各年的估算数据有一些缺项,但综合津海关进出口贸易净值和税收的增长幅度,华北和天津一带政局的趋于稳定、国内外市场的需求,以及天津和内地工业、农业的发展与交通环境的改变等多种因素,天津与内地的商品流通规模会继续增加。

值得一提的是,仅从可以估算的数据来看,虽然内地运入天津商品的总值与从天津运往内地商品总值相比有一定的差距,但其增长速度超过了天津运往内地的商品。1914年后的7年内,天津运往内地商品总值增长了91.07%,而内地运到天津商品的总值增长了131.78%。[2]这种情况,与天津出口土货的增长速度超过进口洋货的现象是一致的,体现了内地经济的发展,说明了天津市场与国际市场、内地市场需求关联性的增强。

三、外向型经济腹地的形成与扩展

(一)各省在天津进出口商品中所占的比重

天津与内地商品规模逐年扩大的同时,天津经济腹地范围也不断扩展。尤其是20世纪以后,由于天津与外国的直接贸易陡增,天津进出口商品的种类和规模迅速增加,促进了内地的经济发展和农副土特产品商品化的提高,

---

[1] 吴弘明编译:《津海关贸易年报(1865—1946)》,第322、331、360、388—389页。
[2] 参见罗澍伟主编:《近代天津城市史》,第382—387页。

第五章 北方经济中心的形成(1928—1937)

越来越多的商品通过天津与国际市场的对接,商品市场日趋外向型。铁路的开通使商品流通路径呈现多样化且效率提升,也促成终端市场、中级市场、初级市场和专业市场的分化与完善,基本形成了不同商品的市场网络。随着各级市场触角的拓展和国际市场需求的变化,更多的农村乡镇逐渐被纳入天津的腹地范围。

直隶、山东和山西省在清代就是天津的经济腹地,20世纪以后商品流通更加顺畅,规模不断扩大,随着天津经济实力和辐射能力的增强,河南、东北、西北的一些地区也成为天津的经济腹地。天津经济腹地范围的扩大,可以从20世纪后津海关的统计中得到印证。

津海关曾经对领有子口税单运往内地的洋货和仿制品,内地领有三联单运到天津的土货有较为系统的记录。从各省所占的比重可以看到天津经济腹地的一些变化。

表5-33　1902—1930年天津领有子口税单运往内地各省洋货值统计表　（单位：万海关两）

省别	河北	山东	山西	河南	陕西	甘肃	新疆	奉天	吉林	蒙古	黑龙江	其它①	其它②	总计
1902	1422.6	131.1	338.9	131.3	3.4	42							42	2074.3
1905	1997.5	90.2	566.5	107.7	7.5	60.4	7.6	136.7	298.7	0.7	21.0			3294.5
1910	1584.3	98.7	543.2	140.4	40.0	335.2	31.5	20.9	58.4	0.2	5.1		0.7	2875.4
1915	1689.1	176.2	522.9	166.1	36.6	530.1	70.4	10.8	0.9	1.6	13.5		0.2	3219.2
1920	1728.3	121.3	439.3	285.2	52.0	161.1	171.5	32.3	6.2	9.8	17.1		2.1	3026.2
1925	3033.8	254.1	835.2	205.2	55.4	399.4	497.9	35.5	11.5	58.8	0.3		5.4	5392.2
1927	3283.6	180.5	958.2	224.1	127.4	451.3	288.5	33.2	6.7	53.5	0.6		4.1	5611.9
1928	3941.1	117.8	112.6	222.4	120.7	353.6	242.9	13.0	1.0	45.9	0.6			6185.4
1929	3426.2	122.9	952.7	163.9	88.0	191.0	169.6	23.5	0.9	21.8	0.02	123.3	0.6	5285.2
1930	2741.9	139.6	661.1	350.8	127.2	82.0	192.3	55.8	11.3	5.2		311.9		4679.4

①1929年另有哈尔滨的统计,1930年包括察哈尔、热河、绥远、青海等省。
②包括江苏、安徽、湖北、四川省。
资料来源:历年津海关和常关贸易年报,姚洪卓主编:《近代天津对外贸易研究》,第212—214页。

据此可以计算出由天津用子口税单运往各省的洋货所占的比重,见表5-34。

表5-34　1902—1930年天津领有子口税单运往内地各省洋货比重表　（单位:%）

年份	河北	山东	山西	河南	陕西	甘肃	新疆	奉天	吉林	蒙古	黑龙江	其它	其它	总计
1902	68.58	6.32	16.34	6.33	0.16	2.02	0	0	0	0	0		2.02	100
1905	60.63	2.74	17.20	3.27	0.23	1.83	0.23	4.15	9.07	0.02	0.64			100
1910	55.10	3.43	18.89	4.88	1.39	1.17	1.10	0.73	2.03		0.18		0.02	100
1915	52.47	5.47	16.24	5.16	1.14	1.65	2.19	0.34	0.03	0.05				100
1920	57.11	4.01	14.52	9.42	1.72	5.32	5.67	1.07	0.20	0.32	0.57		0.07	100
1925	56.26	4.71	15.49	3.81	1.03	7.41	9.23	0.66	0.21	1.08			0.11	100
1927	58.51	3.21	17.07	3.99	2.27	8.04	5.14	0.59	0.12	0.95				100
1928	63.72	2.33	18.03	3.10	1.67	5.72	3.93	0.21		0.74				100
1929	64.83	2.34	18.11	3.12	1.67	3.61	3.21	0.45		0.41		2.33		100
1930	58.60	2.99	14.18	7.50	2.72	1.75	4.11	1.19	0.24	0.11	0	6.67		100

由上表可以看出，在天津用子口税运往外地的洋货中，河北省所占比重一直在50%以上，但占比逐渐降低，1902年为68%，1919年下降至59.2%，以后多在55%左右；山东省所占比重因津浦铁路和胶济铁路开通后一部分洋货由青岛进口而有所起伏，但总体上呈逐年下降趋势，从1901年的6%，下降至1919年的3.9%，到20年代不足3%。河南省在京汉铁路通车后，由天津运往该线的洋货增加一倍有余，但占比不仅没有增加，反而有所减少，除1919年和1920年一度达到8.3%和9.42%外，多在3%以下，反映了河南省的洋货来源是青岛、汉口等口岸的多元化。东北地区从天津运入的洋货则逐年略有增加。

这一时期，洋货由天津运往腹地中增加最多的是山西，再加上包括甘肃、新疆在内的西北各省，1902年由天津通过子口税运往山西的洋货价值为338.6万海关两，京汉铁路接通后的1905年增加到566.5万海关两，1913年一度增加到854万海关两，20年代以后接近1000万海关两，在当年价值中所占比重一直在15%以上，1910年曾经达到18.9%。由此，天津洋货对甘肃和新疆等西北地区的输出也有较大幅度增加，从20世纪初占比2%至3%左右，增加到1920年以后的10%以上，多者达到16%。例如，天津运往甘肃的洋货在1902年仅有42万海关两，占比为2%，1910年增加到335万海关两，1915年又增至543万海关两，占比为16.5%。到20年代末，所占比重又有所减少，估计可能与天津运往绥远等地的洋货增加有一定的关系。

第五章　北方经济中心的形成(1928—1937)

1919年以后,在天津运往外地的商品中,还有国内的机制品(被海关称为洋货的仿制品),从历年的统计中也可以看出天津与周边各省商品流通的密切程度。

表5-35　1919—1930年天津领有子口税单运往内地各省仿制品值统计表　(单位:万海关两)

省别	河北	山东	山西	河南	陕西	甘肃	新疆	奉天	吉林	内蒙古	黑龙江	其它①	江苏②	总计
1919	569.1		11.8			213.6	3.8							606.0
1920	629.5		14.7			17.9	2.1							664.2
1921	811.8		16.9			21.7	8.2							858.6
1922	1073.6	4.9	28.1	3.2	1.6	37.9	4.3	1.1						1,154.8
1923	1412.8	9.9	42.9	5.9	0.1	47.3	7.5		0.8					1,527.3
1924	1191.5	2.7	43.4	3.7		37.9	30.6	0.6		0.5			0.4	1,311.1
1925	3503.6	4.5	16.7	2.1		17.3	312.6	0.7			18.8		0.3	3,876.5
1926	1537.9	4.3	18.8	4.5	1.5	28.7	275.7	0.2		19.8				1,891.4
1927	1609.0	2.7	20.8	4.7	3.5	36.2	239.7	0.1	0.1	10.3				1,927.2
1928	1462.1	1.5	48.1	4.0	3.2	23.6	118.0	0.2		2.7				1,663.5
1929	1743.8	59.5	67.2	1.8	2.7	25.3	84.1	0.3		2.5		8.4	0.7	1,995.6
1930	1824.0	5.9	121.6	32.7	7.1	11.4	149.9	0.7		0.4		31.5	0.9	2,194.5

表注:①1928年包括热河省;1929—1930年包括绥远、察哈尔、热河省;1930年包括青海、绥远、察哈尔、热河省。②1924年中有湖北、安徽省。

资料来源:历年《海关中外贸易统计年刊》,转引自姚洪卓主编:《近代天津对外贸易研究》,第217—218页。

表5-36　1919—1930年天津领有子口税单运往内地各省仿制品值占比表　(单位:%)

省别	河北	山东	山西	河南	陕西	甘肃	新疆	奉天	蒙古	黑龙江	其它	江苏	总计
1919	93.91	0	1.95			3.53	0.63						100
1920	94.78	0	2.21			2.69	0.32						100
1925	90.38	0.17	0.43	0.54		0.45	8.06	0.02		0.48			100
1926	81.31	0.23	0.99	0.24	0.08	1.52	14.58	0.01	1.05				100
1927	83.49	0.14	1.09	0.24	0.18	1.88	12.44		0.53				100
1928	87.90		2.89	0.24	0.19	1.42	7.09		0.16				100
1929	87.38	2.98	3.37		0.14	1.27	4.21		0.12		0.42		100
1930	83.12	0.27	5.54	1.49	0.32	0.52	6.83	0.03	0.02		1.44	0.04	100

1919年以后,由津海关对天津运往外地机制品的统计中可以看到,其总值迅速增加的同时,绝大部分运往河北省,其次是西北的甘肃和新疆,再其次是山西省。

天津既需要将洋货和商埠生产的机制品等运往腹地,也需要聚集内地的商品(土货)销往国内外市场,或供给本市和周边的生产与消费。其中,各省以三联单的方式运到天津的农副土特产品最初主要出口国外,或上海、香港等口岸。20世纪20年代后有所变化,呈现出来源路径和市场需求的多元化。津海关1905年至1930年的统计见表5—37。

表5-37　1906—1930年内地各省运到天津领有三联单之土货价值统计表　(单位:万海关两)

省别	河北	山东	山西	河南	陕西	甘肃	张家口	奉天	吉林	蒙古	黑龙江	新疆	江苏①	总计
1906	559.8	349.2	346.0	33.3	0.9	9.6	222.9	30.6		5.1	10.5		1.9	1255.7
1910	615.7	28.9	261.5	28.9	15.7	95.2	120.4	72.5	1.9	2.1	2.7			1245.6
1915	1048.7	101.8	344.3	42.5	18.1	105.7	241.8	53.5			0.3	1.1		1957.8
1920	895.1	82.8	320.7	27.9	29.6	84.9	54.0		271.6		2.9			1769.6
1925	919.2	50.6	407.6	72.5	48.2	106.5	434.7	195.4	0.2		0.4	14.9	0.2	2250.6
1926	250.4	20.4	199.5	30.8	37.3	18.9	322.6	69.1	0.1		0.2	11.9		961.2
1927	338.4	20.2	90.8	31.7	15.8	15.4	166.9	32.8						712.0
1928	188.1	9.1	16.9	5.6			13.4	0.5				13.4		233.6
1929	339.9	13.4	32.2	6.2			2.4					2.4		394.1
1930	35.05	18.7	19.1	8.5			1.5							398.2

表注:①另外还有湖北省1909年输入32万海关两的数据。

资料来源:姚洪卓主编:《近代天津对外贸易研究》,第215—216页;历年津海关和常关贸易年报。

由此可以计算出各省运到天津土货所占的比重(见表5-38)。

表5-38　1906—1930年内地各省运到天津领有三联单之土货价值占比表　(单位:%)

省别	河北	山东	山西	河南	陕西	甘肃	张家口	奉天	吉林	蒙古	黑龙江	新疆	江苏	总计
1906	44.58	2.78	27.55	5.95	0.07	0.76	17.75	2.44	0	0.41	0.83			100
1910	49.43	2.32	20.99	4.69	1.26	7.64	9.67	5.82	0.15	0.17	0.22			100
1915	53.57	5.20	17.59	4.05	0.92	5.40	12.35	2.73	0		0.02	0.06		100
1920	50.58	4.68	18.12	3.12	1.67	4.80	3.05	0	15.35		0.16			100
1925	40.84	2.25	18.11	7.89	2.14	4.73	19.31	8.68	0		0.02	0.66	0	100
1926	26.05	2.12	20.76	12.30	3.88	1.97	33.56	7.19	0.01		0.02	1.24		100
1927	47.53	2.84	12.75	4.45	2.22	2.22	23.44	4.61						100
1928	80.52	3.90	7.23	2.40			5.74	0.21				5.74		100
1929	86.25	3.40	8.17	1.57			0.60					0.60		100
1930	88.02	4.70	4.80	2.43	0	0	0.38	0		0	0	0		100

第五章　北方经济中心的形成(1928—1937)

(二)外向型腹地的扩大

以上仅是20世纪后津海关对领有子口税单和三联单进出天津的洋货、土货的货值统计,尚不能系统、完整地反映天津与内地各省之间贸易的全貌。尤其是20世纪20年代以后,随着国际市场需求的增加、天津近代工业的发展、市场网络的重组和农村产品商品化的提高,不采取子口税方式往来于天津与内地之间的商品迅速增加。如天津与甘肃、新疆往来的大部分洋货、机制品和皮毛、药材等土货,采用了多层次的采购运销方式。天津与山西的商品流通也是如此。1922年山西省输入商品总值为4701.7余万元,①而津海关统计中运往山西省缴纳子口税的洋货和机制品总共为590余万元,仅占输入总值的12.55%,未免过少。民国以后,山西运出的土货有驼毛、羊毛、皮张、皮袍、皮褂、猪鬃、蛋品等。②津海关的统计表明,领有三联单运到天津出口的山西土货一般在300万至400万海关两左右,1922年达到589.7万海关两。但是另有估计表明,如果将间接出口和通过张家口等运出的商品计算在内,山西运出的出口商品总额在1919年为1593万元,1922年后增至2000万元以上,1926年达到3113万元。③此规模与三联单统计的数值也有相当大的差距。

然而,以上统计体现了天津与经济腹地的商品流通规模和空间范围的扩展,可以说明20世纪以后,随着对外贸易的迅速发展和集散能力的增强,以及与内地商品流通规模逐渐扩大,天津的经济腹地也有所变动:有的省份(地区)与天津的经济联系依旧密切,如河北省、山西省等;有的有所减弱,如山东省、河南省等。值得关注的是包括内蒙古、甘肃、宁夏、新疆在内的西北地区和东北地区,与天津的经济联系不断增强,逐渐成为天津的经济腹地,因而天津已经成为引领华北,乃至东北、西北地区经济发展的中心。

---

① 山西省地方志编纂委员会办公室:《山西外贸志》上,山西省地方志编纂委员会办公室1984年版,第194、197页。
② 山西省地方志编纂委员会办公室:《山西外贸志》上,第313页。
③ 刘建生等:《山西近代经济史》,山西经济出版社1995年版,第660页。

第六章　全民族抗战时期经济的畸形发展与衰落（1937—1945）

1937年七七事变后，中国进入了全面抗日战争时期。同年，7月底日本侵略军占领天津，从此天津进入了殖民统治阶段。侵略者将天津确立为侵略战争的兵站和基地，天津经济同样被日本军政当局和日伪政权纳入一切以侵略战争为中心的所谓"东亚共荣圈"，实施统制经济。其特点是：日本军政当局确定天津的经济定位，制定了经济掠夺方针、政策和计划以及实施方案，颁布各种法规和制度，并将各经济部门分为统制性行业和自由经营行业，设定垄断性机构，控制企业的生产与销售，进而对经济各部门实施强制性统治。此后天津的经济在日伪当局统制下，工业、农业、外贸、金融，以及交通运输等各个部门的经营，均与日本侵略战争的各个阶段密切相关，成为日本侵略战争的兵站和物资生产供应基地。

第一节　城市定位的变化与经济统制方针计划的出台

一、管理机构的殖民化

（一）日伪统治机构的建立和改组

1937年7月30日，日军占领天津，从此天津沦陷。原国民政府天津各行政机关一时陷入瘫痪，地方秩序一片混乱，日本侵略者的当务之急是建立统治机构，维持社会治安，尽快恢复生产和市场流通。1937年8月1日，驻天津

第六章　全民族抗战时期经济的畸形发展与衰落(1937—1945)

的日本中国驻屯军和特务组织策划成立了地方傀儡政权——"天津市地方治安维持会",标志着天津从此进入了长达八年之久的日本殖民统治时期。

伪天津地方治安维持会设在河北大经路的天津市社会局,负责天津市区和附近各县的政务,成立当天就发布了《天津市治安维持会布告》,声称"代替市政府执行政务,维持治安,恢复秩序",并委任市内和附近各县的伪治安维持会负责人,"办理民政,以定人心,而维治安"①。伪维持会设立了总务、财政、公安、社会、教育、卫生、工务等7个局,接管了原来的河北省政府和天津市政府,以及省市各级法院、内河航运局、电信局、盐务局和商品检验局等机关。8月24日,日本参谋本部将驻在天津的日本中国驻屯军改编为华北方面军,专设特务部指挥伪政权的日常工作。

1937年12月14日,日本军政当局在北平成立了"中华民国临时政府",管辖包括山西、河北、山东、河南4省以及北平、天津、青岛3市。12月17日伪天津特别市公署成立,替代了伪天津地方治安维持会。②1938年1月,伪天津特别市公署颁布了《天津特别市暂行组织条例草案》,规定天津特别市直隶于伪中华民国临时政府,设立总务厅和财政局、公安局,总务厅下设总务、社会、教育、卫生和工务等处,后来各处改为市公署下设的主管局。③不久,伪市公署特设了顾问室、参事室、秘书处等。顾问室有高级顾问、顾问和顾问辅佐,均为日军特务机关指派的日军军官和在津日侨。同时设立了区级管理机构。所有的市公署各局、区和县政府中均有日军特务机关派遣的日本人担任顾问和各部门的副职,一些重要的机关则直接派遣日军的现役军官。他们不仅控制、指导和监督各项工作,还直接参与实施,是各级日伪机关的太上皇。

天津还有一些日伪组织,如1938年8月1日成立的伪新民会天津分会,组织、训练和指导会员配合伪市公署的各项事务;伪天津总商会主要维持工商

---

① 《天津市治安维持会施政报告》,转引自郭贵儒:《河北沦陷区伪政权研究》,人民出版社2013年版,第93页。
② 参见陈志远等:《抗日战争时期日本对天津伪政权的控制》,《南开史学》1986年第1期。
③ 中共天津市委党史研究室等编:《日本帝国主义在天津的殖民统治》,天津人民出版社1998年版,第56—60页。

业和市场稳定,并协调工商企业与日伪政权各种事务;还有伪天津地方辅治会和伪防共民生自治会等,主要是维持基层社会的治安等。

1943年11月15日,伪华北政务委员会依据《华北政务委员会组织条例》,将伪天津特别市公署改称为"天津特别市政府",颁布组织规则,设有秘书处、警察局、社会局、财政局、经济局、教育局、卫生局、工务局等。太平洋战争爆发后,日军还接管了天津的各国租界和各国在津企业,将原英租界、日租界、法租界改为兴亚第一、二、三区,意租界改为特管区。原驻扎在天津的日本军队成为天津防卫部队,即原来驻屯军整编的日本第27师团,师团司令部设在海光寺的原中国驻屯军司令部,主要防卫地区包括河北省东北部和西南部地区,其步兵旅团的第一联队驻唐山,第二联队驻天津,第三联队驻河间。第二联队是天津沦陷后驻扎时间最长的日本军队,拥有绝对的指挥权。日本华北方面军设有参谋部和特务部,日本政府设立了兴亚院华北联络部,这些是统管政治、经济和社会的大本营和指挥中枢,所有政治、经济和社会治安等政策计划与措施等,都是由其策划和制定,并通过市公署和各个经济统制机构实施。除此之外,还有日军宪兵队和特务组织、日伪警察局等,均参与管理各个经济部门,以及稳定市场秩序等。

(二)伪经济局的设立

1943年底,伪天津特别市政府增设了经济局,"掌理天津市之经济行政事务",这是前所未有的,意味着更为强硬地实施经济统制。

1944年4月,伪市政府根据伪华北政委会密件修正了经济局的工作程序,订立了《天津特别市政府经济局组织规则》,经济局下设立秘书室和五个科,统管天津市的各种经济事务。第一科主管经济及生产团体的登记、业务的指导监督、调查统计和"违反经济统制之监督事项";第二科主管官有和民需食粮的采运、保管、加工、分配、粮价的评定调节和经营者的业务指导监督;第三科主管统制性物资的供需调节、经营上的指导监督、"统制品之管理分配",以及"物价之评定调节";第四科主管农产品和水产品的生产、开发、技术改良、需给、价格等方面的管理和监督;第五科主管畜牧业增产改良和畜产品生产

第六章　全民族抗战时期经济的畸形发展与衰落(1937—1945)

等。①伪社会局也颁布了管理和监督工厂、商店和劳工事项,以及监察管理市民物资配给计划实施等,包括"关于互助及技艺事业之倡导监督并一般职业介绍事项"、"关于小本借贷之推行管理事项"、"关于民房、工厂、商场及公墓、戏院设施修建管理事项"、"关于公司、银行及商店、工厂注册、登记、领照事项"、"关于商业调查事项"、度量衡的检查监督、劳工生活和劳资纠纷及劳工等统制事项,以及市民配给物资物品的分配计划和其存销、保管、运输、配卖的调查统计监察管理,指挥监督办理市民配给机关和调查监察违章案件等。②伪天津特别市政府和警察局发布的训令中,也有很多专门对工商各业的法令、法规,如《市公署关于物资取缔规则的布告》《华北扰乱经济统制紧急治罪暂行条例》,关于棉花和棉织品的购销,钢材的买卖、运输的规定,最多的是统制米面稻谷等食粮的采购、运输、配给、配售方面的训令、规则和办法等,目的是不断强化对食粮等统制物资的统制。③

二、城市人口变动与空间扩展

(一)城市人口的变动

这一时期,天津城市人口是在战争环境下从缓慢增加到后期迅速增加的非常态发展。自1937年至1941年,天津城市人口由126.2万人,增加到164.5万人,其原因既有日军在华北农村实行三光政策,导致农民无家可归,流离失所,以及遭遇华北大水灾,灾民难民迅速增加,也有天津环境相对较为安定的因素,致使城市人口一时剧增,四年间增加了38万人。1941年以后,日伪当局实行五次强化治安战,日伪军队对天津周边地区实行封锁,城市经济环境日渐恶劣,因此城市人口5年间仅仅增加了8万人。④1945年,天津城市人口为172.2万人。因此,这一时期天津城市人口的快速增加,并非因城市经济吸附

---

① 中共天津市委党史研究室等编:《日本帝国主义在天津的殖民统治》,第351—354页。
② 中共天津市委党史研究室等编:《日本帝国主义在天津的殖民统治》,第91—93页。
③ 参见中共天津市委党史研究室等编:《日本帝国主义在天津的殖民统治》,第350—450页。
④ 参见李竞能:《天津人口史》,第91—94、289页。

能力的增强,而是日伪政权残暴统治和经济掠夺的结果。

(二)城市空间的扩展

由于日伪政权对市区进行了重新划分,天津市区的空间范围有所扩大。1938年,日伪政权为加强统治,将原来的6个区划为9个区,各区有配套的管理机构和警察分局。此时,天津市区范围是东至万新庄,东南至张贵庄,南至津浦铁路支线,西至旧围墙大堤,北至华北水利委员会所筑的新堤,东北至大毕庄,占地面积(不含租界)211,881亩。[①]

1941年后,天津日伪政权收回各国租界并进行整合,如将特别区改为普通区,分别设为兴亚各区和特管区。由于各区的建制和名称不同、面积大小和人口多寡不一,日伪政权于1944年4月再次进行调整,将原有的12个区和兴亚3个区重新划为8个区,各区设区公所;为方便管理,将原来的12个警察分局继续保留,并在地域范围大的区增设一个分局;原特管区行政事务由二区兼管。此时,天津有8个行政区,市区范围略有扩大,即东至牛圈,东南至吴家咀,南沿津浦铁路支线,西至西营门,西北至黑塔寺,北沿北宁铁路。1945年时,天津建成区面积达到49.7平方千米,比1937年的建成区面积增加了11.6平方千米。

这一时期,天津城市在空间上的变化是,建成区开始沿着海河向下游扩展,并将塘沽纳入城区范围。在此之前,海河沿岸的码头是天津内外贸易的主要港区,扩展空间有限,海河裁湾取直后通航能力有所提升,但大吨位的轮船吃水较深,无法驶抵海河沿岸码头,只能停泊在大沽口,靠驳船往来转运,不仅耗费人力物力,也增加了停泊的费用和时间,不利于提高港口的吞吐能力。日本占领天津后,从1940年开始在塘沽建设新的港口——塘沽新港,同时加快了塘沽街区建设,为便于管理,将塘沽纳入了天津城区范围。

[①] 参见韩俊兴:《近代天津行政区划沿革》,《天津史志》1986年第3期。

第六章　全民族抗战时期经济的畸形发展与衰落(1937—1945)

三、天津的经济定位与城市规划

(一)城市定位的确立

华北沦陷后,北平成为日本在华北统治的大本营,聚集了伪中华民国临时政府(伪华北政务委员会)和日本的华北方面军司令部、日本大使馆和兴亚院华北联络部等驻华机构,统制华北经济的华北开发会社、华北交通会社、华北运输会社、华北电业会社、华北电信会社等机构的总部也在北平。于是,天津的政治、军事和经济地位有所变化,被重新定位为华北最大的进出口港口和华北的经济中心,主要职能变为日本侵略战争的兵站和基地。

随着日本侵华战争的扩大和局势的变化,这一定位更加明确。1940年10月,由伪天津市政府建设公署建设工程局制定、天津市公署颁布的《天津都市计划新市街土地租用概要》中认为:"天津是华北经济中心地,在水陆交通上,尤为联系日本、满洲、蒙疆等诸地之门户,将来塘沽新港完成,兼以海河水运便利,而成为大贸易港,则不独为商业都市,且为大工业地之发展区。"[①]1941年,在日伪政权制定的天津城市规划中,天津被定位为"将来是华北最大的贸易港,在经济上将发展为最重要的商业城市和大工业地,并且是华北通往蒙疆的大门,因此期于各方面的各种重要设施的完备",即特别强调港口的主要作用。[②]

(二)城市规划的出笼

为了适应侵华战争的需要,日伪政权制定了天津城市规划大纲和城市建设概要。1938年6月,伪华北政务委员会建设总署都市局技术科开始组织人员对华北一些城市进行调查,以制定所谓的城市发展计划。日伪政权的目的十分明确,就是"要符合与战时平行的建设的要求。也就是说,对于作战,为

[①]《天津都市计划新市街土地租用概要》,天津市档案馆藏,档号:J55—2—2154,转引自天津市档案馆等编:《天津土地资源管理利用档案选编(1928—1949)》,天津人民出版社2013年版,第116页。

[②] [日]塩原三郎:『都市計画:華北と点線』,第47页。

579

了要确保兵站线的铁路、公路、水路等交通线的恢复和改良,以及防洪作为重点的基础上,着手建设作为重要兵站基地的重要城市北平、天津、济南、石门、太原、徐州、青岛等城市的应急性"。这是日伪政权在战争状态下的城市规划,其时刻强调保证军队和物资运输的铁路、道路、河流和机场等交通设施的通畅,保证城市的上下水道及公共设施的完善,以稳定社会治安,并强化对日本军队设施和日本人的保护,尽最大可能维护其殖民统治。为制定城市规划,日伪政权派出专业人员到各城市考察,并主持制定规划。

天津的城市规划始于1938年6月,1940年完成了规划大纲修正案和《天津市计划事业概要》。天津的城市规划是在日本兴亚院华北联络部的指导下,由伪华北政务委员会建设总署都市局技术科科长盐原三郎主持下进行的。盐原三郎1928年毕业于日本东京大学工学部土木工程专业,曾经在日本滋贺、千叶等县和东京市政府都市计划委员会担任工程师。1938年5月,他在伪华北政委会建设总署都市局担任技术科科长,1940年1月到1941年1月担任新设的天津市建设工程局工务科科长。1971年,盐原三郎撰写了《都市计划:华北和点线》,详细叙述了对华北各个城市的调查以及制定的城市规划,抄录了在各地的视察报告和记录,以及四年半的工作日记。自1938年6月以后的一年半内,他在天津和塘沽进行了7次实地调查,每次多则四五天,少则一二天。最初的天津城市规划包括塘沽在内,由于日伪政权于1938年开始建设新港,急需关于塘沽建设的规划,于是单独制定了塘沽市街规划。1940年出笼的天津城市规划,包括《大天津计划图》《天津都市计划大纲》《天津(附塘沽)都市计划事业概要》等。①

在日伪政权制定的天津城市规划大纲和建设事业概要中,不仅有对天津经济地位的论证,而且追述了天津城市历史,预测了发展规模。规划认为,天津是由以旧城为中心的中国街区和与其相对立的各国租界组成的复合性城市形态,进而助长了作为经济城市的繁荣,第一次世界大战后已发展为约150万人的世界性港口城市。20世纪30年代后,天津已经成为华北和内外蒙古的

---

① [日]塩原三郎:『都市計画:華北と点線』,第87页。

第六章　全民族抗战时期经济的畸形发展与衰落(1937—1945)

军事、交通和经济上的"最重要地"①。而且,天津具有建立工业企业的良好条件,日本纺织企业已经开始进入,其他各业也有明显的开办新工厂的倾向。七七事变后,天津在交通和经济上的重要性不断增强,商业和工业正处于恢复与振兴之中,人口激增至160万人,已经出现了住房匮乏、环境卫生恶劣等状况,急需进行城市基础设施建设,以吸引各类工厂进入。因此需要着手制定城市建设规划,以达到"在30年后主要城区约250万人,其他周边地区约50万人,预定约有300万人"的目标。②其设想天津将来发展为华北重要的贸易港、经济上重要的商业城市和以河海航运为中心的大工业城市。③

(三)城市规划的内容和特点

日伪政权制定的天津城市建设规划大纲主要内容包括,划分居住、商业、混合、工业用地和保留用地,建设新街区的街道、铁路、运河等交通,改造上下水道设施,修建公园、运动场、广场、墓地、赛马场、中央批发市场等公共设施等。④

日伪当局计划的新街区在特三区(原俄租界),占地约3平方千米,通过收买和整治用地、划分土地用途、配置街道、上下水道和公园等形成新的街区,然后招募各国人租用,其建设资金则通过借款和摊派租金来解决。并且,计划将临近新街区的海河两岸地带的东西长约12千米,南部约6千米为新街区的负载空间,总面积约70平方千米,其中街区面积约40平方千米,绿地面积约30平方千米,街区的中心是最靠近海河北岸铁路沿线的既有街区,海河西北部和南岸到大沽、塘沽为副中心。在城市建设的计划方面,重点是修建整备原有城区街道干线和下水道等防洪设施,以适应治安和产业发展上的需要;1939年由政府财政拨款25万日元,修建日租界通往英法租界西南的干线街道(今新兴路)、特三区至特四区新的街道干道、塘沽的东西街道干线;1939

---

① [日]塩原三郎:『都市計画:華北と点線』,第97页。
② [日]塩原三郎:『都市計画:華北と点線』,第47页。
③ [日]塩原三郎:『都市計画:華北と点線』,第97页。
④ [日]塩原三郎:『都市計画:華北と点線』,第47—49页。

年政府拨款105万日元,完成上年的各种工程的防洪工事,并着手修建预定新街区的干道;1940年政府拨款107万日元,完成并延长以前的工程,整备和修缮重要的下水道设施。①

该规划的一个突出特点是将塘沽作为天津的子城,制定了《塘沽都市计划大纲》,目的在于适应新港建设中的需求,实现街区发展与新港建设同步,建成与新港相关的水陆交通中心地和工业地带,使得塘沽及附近的人口从约6万人,到30年后增长至约30万人。

在实施城市规划时,日伪政权确定以伪临时政府建设公署作为主管单位,由伪天津工程局城市科进行最初的调查。1940年1月,新设伪天津市建设工程局推动城市建设。该局有局长(中国人)、副局长(日本人)和事务、会计、工务、水道、防水、土地6个科。其中,事务、会计和土地科科长为中国人,其他科科长为日本人,额定总人数约110人,中日各半,但开设时日本人不足10人。

然而,综观日伪政权制定的华北各城市规划,可以看到其具有同样的模式,均为适应战争需要的临时计划。在战争和经费等多种因素的制约下,几乎没有实施的可能,只能是停留在纸面上。例如,在天津3年规划中,整治街道和上下水道、修建防洪堤坝、新建街道等项目均未展开;新街区的收买土地、配置公共设施和租赁等方面,只是公布了方案,根本没有实施;塘沽的规划也因为新港建设的长期拖延而成为一纸空文。

四、战前侵华大本营地位的确定与经济掠夺方针计划的出台

(一)侵华现地大本营地位的确定

自20世纪30年代开始,日本就非常重视天津的作用,从政治、军事和经济等各个方面加强渗透。全民族抗战爆发前,天津已经成为日本策划政治、军事和经济侵略华北的大本营。②

---

① [日]塩原三郎:『都市計画:華北と点線』,第99—101頁。
② 参见张利民:《七七事变前后日本中国驻屯军对华北的政治经济侵略》,《东北亚学刊》2015年第2期。

第六章　全民族抗战时期经济的畸形发展与衰落(1937—1945)

天津之所以成为日本策划对华北侵略的大本营,主要有以下几个方面的原因。

其一,天津长期驻有日本军队,且力量不断加强。根据《辛丑条约》,日本中国驻屯军自1901年起就驻守天津,司令部和兵营均在日租界,最初有步兵、骑兵、炮兵、工兵、野战医院和军乐队,约有官兵2000多人,第一任司令官为陆军中将。根据时局的变化,其兵力时有增减,到20世纪30年代增加到5000余人。1935年,随着日本侵华步伐的加快,驻屯军被编入作战序列,并大量增兵,成为日军侵占华北的先头部队。此外,天津日侨中有在乡军人团、义勇军等组织,是日军的后备力量,遇到危及日侨安全和利益的事端,皆能倾巢出动,组织起来保卫日租界和日侨。

其二,日本在天津的中国驻屯军作为日本军部的代表,既是各种事件的策划者和实施者,也是制定侵略华北方针政策和计划的主持者。20世纪30年代以后,日本军部内主战派地位上升,1936年的"二二六兵变"标志着日本从军队法西斯化发展到国家法西斯化。军部在某种意义上成为日本政府的主宰,并加速推进全面侵华行动。代表日本军部的天津日本中国驻屯军被赋予策划和实施全面侵华战争的先头部队,在制定天津和华北经济掠夺计划与措施上具有领导地位。

其三,天津曾是首都的门户和中央政府对外交涉的中心,军阀官僚汇集,政治地位十分重要。天津还是北方最大的通商口岸和工商业中心,经济最为活跃,发展速度最快,具有一定的示范性和引领作用。对于日本而言,一方面,天津的日租界是日本在国外面积最大的租界,聚集着众多的日本侨民,1936年日本侨民有1.1万余人,多为从事经济活动的商人和公司职员,垄断了天津部分商品的进出口贸易。更为重要的是,20世纪以后天津的对日贸易额始终占天津进出口贸易总额中的首位,成为日本对中国倾销商品和掠夺资源的最主要口岸。另一方面,早在1875年,日本就在天津开设了华北的第一个领事馆,统管直隶省、山西省及察哈尔都统所辖内蒙古的交涉事宜,1902年升格为总领事馆,总领事馆的警察署及所属的特别警戒部队负责保护日租界治安和日侨安全,成为日军可以依靠的武装。日军占领东北后,其侵略矛头直指华北地区,天津成为日本发动侵华战争的前沿,麇集了中国驻屯军、日本关东军,以及日本政界、满铁、财阀和日本浪人等各方势力,开始策划和制造各种事端。九一八事变后不久,日本中国驻屯军和关东军特务机关等就共同策划了"便衣队暴动",史称"天津事变"。1933年5月和7月,日本关东军副参谋长冈村宁次、中国驻屯军司令梅津美治郎,与国民政府签订的《塘沽停战协定》和《何梅协定》,均体现了天津在日本发动全面侵华战争中的重要地位。

(二)经济掠夺方针计划的出台

在经济上,在天津的日本中国驻屯军被日本军政当局指定为对华北乃至全中国侵略的组织者和策划者,因此天津成为日本对华北经济掠夺方针政策和各种计划的策源地和现地大本营。

早在1933年11月,日本南满洲铁道株式会社就在天津等地设经济调查会分会,开始调查华北的经济和资源等,半年内提交了37个调查报告。[①]1934年2月,日本中国驻屯军参谋长把华北调查上升到"为助长帝国对华经济的发展,使战时我国国防不足资源易于补充,扶植和增强帝国对华北的经济势力,促成日、满、华北经济圈做必要的准备"的战略高度,部署和指挥满铁的调查扩大规模,列出对产业、资源、交通、金融、贸易等调查的细目,要求提出解决办法。[②]为此,满铁在天津日租界荣街设立了事务所,出动近500人,花费近百万日元,在一年多的时间内整理出近百册调查报告书。[③]

1935年6月,日本中国驻屯军制定了《中日经济提携计划修正案》,提出日本对中国的面粉业、棉纺织业、煤铁等工矿业、交通的"开发"或利用的初步方案。[④]一个月后,又制定了《随着华北新政权产生的经济开发指导案》,提出

[①] 満鉄調査部:『支那立案調査書類2編1巻2 支那経済開発方策及調査資料』,極秘,1937年印刷,第315—322頁;以下简称『支那立案調査2—1—2』。
[②] [日]満鉄調査部:『支那立案調査2—1—2』,第385—399頁。
[③] 中国駐屯軍司令部乙嘱託班:『北支産業調査報告書類第1編第1巻 乙嘱託班調査概要』,1937年印刷,第1—9頁。
[④] 转引自延安时事问题研究会:《日本帝国主义在中国沦陷区》,上海人民出版社1962年版,第47页。

第六章　全民族抗战时期经济的畸形发展与衰落(1937—1945)

"应利用一切机会,促进对交通、资源及金融方面的投资"。驻屯军则主要是"组织地方经济开发团体对这些事业的调查和实施予以密切合作"①。该指导案虽然还没有提出完整具体的计划,但具有指导意义,且力图扩大驻屯军的指挥权力。1936年1月16日,日本军政当局制定的《处理华北纲要》完全采纳了驻屯军的方案,并确定"处理华北由中国驻屯军司令官负责"。②从此,驻屯军开始主持制定对华北经济的方针政策和计划。

于是,日本中国驻屯军开始行使其主导地位,1936年3月制定了《华北产业开发指导纲领案》,其开宗明义地宣布,这是"驻屯军司令部开发华北的最高指导方针,各方面皆据此实行",日商在华北创设和经营企业,"均要遵从驻屯军司令部的指定计划而行之",以"便于顺应国策"③。此后,驻屯军继续制定各项计划,如《华北经济开发五年事业计划》《华北经济开发五年资金计划》等。

由此可见,七七事变前日本已经制定了相当系统完整的掠夺华北经济的方针政策以及实施计划,且在日本全面侵华后被华北方面军特务部和日伪政权承袭,成为日本统制经济的指导纲领。

五、日伪政权经济掠夺的计划与变化

30年代初日军占领东北后,日本就加紧策划对中国的军事侵略和经济掠夺。华北和天津处于日本侵华的前沿,具有煤、铁、棉花、盐等资源,能够为资源匮乏的日本提供战争物资。所以,在日本制定的各种计划中,对华北地区的掠夺首当其冲。1937年全面侵华战争爆发后,日本军政当局和日伪政权根据这些计划实施经济掠夺,并随着战争的变化和需求进行修订。

(一)抗战全面爆发前日本侵华势力对天津经济的掠夺计划

30年代初,在日本中国驻屯军的指挥下,日本满铁、通产省和在华机构在

---

① [日]満鉄調査部:『支那立案調査2—1—2』,第97—98頁。
② 复旦大学历史系编译:《日本帝国主义对外侵略史料选编》,上海人民出版社1983年版,第194—195页。
③ [日]満鉄調査部:『支那立案調査2—1—2』,第103—119頁。

对天津经济进行渗透和干扰的同时,制定了一系列的政策、计划和措施,并得到日本政府的首肯。

1935年6月,日本中国驻屯军制定了《中日经济提携计划修正案》,一个月后又将目标集中在华北,制定了《随着华北新政权产生的经济开发指导案》。①1936年1月,日本政府出台了《处理华北纲要》,同年3月,日本中国驻屯军在其炮制的《华北产业开发指导纲领案》中提出,日本要对华北不同的工业部门采取不同的方式,对现存的部门进行指导和"经验技术的援助";"对于要急需开发的国防资源的重要企业,以中国方面的自身难以开发"的,"要依赖日本方面的积极投资",日本政府"一定要特别促进财阀巨头的崛起";投资的企业以日中合办为原则,但是"要努力确保日方的权益,企业经营及技术上的要害要由日本人掌握"。为了保持与日本、伪满洲国经济体制的一致,该指导纲领案将华北地区矿业、交通、通信、工业(即发送电、冶金、化工、建材等业)、商业中特殊商品的专卖和包销等"对日满经济或国防有重大影响的企业"列为统制性行业,其资本来源和所在地"均根据国际的观点加以统制";其他行业可以自由投资。此外,指导案还计划"创办日中合办的强有力的特殊投资会社",以统一计划,避免竞争,加强对抗其他国家在华经济势力的能力。②不久,日本中国驻屯军又联合满铁等出台了涉及币制、投资、电力、钢铁、煤矿等行业的一系列"开发"纲要和具体计划。这些纲领和计划,构成了日本军政当局最早的和比较全面系统的掠夺华北经济的计划。

1936年8月11日,日本政府公布了《第二次华北处理要纲》,进一步强调要一切从战略和国防的高度出发,着眼于军事上的需要,加快推进对华北经济的掠夺,要在华北"建设巩固的防共亲日满地带,同时有利于获取国防资源和扩充交通设施"。为此,"目前首先主要把力量倾注于"经济工作,通过私人资本的自由参加"扩大我方权益,并引导中国资本",既迎合了日本各财阀向华北扩张的企图,又企图达到中日合作的状态。要纲强调,"特别是在国防上

---

① [日]满铁调查部:『支那立案调查2—1—2』,第97—98页。
② [日]满铁调查部:『支那立案调查2—1—2』,第103—119页。

第六章　全民族抗战时期经济的畸形发展与衰落(1937—1945)

必需的军需资源(如铁、煤、盐等)的开发,以及与此有关的交通、电力等设备方面","必须用我方的资本,迅速求其实现"。日本中国驻屯军制定的方案具体部署了投资和控制华北关税、金融、煤铁、盐棉和矿山资源等部门的方针和步骤。①这些方针和步骤成为日本掠夺华北经济各项计划的基础。②

(二)日伪经济掠夺机构的设置

全民族抗战爆发后,日本军政当局在华北实行"军政合一"的殖民统治。在经济统制上,一方面基于战场需要,在军事上设置统管政治经济事务的特务部作为"执行各有关政务事项,统辖指导中国方面的机关",负责在保障一切军事活动的前提下,指挥和协调各方的关系;另一方面迅速建立了统领华北经济的国策会社——华北开发株式会社。

1937年9月6日,华北方面军参谋长指示特务部部长喜多诚一郎,要求"关于交通、经济等的开发,应注意与作战用兵方面的关系,及国防资源的获得,努力促使日满资本的流入"。③华北方面军特务部在经济方面设置了交通、通讯邮政、建设课三个课,课长均为大佐或中佐;各课成员除军部和政府中专门从事经济事务的军官与职员外,还包括有多年殖民统治经验的日本满铁会社的大批人员。

华北开发会社则是日本军政当局长期谋划的机构,是统制华北经济的枢纽。1935年日本关东军最早提出了设立权威性国策会社的建议。1936年至1937年9月日本中国驻屯军制定了《华北开发国策会社要纲草案》。1937年底,日本政府在《华北经济开发方针》中决定,"为了开发和统制,设立一个开发和统制华北经济的国策会社,体现举国一致的精神和全国产业动员的意义"。④1938年3月,日本内阁制定了《华北开发株式会社大纲》和《华北开发株

---

① [日]岛田俊彦编:『现代史资料』第8册,みすず书房1965年版,第368—371页。
② 参见张利民:《抗战期间日本对华北经济统治方针政策的制定和演变》,《中国经济史研究》1999年第2期。
③ [日]岛田俊彦编:『现代史资料』第9册,みすず书房1965年版,第59页。
④ [日]岛田俊彦编:『现代史资料』第9册,第59页。

式会社公司法》,成立了由政府和军部主持的设立委员会。11月7日,华北开发会社在日本东京召开了创立大会,标志着该会社正式成立。①华北开发会社资本为3.5亿日元,日本政府和民间各半,②总社在日本东京,而北京支社是指挥中枢,在张家口设分社,天津、太原、济南、青岛等地设事务所。华北开发会社的经营范围,包括交通、通信、发送电、矿产、制盐贩盐,以及"为促进华北经济开发之特别必要的综合调整事业",是以投资和融资的方式在各个经济部门设立日本或中日合资公司(会社),达到对华北经济的全面统制,是实施日本军政当局统制和掠夺华北经济的总枢纽。③

在1936年日本中国驻屯军和政府制定的方针政策中,已经有十分明确的原则,即重要产业建设所需的巨额资金"要依赖日本方面的积极投资",即放弃曾经在中国东北实行的由南满洲铁道会社统管经济活动的模式,而是鼓励日本的财阀和商人到天津和华北投资建厂。华北沦陷伊始,作为已经侵入天津和华北的满铁就急不可耐,立即行动起来以扩张其势力范围。1937年8月,满铁会社总裁以关东军顾问的身份向日本军政当局提出了《华北善后处理要纲和意见书》,认为以满铁设立30年的传统精神、机构、财力和人才,理所当然地要应用于华北,"以交通事业和资源开发为中心的各项华北产业开发,满铁是首当其冲的";并建议华北的"主要交通业(铁路、港湾、汽车)要在满铁的援助下运营,资金也从满铁借款"④。同时,日本国内财阀对日军侵占华北也欣喜若狂,争先恐后地涌入华北。有鉴于此,日本军政当局重申先前的原则,"不准许一个会社对满洲和中国采取一元化的经营"⑤,继续实行鼓励日本各财阀和会社到华北投资的方针,并规定了投资方向,指导各财阀投资于战争所需的国防资源等行业。并且由满铁、日本国内资本和国家投资建立国策会社的方式进行有计划的统一管理,避免各财阀之间的矛盾,打消了满铁要独

---

① 详见张利民:《华北开发株式会社与日本政府与军部》,《历史研究》1995年第1期。
② 详见张利民:《日本华北开发会社资金透析》,《抗日战争研究》1994年第1期。
③ 参见居之芬、张利民主编:《日本在华北经济统制掠夺史》,第116—117页。
④ [日]中村隆英:『戦時日本の華北経済支配』,第116—118、176—178页。
⑤ [日]岛田俊彦编:『現代史資料』第9册,第60页。

第六章　全民族抗战时期经济的畸形发展与衰落(1937—1945)

占华北交通或其他产业的企图。①

(三)日伪政权的华北经济掠夺计划

日本军政当局对包括天津在内的华北经济统制的目标,就是要"扩充我方在日满两国方面的广义的国防生产力",以期将其建成永久的以战争需要为主的国防资源的基地。天津经济则完全按照日本的战略部署被纳入为战争需要服务的轨道,通过加强对基础工业和各配套行业的投资,以及强化港口建设,为战争提供战略物资和能源,从而充实和完善其战争兵站和基地的作用。此后,日本政府和军部等制定了更为详细的经济掠夺计划,既有方针和要纲等宏观部署,也有具体的行业计划和措施,并随着战局和经济的变化不断修正。②

日本全面侵华战争初期,在"速战速决"的战略下,华北方面军特务部于1937年9月中旬制定了《华北产业基本对策要纲草案》,纠集有关人员制定了一系列实施方案,狂妄地推行全面扩充华北生产能力的政策,力图迅速达到为侵华战争提供一切战略物资和资源的目的。12月16日,日本政府对此予以肯定,在此基础上制定了《华北经济开发方针》。③

侵华战争进入相持阶段后,日本对中国实行"以战养战"的方针,日本内阁1938年11月30日制定了《调整日华新关系的方针》,将华北和内蒙古等"划定为国防上、经济上(特别是有关资源开发利用方面)的日华紧密结合地区","以寻求日满所缺乏的资源(特别是地下资源)为政策的重点","在产业经济等方面,根据取长补短、互通有无为原则",实现所谓的经济合作。在华北地区,要确保交通线的畅通,"迅速达到恢复治安的目的","并努力使其实现长期自给的局面",其应急措施为"主要恢复与总动员、充实部队急需物资和治安等相关联的局部地区的人民生活,并同时改善交通";对于"永久性产业的

---

① 『陸支密大日記』,1937年10月15日;日本防衛廳防衛研修所図書館藏。
② 参见张利民:《抗战期间日本对华北经济统治方针政策的制定和演变》,《中国经济史研究》1999年第2期。
③ [日]岛田俊彦编:『現代史資料』第9册,第59页。

建设，主要在治安地区的重要区域"逐步进行；在作战地区"除特殊个别的以外，原则上只限于商业交易及与商业有关的附属事业"。①这就意味着要由日本的国策会社和财阀控制交通、通信、发送电、矿山、盐业等统制性行业的同时，不放弃与华商的所谓"合作"，以利用各方资金，维护、巩固和扩展经济实力，保证占领区的自给，并最大程度地提供国防资源。

据此，日本兴亚院华北联络部1939年6月制定了《华北产业第一次三年计划实施草案》，提出以保证对日供给为前提，分轻重缓急，重点解决战争急需的国防资源和物资。日本企划院1940年7月也制定了《华北产业开发五年计划综合调整要纲》，以及20个行业的要纲和计划草案。1940年9月，美国宣布对日禁运废钢铁，随后日本与德、意签订了同盟条约，使日本的野心由"建设东亚新秩序"上升到"建设大东亚共荣圈"。在日本政府制定的《日满华经济建设要纲》和《对华经济紧急对策》中，华北与日本、伪满和蒙疆地区被认定为"有机成一体的自存圈"，计划用约10年时间"建立自给自足的经济体制，同时促进东亚共荣圈的建设"。在计划建立的"大东亚共荣圈"中，日本为核心，以高度精密工业、兵器工业和重化学工业为中心，并"对满华的经济建设给予指导和扶植"；伪满洲国"要迅速整顿和发展重要基础产业"，以矿业、电气和重工业为中心；"华北、蒙疆的着重点是确立自存圈地位，把重点放在交通和重要产业的开发"，大量提供以矿业、盐业等工业原料和食粮等。②日本政府要求"迅速且进一步加强在中国各方面经济能力的综合运用，促进当地必要物资的调运和本国获得必要的进口物资"，以迅速提高日本的国防经济能力，"特别是综合战斗力"；要缩减当地的物资消耗，对当地产业的增产，"严格限定在地区所储存的基本的国防资源（铁矿、煤、盐、萤石、云母、石棉和特定资源）上，根据能急速且经济开发利用的可能来实施"，确保战时需要。③

太平洋战争爆发后，日本建立了战时经济体制，制定了《战时紧急经济方

---

① 复旦大学历史系编译：《日本帝国主义对外侵略史料选编》，第273—274、281、283、287—288页。
② ［日］石川準吉：『國家總動員史・資料編第四』，第1083—1085页，转引自［日］中村隆英：『戰時日本の華北経済支配』，第267—268页。
③ 防衛庁防衛研修所編：『支那事変・陸軍作戦』，第3册，朝雲新聞社1975年版，第308—310页。

第六章　全民族抗战时期经济的畸形发展与衰落(1937—1945)

策要纲》,更加明确实行所谓的"重点主义",对物资实行全面的统制和严格的配给制度,对矿山实行强制性掠夺,"谋求在占领区内重点并有效地取得重要的国防资源",并竭力建设重化工加工业和机械修造业,提高运输能力和效率,不遗余力地掠夺更多的战略物资。以后,日本政府和日伪政权为增加煤铁、盐和化工产品、棉花的产量,为加速塘沽新港建设和交通维护,由兴亚院制定出《中国经济建设基本方策》,华北开发会社制定了《基于大东亚经济建设方策之华北经济建设要纲》和各种计划,包括5年和10年计划和实施步骤。①太平洋战争后期,日本在战场上连连失利,交通断绝,华北工农业产量下降,市场物资极缺,通货膨胀严重,日本政府实行"超重点主义",修改对华北的经济政策和计划,以加快掠夺资源。如1943年7月,华北开发会社制定了《基于黄海渤海地域国土计划之华北产业建设15年计划》;1945年1月,日本政府制定了《确立中国战时经济的对策》《在中国统筹物资的要点》等,其目的在于加快建设重化工加工业和掠夺资源,加强物资的统制和配给,提高运输能力,优先运输军需品和战争物资,极力维持日本军队的自给。这表明,日本已经进入穷途末路的困境,日伪政权采取强制手段竭尽全力地掠夺华北的资源,严重地摧残了天津和华北的经济。

第二节　交通与港口的强化管理和建设

天津作为轮船航运、铁路、内河航运和公路等交通运输的枢纽,在经济和战略上皆有重要地位,日本朝野各方对此高度重视。30年代以后,日本军政当局制定对华北计划时,均将交通运输和电讯业列为统制性行业,企图利用和"开发"铁路、海运、河运和公路,以及电讯业来保障战争物资和兵力等运输,实现维护其殖民统治的目的。

---

① 『大東亜戦争中ノ帝国ノ対華経済政策関係雑件』,日本外交史料館,E0005—2,参见郑伯彬:《抗战期间日人在华北的产业开发计划》,资源委员会经济研究所1947年版,第96—101页。

一、铁路机构重置与运输能力的强化

(一)铁路机构的重置

华北是中国关内铁路最密集的地区,天津是华北地区的调运中心。抗战全面爆发后,华北铁路是日本侵华战争的生命线,军队、武器弹药和战略物资的运输大都依靠铁路。日本对煤、铁、棉花、盐等战略资源的掠夺,必须以铁路线路的完备、畅通和安全为基础。伪中华民国临时政府最高经济顾问平生釟三郎声称:"北支开发,应从铁路实施始,搬运丰富物资及开发资源,均须有铁路。"[1]因此,日伪政权始终将铁路置于军队的直接管理之下,借助铁路达到由"点"到"面"的统治,其措施主要有设置统制机构、修筑铁路、扩大铁路运输能力等。

鉴于铁路对战争关系重大,日军所到之处,即对其实行军事管理。1937年9月,日本华北方面军参谋长命令特务部长喜多诚一郎,"直接供作战用的中国方面交通、通讯机关,统由军方直接使用"。同年10月,日本政府宣称:"在军事上必需的交通设施及资源开发,应在必要的统制下进行",使其"掌握在帝国势力之下,不遗余力地完成军事任务"[2]。为此,日本军方与华北伪政权于1938年4月27日订立了所谓关于交通通信和航空的备忘录,规定"在日军需要军事行动的期间,日军华北最高指挥官对交通通信及航空等给与军事上必要的管理"[3],这就从行政管理上确立了日军管理铁路的既定事实。

为控制铁路,日军在七七事变后的第四天就设置了山海关运输班,负责北宁铁路的军事运输和电气设施,同时派遣监视员监视、调查线路及各种施工事务,联络修复铁路事宜。在战争初期,华北铁路破坏严重。据统计,1937年末华北各条铁路毁坏约7200处,约占全部铁路设施的16.8%,其中毁坏最严

---

[1] 应廉耕:《整理日人经营东北华北农业资料之拟议》,《台湾统计通讯》1948年第3期。
[2] 日本防衛庁防衛研修所戦史室:『華北の治安戦』,第1册,朝雲新聞社1968年版,第42、44页。
[3] 居之芬主编:《日本对华北经济的掠夺和统制——华北沦陷区经济资料选编》,北京出版社1995年版,第229页。

第六章　全民族抗战时期经济的畸形发展与衰落(1937—1945)

重的津浦线平均每公里有3.1处。[①]于是,华北方面军急令满铁派员进行紧急性修复。7月21日,满铁开始接手天津地区铁路,随即日军山海关运输班改称天津运输班,专门负责军需运输。9月1日,撤销日军的天津运输班,成立了满铁天津运输事务所,下设通信、电务、信号、电力四个班,完成了对北宁线铁路的统一管理。12月1日,满铁撤销天津运输事务所,成立天津铁道事务所,由天津的满铁北支事务局领导。1938年6月20日,北宁铁路局与天津铁道事务所合并为天津铁路局。[②]

这一期间,满铁在日军的指挥下率先行动,控制了包括天津在内的华北铁路和电讯。但是,日本军政当局和财阀等对满铁垄断华北铁路的状况感到不满,认为满铁控制华北铁路,尤其是以满铁名义管理,会让人们产生"满洲第二"的印象,于是日本华北方面军和华北开发会社就着手筹划组建统制铁路的机构。1937年末,华北方面军特务部制定了《交通机构构成处理要纲》,不久又出台了《日中合办华北铁路股份有限公司(暂称)设立要纲》等,确定其宗旨、资金和人员组成。为建立华北交通公司,日本华北方面军特务部同华北伪政权进行反复交涉,仅1938年9、10月和1939年3、4月,双方就会谈了33次,共65小时。[③]1939年4月17日,华北交通股份有限公司正式成立,资本金3亿日元。其中,伪华北政权仅出资3000万元,满铁出资1.2亿元,华北开发会社出资1.5亿元。华北开发会社的出资均为"现物出资",即将军管的华北铁路各种设施估价后作为实物投资。公司总部设在北京,名义上为中国法人,但重要职位均由日方人员担任,职责为统制华北的包括铁路、汽车运输、内河水运以及附属事业在内的所有的交通运输,也参与铁路、公路和港口的建设。华北交通公司成立后,在北平、天津、张家口、济南设置铁路局,其中天津铁路局设立经理、营业、运输、工作、公务、电气及警务等八处,主要管理北宁干线、

[①] [日]福田英雄:『華北の交通史:華北交通株式會社史創立小史』,極秘,興亜院華北連絡部1941年;日本TBブリタ会社1983年翻印,第348—349頁。
[②] 熊亚平:《天津交通史》,天津人民出版社2019年版,第274页。
[③] [日]福田英雄:『華北の交通史:華北交通株式會社史創立小史』,第620頁。

津浦干线、石德干线、西沽支线、天津南站支线等,总里程为605,916米。①

(二)修筑铁路干线与复线

为了强化占领区统治和加快对资源的掠夺,日军和华北交通公司在天津附近修建了一些铁路干线和复线。

抗战全面爆发前,日本就打算在华北地区修筑铁路。《何梅协定》签订后,日本计划修筑4条铁路线,其中包括天津至石家庄的津石铁路。即从石家庄横贯河北到沧州,与正太、津浦、京汉铁路打通而达天津港口,以便调动军队和掠取内地煤炭等资源,"以开发山西之煤铁资源为目的"②,并实现"日本痛感有必要在华北确保一条权利属于自己的铁路"的野心。③为此,日本满铁兴中公司经过勘查后拟定计划,并与冀察政务委员会交涉,准备投资300多万元建造津石铁路及井陉运煤线。冀察政务委员会根据南京国民政府确定的"路不能修"的原则予以拖延,计划终未得逞。④

全民族抗战爆发后,日本为掠夺山西大同等地的煤炭资源,计划修筑大同到天津塘沽的铁路。按照其计划,大同煤矿的年产量要达到约1000~3000万吨,宣化和包头等煤矿的年产量要达到150万吨,均需通过铁路运到天津出口。1938年初,满铁派遣专家调查大同煤矿后认定,大同煤矿开采量受到了铁路运力不足的制约,决定另辟一条铁路——大塘线(大同到塘沽)用于运煤。该线路长550千米,途经阳泉、涿鹿、门头沟、丰台、天津,其中塘沽至丰台段与北宁线平行,修筑双轨,然后沿永定河进入察哈尔南部,再折向大同,预计建成后其运输能力要比北京至绥化线增加3倍有余。⑤1940年开始修筑丰台到沙城段的105千米,丰台至塘沽新港段则利用京山线改建复线,至1942

---

① 郑会欣主编:《战前及沦陷期间华北经济调查》,天津古籍出版社2010年版,第451页。
② 徐笑春:《日本投资华北之计划》,《中外经济情报》第46号,1937年1月,转引自陈真、姚洛、逄先知编:《中国近代工业史资料》第2辑,第447页。
③ 满铁经调会:《关于沧石铁路之原委》,1935年2月,转引自谢ندر诗:《兴中公司与"七·七事变"》,《社会科学战线》1987年第3期。
④ 宓汝成:《帝国主义与中国铁路(1847—1949)》,上海人民出版社1980年版,第313—316页。
⑤ 郑克伦:《沦陷区的交通》,《经济建设季刊》1942年第2期。

第六章　全民族抗战时期经济的畸形发展与衰落(1937—1945)

年完成第一、二期工程。1944年,又完成了丰台至塘沽、丰台至南仓、天津北至北塘的双轨铺设和南仓至天津北等路段的二线土石方和桥梁工程。①

华北交通公司为了加快进出口货物运输和塘沽港口建设,对塘沽的铁路线进行了改造。京山线上的塘沽火车站(今塘沽南站)建于1888年,在站北设人字线,列车进站后运转不便。1940年,日本为方便建港物资的运输,在新河修建了铁路调车场;1943年将塘沽站从京山线剔除,另建一条长3.2千米的曲线连接新河站和海滩信号所,京山线由此不再绕行迂回线,干线缩短了5千米。新河到塘沽利用一部分迂回线连接到货场,改称塘沽支线,使出入港口物资的运输更为便捷。②为了配合塘沽新港建设和进出口的迅捷,华北交通会社还将京山线自北京到丰台、塘沽到唐山段改成复线,1943年又完成了塘沽支线中从塘沽到新港全长9.8千米铁路的建设。③此外,还曾计划修建天津到高碑店之间长133.5千米的铁路,计划1942年11月份完工,但最终仅进行了测量。

满铁和华北交通公司更重要的是维修被毁坏的铁路,以保证铁路运输的畅通。天津沦陷后,周边的一些铁路设施和通信等均有不同程度的毁坏,满铁和日军均设立了铁路修理班、事务所进行抢救性修复,以恢复各线的通车。其后,在天津铁路局的主持下进行经常性的维修。如1939年修筑了被大水灾冲毁的津浦铁路天津西站至安陵段,1940年修筑了天津北站至南货场间长8.2千米的铁路,1940年在独流减河上修建了两座分别为长704米34孔和长518米25孔的上承钣梁桥等。④

(三)极力扩大铁路运输能力

日本占领华北地区后,立即着手恢复铁路运营,以支持军队和物资的调运。1937年8月,北宁铁路恢复通车;1938年4月15日,津浦铁路北段(天津

---

① 天津市地方志编修委员会等编著:《天津通志·铁路志》,天津社会科学院出版社2006年版,第46页。
② 天津市地方志编修委员会等编著:《天津通志·铁路志》,第47、61页。
③ 朱其华主编:《天津全书》,天津人民出版社1991年版,第305页。
④ 天津市地方志编修委员会等编著:《天津通志·铁路志》,第54—55页。

至蚌埠)通车,1939年1月正式运营,4月与南段直接通车。华北交通会社成立时,接收的机车和车辆为事变前的63%;①华北铁路运营线路在事变前为4995千米,1940年3月末增加到5604千米,1941年3月末铁路为5295千米,1943年3月末为6009千米,1944年7月为5911千米。②

日本曾计划从1938年6月起,华北铁路运输能力每半年增加1倍以上。但抗日军民的破击战使其难以如愿。在1937年12月至1940年6月间,华北铁路货运数量从57.万吨增加到210.8万吨,但单位运输量1937年12月为百千米4460吨,自1938年12月以后一直下降,1940年6月降至百千米3679吨,说明铁路的运输效能并没有提高,远未达到预期。在各铁路局的货物运量中,平、津两个铁路局占73.6%,张家口铁路局所属的平绥铁路占11.7%,山西铁路局占0.9%,③表明平、津两铁路局是华北铁路运输的重心。在华北交通公司主持下,煤、铁矿石、盐、矾土、棉花等战略物资占据全部运量的大半。④自1940年4月至1941年3月,华北交通公司的货运量比事变前增加了56%,其中煤炭及矿产占71%,农产品占10%,林产品占3%,水产品占3%,畜产品占1%,其他占3%,表明煤铁等战略物资占绝大多数。⑤

二、公路和汽车运输网络的战时应用性建设

(一)战时管理机构的设置和公路的修整

民国以来,随着近代筑路技术的传入与汽车的使用,修建近代公路和开拓长途汽车运输成为交通运输发展的新起点,也是民国政府的施政方针之一。各地的公路大致可以分为地方政府主持修建的官办公路、地方驻军和绅商等集资兴建的公路和灾荒之年"以工代赈"修建的公路等。到30年代,除了

---

① 《华北铁路近况》,《侨声》第1卷第6期,1939年。
② 解学诗主编:《华北交通与山东、大同煤矿》,社会科学出版社2011年版,第201页。
③ 郑克伦:《沦陷区的交通》,《经济建设季刊》1942年第2期。
④ 解学诗主编:《华北交通与山东、大同煤矿》,第202—203页。
⑤ 农村经济研究所:《华北政务委员会二周年施政纪要》,虞和平主编:《中国抗日战争史料丛刊135 政治 国民党及汪伪》,大象出版社2016年版,第319页及附录9。

第六章　全民族抗战时期经济的畸形发展与衰落(1937—1945)

京津公路外,途经天津的公路有津保公路、津沽公路、津盐公路、津沧公路、津宝公路、津白公路和津厂公路等7条,共长1600余里,有200余辆汽车。[①]与此同时,公路管理机构除河北省公路局天津办事处外,还有天津特别市工务局下设的公路管理科。

日军侵占华北地区后,为保证公路的畅通,加强了对公路的管理。伪中华民国临时政府所属的建设总署(后改为工务总署)设有公路局,在天津、北平等地设立建设工程局。伪天津建设工程局负责天津市、天津县及宁河县部分地区的市政工程和公路建设。局内设有事务、经理、公路、水利4科,在天津、独流、塘沽分别设立了第一施工所(天津)、第二施工所(独流)、塘沽施工所和天津测候所,局内有技监、技正、技士、技佐等技术人员。与此同时,华北交通公司也直接参与管理公路的修建和维护,日伪军队则负责公路沿线的治安。

日伪政权在强化管理机构的同时,持续不断地扩建、新建公路,用于军队和物资的运输。自1938年开始,伪华北建设总署先后制定了3个华北公路整备计划,但抗日军民持续不断的破路运动使其多无力实施。到1942年9月,包括天津在内的华北地区整修和新建国道26条、省道52条,天津的公路有国道和省道各7条(段),最重要的是天津至塘沽、北平至天津两条公路。

天津至塘沽的公路全长45千米,是连接天津与塘沽港口的主要公路,也是日伪统治者在华北建设最早、标准最高的公路。日伪政权占领平津后,即开始对津塘公路进行大规模修筑,原计划修成30米宽的"超速公路",为此专门设置了津塘施工所,在军队支持下强拆民房,强占耕地,强征民工。建成路基后,陆续修缮路面,到1939年夏尚未完工的路段被洪水淹没,后再次施工,1940年竣工。这条公路大部路段的路基高1米左右,宽22米,加上两侧边沟,总宽近40米;路基上铺设7米宽的土路面,原计划在路面中央铺筑水泥混凝土,因力量不济而中辍。

日伪政权为了保证北平、天津和塘沽的联系,对京津大道(也称平津汽车

[①] 宋蕴璞:《天津志略》,第246页。

路)在原有基础上整修。1938年是大规模改建,培宽8米至10米的路基,铺设了部分路段的4米宽卵石路面;1940年开始铺设水泥混凝土路面,原设计为宽6米的双车道,结果只在路基一侧建起了3米宽单车道。与此同时,工程局将由柳滩至小王庄旱桥(今京津桥)2.26千米分两段修筑了砖基炒油及砖基泼油路面。至此,贯通了平津路与津塘路,平、津、塘连成了一体。

伪天津市工程局除修建公路干线外,还修缮了天津地区的公路支线。其中,天津到大同的公路原来标准低,一些路段通行困难,日伪政权从1938年开始了三次大规模整修。其中,1939年的第二次整修主要涉及天津境内路段,共整修公路124千米,改建桥梁216延米。通过此次整修,天津至霸县路段的路基培高加宽,大部分铺筑了碎石路面,成为沟通平、津、保的要路。天津至喜峰口公路由天津经杨村、宝坻、蓟州南部,向东北通至喜峰口。喜峰口是日军从伪满洲国沟通冀东、平津一带的咽喉,军事战略地位十分重要。日伪政权利用原有路基修整了杨村至崔黄口、大口屯至宝坻、宝坻至白龙港等路段。天津至济南公路由天津经杨柳青南达济南,是分段修整的。1938年,日军强拆杨柳青镇内民房,动用坦克推倒民房,以拓宽路面;杨柳青南至静海路段基本与津浦铁路走向一致,修筑了长40千米、路基宽5至8米的新线;静海县城至唐官屯段沿南运河东堤岸南行,长24千米,是在旧有河堤路基上加以整修,原有的运输条件得到改善。天津至盐山公路全长198千米,只是略加整修而已。

与此同时,伪天津市建设工程局还加强了天津市区与近郊道路的建设。一方面,修建了环绕英、法租界的干线道路和日租界西南通往英租界的干道,同时还计划建设特三区和特四区新街市的部分街道。另一方面,为维护地方治安,在天津郊县修筑了很多地方公路。1938年后的5年间,在天津周边地区普遍整修和改建了原来以县城为中心的区县大道,同时开辟了一些新的公路,统称"警备路"。这些警备路的一个特殊功能,是利用路基和路沟为封锁线,将广大乡村分割成孤立的小块封锁区,以围剿抗日力量。据不完全统计,天津周边五个县境内新建和整修的警备路多达83条,长达1400千米。

八年间,日伪政权通过新建、扩建和改建,使天津地区形成了以天津市区为中心向外辐射的7条干线公路,即平津、津塘、津同(津保北段)、津喜、津保

第六章　全民族抗战时期经济的畸形发展与衰落(1937—1945)

(南段)、津沧(津济)、津盐等干线。这7条干线同其它干道和各县修筑的所谓"警备路",构成了公路网。1940年天津境内有国道、省道、县道1900余千米,平均每100平方千米有公路21.7千米。到1945年今天津市域内的干线公路(包括过境公路和重复路线)已达430千米,省道达429千米,"警备路"达1400千米。①

(二)长途汽车运输业的运营

天津地区的长途汽车运输业到1937年已有货运汽车400辆,有通往宝坻、蓟州、香河、盘山等地的长途运营线路28条,营业里程长达1910千米。经营长途汽车运输的公司中,既有河北省政府设立的冀察汽车管理局,也有商营汽车公司。到1935年,仅平津地区就有商营汽车公司70余家,有16条运营干线和16条支线,②形成了一个以天津为中心、辐射河北的长途汽车运输网络。

20世纪30年代初期,满铁在冀东和察哈尔等日军控制地区着手建立公路运输网络,以保证军队和资源等运输。1935年,满铁建立了山海关汽车班,开通了山海关至建昌营的第一条汽车运输线,全长108千米,后因多雨道路泥泞停运,将营业线路改为山海关至抬头营70千米线。1936年2月,开始运营山海关至迁安间116千米汽车运输线。随着日军在长城内外势力的扩大,急需加强平、津与冀东地区的公路运输,满铁根据日军的意图于1937年4月成立了华北汽车运输公司,总部设在天津,在唐山、山海关、北平和张家口设山建、民新、承平、张多等4个汽车公司,分营4条运输线,营业线路长1257千米,控制了天津地区的10余条公路干线和一些支线,③并开设了天津至北平的运营线路。④虽然各条运营线路每年亏损严重,但在运送兵员和物资、助长日本军事扩张、维持伪地方政权和支持大规模的武装走私活动等方面起了很大作用。

---

① 熊亚平:《天津交通史》,第281页。
② 江南燕:《河北省长途汽车行驶概况》,《道路月刊》第47卷第3期,1935年。
③ 参见罗澍伟主编:《近代天津城市史》,第661页。
④ 居之芬主编:《日本对华北经济的掠夺和统制——华北沦陷区经济资料选编》,第275页。

天津经济史(下卷)

全民族抗战爆发后,日伪当局认为要在铁路不发达的占领区调运军队和弹药,掠夺重要的国防资源和维持治安,就必须迅速恢复汽车运输和改善公路,以及时弥补铁路运输能力的不足。1937年11月11日,日本华北方面军特务部下发了《华北汽车事业对策》,要求汽车运输业应适应战时汽车征发的需要,要在军事利用、经济"开发"以及维持治安等方面发挥作用。为此,对汽车运输业实行"管理统制"和"许可"制度,将一些汽车线路定为统制路线,只准许经营统制线路的公司——华北汽车公司运营。1937年11月16日,日军又选定河北省13条共长1899千米的公路为统制线路,交给华北汽车公司经营,其中天津有5条线路,另有1条线路途经天津。1938年3月,又追加9条统制线路,其中天津有1条线路。华北汽车公司通过合作、收购、调换线路等办法,将华商汽车行在华北的运营全部接管,使该公司的汽车数量从1937年前的不足100辆增加到1211辆。[①]并且,华北汽车公司在天津、石家庄、张家口、包头、济南、青岛设立办事处或公司,办事处下设营业所,有利于统一管理。天津办事处管辖平津和河北省部分地区,在北平、天津、唐山、滦县、沧县设置营业所。截至1938年4月,该公司天津办事处共管辖运营线路33条,里程1817千米,占华北汽车公司总里程的23.69%;有客车173辆、卡车187辆、特殊车4辆,共364辆,占整个华北汽车公司所有汽车数量的30.06%;有员工825人,其中日本人361人、中国人464人,占华北汽车公司所属员工总数的31.83%。华北汽车公司经营的以天津为中心的长途线路主要有平津线、津塘(沽)线、津大(沽)线、津庆(云)线、津保(定)线、津遵(化)线等6条,共长710千米,另有2条过境线路,即津保南线和新城至盐山线,共长307千米。[②]日本民间资本也染指天津公路运输业。1937年前后,塘沽成立了三协自动车部,从事天津到塘沽运输线和塘沽附近地区的运输业务,有汽车2辆。1937年3月,日资东昌洋行设立同达汽车行,有载重2吨的货车2辆,办理天津至平谷间的货运业务,营业线路长160千米。

[①] 解学诗:《满铁与华北经济(1935—1945)》,第411—412页。
[②] 耿捷主编:《天津公路运输史》第1册,第147—149页;居之芬主编:《日本对华北经济的掠夺和统制——华北沦陷区经济资料选编》,第277页。

第六章　全民族抗战时期经济的畸形发展与衰落(1937—1945)

为了落实一行一社的方针，1939年4月由华北开发会社在北平成立华北交通公司，设立自动车部统制华北地区的长途汽车运输。满铁在天津设立的华北汽车运输公司以12,892,857日元的估价移交华北交通公司，成为华北交通公司的办事处。①华北交通公司成立伊始，便接受长途汽车运输长期亏损的状况，宣称："我社的汽车为日本军的国防武器的一部分"，自动车部的运输课长也公开讲道："我曾在满铁多次听到有人说：'汽车事业是个不赚钱、不合算的买卖，由我公司去办，就是一个错误。'我想，这样缺少见识的言论，不应该在我公司出现，汽车事业在军事上的重要性，现在用不着多费口舌吧。因此掌握华北交通的我公司，对汽车事业担负的使命，就应是不言而喻的。"②华北交通公司自动车部设运输、技术二课，将各地的办事处改成事务所。1940年7月1日，华北交通公司"因铁路人事交流事务简单化起见"，废除事务所，并在各铁路局内设置自动车处，直接管辖各地营业所业务。同年11月1日，华北交通公司再次设立自动车局，对汽车运输实行全行业的统制。③天津铁路局自动车处沿着北宁、津浦铁路在天津、唐山、滦县、秦皇岛、沧县和德县设了6个汽车营业所，由营业所在各地设车站，并在重点县、镇与停靠点设汽车票代卖所。④

为了维持天津与塘沽间的进出口贸易运输，日本国际运输会社于1937年12月在天津设立营业所，专门进行铁路与港口间的货运，如铁路车站发送、铁路运输中整车和零担货物的转运、领取；市内搬运、装卸和短途运输；车站、货场内的作业和行李、包裹的装卸、搬运；仓库储存，以及与塘沽的联运等。⑤华北交通公司的管理和经营更具垄断性，继续努力增加统制性运营线路，以巩固沦陷区的统治。1940年5月以后，由天津、北平出发，前往山西运城、河南开封、江苏海州(连云港)的主要公路运输路线，均由华北交通公司独家经营，天

---

① 杜恂诚：《日本在旧中国的投资》，上海社会科学院出版社1986年版，第130—131页。
② 转引自耿捷主编：《天津公路运输史》第1册，第150页。
③ 居之芬主编：《日本对华北经济的掠夺和统制——华北沦陷区经济资料选编》，第278页。
④ 耿捷主编：《天津公路运输史》第1册，第153页。
⑤ 耿捷主编：《天津公路运输史》第1册，第159—160页。

津到塘沽的长途运输线也不允许天津的各汽车商行经营,中国汽车商行要运营的路线,必须呈报华北交通公司批准。①1939年春,该公司开通汽车路5000多公里,②6月底达到6000多公里,其中天津事务所的运营里程为2312公里,占总里程的38%。③1941年12月底,华北交通公司运营汽车线路达到16,000公里,1942年天津事务所管内运营线路为3465公里(包括临时营业在内)。在华北交通公司的统制下,天津铁路局自动车处的汽车数量、运营线路及客、货运量也在增加。1942年,该处有汽车451辆(其中客车137辆,货车314辆),运营线路67条,主要从事平津、河北、山东等地的运输业务。1940年度,其客运量为912.75万人次、货运量为315,416吨,比1939年度分别增加了38%和91%,1941年度,其客货运输量分别为892.489万人次和340,244吨。④

华北交通公司的长途汽车运输业务中,军队和辎重占有绝大比重。例如,1937年11月,日军要将存放在塘沽的9万吨军用木材运到丰台,因塘沽运输公司运力不足,满铁华北事务局协调华北汽车公司等协助完成。⑤在日伪军对抗日根据地扫荡过程中,华北交通会社的汽车承担了后勤运输,有时编成5至30辆的汽车运输纵队,跟随军队到各地"讨伐"。⑥日伪政权还进一步强化了对汽车运输业的统制。兴亚院华北联络部"为了发展华北的小运输业和整备路上运输的有机体制,以增进民众福利,并适应国防上的要求",以国际运输公司华北支社为基础,于1941年10月1日成立了华北运输株式会社,由华北开发、华北交通、国际运输、福昌等共同出资1200万元。⑦该会社除了经营水陆运输劳力供应、仓库和资金融通等业务外,还办理海陆货物联运和内河航运业务。其本部设在北平,在天津设有支店,塘沽设有办事处。⑧1944

---

① 耿捷主编:《天津公路运输史》第1册,第172页。
② 农村经济研究所:《华北政务委员会二周年施政纪要》,虞和平主编:《中国抗日战争史料丛刊135 政治 国民党及汪伪》,第321页。
③《华北汽车公路总里程突破六千公里:治安恢复之成绩》,《侨声》1939年第7期。
④ 耿捷主编:《天津公路运输史》第1册,第154、157页。
⑤ 解学诗主编:《满铁与华北开发会社》,第76—77页。
⑥ 耿捷主编:《天津公路运输史》第1册,第150页。
⑦ 解学诗主编:《华北交通与山东、大同煤矿》,第236—237页。
⑧ 解学诗主编:《满铁与华北开发会社》,第282页。

第六章　全民族抗战时期经济的畸形发展与衰落(1937—1945)

年9月,该会社合并天津市内60余家日营小运输业者,组建天津运送株式会社作为该会社的子公司,有资本500万元,下设总务、作业、业务、车辆等5部,有汽车48辆,马车73辆,骡马50匹,主要承揽市内运输,代办报关业,兼营仓库业。这实际上是对散在天津市内的运输和装卸业实行一元化的统制。

华北交通公司对汽车的劫掠、运营路线的限制,使得民营的华商汽车行毫无生存的余地。大昌、大美、公记、永固等10家汽车商行被华北汽车公司和华北交通公司强行收买,其中永固长途运输公司原有汽车8辆,经营天津至唐山的长途运输,被华北汽车公司以2.4万元强行收购。各个汽车行的运营线路仅仅留存在天津周边,且不断遭到公路警备队的盘查和勒索,无法正常运营。

三、市内公共交通的统一经营与衰落

天津的公共电车起步于1903年,陆续开通了天津城区的电车运营,成为天津的景观。20世纪20年代初,天津出现了民营的汽车行,运营了最早的市内公共汽车。例如1925年的同兴汽车公司、1929年的天津公共客座汽车公司、1935年的云龙公共汽车公司等。①由于电车公司具有垄断性的经营,公共汽车只能开辟电车线路之外的运营线路。

全民族抗战爆发后,由日伪经营的华北汽车公司强行接收了华商的同兴汽车公司、天津公共客座汽车公司,收买了在各租界行驶的私营公共汽车。1938年成立了华北汽车公司天津公共汽车部(后改称天津交通股份公司),有资本200万元,经营天津市内公共交通。②到1942年,天津交通公司新增加了45辆汽车和部分设备,共有运营车辆121辆,但营业里程和每日运送乘客数量并未增加,虽然号称经营13条线路,共长56.5千米,实际仅有天津北站至中原公司、马家口至下瓦房、小刘庄至中原公司、天津站至中原公司、天安里至谦德庄、万国桥至小孙庄等7条正常运行,仅长24.4千米。③这些运营线路大多分布在通往日租界的机关团体所在地,其他交通路线仅配备少数残

---

① 天津市档案馆编:《近代以来天津城市化进程实录》,第422页。
② 耿捷主编:《天津公路运输史》第1册,第149页。
③ 耿捷主编:《天津公路运输史》第1册,第175页。

破的车辆。

天津的公共电车原由比利时的天津电车电灯公司经营,太平洋战争后被日军接收,改称军管理天津电车电灯公司。1944年4月,日伪当局将该公司经营的电车、电灯分开管理,电车业务并入了天津交通公司,对包括公共汽车、电车在内的天津城市公共交通实施行业统制。

随着战局的发展,天津交通公司业务开始萎缩。1945年4月,公共汽车营业路线仅有4条,营业里程16.1千米,有营业汽车105辆,但仅有25辆能出厂运行,占实际营业车辆的35.7%。1945年国民政府接收该公司时,仅有3条公共汽车线路,营业里程11.7千米。在99辆营业汽车中,仅有8辆能够行使,平均每日运送乘客6985人次。①

四、海运的局限与内河航运的军事化统制

(一)全民族抗战爆发前的天津航运业

天津是华北地区的航运中心,其航运业包括以轮船为主的海洋运输和以拖轮和帆船、驳船为主的内河航运,以及港口和码头建设等。

20世纪以后,随着进出口贸易的发展和轮船航运的确立,中外航运公司迅速在各港口建立机构,开展远洋、近海和驳运等业务,不同公司经营的航线迅速增多。除英美各国的轮船公司外,日本的日本邮船公司、大阪商船公社、日本汽船会社、日清汽船株式会社先后在天津设立办事处、码头和仓库,开辟了从天津到日本横滨、神户、长崎,以及国内的基隆、营口、福州、上海等航线。华商的航运公司,除轮船招商局外,设在天津的公司还有直东轮船公司(1911)、北方航业公司(1917)、天津航业公司(1930),以及只有1艘轮船的大中轮船公司、永祥船务公司、华洋航运公司、日昌轮船公司、利顺行、孙德薰,总共有千吨以上的轮船不足20艘。②随着全面侵华战争的临近,日本轮船业

---

① 天津市档案馆编:《近代以来天津城市化进程实录》,第423页。
② 王洸:《中国航业论》,交通杂志社1934年版,第72页。

第六章　全民族抗战时期经济的畸形发展与衰落(1937—1945)

在天津的势力迅速扩大,在各国的轮船业中占据首位。

天津的轮船码头均在海河上游沿岸。由于海河水位较浅,大吨位轮船不能驶进,多停泊在大沽口,靠拖轮拖带驳船往来其间装卸货物。因此,天津和塘沽等地的驳船业十分兴盛。到1935年,天津和塘沽的驳船公司有英国的大沽驳船公司和天津驳船公司、日本的和清洋行驳船公司和海河驳船公司、中法合办的仪兴公司。此外,中国的一些轮船公司也拥有少量的拖轮和驳船。[1]随着日本对天津进出口贸易的增长和轮船航运业的扩大,日商加大了对天津驳船业的投资。1934年4月,日商在天津设立了白河驳船会社,有资本30万元,主要经营拖船以及舢板运输业务,1937年盈利10万元。1937年2月,满铁兴中公司联合日本的大连汽船公司和国际运输公司成立了塘沽运输公司,有资本300万日元,实付资本63万日元,接办了兴中公司预购的8只载重量500吨的驳船和4只拖船,计划当年装运量为23万吨,以运输出口到日本的长芦盐和煤炭、铁、棉花为主。[2]该公司还制定五年运输计划,计划增加500吨级驳船18艘、150吨级拖船6艘,修建码头450米,每年运输铁或生铁、煤炭和长芦盐数百万吨,[3]也为日本统制外洋海运打下了一定的基础。

(二)日伪对海运业的统制

全民族抗战爆发后,日本海军就发表了"遮断航行"宣言,封锁了渤海湾与南方的航路,9月宣布封锁中国全部领海,禁止第三国船只在中国沿海航行,完全控制了中国的领海。与此同时,日本在华轮船日益增多,日本邮船、日清汽船、大阪商船、大连汽船等会社继续扩大业务,日本一些中小航运公司也进入了华北各港口。1938年,进出天津港的日籍船只吨位为2,292,607吨,较1937年增加了近100万吨。[4]为进一步垄断海上运输,保证战争的需要,日本

---

[1] 王者师:《记天津通顺轮船公司》,天津市河北区政协文史委编:《天津河北文史》第4辑,1990年。
[2] 兴中公司:《输送関係事业移交调查书》,转引自[日]中村隆英:《戦时日本の华北经济支配》,第66页。
[3] 解学诗主编:《华北交通与山东、大同煤矿》,第231—232页。
[4] 杨升祥、杜鸿林:《不能忘却的历史:日本侵略者对天津的经济掠夺》,《天津行政学院学报》2005年第3期。

邮船、大阪商船、日清汽船、近海邮船、三井物产船舶部、川崎汽船、冈崎汽船、阿波共同汽船等在华各轮船公司,于1939年8月5日联合组成东亚海运会社,资本7300万日元,后增至1亿日元,其中实物出资8500万日元,主要经营中日之间、中国沿岸、中国内河,以及中国与南洋之间的海运业和华北主要港口。①该会社总部设在东京,在天津、上海、大连、青岛、台北等地设有支店,其中天津支店经营日本至天津、台湾至天津、天津至上海、天津至广州等33条海上航线和内河航线。在33条航线中,有11条以天津为中心,即天津到营口、大连、烟台、青岛、秦皇岛、上海、广州、汉城、神户、横滨、门司等。②

同时,满铁兴中公司创办的塘沽运输公司垄断了天津港的进出口装卸和驳船运输。1938年底,该公司的船只增加到20艘,新建了3艘300吨的轮船,并收买了英商大沽造船公司。③1939年12月,华北开发会社接替了塘沽运输公司,资本从300万元增加到600万元。④为保证华北对日伪满运输物资的顺畅,在日本军特务部的指导下,于1941年底成立了天津驳船运输会社,实付资本1460万元,以日本人为法人,由塘沽运输公司、东亚海运株式会社、华北盐业公司、白河舶船株式会社、北岛商会大连汽船株式会社等以实物出资的形式合办。该会社总社设在天津,下设总务部、业务部、造船部、海难救助部,在东京、釜山设置事务所与北平办事处,在塘沽设置分室。⑤该会社成立后,购置了13艘拖船和113艘驳船等。更为重要的是,日伪当局宣布不再批准新设驳船公司,并解散了塘沽运输公司,实现了对天津港驳船业的整合与统制。天津驳船会社经营范围包括天津港及其附近驳船运输及船舶租赁业务、港口装卸业务,并受托管理大沽造船所、新河船厂的造船修船业务,曾经制造了钢制拖船、驳船和供日伪军讨伐用的汽艇,以及内河运输用的帆船和拖船。⑥

日伪政权还对包括海员、民船、轮船、舢板、船行等公会进行统制性管理。

---

① [日]岛田俊彦编:『現代史資料』第9册,第646—649页。
② 郑克伦:《沦陷区的交通》,《经济建设季刊》1942年第2期。
③ 居之芬主编:《日本对华北经济的掠夺和统制——华北沦陷区经济资料选编》,第128页。
④ 居之芬主编:《日本对华北经济的掠夺和统制——华北沦陷区经济资料选编》,第164—165页。
⑤ 解学诗主编:《满铁与华北开发公司》,第311页。
⑥ 居之芬主编:《日本对华北经济的掠夺和统制——华北沦陷区经济资料选编》,第285—289页。

第六章　全民族抗战时期经济的畸形发展与衰落(1937—1945)

1940年,日伪政权将设在青岛的航业联合会改组为华北航业总公会,在北平、天津、烟台、海州设支部,各地设事务处,由船主、船员、船行和其他与航运业有关的公司共同组成,1941年时有团体近40个,其中包括天津的12家轮船公司,总吨位为2446吨。并且,日伪还组织各种专业的组合与同业公会协调管理各个行业,到1942年2月末,发展到民船、轮船、驳船、舢板、船行、仓库、盐运、码头工等46个公会和组合。伪华北航业总公会通过以上机构和专业社团,接办了伪华北政务委员会交办的船舶行政事务和为日军作战提供运输等任务,不仅统制了各类船只和有关人员,而且掌控了海事金融和海上保险,各种有关海运的调查、统计和相关的报刊。[1]天津支部有船政股,其股长和副股长均为日本人,有2569只民船加入该会,载重量约为41.5万担。[2]

1941年12月太平洋战争爆发后,日伪政权对航运业实施了更为严酷的统制。日本兴亚院华北联络部制定了《华北海运对策纲要》,提出要充分利用中国的船舶,以小型轮船、机帆船航行于华北沿岸,大型船舶则转向对日航线,输送军事工业原料。1942年7月20日,伪华北政务委员会发布了《华北航运统制暂行办法》,规定华北从事航运的公司的船籍变更、船只买卖、船只改造、航线和业务变更,必须得到委员会许可,新开业的船舶亦需获得许可;所有船舶的航运都要由委员会"指定航路、就航区域及应当运送之人或物,命其航海;并指定船舶租金、航运手续费、水上运送费等额数"[3]。

在日本东亚海运会社和华北开发会社所属天津驳船运输会社,以及航业总公会的压制下,天津的华商航业公司沦为日本运送各种战争物资和战略资源的工具,处境艰难。九一八事变后,天津与东北沿海的大连、安东、营口之间的轮船往来受阻,天津的北方航业公司与大连的日本靖和商会船行、国际公司和华商的永源船行建立了代理揽货载运关系,以摆脱困境。全民族抗战爆

---

[1] 《华北政务委员会二周年施政纪要》,虞和平主编:《中国抗日战争史料丛刊135 政治 国民党及汪伪》,第348—357页。
[2] 天津市档案馆等编:《天津商会档案汇编(1937—1945)》,第204页;《华北航运概况》,申报年鉴社编:《民国三十三年度申报年鉴》,第886页。
[3] 居之芬主编:《日本对华北经济的掠夺和统制——华北沦陷区经济资料选编》,第99页。

发后,华商各航业公司失去了远洋航线,沿海各口岸的海上运输也要得到伪政府的批准,船舶也经常被被日军强行征用,甚至还经常在运输途中被炸沉、炸伤。1942年和1945年,北方航业公司的北安、北华和北庸号在被征调运送军用物资的途中被美军击沉,其中北华轮的20余名员工丧生;[1]通顺轮船公司的新泰号被征用后,由于海上灯火管制,在行驶中与日本满洲邮船会社的船只相撞而沉没。天津各航运公司所属的新兴、海义、和兴、茂利、安利、成利、宏利等轮船均在为日本运送物资的途中被美机炸沉。[2]还有很多船只因损坏而陆续拆卸。各航业公司船舶数量大减,不得不缩小业务,或与日商合作。[3]例如,通顺轮船公司吨位较小的轮船、驳船被征用,尚有新泰、新福二轮从事近海运输,进而放弃了内河航运业务,专营大沽口外的过驳以及近海客货运输业务。[4]1943年,日伪政权针对天津驳船业的状况,设立天津华商驳运公司,经营天津港口的驳运、拖轮等业务,资本为1000万元伪联币,但现金出资仅占总额7%,其余均为同业所有的11艘拖船和21艘驳船的估价。[5]该公司的目的是集中华商的驳船,业务则完全听从日本天津驳船运输会社的安排。因此,天津沦陷期间华商航运业几乎没有发展,船舶运载吨位在1936年为1,144,046吨,1938年减至287,000吨,1944年仅有204,000吨;航行于锚地与港口之间的驳船,全民族抗战爆发前约有百余艘,1945年时仅剩五分之一。[6]

(三)日伪政权对内河航运的统制

海河汇集南运河、子牙河等数条河流后由天津入海,内河主要航道共长1251千米,沟通了海河流域各地的城镇,内河航运成为天津与腹地间商品流通的主要运输方式。20世纪以后,内河的客货运输由帆船往返发展到使用轮船拖带民船载运,促进了各地的商品交流。天津与内河沿岸的商人创办了专

---

[1] 陈世如:《天津北方航业公司的兴衰》,《天津文史资料选辑》第24辑,1983年。
[2] 王者师:《记天津通顺轮船公司》,《天津河北文史》第4辑,1990年。
[3] 天津市档案馆编:《近代以来天津城市化进程实录》,第402页。
[4] 王者师:《记天津通顺轮船公司》,《天津河北文史》第4辑,1990年。
[5] 《华北航运概况》,申报年鉴编:《民国三十三年度申报年鉴》,第887页。
[6] 刘渝光:《航权:天津内河航权放弃之检讨》,《海事》1948年第2期。

第六章 全民族抗战时期经济的畸形发展与衰落(1937—1945)

门从事内河运输的船行,形成了以天津为中心的内河航运网络。天津的内河航运最初由隶属于直隶省行政公署实业司的内河事务所管理,1914年设立了直隶全省内河行轮总筹备处,1928年改称天津特别市内河航运局,1930年1月改组为河北省内河航运局。七七事变前,天津内河民船每年的运输量约有250万吨。①

天津沦陷后,日伪政权为了保证物资的供应,强化了内河航运管理机构。1938年1月,伪天津特别市设立内河航运局,统管以天津为中心的内河航运。华北交通公司则是统制和运营内河航运的总部。由于华北水运"肩负着开发资源、建设、产业、文化动脉的使命","经济开发,维持治安,是内河水运的重大任务",②因此华北交通公司于1939年设立水运局,设码头、内水、管理、筑港4科,在天津、北平、济南和开封的铁路局设置水运处,其他重要地点设置航运营业所,目的是集聚内河民船,辅助铁路运输。天津航运营业所收购了伪天津特别市内河航运局的设备和财产。在日本特务机关的扶持下,天津的青帮设立了天津内河航运公会,要求民营航运业者必须加入,否则就不能营业.该公司后成为中国内河航运公会天津分会,在华北的主要内河航线拥有70余个码头,③主要是为日军组织船队运输物资。1940年4月,华北交通公司天津航运营业所接办了内河航运公会的业务,"处理一切业务及航运上的指导、统制、警备、行政事务等";1942年又设立了民船运输联营社。至此,日伪政权实现了对天津内河航运的全面统制。

华北沦陷后,内河航线全部停运,所有船舶均被征作军用。④华北交通公司成立后直接控制了内河航运。首先在济南、天津附近用汽船运送旅客。接着先后恢复了蓟运河(芦台到宝坻丰台)、子牙河(天津到静海县王口)、南运河(天津到德州)的客运航线,使用8艘拖轮拖带木船往返其间。然后开通了其他内河的航线。到1941年,该公司已开通了天津到通州、保定、邯郸、新乡,

---

① 天津市地方志编修委员会编:《天津简志》,第607页。
② [日]添田帮雄:《以天津为中心的内河航运》,《华北航业》1941年版,第5、6号。
③ 日本亚洲历史资料中心资料,C11111718400。
④ 天津市地方志编修委员会编著:《天津通志·港口志》,第375页。

以及芦台至丰台的航线,营业里程为2460多千米,占华北航线总长度的63.93%。①

在各条航线中,客运量有所增加,1939年4月到1940年3月,客运量为12.5万人,主要是日本武装人员以及强行劫掠来的华工,一般旅客较少。内河的货运关系到日伪军占领地区的物资供应,最初由军队管理,华北交通公司接办后是根据日军命令安排计划运输。为防备沿途抗日军民的袭击,实施船团运送,即由拖轮拖带三五十艘民船编成1个船队,在日本水路警备部队、日伪河防队的武装押运下,运送各种货物。华北交通公司为了加大运输量和组成更多的船团,强行霸占和征集民船,曾经用1500艘民船组成数十个船队,在日伪军押运下运输各种物资。1938年至1942年间,每年约6000余艘民船被强制运送数十万吨至上百万吨的粮食、棉花、煤炭等。太平洋战争爆发后,在各个抗日根据地的打击下,内河航运几乎陷于瘫痪,从事运输的船只骤减。1940年5月至1941年底,各条航线运送货物约23.2万余吨。②七七事变时,华北内河民船共有5000余艘,1945年8月仅剩2000余艘。③

五、不断强化的港口建设

(一)对原有港区的改造

天津港是中国对日贸易的主要港口之一,日伪政权极力要通过港口建设扩大其吞吐能力。港口建设从改造海河沿岸紫竹林港区开始。1938年8月,华北交通公司制定了特三区码头建设计划,想要在两年内使码头吞吐能力达到100至120万吨,码头岸线增加到120米,能够同时停泊10艘2000吨级轮船,另建仓库16座、货场12万平米、铁路岔道4条,总投资1400万元。但由于

---

① 《华北航运概况》,申报年鉴社编:《民国三十三年度申报年鉴》,第885页;《华北政务委员会二周年施政纪要》,虞和平主编:《中国抗日战争史料丛刊135 政治 国民党及汪伪》,第322页及附录12。
② 《华北政务委员会二周年施政纪要》,虞和平主编:《中国抗日战争史料丛刊135 政治 国民党及汪伪》,第322页。
③ 天津市档案馆编:《近代以来天津城市化进程实录》,第404页。

第六章　全民族抗战时期经济的畸形发展与衰落(1937—1945)

资金和设备的限制,到1941年仅建成650米钢筋混凝土码头,只能停靠6艘2000吨级轮船;新建7座仓库,改造7座旧仓库,新建了660米煤炭码头和925米北炮台码头。同时,华北交通公司于1940年8月在塘沽建成客货、散货、军用混用码头7500米和2座仓库。塘沽运输公司接管了原招商局码头的两个泊位、3条铁路专线,用作铁矿石等散货的专用码头。①

扩建后的港区(包括塘沽码头)共有停泊岸线14,517米,500吨至2000吨级货运泊位94个(大部分是木质栈桥);有仓库79座,占地面积10万平方米,货场(院)占地面积40万平方米;另有拖轮40余艘,大小驳船118艘,码头员工3200多人,每年平均有1500艘海轮和近千艘帆船进出,仍为中国北方最大的港口。②

(二)建设塘沽新港

为了支持战争,日本需要将大量掠夺来的军需物资和资源运到日本,而1938年天津、秦皇岛、青岛、连云港四个港口的总吞吐能力仅有1240万吨,远不能满足需要。③因此,扩建港口被日伪政权视为侵华战争和掠夺华北资源的当务之急。

早在1936年,满铁兴中公司就策划在塘沽筑港,④"利用塘沽港为华北货物集散的主要港",预定经费3000万元。⑤1939年5月,兴亚院制定了《华北新港计划案》,计划在海河口北岸距海岸线5公里处修筑新港。⑥1939年6月以后,由于日本加强了对英租界的封锁,造成了海河沿岸租界内的码头和仓库日本轮船不能停泊,只能在大沽口等待,因此货物大量积压,⑦迫切需要扩大

---

① 李华彬:《天津港史(古、近代部分)》,第215—216页。
② 天津市地方志编修委员会编著:《天津通志·港口志》,第73页。
③ 罗澍伟主编:《近代天津城市史》,第664页。
④ 解学诗主编:《满铁与华北开发会社》,第67页。
⑤ 徐笑春:《日本投资华北之计划》,《中外经济情报》第46号,1937年1月,转引自陈真、姚洛、逄先知编:《中国近代工业史资料》第2辑,第447页。
⑥ 天津市地方志编修委员会编著:《天津通志·港口志》,第73页。
⑦ 日本亚洲历史资料中心资料,C13070304800。

既有港口吞吐能力和修筑新港。

1939年6月19日,兴亚院制定了《华北主要港湾新改筑要纲》,计划一方面增强现有港口的吞吐能力,将天津港区的吞吐量从当时的400万吨(其中特三区100万吨,塘沽北站50万吨,塘沽北炮台码头250万吨)增加至1942年的800万吨。另一方面投资1500万元在塘沽筹建新港,从1939年起分两期建设,每期4年。预计第一期完工后的1942年末,新港的吞吐能力达到750万吨,1946年达到2700万吨。为建设塘沽的新港,计划在海河口南岸填海700至1000万平方米,开通30米深、8至9米宽的航路,筑造防波堤4至8座,并建设仓库、栈桥等,预计可以停泊7000吨级轮船24艘、3000吨级轮船6艘。① 同时,通过建设京山线复线和大同至塘沽铁路线,增强新港的运输能力。② 1940年德意日同盟条约签订后,欧美等国对日本实行更严格的禁运,促使其加快建设新港。日本内阁通过的《对华经济紧急对策》提出要强化占领地军需物资输入日本,要求"顺应海陆输送能力的港湾诸设施(码头、船等)的能效性应急设备,特别是进一步研究塘沽新港的建设计划,谋求其资金、资材的筹措"。③

建设塘沽新港之初,日伪政权决定由满铁兴中公司负责,1939年6月19日满铁在北平设立华北新港临时建设事务局,1940年7月31日移设塘沽,同年10月25日正式开工兴建新港。1941年10月满铁兴中公司解散后,该局改称塘沽新港港湾局,隶属于华北交通公司。按照日本兴亚院的计划,塘沽新港的建设有所扩大,如建设南北防波堤、航道、码头和船闸等,全部工程将于1947年竣工,年吞吐能力为2,700万吨。但太平洋战争后,日伪政权无力筹措建港的资金和设备,于是三次缩减计划。至1945年日本投降时完成量不及计划的一半,其中填筑工程312万立方米,航道开挖了2/3,南北防波堤筑了11千米,第一码头完成了700米,第二码头、驳船码头和船闸完成了工程量的85%,修筑铁路11千米、公路17千米,另有装煤机、船坞等工程。工程花费伪联币

---

① 日本亚洲历史资料中心资料,C04014747800。
② 日本亚洲历史资料中心资料,C13070304800。
③ 居之芬主编:《日本对华北经济的掠夺和统制——华北沦陷区经济资料选编》,第32页。

8500万元。①据称,参与新港建设的人员,最多时约有职员1000人、技工2500人、小工万余人。②由于新港的建设与战争物资的供应关系十分重要,因此华北交通公司决定采用边建设边使用的办法,使其尽可能地为战争服务。

第三节　统制性工业各部门的兴衰

日本占领天津和华北以后,推行统制性经济,按照既定的方针和计划,将工业行业分为统制行业和自由行业两种。除交通和电力这些涉及战争命脉和动力的行业外,矿山开采、冶金、机器与机械制造、化工、盐业、建材、棉业,以及以此为原料的行业,也被列为统制性行业。统制性行业在日伪政权的直接指导下实行一业一社的统制性管理,以日资为支柱,其生产、运输和销售等必须执行产业计划。

一、跨地区输电网的形成与电气器材行业的初立

(一)跨地区输电网的形成

发电和输电是城市建设和工业发展的动力来源。七七事变前,日本已投资天津地区的电力工业,并提出所谓的开发计划。1936年8月,兴中公司收买了天津市电业新公司,建立了中日合办的天津电业公司,应付资本800万元,实付400万元。该公司在海河岸边建成一座发电厂,发电能力为30,000千瓦,以保证已被日商收买的各纱厂的电力供应。同年,兴中公司又出资合并了山海关、秦皇岛、昌黎、滦县、唐山、芦台和通县的7家发电电灯公司,建立了中日合办的冀东电业公司,应付资本120万元,实付60万元。此外,兴中公司还收买了北平电车公司和北平电灯公司的股票,进而控制了平津和冀东地区的电

---

① 天津市地方志编修委员会编著:《天津通志·港口志》,第73页。
② 居之芬主编:《日本对华北经济的掠夺和统制——华北沦陷区经济资料选编》,第296页。

力生产,为输电网建设打下了基础。

全民族抗战爆发后,日本华北方面军将发电、输电列为统制行业,[1]计划除加强火力发电外,还要利用滦河、永定河进行水力发电,并且建立平津地区的输电系统。中日合办的天津电业公司改为伪市公署所有,兴中公司股份改为日本东亚会社所有。1939年12月,成立了伪华北电业公司,有资本1亿元,为中国法人,其业务是"统治经营发电、送电、配电等事业暨各种附带事业"[2]。该公司在北平、天津和唐山设立分公司,在保定等地设立办事处,主要是根据计划扩大和强化发电与输电能力。伪华北电业公司天津分公司有总务、业务和配电3个课和3个发电所,以及塘沽和沧县营业所,其主要业务是建立新的发电机组,增大发电量,并且配合总公司输电、配电、修建变电站等。1938年3月,在海河岸边原俄国花园南修建的天津发电所一号机炉竣工发电;6月,二号机炉发电,1942年9月,三号机炉发电后并网。至此,天津发电所成为华北最大的发电厂,总装机容量3万千瓦,其供电范围为除特一区、日租界和距天津6华里的邻近地带外的全部城区。[3]

在电力输出方面,天津发电所建立初期共有8条输电线路,其中4条为5.5千伏输电线,供给发电所周围地区用电,另外4条为22千伏输电线,向天津市第一座变电站供电,供给日租界用电。[4]为实现全部产能有效利用,天津发电所在城区、席厂村、塘沽等地相继建成数个变电站、蓄电所、变电设备和输电线,以保证机场、农场、日商工厂用电。到1940年,天津电业公司能够出售电灯用电约40,000瓦,电机用电197,095瓦。[5]

太平洋战争爆发后,华北电业公司接管和收买了英、比等国租界的发电厂和电车电灯公司,控制了天津除法租界电灯房外的全部发电设备,其中天

---

[1] 居之芬主编:《日本对华北经济的掠夺和统制——华北沦陷区经济资料选编》,第16页。
[2] 居之芬主编:《日本对华北经济的掠夺和统制——华北沦陷区经济资料选编》,第303页。
[3] 赵金生:《天津第一热电厂的今昔》,政协天津市河东区文史委员会:《河东区文史资料》第20辑,2008年。
[4] 赵金生:《天津第一热电厂的今昔》,政协天津市河东区文史委员会:《河东区文史资料》第20辑。
[5]《沦陷区之电气事业》,《资源委员会月刊》第2卷第10—12期,1940年。

第六章　全民族抗战时期经济的畸形发展与衰落(1937—1945)

津分公司支店下辖第一、二、三个发电所,发电总量达到57,400千瓦。①但因各发电所的能源和设备等问题未能发挥全部产能。据1945年4月调查,天津第一发电所月发电2.6万千瓦,是装机容量的86%,第二发电所月发电0.38万千瓦,是装机容量的54%,第三发电所月发电1.2万千瓦,是装机容量的59%。

太平洋战争以后,华北电业公司建立了平津唐电网,实现"统一电压、统一周波、统一电价、统一经营"。1942年北平南苑变电站及平津间77千伏输电线路建成,开始向北平送电,最高输送能力增至2.75万千瓦,形成天津各电厂与石景山发电厂联网运行。1943年建成塘沽经汉沽到唐山的77千伏输电线路,其塘沽变电站总容量为16,500千伏,在天津市容量最大、电压等级最高。天津电业公司通过塘沽变电站和77千伏输电线,向塘沽供电,最高输送能力达到1.5万千瓦。京津唐77千伏的电网由此形成,并将大部分发电、供电区域联为一体,是京津唐电网的雏形。

1945年天津地区有3座公共发电所,17座自备电厂;琼州道、南京路、席厂、张贵庄、军粮城、小站、杨柳青等10座22千伏变电站,总容量34,700千伏;有15座22千伏用户站;有9条22千伏线路,3条77千伏线路,还有塘沽的77千伏的高压变电站。②

(二)电气器材行业的初立

日伪军政当局为了实现华北电气器材自给,积极支持日商投资建厂,生产电气器材。1940年5月,日本东光电气会社在天津设立支社,设立电机工厂、灯泡工厂,并检修电气机器,每月能生产灯泡20000盏、修理变压器5台,有员工81人。③1942年,日本东京芝蒲电气会社设立了华北电机会社,在天津设立工厂制造电动机和变压器,但到1945年只有修理能力。

电缆、电线和电话线都是战场必需的物资,且在抗日军民破袭战下消耗量极大,为此日伪政权加强了电线的生产。1943年8月,华北开发会社将日本

---

① 郑会欣主编:《战前及沦陷期间华北经济调查》,第364页。
② 天津市电力工业志编委会:《天津市电力工业志》,第94页。
③ 居之芬主编:《日本对华北经济的掠夺和统制——华北沦陷区经济资料选编》,第692—695页。

古河等公司的旧设备运到天津,计划生产电线电缆。[1]1944年2月,华北开发会社和日本的古河、住友会社等出资3000万元,在天津设立了华北电线会社,生产各种铜芯电线和铝线、电缆、金属线、绝缘线、橡胶线,使用电力冶炼,工厂在席厂村,8月动工修建,到1945年8月工程完成了69%,只能勉强生产最简单的橡胶绝缘线、漆皮线和棉卷线。[2]

二、钢铁冶炼业的出现与机器制造业发展的困境

(一)钢铁冶炼业

冶金和机械制造业能够为工业提供必需的原材料和技术装备,是工业最基础、最主要的产业,需要巨额的资金投入和配套设备,在一定程度上代表着工业化发展的水平和实力。天津机器局曾有冶炼和机器制造,如铸造厂有铸造炮弹、炮架、车架的炼铁炉,如制造车间,有生产炮弹、雷管铜帽的车床;1892年又从英国购进了一套西门子的炼钢设备即马丁炉,聘请了炼钢和熔钢的技师,开始进行小规模炼钢,这是北方第一座炼钢厂。

1897年,马文衡等在三条石建立了全聚成铸铁厂,装备有1座简单的化铁炉和1台4人拉的大风箱,已经采用铸造和热加工工艺,生产铁锅、铧犁和车轴等。[3]意大利人在租界开办的义利铁钢厂(资本30万元)和一些铁工厂中也有未使用动力的炼铁炉。当时,在华北的铁矿和煤矿附近曾经设有冶炼企业,利用焦炭和铁矿石炼铁,但天津尚未出现有一定规模的冶炼工厂。

天津的机械制造业在20世纪以后有较快的发展。三条石的铸造厂、铁工厂和铁铺开始使用电力和进口的车床、刨床、铣床、钻床等机器,生产工具开始升级,成为规模不一的机器厂。虽然一些厂仍然称谓铁厂、铁工厂、铜铁厂,但实际上拥有电力马达和一些机器,生产织布机、磨面机、抽水机、锅炉

---

[1] 白崇厚:《北运河之滨的一颗璀璨明珠——记天津电子线缆公司的四十六年》,天津市河北区政协文史委编:《天津河北文史》第3辑,1989年。
[2] 居之芬主编:《日本对华北经济的掠夺和统制——华北沦陷区经济资料选编》,第672、675页。
[3] 天津市冶金工业局史志编辑室编:《天津冶金史》,1987年版,第222页。

第六章　全民族抗战时期经济的畸形发展与衰落(1937—1945)

等,属于小型机器厂,并组成了同业公会。全民族抗战爆发前,天津的机械制造业仅次于上海,是华北机器制造业的中心,有机器厂625家,但多为小型工场或作坊。①在全国机器厂的614.08万元资本总额中,上海最多,为321.4万元,天津居次,为76.825万元。在全国机器厂的20,524名工人中,上海居首位,有7548名,广州次之,有3823名,天津又次之,有3072名。②

出于侵略战争的需要,日本官商始终关注冶金业的发展。1935年9月,日本商人中山悦治在郑庄子兴建了当时天津规模最大的冶炼厂——中山钢业所。该厂板镀金工场于1937年4月建成,生产镀锌铁皮,有工人30多人。日本全面侵华战争开始后,该厂出于配合军事需要,共投资伪联币9.04亿元,陆续配备了小型轧钢机,建成了制钉铅丝厂、刺铁丝厂和翻砂工厂,可以生产9毫米盘条;1943年9月,又建成一座25吨碱性平炉,开始炼钢。同时,日伪政权积极鼓励日商创办钢铁冶金企业。1938年,日商伊藤信广投资伪联币1530万元,在小孙庄开办了伊藤兴业会社,生产元钢、方钢、螺钉等产品。1939年12月1日,日商石川爱三郎在陈塘庄创办的甲斐铁工所改组为兴亚钢业会社,应付资本300万日元,实付资本72.5万日元,机器设备总值150万日元,每月最高生产量为钢索160吨、洋钉25吨、镀铁丝120吨、木螺丝2吨、刺铁丝120吨。③这些企业的产品完全供应日伪军的需要。1939年12月,华北开发会社在天津设立华北矿业会社,实付资本125万元,计划开展金银铜铅的采掘和精炼。④

太平洋战争爆发后,巨大的战争消耗需要更多的钢材。日伪政权进一步推行"重点主义",设立了华北制铁会社,在产地建立炼钢铁高炉,就地冶炼和生产钢铁,计划在张贵庄兴建华北制铁所,达到生铁80万吨、焦炭140万吨的生产规模。但建厂需要设备、发电机组、55万吨钢材和3.5亿日元资金的投

---

① 《沦陷区之翻砂机器业》,《资源委员会月刊》第3卷第2—3期,1941年。
② 顾毓琇:《三十年来中国之机械工业》,中国工程师学会编:《中国工程师学会三十周年纪念刊:三十年来之中国工程》,第7—8页。
③ 天津市档案馆编:《天津近代工业档案选编》下册,天津人民出版社2019年版,第242页;解学诗:《满铁与华北经济(1935—1945)》,第457—459页。
④ 解学诗:《满铁与华北经济(1935—1945)》,第459页。

入,因这些均无着落而中辍。①日商中山制钢所天津工厂为落实建高炉的计划,于1943年3月开始陆续建立了5座小高炉,年底点火生产,并将中山制钢所更名为天津制铁所,预计年产生铁3万吨。②当年生产量为计划的45.6%;③1944年产铁24,107吨,完成计划的91%;1945年因矿山生产停顿,铁路难以运输,小高炉先后灭火停产。天津制铁所的小高炉两年内共生产铁34,504.343吨,平均仅有3座小高炉生产。④除天津制铁所外,还有一些日资冶金企业具有炼铁、炼钢、轧延、冷拔、合金、制造金属品和耐火材料等生产能力,但同样面临原料、电力等方面的问题,难以维持正常的生产。1945年,天津的日商冶金企业有14家,其中以天津制铁所规模最大。

华资的冶金企业在日伪政府统制政策的限制下,难有起色。30年代末,华商虽然创办新建了一些小厂,但受到日本企业的挤压,既缺乏原材料,产品也没有销路,因此纷纷停产或转行。勉强维持生产的20余家工厂只能在日军的威逼下加工军需产品。而且,这些华商工厂库存的原钢等时常被日伪政权以捐献的名义掳走,如天兴制钢所(制铁所)1939年就被迫捐献了二三百吨钢铁,后又被掠夺了数十吨钢材。⑤

(二)机械制造业的兴起

机器制造业是工业的心脏,能够为工业、农业、交通运输业、国防等提供基础生产设备,也代表着工业发展的水平。30年代,天津的机械制造业已经形成了具有一定规模的行业。在日本中国驻屯军于1936年主持制定的《华北产业开发指导纲领案》中,机器制造业并未被列入统制性行业。七七事变后,日伪政权对天津的机械制造业采取扶植政策,鼓励日商投资,一些日商在天津新建了一些机器工厂。1940年前后,日商设立了昌和洋行工厂、安原

---

① 王纪充等:《天津冶金业的龙头——天津钢厂》,《河东区文史资料》第20辑,2008年;解学诗:《满铁与华北经济(1935—1945)》,第220—221页。
② 日本亚洲历史资料中心资料,B06050527100。
③ 解学诗主编:《满铁与华北开发会社》,第481页。
④ 居之芬主编:《日本对华北经济的掠夺和统制——华北沦陷区经济资料选编》,第505—506页。
⑤ 张国风:《天兴制铁所——天津第一家轧钢厂》,《天津文史资料选辑》第31辑,1985年。

第六章　全民族抗战时期经济的畸形发展与衰落(1937—1945)

铁工所、西山铁工所、天津钢业工厂、天津制铁工厂、东和工厂、恒升机器工厂、鸿发铁工厂、义昌洋行、小松洋行、得利兴、三井铁工厂、中岛机器行、天津机器工厂等15家工厂。①其中,昌和制作所成立于1936年3月,动力设备有700马力的106座电动机,有车床、锉床、刨床和钻床265部,引拔机2座,压床56部,磨床118部,制车专用设备1套,每月可生产自行车300辆。②义昌洋行工厂成立于1940年3月28日,应付资本100万元,实付资本60万元,生产各种机具。据不完全统计,到1942年日商新设了近20家机械制造工厂,生产一般机器、车辆及零件、纺织机械零件、铁线铁钉等,资本多者数十万元,少者仅数百元。③

华商机械制造企业普遍规模偏小,资本有限,有少量的车床、刨床、铣床、钻床等设备,厂房简陋,生产工艺简单的织布机、铁丝、铁钉等。较大的工厂有1925年建成的大昌隆铁工厂,有资本8万元,工人120人,有拔丝机、罗底机等,生产罗底、白软线。1932年建成的长城铁工厂,有资本3万元,工人54人,有价值2.6万元的18台大小车床、2台刨床等设备。1935年建成的德兴泰铁工厂,有资本30万元,工人241人,设备价值25万元,如20台车床、8台刨床、2台铣床、3台钻床、5个电锤等;1935年建成的天兴制铁厂,有资本24万元,工人45名,有伸铁机、切断机、车床等设备,利用日本和伪满的铁料,生产圆铁、平铁和角铁等;1936年建成的北洋造铁厂,有资本5万元,工人31人,有3台车床、1台刨床、2台铣床、2台冲床;1939年建成的中兴工厂,有资本5万元,工人60人,有8台车床、3台钻床、1台刨床、1台铣床、3台冲床,生产提花机、打轴机、织布机等。此外,还有一些资本不超过万元、甚至数百元的小工厂,④以及以生产自行车部分零件和装配自行车为主的车行。车行虽然数量较多,但规模小,主要是将进口的自行车零件装配为整车,因此难以与日商的昌和制作所抗衡。

---

① 《沦陷区之翻砂机器业》,《资源委员会月刊》第3卷第2—3期,1941年。
② 天津市档案馆编:《天津近代工业档案选编》下册,第243页。
③ 《沦陷区之翻砂机器业》,《资源委员会月刊》第3卷第2—3期,1941年。
④ 根据伪天津商会1943年对天津华商工业调查表整理,详见天津市档案馆编:《天津近代工业档案选编》上册,天津人民出版社2019年版,第635、657—663、690—697页。

而且，这些华商的工厂在日伪政权通过抢占、收购，或者限定原料供应和产品销路等方式的管制下，难以维持。据1941年调查，除被日伪政府强占和强买外，华商工厂中能够侥幸勉强开工者仅有美利钢桶厂、明权铁工厂、恒大铁工厂、德利兴机器厂4家工厂，资本多者15万元，少者1万元，生产设备简陋，生产能力十分有限。1943年伪天津商会对华资工厂进行调查时，在收回的121张调查表中，有18张涉及机器制造业的大小工厂，其中大者资本二三十万元，有二三十名工人，设备有十数台车床，以及刨床、铣床和冲压机，小者资本仅有数百元，设备也十分简陋。①如1924年创办的义聚成铁厂，到1943年时有40名工人，8台大小车床、4台刨床、2台铣床、2台钻床，能够生产车床和柴油机，此时"因铁料缺乏，产品未能装售"，还存有11台车床和15架柴油机，每日只能干些零活。②抗日战争后期，日伪政府公开进行掠夺。以自行车为例，1944年4月日军进攻中原时，需要大批军用自行车，日商昌和洋行制作所联系日军出动武装到华商的春日德等六大车行，以协助"大东亚圣战"为名，将存货全部查封，然后勒令自行车业公会建立购车的代办组织"协助东亚圣战完成临时购车委员会"，购车15000辆，实际价格仅有售价的1%。同年10月，专门给日军搜集战略物资的长城公司，联合伪商会会长邸玉堂、日军1820部队、日本领事馆、日本居留民团、伪市政府，查封了全市车行，将该业所有存货几乎全部搜刮一空，导致数十家车行破产倒闭。③

太平洋战争爆发后，海上运输断绝，日本政府为全力保证战争需要，要求中国"取得为完成帝国的战争所必要的更多物资，确保军队的自给"，"谋求在占领区内重点并有效地取得重要的国防资源"，强调华北地区的机械工业"重点放在增强和完备机械器具的修理能力上"。之所以如此，是因为战争的扩大需要生产更多的武器和军用物资，而日本已无力提供资金和技术支持，因此改变了此前由日本提供资金和机械母机的政策，要求迅速发展以天津、青

---

① 估计仅是部分属于同业公会的企业，详见天津市档案馆编：《天津近代工业档案选编》上册，第606—721页。
② 天津市档案馆编：《天津近代工业档案汇编》上册，第688、659、663页。
③ 《进步日报》1951年3月1日，陈真、姚洛、逄先知编：《中国近代工业史资料》第2辑，第449—450页。

第六章　全民族抗战时期经济的畸形发展与衰落(1937—1945)

岛为中心的机械制造业,因此以日商为主的机械制造企业有所增加。

1944年,华北开发会社聘请日本某会社的总工程师来华北进行指导,力图提高机器的生产率。同时制定统制性政策,解决生产车床、刨床、钻床等工作母机的问题,即按照适当价格实行配给,统一工作母机的规格,划定工厂的生产范围,达到能够生产240台车床、刨床的规模,计划由天津的日商安定精械工厂、东和工厂、天昌铁工厂等生产150台,1945年6月全部完成。①事实上,由于钢材等原料缺乏,日本投降前青岛和天津两地仅完成了80台。②1944年9月,华北开发会社以天津的日本兴亚铁工会社为基础,引入日本住友会社的机械技术,组建了华北机械工业会社,资本1200万元,意图"增强产业机械的制作",生产卷扬机、搬运机、破碎机等,还生产迫击炮炮弹和步枪。实际上,枪炮弹药的生产占有较大的比重,1945年该厂每月铸造能力70吨,每月锻造仅有17吨。③同年,天津的主要日商机械工厂有华北机械工业会社(挖掘机、压缩机、排风机、搬运机)、东和工厂(工作机械)、安定精机工厂(抽水机)、大信工厂(抽水机、煤车)、北支电机会社(生产电动机、变压器)、谦实铁厂(生产压缩机、粉碎机)、华北自动车会社和昌和工厂(生产自行车和零件),以及生产兵器的恒升机械工厂、石丸制作所、大中工厂等;还有中山制铁所(炼铁、铁丝、铁网,有700工人)、山本制钢所(轧钢铁,有100工人);另有23家小工厂,有员工1162人,各种设备615台。这些工厂总共有日本技术人员110人,中国员工5370人,各种机械2013台。④

在天津的机械制造业中,还有专门从事铁路机车车辆和船舶修造、汽车制造与装配等运输机械制造的企业。七七事变前,天津已有一些交通运输设备的修理厂,如京奉铁路的机车房和西站的机修厂,但规模有限。全民族抗战爆发后,鉴于运输机械修造与作为统制性行业的交通运输有着密切的关系,日本通过资本投入和技术等加速其发展。例如,在铁路机车车辆修造方

---

① 详见张利民、刘凤华:《抗战时期日本对天津经济的统制与掠夺》,第123页。
② 郑会欣主编:《战前及沦陷期间华北经济调查》,第394—395页。
③ 居之芬主编:《日本对华北经济的掠夺和统制——华北沦陷区经济资料选编》,第680—685页。
④ 郑会欣主编:《战前及沦陷期间华北经济调查》,第398—399页。

面,由华北交通公司与日本的伪满车辆制造会社投资设立了华北铁道车辆会社,专门负责车辆的制造、组装、修理和购置,①在唐山、天津、长辛店、石家庄、南口、济南、徐州、张家口和太原等地恢复和重建了9家机车车辆厂。其中,天津的车辆厂规模小,主要进行车辆保养和简单维修。②1939年,日商在张贵庄建立了大陆交通器材会社,后改称华北车辆会社,生产铁路所用机械号志及部分电气号志,兼修车辆零件。③

全民族抗战爆发后,天津的汽车制造逐渐形成一个行业。1938年4月,日本丰田汽车公司天津工厂建成,主要业务是卡车、公共汽车的装配和修理,后改组为华北汽车公司,有资本600万元,本部在北平,工厂在天津,设铸造、锻造、热处理、机械等车间,生产汽车零部件,组装汽车。翌年,该厂开始制造汽车配件和使用木炭的煤气发动机,以解决汽车维修和汽油供应不足等问题。此外,日商还设立了可以改装汽车的修理厂,使货车能够适应土路行驶。④1944年,华北汽车公司改组为华北汽车工业公司,有资本3000万元,总社设在北平,输配、制造二部设于天津,输配部主要负责该会社及所属单位的各项供应。制造部下辖有5个工厂:天津南开工厂最为先进,生产规模较大,设备也较齐全,有铸造、机械、锻工、煤气发生炉、车体、镀金等6个车间,能够制造汽车配件、汽车车身及煤气发生炉等;天津南开修理厂设有部件修配、修理和钳工三部,主要从事整修汽车;第一工厂和第二修理厂从事检修汽车。⑤由于原料的缺乏,尤其是没有进口的机械设备,这些工厂只能生产汽车零件。⑥1941年7月,日伪政权组建了日商参加的天津汽车协会,对包括从事汽车和零件生产、进口、贩卖,以及汽车修理和运输等在内的行业形成了一元化的统制。

华资所设的有关交通工具的生产和修理工厂也略有发展,但始终处在日

---

① 解学诗主编:《华北交通与山东、大同煤矿》,第237—239页。
② 张利民:《日本对华北铁路的统制》,《抗日战争研究》1998年第4期。
③ 中国铁路史编辑研究中心编:《中国铁路大事记(1876—1995)》,中国铁道出版社1996年版,第145页。
④ 日本亚洲历史资料中心资料,C04122554300。
⑤ 耿捷主编:《天津公路运输史》第1册,第163—164页。
⑥ 郑会欣主编:《战前及沦陷期间华北经济调查》,第395—396页。

第六章　全民族抗战时期经济的畸形发展与衰落(1937—1945)

资企业的掌控之下。有工厂因为没有生铁等原料已经停产,有工厂或为伪华北交通公司和日商工厂做零件,或为日伪军生产铁丝等。如规模较大的德兴泰铁工厂"均与华北交通作手工",代制道钉、道板和螺丝。有的机器厂和铁工厂生产车瓦、车轴棍、脚蹬棍等。这些华资工厂还时常遭到日商的劫掠。1944年5月日商桑原"拟以碎铁300吨兑换"德兴泰铁工厂,该厂"婉词拒绝"。随即日商"变更手段,以由华北交通公司承揽之铁道钉、鱼尾板,迫令商厂尽先代做",并强迫厂方用90万元购买300吨碎铁。该厂计划用其中的200吨碎铁制成零件售出,但因铁价暴涨,日商又想将300吨碎铁"原价买回"。对于此等勒索,德兴泰铁工厂表示拒绝,日商恼羞成怒,于1945年3月率领宪兵抓捕了该厂股东徐振甫,羁押于日租界花园街宪兵队,被经济班军曹"昼夜拷讯,惨绝人寰",关押了1个月有余,"迫令将所余碎铁及造成铁器卖与何人具结声明,听候处置,始行释放"[①]。

三、化工等行业的发展与停滞

(一)制碱和精盐行业的恢复

化工是天津工业的支柱行业,天津也是中国近代海洋化工业的发源地,在全国处于领先地位。全民族抗战爆发前,天津的化工企业主要利用海盐生产纯碱、盐酸、烧碱和硝酸,永利公司纯碱日产量最高达到160吨,年产5.5万吨,烧碱年产5000吨左右。进入20世纪30年代以后,日本急需扩大化工原料的生产,以满足炸药等战争物资的供应,因此觊觎着天津的化工业。1934年5月,华商的渤海化学工厂因经营困难,意图与满铁合作,日本军部认为与其合作"可成为将来利用长芦盐的根据,有事时可作为军事工厂",但满铁对其兴趣不大。1936年,日本的昌光玻璃会社大连工厂委托三菱商事会社天津支店,对天津的永利、久大、渤海化工等工厂进行调查,内容涉及资本及资金、原料来源及产品种类、质量等。[②]与此同时,满铁在《华北制碱工业对策案》中提

[①] 天津市档案馆编:《天津近代工业档案选编》下册,第3页。
[②] 解学诗主编:《满铁与华北开发会社》,社会科学文献出版社2011年版,第566—575页。

出,应对中国关内的制碱工业实行严格的统制政策,并收购渤海化工工厂等。一年后,满铁在《关于华北制碱工业的意见书》中建议控制永利公司。1936年,鉴于化工业对战争物资的生产十分重要,日本军政当局将化工行业确定为统制性行业。

天津沦陷后,满铁兴中公司和日军立即对化工企业实行了军事管理和接收。永利制碱公司的设备和技术人员此前已经南迁,生产几乎停顿。1937年12月9日,兴中公司对久大、永利两公司实行军事管理,恢复部分生产。1939年8月20日,华北盐业株式会社成立,久大、永利公司通归该会社管理。1937年11月29日,日本唐山宪兵队查封了通达精盐公司在丰润的工厂,临时委托给东洋纺织会社天津出张所经营,最终组建东洋化学会社经营。[1]1937年冬,大清、金山、清山三家日商在日军带领下,以"军事管理"为名占领了利中酸厂,并通过收买股票掌握了部分股权,将其变为中日合办的企业,并将总技师强制送到日本"受训"。总技师因受精神打击过甚,归国后不久即忧郁而亡,该厂也被委托给日资中山钢业所经营,经理、技师和各部门负责人均由日本人充任。[2]1936年冬,渤海化学公司破产倒闭,两年后由华商李松庵以80万元价格收购,1940年春日商大建产业会社参与经营,虽名为合作经营,但事实上一切厂务都被日本人把持,后又被华北盐业公司与钟纺窒素、伊藤忠商店合伙购买,更名为华北化学工业公司。[3]

化工产品是日本急需的战略物资,各企业的生产和运销以及出口等,一直处于日本军政当局的统制之下。1938年7月,日本陆军省军务课提出了《华北盐及碱业开发要纲案》,计划到1941年末华北地区纯碱年产量要达到12万吨、烧碱2.2万吨;并特别强调反对设立新的制碱企业,主张通过对永利公司

---

[1] 南开大学经济研究所经济史研究室编:《中国近代盐务史资料选辑》第3卷,南开大学出版社1991年版,第47、52页。
[2] 赵慎五:《与日商争夺市场的利中酸厂》,《天津文史资料选辑》第95辑,2002年;《进步日报》1951年3月1日,陈真、姚洛、逢先知编:《中国近代工业史资料》第2辑,第449页。
[3] 天津化工厂厂志办公室:《天津化工厂部分合并厂简介》,《汉沽文史资料》第2辑,1988年;芮和林:《日本侵华时期的长芦盐区》,《盐业史研究》1993年第1期。

第六章　全民族抗战时期经济的畸形发展与衰落(1937—1945)

表6-1　1938—1941年永利公司纯碱生产量统计表　（单位：吨）

起止时间	总产	月产	日产
1938.7—1939.3	20,374.620	2263.847	75.462
1939.4—1939.8	13,911.260	2762.252	92.075
1939.11—1940.3	12,164.700	2432.940	81.098
1940.4—1940.9	18,117.190	3019.532	100.650
1940.10—1941.3	19,452.270	3242.045	108.068
1941.4—1941.9	19,847.130	3307.855	110.262
1941.10—1942.3	18,502.560	3083.760	102.792

资料来源：居之芬主编：《日本对华北经济的掠夺和统制——华北沦陷区经济资料选编》，第565页。

表6-2　1939—1944年永利公司烧碱生产量统计表　（单位：吨）

起止时间	总产	月产	日产
1939.3—1939.8	1483.052	247.175	8.239
1939.11—1940.3	1264.020	252.804	8.427
1940.4—1940.9	2057.000	342.833	11.428
1940.10—1941.3	1913.100	318.850	10.628
1941.4—1941.9	2132.000	355.333	11.844
1941.10—1942.3	1930.083	321.681	10.723
1942.4—1942.9	2024.150	337.358	11.245
1942.10—1943.3	2139.700	356.617	11.887
1943.4—1943.9	1554.300	259.050	8.635
1943.10—1944.2	884.100	176.820	5.894

资料来源：居之芬主编：《日本对华北经济的掠夺和统制——华北沦陷区经济资料选编》，第566页。

的内部改造和扩展，使其在1941年底日产量达到400吨。[1]在翌年的计划中，又将华北纯碱的年产量由12万吨增加到12.5万吨，烧碱也增加到2.7万吨。[2]然而，日本接收、委托经营下的天津各化工厂的生产能力始终未达到战前水平。满铁兴中公司接管永利制碱公司时，因机器设备和技术人员已经南迁，

---

[1] 南満州鉄道株式會社編：『北支那塩及曹達業開発計画書』，満鉄調査部1940年版，第76頁。
[2] 南満州鉄道株式會社編：『北支那塩及曹達業開発計画書』，第5頁。

只得在技术上求助于日本最大的碱业公司旭硝子会社。自1937年12月开始,旭硝子公司派遣技师到永利公司进行调查,研究恢复生产问题,认为如果1938年6月1日起复工,日产量可以达到生产能力的一半,即80吨。[①]1938年7月1日工厂修复完成,开始生产。据日方统计,日方还投资270万日元修缮永利公司受损设备,以提高生产能力。[②]这一时期永利公司纯碱和烧碱的生产状况见表6-1、表6-2。

如上表所示,永利公司自1938年开始恢复生产,但因煤炭供应不足等因素影响,截至1941年,纯碱年产量不超过2万吨,即每日不超过10吨,并未达到全民族抗战爆发前的水平。[③]渤海化学工厂被日军接收后,仅能生产硫酸钠、矽酸钠、硫化钠3种产品,其余设备废置。[④]利中酸厂被中山钢业所接管后,成为中日合资的企业,日产硫酸3吨,所产硫酸除供中山钢业所使用外,其余交给盐务局所辖的硝磺局销售。1939年天津大水后,工厂的停工时间比开工时间还要多,到1944年完全停工。[⑤]

为了扩大化工产品的生产,华北盐业公司作为直接统制化工业生产的公司,计划在塘沽、大沽和汉沽投资兴建大型化工厂,主要生产洗涤盐、烧碱、漂白粉、合成盐酸、液体盐素、氢、溴、氯化钾、氧化镁等化工原料。此前的1938年3月,日本东洋纺织株式会社投资100万日元筹建东洋化学工业会社汉沽工厂,华北盐业公司及华北开发会社成立后四次追加投资,总额达3600万日元。[⑥]1942年第一工场竣工,年处理卤水能力为5万吨。1945年5月,第二工场竣工。两个工厂主要生产精制盐、芒硝、氯化钾、氯化镁、钾肥料、溴素等。[⑦]

[①] 興中公司:『永利化學工業管理所概要』,1938年,第50—51頁。
[②] 日本亚洲历史资料中心资料,B06050553200。
[③] 《永利化学工业股份有限公司概况书》中亦有1938年7月至1942年3月间永利纯碱的生产数据,虽然几份数据的年度统计起始月份不同,但数据却反映了同一倾向,即截至1941年底,永利年产纯碱均不超过4万吨,烧碱年产不超过4千吨。详见居之芬主编:《日本对华北的经济掠夺和统制——华北沦陷区经济资料选编》,第565页。
[④] 余孟杰:《沦陷期间华北化学工业之状况》,《科学时报》1946年第12期。
[⑤] 赵慎五:《与日商争夺市场的利中酸厂》,《天津文史资料选辑》第95辑,2002年。
[⑥] 芮和林:《日本侵华时期的长芦盐区》,《盐业史研究》1993年第1期。
[⑦] 天津化工厂厂志办公室:《天津化工厂部分合并厂简介》,《汉沽文史资料》第2辑,1988年。

第六章　全民族抗战时期经济的畸形发展与衰落(1937—1945)

1941年生产洗涤精盐3895吨、溴素5.9吨、氯化钾8.02吨和固体氯化镁15吨，全部运往日本。①

表6-3　华北盐业公司天津各化工厂一览表

	大沽工场	汉沽工场	塘沽工场
所在地区	本工场：天津县六区大梁子庄 分工场：大沽盐田第二区、第三区中间	宁河县汉沽寨上镇	宁河县塘沽盐田侧海滩站附近
主要设备	电解碱设备 盐卤工业设备	洗涤盐设备 盐卤工业设备	盐卤工业设备
制品	烧碱、漂白粉、合成盐酸、液体盐素、氢、溴素、氯化钾、氧化镁	洗涤盐、溴素、氧化钾、氧化镁	溴素、氧化镁
使用工人	约1100名	约600名	约200名

资料来源：居之芬主编：《日本对华北经济的掠夺和统制——华北沦陷区经济资料选编》，第546页。

表6-4　华北盐业公司天津各化工厂生产状况表　（单位：吨）

产品	工场名	1940年	1941年	1942年	1943年	1944年	1945年
溴素	汉沽工场	—	5.904	50.323	52.247	33.050	6.282
	塘沽工场	—	—	—	—	—	0.197
	大沽本工场	—	—	—	18.771	55.485	14.250
	大沽分工场	—	—	—	12.945	51.350	4.175
氯化钾	汉沽工场	—	8.020	229.416	155.681	231.848	84.900
	大沽本工场	—	—	—	—	144.270	86.785
固体氯化镁	汉沽工场	—	15.000	1201.034	3513.611	6008.850	1495.750
	塘沽工场	—	—	—	—	90.500	1000.750
	大沽本工场	—	—	—	—	2532.500	2982.200
	大沽分工场	—	—	—	—	121.500	405.850
氯气	大沽本工场	—	—	—	—	—	19.326
碱液	大沽本工场	—	—	—	—	—	27,638
漂白粉	大沽本工场	—	—	—	—	—	31.320

资料来源：居之芬主编：《日本对华北经济的掠夺和统制——华北沦陷区经济资料选编》，第549—550页。

大沽工场是华北盐业公司的核心工厂，于1941年开始正式施工，工厂占

---

① 李茂盛等：《华北抗战史》下册，山西人民出版社2013年版，第59页。

地面积近6万平方米,建筑面积2738平方米,投资40万余日元,主要生产溴素,计划于1942年11月20日竣工。因生产溴素液氯,首先建立了原盐烧碱的氯碱车间。但直到1945年,各项建设均未完成,产品和产量均未达到预期。1942年以后,华北盐业公司还在大沽盐田第2、3区之间设立了专门生产溴素的大沽分厂,在塘沽附近设立了塘沽工场。①华北盐业公司所属的工厂和生产状况见表6-3、表6-4。

(三)橡胶和油漆等业的发展

橡胶、油漆等行业的产品多为军需品,直接供给日伪军队,也属于统制性行业。

天津的橡胶制品最初是由日本商人经销的进口产品。1929年的改订关税影响了橡胶的进口,日商开始在天津投资设立工厂。1930年,日商出渊忠次创办的怡丰橡胶厂成为天津的第一家橡胶厂,有资本1万元,使用2台12英寸轧胶机制造胶鞋。该厂因是独家生产,市场广阔,每年盈利四五万元,后又从日本购置6台外胎模子,制自行车外胎,获利丰厚。随即,日商又创办了泰山橡胶厂(资本10万元)、日濑口橡胶厂(资本5.5万元),以及西长、中村等厂,主要产品有小型汽车轮胎、自行车内外胎、胶鞋、胶底、机带胶布、胶管等。②

1933年,华商也创办了北洋橡胶制品厂,仅有资本1.5万元,生产补带胶、电线胶和胶底。另有2家手工烤制橡胶零件的作坊。据1936年10月上海橡胶工业公会统计,全国生胶需求量为2871.5吨,其中天津最多,为480吨,占全国需求量的16.7%;其次是青岛为390吨,占全国需求量的13.6%,③第三位是广州,需求量为300吨。

全民族抗战爆发后,橡胶作为主要战略物资,日本限制生胶进口,天津各橡胶厂被迫停工。④为解决生胶短缺问题,天津各日商工厂向日本总领事馆

---

① 达古华:《日伪时期的大沽化工厂》,《塘沽文史资料》第4辑,1992年。
② 李洛之、聂汤谷编著:《天津的经济地位》,第174页。
③ 龙树德:《青岛橡胶工业之过去及现在》,《青岛橡胶季刊》1946年第1期。
④ 牟耀先:《天津市的橡胶工业》,《天津经济统计月报》1948年第30期。

第六章　全民族抗战时期经济的畸形发展与衰落(1937—1945)

提出复工申请,并于1938年9月28日成立了天津橡胶工业公会,以日商怡丰、中村、西长、泰山、濑口、天津化学工厂等为会员,恢复生产,但因原料严重短缺,均开工不足。1939年产量仅为生产能力的31.8%,主要产品仍为胶鞋、鞋底、鞋跟、自行车里外胎、人力车里外胎,还不能生产汽车里外胎,生产设备和能力基本没有提升,生产能力与产额有相当的差距,见表6-5。

表6-5　1939年天津橡胶制品生产能力与产额比较表

产品(单位)	生产能力	生产数额	生产比率%
自行车外胎(千条)	1770	380	21.5
自行车里胎(千条)	3840	1600	41.7
人力车外胎(千条)	600	60	10.0
人力车里胎(千条)	600	60	10.0
胶鞋(千双)	1040	570	54.8
胶鞋底(千双)	4250	2724	64.1
胶鞋跟(千打)	1250	268	21.4
胶皮套鞋(千双)	600	不详	—
平均生产比率			31.8

资料来源:李洛之、聂汤谷编著:《天津的经济地位》,第174页。

为加强战略物资的生产,日商1938年开设了新的天津化学工厂(资本8.8万元)和福助橡胶工厂(资本30万元)。至此,日商在天津先后共设立11家橡胶厂,形成了行业的垄断。[1]其中,怡丰橡胶厂规模最大,1939年后又增资扩大生产规模,开始生产自行车胎和胶皮鞋,日产能力为汽车轮胎2000对,胶皮管3000对,胶皮鞋5000双。中村橡胶厂发展为天津第二大橡胶厂,设立时资本5万元,七七事变后增加到20万元,日产能力为人力车和自行车胎500对,胶皮管3200对,胶皮糊3000个。西长橡皮公司日产能力为汽车和人力车轮胎450对。[2]

与此同时,中国商人也逐步掌握生产技术,设立橡胶工厂。1938年中国商人创办了通兴橡胶厂,有资本6万元,聘请日本人担任技师,生产补胎胶、电

---

[1] 边炳章:《解放前天津橡胶业》,《天津工商史料丛刊》第2辑,1984年。
[2] 郑伯彬:《日本侵占区之经济》,第333页。

线胶、胶底后掌等产品。翌年,天津又有义堂、瑞昌、富盛等橡胶厂开业,其中义堂橡胶厂利用在日商橡胶厂工作过的中国职工绘制的图纸制作轧胶机,生产补胎胶、电线胶,后来又制造马靴、运动鞋、力士鞋等产品。1940年以后,中国人相继创办了裕合、裕德、大陆、聚源、飞龙、永丰、兴亚、北洋、长城、博华、顺隆、双凤等橡胶厂。其中,裕合橡胶厂由曾在日资濑口橡胶厂担任职员的杨凤藻于1940年创办,主要生产脚底和鞋后掌。大陆橡胶厂最初为中日合办,1943年转为华资,能生产汽车里胎。1942年以后,又有华资的利兴、利群、协成、万源、富德、同心、东昌、恒兴、光华、华胜、春生、钰华、德盛等橡胶厂开业。到1945年,天津有30家华资橡胶厂,但资金少、规模小、设备简陋、技术水平很低,一些工厂开业不久便停产倒闭,或仅能修补汽车和自行车胎。[①]

由于日本当局将生胶列为统制物资且主要供应日资橡胶厂,因此从生产规模和种类上看,日资企业占有十分重要的地位,华资橡胶厂处于停产或半停产状态。日商的怡丰橡胶厂有资本50万元,职员43人,工人189人,可以生产汽车轮胎等,年生产能力为汽车外胎3700条、汽车内胎5000条、自行车外胎9万条、自行车内胎10万条、人力车内外胎2.7万条、机器胶带260万吋、三角机器胶带100万吋、轧胶180条、各种零件120吨。日商中村(大和)橡皮公司有资本20万元,28名职员,140名工人,主要生产自行车内外胎,年生产能力为自行车外胎6万条、内胎36万条、其它各种内外胎10.5万条、机轧胶12吨、胶皮管9万尺、带铁线胶皮管6万尺、水管9万尺、硬胶皮12吨、各种零件12吨。日商西长橡皮公司有资本6万元,年生产能力为自行车外胎6.9万条、胶皮管10吨、棒球胶皮球1.8万个、硬胶皮30吨、蓄电池槽1000个、各种零件60吨。日商福助橡皮工业公司有资本30万元,职员46人,工人368人,主要生产胶鞋,年生产能力为胶鞋130万双、运动鞋40万双。此外,日商泰山橡皮公司年生产能力为运动靴10万双、五眼靴5万双、胶皮长靴2.4万双、大车内胎1.3万条和机轧胶60条、防水布67,200码;日商濑口橡皮工厂年生产能力,除1万条自行车外胎和5千条自行车内胎外,还有6万打保险套、3000打水囊和

[①] 边炳章:《解放前天津橡胶业》,《天津工商史料丛刊》第2辑,1984年。

第六章　全民族抗战时期经济的畸形发展与衰落(1937—1945)

250吨各种零件。

华商中天津化学公司规模较大,年生产能力为胶皮鞋4万双和各种零件30吨;其他华资工厂规模小,生产能力和品种都十分有限,而且多是以再生胶为原料。东亚橡皮厂年生产能力为胶皮鞋20万双、再生胶皮300吨,修理各种轮胎5000条。1941年以后建立的兴满橡皮公司,年生产能力为运动鞋80万双、三角机器胶带60万吋。天津兴业橡皮公司计划生产汽车里胎、自行车内外胎、人力车内外胎和机器轮胎,但因无原料,基本未形成规模化的生产。①

由此可见,1937年以后天津的橡胶生产有所扩大,逐步形成一个行业。但日资橡胶业在生产规模和种类等方面占有绝对优势,产品专供日伪军。华资橡胶业设备简陋,规模弱小,只能在夹缝中生存,有的只能利用再生胶生产,在规模和品种上均无力与日资企业抗衡。

1936年,天津有中国、东方和永明3家使用电力和生产设备的油漆厂,另有十余家手工油漆生产工场。②天津沦陷后,因原料断绝,各厂均无法维持生产。1938年,永明油漆厂负责人陈调甫将部分资本和仪器转移到上海,成立了永明实验室和万化制药厂,从事化工原料及西药的研究,留津的工人则生产一些化学试剂勉强维持生存。③1938年春,驻津日军强行购买了中国油漆公司,改名为东亚油漆株式会社,投资120万元,生产各种专供军用的油漆和润滑油,不进入市场销售,原有工人全部被留用。④驻津日军还企图与东方、永明两厂合作,生产军用油漆。1939年前后,驻津日军曾两次与永明油漆厂商讨合办工厂,生产军用油漆,被留守的管理人员以经理不在天津为由回绝。日军又以筹集军需为由,强行掠夺永明油漆厂寄存在中国银行仓库的130余件进口贵重原料,价值相当于其财产的一半,致使该厂被迫停产。⑤东方油漆

---

① 李洛之、聂汤谷编著:《天津的经济地位》,第338、343页。
② 吴承洛:《三十年来中国之化学工业》,中国工程师学会编:《中国工程师学会三十周年纪念刊:三十年来之中国工程》,第15页。
③ 王绍先:《陈调甫与永明油漆厂》,《天津文史资料选辑》第6辑,1979年。
④ 苗庆禔:《天津中国油漆颜料公司概述》,《天津工商史料丛刊》第3辑,1985年。
⑤ 陈萸芳、陈勤远:《抗战时期的永明油漆厂》,《天津文史资料选辑》第106辑,2005年。

厂在原料短缺的情况下,只能用库存原料限量生产,基本上处于勉强维持状态。与此同时,日商设立了新的中华油脂工厂、华北油漆工厂和天昌化工厂等,规模有限,除生产各种油漆、润滑油、清漆、磁漆、水性涂料外,还生产供印刷用的清漆和油墨等。①1936年前,天津有大小四五十家食用油炼油厂,天津沦陷后,在油料被强制统制的情况下,多数厂家歇业倒闭,1945年只剩下3家,即利中公司制油厂(1940年开办,资本50万元)、华北制油厂(1942年开办,资本30万元)、宝记油厂(1939年开办,资本5万元),有锅炉、榨油和滤油等设备,但"因各种原料均甚缺乏","因价格甚高,制油难以获利",产量大减。②

传统的染坊利用矿物和植物对纺织品进行染色,19世纪80年代以后,随着近代化学工业的发展,利用中间体大量生产的合成染料因物美价廉,很快取代了天然染料,于是染织业广泛使用进口的化学合成染料。七七事变前,天津的染料工业较为薄弱,印染厂的染料完全依靠进口。最早的久兴染料厂创办于1930年,③此后又开办了几家染料厂,但资本少,且多因原料昂贵和产品价格下跌等因素难以维持。日本对与军事工业有密切关系的硫化染料工业非常重视,30年代后开始在天津设立工厂。据《满铁调查月报》记载,1935年前日商在天津建立了2个染料厂。其中,福光工厂月产300桶(每桶100斤)粉末状硫化青,大清洋行月产400桶粉末状硫化青。此外,维新化学工业公司天津工场除生产化工产品外,也生产染料,年产4万桶。当时,还有2家日商染料厂正在筹建:大和化学会社筹资4万元,计划年产6千到1万桶硫化青;金山工场生产硫化青和配合燃料。④据《日本对华投资》记载,1936年前天津有3家日商染料厂:维新化学工业公司有资本35万元,规模最大;天津工业公司和大和化学染料厂次之,年产量分别为5千桶和1.8万桶硫化染料。⑤

---

① 李洛之、聂汤谷编著:《天津的经济地位》,第338、340页。
②《进步日报》1951年3月1日,陈真、姚洛、逄先知编:《中国近代工业史资料》第2辑,第449页;天津市档案馆编:《天津近代工业档案选编》上册,第651—655页。
③ 李振江等:《天津染料工业发展概况》,《天津工商史料丛刊》第2辑,1984年。
④ 实业部中国经济年鉴编纂委员会:《中国经济年鉴》第3编第12章(工业),商务印书馆1936年版,第93页。
⑤ [日]樋口弘:《日本对华投资》,北京编译社译,商务印书馆1959年版,第58页。

第六章　全民族抗战时期经济的畸形发展与衰落(1937—1945)

全民族抗战爆发以后,日本中断了中间体的供应,1938年华资的久兴和裕东2家染料厂相继倒闭。①日资的维新化学工厂得到日本帝国燃料公司资助和青岛维新染料厂的技术支持,生产硫化青染料。中日合资的大清化学工厂的主要产品也是合成硫化青。这2家染料厂成为染料行业的主要企业。抗战期间,华北地区共有染料厂15个,其中天津有工厂6个;华北每年需用硫化青5万桶,其中天津生产约3万桶,济南等地生产约1万桶,其余1万余桶由德、日输入。②到1945年,各染料厂开工严重不足。日资的维新化学天津工厂月产硫化青2万斤、硫化碱1.68万镑,均为生产能力的一成左右;大清化学工厂月生产能力为90吨,实际年产量仅有10吨;福美津工厂每月产硫化青4500公斤,仅为生产能力的12%。③1945年前天津的染料厂生产能力见表6-6。

表6-6　1945年前天津染料厂一览表

厂名	设立年代	资本(元)	生产力	其他
福美津料工厂	1935	10,000	年产硫化青540,000吨	日资
大清化学工厂	1936	25,000	月产硫化青2000桶	中日合资
大和化学染料厂	1935	40,000	日产硫化青2500斤	中日合资
维新化学天津工场	1937	1,000,000日元	年产硫化青240万斤 年产硫化碱2800吨	日资
中国有机颜料厂	1935	1,000,000日元	年产硫化青1,500,000斤	停业中

资料来源:余孟杰:《沦陷期间华北化学工业之状况》,《科学时报》1946年第12期。

第四节　非统制性工业的生存与衰落

在日伪政权制定的华北产业计划中,包括棉纺织、毛纺织、皮革、面粉、卷烟、火柴、造纸、轻纺和食品等,属于"自由"经营的非统制性行业,目的是保证

---

① 李振江等:《天津染料工业发展概况》,《天津工商史料丛刊》第2辑,1984年;谢佑庆:《天津化学染料工业及其同业公会》,《天津工商史料丛刊》第8辑,1988年;曹振宇编著:《中国染料工业史》,中国轻工业出版社2009年版,第71—72页。
② 余孟杰:《沦陷期间华北化学工业之状况》,《科学时报》1946年第12期。
③ 李洛之、聂汤谷编著:《天津的经济地位》,第341页。

对统制性行业重点投资的同时,"防止资本的滥费"①。其对非统制性行业的方针政策是,允许日商和华商自由投资经营,既要努力依靠日本财阀等会社的投资,也要利用当地的资本;日本要给予确实的指导,以调整统制性行业与非统制性行业、日本国策会社与日本企业、日资企业与华资企业的关系;②表面上在计划中对其生产和销售上没有严格的管制,实际上从原料采购到运销都要完全服从日伪政府的安排。

在这些非统制性行业中,棉纺织、面粉、火柴、造纸等是天津最早兴起且发展较快的行业,是天津近代工业的基础和支柱行业。20世纪30年代以后,日本财阀和商人通过借贷、投资,特别是占领天津后的军管,兼并和收购了华商企业,并设立了一些新的工厂企业,形成了对一些行业的控制和垄断。但随着农业生产能力的丧失,交通不畅,各企业所需原料来源日趋紧张,生产经营和产品销售均受到管制,尤其是战争后期日本推行总体战,对各种物资进行强制性掠夺,使这些行业几乎完全丧失了生产能力。

一、棉纺织业的萎缩

(一)棉纺织业规模的扩大与生产的萎缩

全民族抗战爆发前,天津已有裕大、裕元、华新津厂和宝成三厂等4家华商纱厂被日本收购吞并,只剩下了恒源、北洋、达生3家华商纱厂,维持着纱锭83,000枚、线锭2000枚、织机560台的生产规模。日本中国驻屯军于1936年2月制定的《华北产业开发指导纲领》,未将纺织业定为统制性行业,是因为"棉纺织业信赖日本纺织联合会的统制力量",即依靠日本的财阀来控制。③当时,日本中国驻屯军曾计划由日商在天津新建10家纱厂,使纱锭总数增加157.47%,织机总数增加626.24%。④在日军的鼓励下,一些日资纺织会社纷纷

---

① [日]岛田俊彦编:『现代史资料』第9册,第60页。
② 『陆支密大日记』,1939年10月15日。
③ 居之芬主编:《日本对华北经济的掠夺和统制——华北沦陷区经济资料选编》,第13页。
④ 『国策研究会文书』第2504号,日本东京大学综合图书馆藏。

第六章　全民族抗战时期经济的畸形发展与衰落(1937—1945)

来天津筹建纱厂,预计将增加纱锭49.5万枚,织机1.2万台,见表6-7。

表6-7　天津日资新设纱厂计划表

公司名	锭数	织机数
上海纺	50,000	1000
双喜纺	50,000	1000
吴羽纺	145,000	5000
仓敷纺(中兴纺)	50,000	1000
岸和田纺	50,000	1000
大日本纺(大康纱厂)	100,000	2000
内外棉	50,000	1000
合计	495,000	12,000

资料来源:郑伯彬:《日本侵占区之经济》,第298—299页。

日军占领天津和华北地区以后,对战略资源和生产武器弹药的需求更为急切,要求各财阀将财力、物力集中到重要的国防资源产业。于是,日本华北方面军特务部改变了原来的计划,坚决制止日商在天津开设新的棉纺织厂。1938年初,当日本的大日本等五六个纺织会社呈请批准兴建新纱厂时,华北方面军特务部要求其以"开发"重要国防资源为中心,至于"新设扩充纱厂,只准许限定在建设中和已经购置场地等最小限度内,并避免使用在日本的停产机器和现行机器重新制定建设新厂的计划"。1939年特务部再次重申,已经复工或尚在修理中的既存纱厂设备,准许开工生产;尚在修理者应限期复工,否则即取消生产许可权;七七事变前曾经许可设立之厂及增加设备的计划,凡未着手进行者不准建厂和增加设备;新设或增设纱厂必须先取得核准才能开业;新设纺织厂至少须具备若干纺机与织机,其所用之设备及出品种类要有一定标准,否则皆不许可设立;现有工厂的各种生产设备也应依据前项标准取得生产许可权,否则不准许开工生产。[1]日本政府企划院也规定了日商纱厂的规模,对于扩张计划一概不予批准。据此,日商放弃了新建或扩建纱厂,保留正在兴建和经营的纱厂。[2]日本福岛纺织株式会社于1936年设立的

---

[1] 『陆支密大日记』,1938年4月9日。
[2] 陈真编:《中国近代工业史资料》第4辑,第242页。

635

双喜纺织会社,原计划有5万枚纱锭、1000台织机,实际规模缩小为3万枚纱锭、700台织机,于1939年10月投产。①上海纺织株式会社于1937年3月设立的天津纱厂,有3万枚纱锭和700架织机,1939年11月正式投产。日本岸和田纺织株式会社1936年设立的天津纺织工厂,有3万枚纱锭和700架织机,1940年5月开始投产。②截至1938年8月,天津有8家日本财阀收购和新建的纱厂,有纱锭45万枚,织机近9000台,见表6-8。

表6-8 1938年9月天津日资纱厂生产规模一览表

	天津纺织	裕大纺织	公大六厂	公大七厂	裕丰纺织	双喜纺织	上海纺织	岸和田纺	合计
精纺机(锭)	58,000	42,000	100,000	60,000	100,000	30,000	30,000	30,000	450,000
织机(台)	748	--	3000	1000	2000	700	700	700	8,848

资料来源:根据居之芬主编《日本对华北经济的掠夺和统制——华北沦陷区经济资料选编》第618页的数据编成。

据调查,到1940年4月,天津日资各纱厂的纱锭比1937年9月增加了97%,线锭增加了159%,织机增加了270%。③1940年,天津棉纺织业的生产达到峰值。此时,日商和华商各纱厂共有精纺机544,204锭、捻线机25,172锭、织机8900余架;其中,日商各纱厂的精纺机、捻线机、织机数量分别占天津总数比重的85%、92%、94%,处于绝对的垄断地位。1941年7月,日本岸和田纺织株式会社天津工厂与大日本纺织株式会社合并,改称大日本纺织株式会社天津工厂。④华商的恒源、北洋和达生纱厂均未扩建,继续维持原有的设备和生产能力。1945年,天津棉纺织厂的设备状况如表6-9所示。

全民族抗战爆发以后,尽管天津棉纺织业的纱厂数量和设备有所增加,生产能力有所提升,但因华北棉花连年减产,加之运输不畅、工人反抗等因素的影响,产量始终未达到预计的生产能力,到了战争后期则长期处于半停产状态。抗战前的1932年,天津有6家纱厂,年产量棉纱162,114包、棉布806,

---

① 居之芬主编:《日本对华北经济的掠夺和统制——华北沦陷区经济资料选编》,第637页。
② 居之芬主编:《日本对华北经济的掠夺和统制——华北沦陷区经济资料选编》,第619页。
③ 陈真编:《中国近代工业史资料》第4辑,第243页。
④ 居之芬主编:《日本对华北经济的掠夺和统制——华北沦陷区经济资料选编》,第627页。

第六章 全民族抗战时期经济的畸形发展与衰落(1937—1945)

表6-9　1945年天津各棉纺织厂设备统计表

厂名	精纺机(锭)	捻线机(锭)	织机(架)
中纺天津第二厂(旧公大)	81,992	5376	2015
中纺天津第七厂(旧公七)	50,272	5720	1530
中纺天津第三厂(旧天津)	48,820	4920	1006
中纺天津第一厂(旧裕丰)	96,352	8720	1932
中纺天津第五厂(旧双喜)	20,640	4000	700
中纺天津第四厂(旧上海)	29,948	7560	750
中纺天津第六厂(旧大康)	21,040	2300	700
小计	349,064	38,596	8633
恒源纺织厂	25,008	—	460
北洋商业第一纱厂	26,080	—	—
达生制线厂	7248	1956	—
小计	58,336	1956	460
合计	407,400	40,552	9053

资料来源：李洛之、聂汤谷编著：《天津的经济地位》，第252页。

468匹。天津沦陷后的1937年，年产棉纱105,781包、棉布642,700匹，分别相当于1932年的65.25%和79.69%。1939年，天津的7家纱厂(包括4家日资纱厂)的棉纱产量只及战前的75%，天津各日商纱厂的开工率仅为48%。[1]1940年以后，天津棉纺织业的生产规模大大超过以前，但棉纱产量没有太大增加。1940年，天津七家纱厂年产棉纱73,401包，只及战前的40%；军需用布增加，棉布产量增至4,262,925匹，是全民族抗战爆发前的6倍多。[2]一些日资纱厂曾一度需要进口外棉，但亦属杯水车薪，反而增加了生产成本，"万不得已，大施短工，其新设设备，也逐渐游闲化了"[3]。华商的恒源、北洋和达生纱厂被日伪棉花统制机构和日商纱厂从原料、产品种类与销售上予以控制，即在各方面"都必须与华北日商纱厂保持密切联系，采取同一步调"[4]，1938年的设备运

---

[1] 张肖梅主编：《中外经济年报1939年》，中国国民经济研究所1939年版，第112页。
[2] 李洛之、聂汤谷编著：《天津的经济地位》，第262—263页。
[3] 李洛之、聂汤谷编著：《天津的经济地位》，第251页。
[4] 大日本纺績連合会编：《東亜共栄圏と繊維産業》，東京文理書院1941版，第211页。

转率约为66%,1939年仅有50%。[1]

1941年天津棉纺织厂生产规模和产量如表6-10。

表6-10 天津棉纺织厂设备和1940、1941年生产状况表

名称	设立年月	1941年资产总值(万元)	工人数	生产设备	产品	生产量 1940年	生产量 1941年
公大六厂（钟纺）	1918年4月	3400	5065	精纺机98,632锭 捻丝机5376锭 普通织机3,015台	棉纱 棉布	5880包 1,391,142匹	7900包 1,125,890匹
公大七厂（钟纺）	1918年11月	2900	2331	精纺机60,123锭 捻丝机5720锭 普通织机1530台	棉纱 棉布	2236包 684,986匹	4540包 551,945匹
裕丰纺织株式会社天津工厂（东洋纺）	1936年	4000	3824	精纺机102,384锭 捻丝机7200锭 普通织机2028台	棉纱 棉布	4687包 1,149,896匹	8012包 1,193,557匹
天津纺织公司	1922年1月	1900	2900	精纺机56,848锭 捻丝机2520锭 普通织机748台	棉纱 棉布	17,116包 275,088匹	20,990包 399,753匹
裕大纺织股份有限公司	1921年1月	1000		精纺机48,672锭 捻丝机2400锭	棉纱	10,911包	12,505包
双喜纺织株式会社（福岛纺）	1936年11月	1500	1402	精纺机30,040锭 普通织机700台	棉纱 棉布	9543包 245,538匹	6739包 271,500匹
上海纺织株式会社天津支店	1937年3月	833.9	1277	精纺机29,948锭 捻丝机1440锭 自动织机700台 麻纺织设备1套	棉纱 棉布	6321包 199,705匹	5779包 178,460匹
大日本纺织株式会社天津工厂	1937年	713.1	892	精纺机30,000锭 自动织机500台	棉纱 棉布	4116包 82,148匹	5765包 126,372匹
恒源纺织股份有限公司	1930年5月	1330.2	1754	精纺机36,592锭 自动织机460台 普通织机150台	棉纱 棉布	7945包 174,490匹	7796包 194,765匹
北洋纺织股份有限公司	1921年9月	1275.7	1386	精纺机37,632锭	棉纱	13,173包	15,064包
达生制线厂	1922年11月	190.6	473	精纺机9,072锭	棉纱	3548包	3532包

资料来源：根据郑会欣主编《战前及沦陷期间华北经济调查》第403—404页表格精简而成。

---

[1] 王萌：《抗日战争前期日本在华棉纺织业研究(1937—1941年)》，华东师范大学博士学位论文，2012年。

第六章 全民族抗战时期经济的畸形发展与衰落(1937—1945)

(二)日伪政权对棉纺织业的垄断和控制

尽管棉纺织业并非统制性行业,但日伪政权除禁止新设纱厂外,通过设立各种机构,对棉纺织业从原料、生产、销售进行全方位的垄断与控制。1937年4月,日伪政权成立了日本纺织业天津事务所,宣称其"目的在于为建设中的日本人纺织同业协议相互的福利问题,并且建立彼此间的亲睦关系"。同年9月,经日本总领事馆批准,设立了在华日本纺织同业会天津支部,会员为天津、唐山的12家日商纺织厂,控制了华北的棉花收购、运输、配给,掌控了原料和产品市场,进而"纺织同业会的团体化问题,迅速取得进展"[1]。

随着日本侵略战争的不断扩大,军需物资供应日渐短缺。日本进一步实行"军需优先""民需压缩"的政策,设立各种组织和机构,实行全面管制。兴亚院华北联络部于1942年7月设立了华北棉业振兴会,开始一元化统制资金、生产、配给等。翌年,以该会为基础成立的华北纺织工业会成为统制棉纺、毛纺、织布、染色、加工的机关。[2]1943年8月,日伪政权又设立了华北纤维统制总会,以制棉团为单位,对有一定规模的各纺织厂的原料实行统制性管理。天津制棉团负责配给中日各纱厂所需原棉,并登记与制棉团有业务关系的杂棉业者,未登记者无权进行交易。因此,棉纺织业虽未被列为统制性行业,但日伪政权通过日本军部和财阀控制的各种机构和组织,从原料、生产和销售等各个环节对其实行越来越严格的管控,将其纳入战时经济的轨道。

日伪政权对棉花和棉织品的统制也越来越严,尤其是太平洋战争爆发后,规定华北棉花须有一半运往日本和伪满洲国,本地的棉花消费中,要有一半供给军需。各纱厂的原料须由华北纺织工业会和制棉团分配,产品也均受当局统制,以供军需为主,由此导致各厂原料短缺,产量连年大减,大多数厂家处于半停产状态。1943年前后日伪政权强行推行所谓的献金献铁运动,除日商的裕丰、上海纱厂担负生产军需棉布的"特殊使命"外,其他纱厂均要"献

---

[1] 居之芬主编:《日本对华北经济的掠夺和统制——华北沦陷区经济资料选编》,第617页。
[2] 解学诗:《满铁与华北经济(1935—1945)》,第484页。

铁",日商公大六厂的设备全部被拆毁,改为军用化工厂;双喜纱厂捐出9400锭纺机;日商纱厂总共拆毁了15万锭的设备;到1945年,天津日商纱厂的总锭数仅相当于1942年的近69%。

华商各纱厂也被日伪政权强制拆除捐献。1944年7月,伪华北纺织工业会派人拆除了北洋纱厂11,552枚纱锭和恒源纱厂11,584枚纱锭的设备,[①]包括打棉机、梳棉机、捻线机、粗纺机、精纺机等在内的各种设备,钢铁重量为343,930吨,均被熔作制造弹药的原料。1944年9月26日,华北开发会社又派人拆除了恒源纱厂的30台电动机和1/3的纺织设备,使其仅余800枚纱锭和40台织机,并多次强行没收两个纱厂的汽油等物资。[②]据统计,华商的恒源、北洋和达生三家纱厂的纱锭和织机总数,1940年12月分别为81,584枚和504台,1945年6月分别为65,388枚和460台,减少了10%至20%。[③]同年,天津的中日各纱厂纺机总数比1940年减少了18万锭,生产能力仅及1940年的69.11%。[④]各纱厂的开工率普遍下降,如日商的上海纺织天津纱厂的开工率为:棉纱15%、棉布15~20%、麻线30%、麻布20%、帆布20%;大日本纺织会社天津工厂开工率为:纺织15%、织布17%;[⑤]双喜、大康、公大六厂基本全部停工。1945年抗战结束后,天津棉纺织厂的设备状况为:纱锭407,400枚、捻线机40,552锭、织布机9053台。

天津还有很多织布工厂、针织工厂和印染厂,其中部分使用动力并有少量设备,部分仍然是使用人力织机、织袜机等的手工工场。由于作为原料的棉纱、棉布生产不足,且内地多沦为战场,销路不畅,故一直处于停产或半停产的状态,部分工厂给"日商代织手工",部分工厂给不能染色的洋行代染色布。在1943年的调查表中,1936年建的澄记织袜厂有22台人力织袜机,"现因原料无处购买,刻下已停工数月";1929年建的嘉阳织物工厂有资本7.5万

[①] 中共天津市委党史研究室编:《天津市抗战时期人口伤亡和财产损失资料选编》,天津人民出版社2015年版,第96—97页。
[②] 天津市抗战损失调研课题组:《天津市抗战时期人口伤亡和财产损失》,第96—97页。
[③] 天津市纺织工业局编史组:《旧中国时期的天津纺织工业》,《北国春秋》1960年第2期。
[④] 李洛之、聂汤谷编著:《天津的经济地位》,第251—252页。
[⑤] 居之芬主编:《日本对华北经济的掠夺和统制——华北沦陷区经济资料选编》,第635—636、628页。

第六章　全民族抗战时期经济的畸形发展与衰落(1937—1945)

元,工人64名,有自动提花机20台,人力提花机40台,生产绸绢等,"现因原料缺乏,大部停工";1936年建的福元织染工厂有资本40万元,工人21名,设备有锅炉、马达和14个染槽,价值22万元,1943年"因棉细布来源稀少,已停工二月之久"。①

二、毛纺织与皮革业的军需化生产

(一)毛纺织业的停滞

1935年,天津有3家毛纺织工厂、2家毛绒针织工厂、10余家地毯厂和近百家地毯工场与手工作坊。日军侵占天津时,本市的毛纺织厂和地毯厂均在租界,因此未被日军军管,但原料来源和产品销路受到极大限制,依靠毛纺厂生产的毛条织造地毯的13家工厂和85家作坊,开工率仅有五成。华商在英租界设立的仁立毛纺织厂原本已建设了新厂房,并购置了精纺机,以扩大生产规模,因七七事变而中辍。面对原料来源困难的局面,该厂虽然一度乘羊毛商急于抛售之机,在中孚银行的支持下购入了数千吨羊毛,但开工率只有80%,呢绒、床毯的生产分别减少了63%、36%。②华商的东亚毛纺织厂也因原料短缺,日产毛线仅有一千五六百磅,比七七事变前减少一半;③1938年该厂为维持生产,增添针织绒线锭2400枚和针织机等设备,以增加产品种类,扩大销路。但欧洲战事正酣,进口原料大减,只好将重点转向生产麻纺织品,1940年又从上海购买了一套黄麻生产设备,生产麻袋供给日本军队。后来该厂不得不转而生产咳嗽糖、脑得康等西药。英法租界被日军占领后,这些华商毛纺织厂或被接管,或被日商吞并。东亚毛呢厂被日军接管后,强制改为麻袋厂,产品供应军队。日商曾计划吞并仁立毛纺织厂,未能如愿,遂加强对其原料和销路的统制,导致该厂虽然设备齐全,规模较大,但只能生产毛纱、绒毡、

---

① 天津市档案馆编:《天津近代工业档案选编》上册,第607、675、693页。
② 参见天津市纺织工业局编史组编:《旧中国时期的天津纺织工业》,《北国春秋》1960年第2期。
③ 郑伯彬:《日本侵占区之经济》,第307—308页。

骆驼绒等,①后来则只能生产棉袜。②

与华商毛纺厂的举步维艰对比鲜明的是,日商毛纺织厂迅速扩张。七七事变前,日本洋行就在天津、张家口、包头等地设庄收购毛皮,日商井泽洋行曾设立了规模不大的绒毯厂。日商资本占90%的满蒙毛织会社于1931年在天津设办事处收购羊毛,1937年出资200万元购地830亩,计划在天津建毛织厂,七七事变后向日伪政府申请建厂被拒绝。太平洋战争爆发后,日军进驻英法等国租界,外商地毯厂等均被视为"敌产"而受到军管,满蒙毛织株式会社乘机接管了美古绅毛纺织厂,后改组为满蒙毛织会社第二工厂,增加了部分设备,有织机73台,工人387人,生产军毯、毛哔叽和军服呢等,在华北毛织业中占有一定的地位。③1938年5月,钟渊纺织会社收买了天津英租界内的同华毛纺厂,改名公大毛绒厂,1941年添置了40台织机及染整设备,有7台精纺机和50台织机,工人500人,生产西服毛料和毛巾等。④日商还新建了日产6000条毛毯能力的天津制绒公司。此时,日商各厂虽然有精纺的设备和产品,但同样因原料匮乏而缩减生产。满蒙毛织会社第二工厂的工人从1936年的300余人,减少到1942年的100人,每日仅产绒毯30条左右,供给日军。⑤

随着战争物资的日益短缺,日伪政权加强了对毛纺织产品和原料的统制。伪华北纺织工业会设立了两个毛纺织组合,成员以日商为主,天津的钟渊公大、东亚毛呢、仁立毛呢、海同纺毛等企业隶属于第二毛纺织组合。该组合强制收买市面上的皮毛,对各厂实行原料配给和产品用途的限制。此外,驻守天津的日军还以军队急需为由,直接到工厂勒索。1942年以后,日本甲第1820部队每年都强征仁立公司的原料和产品,1943年强征了该厂自存的澳洲毛条2万磅,强迫织成毛哔叽以为其制作军服。此外,日军还强迫该厂为其加工军用毛毯17,000条,限令年底交齐;后又追加军用毛毯70,000条,限令

---

① 郑会欣主编:《战前及沦陷期间华北经济调查》,第407页。
② 姜国栋:《仁立毛呢纺织厂六十年的发展简史》,中国纺织科学技术史编委会编:《中国纺织科技史资料》,第15集,1983年。
③ 陈真、姚洛、逢先知编:《中国近代工业史资料》第2辑,第384页。
④《中国近代纺织史》编辑委员会编:《中国近代纺织史(1840—1949)》下卷,第117页。
⑤ 郑伯彬:《日本侵占区之经济》,第308页。

1945年交付，厂方不敢不签合同，最后只交付20,000条。1943年，日军还强征了仁立公司自存的羊毛20,926斤，为其加工毛毯28,311条。[1]在日伪政权的严厉统制下，原料极其匮乏，产品又多供应给军队，各毛纺织厂毫无利润可言，1942年后皆萎靡不振，至抗战结束前几乎完全停产。

（二）以军队供应为主的制革业

天津作为中国最主要的皮毛出口口岸，制革业兴起较早，并成为天津近代工业的特色之一，到全民族抗战爆发前，有机器制革厂与手工作坊共计60多家。[2]全民族抗战爆发后，日商钟渊公大会社购买了长期停产的北洋硝皮厂，更名为公大天津皮革厂（公大第一制革厂），不断增加资本和扩大生产规模，[3]1945年该厂的固定资本和流动资金分别为137万元和1920万元，有员工288人（其中日本员工22人）。[4]1941年，日商购买了长期停工的天津一大制革公司，更名为华北皮革株式会社天津工场（又名新华北制革厂），[5]每月生产能力为底皮和面皮2800张，1945年实际每月生产1400张，仅有生产能力的一半左右。[6]

华商的皮革厂因原料和销路等受到限制，经营更为艰难。据伪天津商会1943年绘制的华商工业调查表可知，1942年建立的罄记皮带厂有资本2万元，原料由"部队配给"；[7]鑫华茂制革厂（资本20,000元，下同）、顺记皮件厂（1000元）、春华制革厂（20,000元）、志大福记制革厂（5000元）、乾大恩记制革厂（10,000元）、开元工厂（450元）、万增茂皮革厂（5000元）、恩玉庆工厂（1100元）、华胜元皮厂（10,000元）等，所用的牛羊皮原来"由各地采购"，此时由日伪

---

[1] 天津市政协文史委编：《沦陷时期的天津》，天津人民出版社1992年版，第284页；中共天津市委党史研究室编：《天津市抗战时期人口伤亡和财产损失资料选编》，第89、92—94页。
[2] 杨健英：《天津制革工业及其工业公会》，《天津工商史料丛刊》第7辑，1987年。
[3] 柯绛、杨立：《1942年前日本在华工矿业资产之调查统计》，《民国档案》1991年第2期。
[4] 李洛之、聂汤谷编著：《天津的经济地位》，第337页。
[5] 天津市档案馆编：《近代以来天津城市化进程实录》，第279页。
[6] 李洛之、聂汤谷编著等：《天津的经济地位》，第341页。
[7] 天津市档案馆编：《天津近代工业档案选编》上册，第645、714页。

军配给,"皮革及制革材料缺乏",各种原料和材料"飞涨甚巨",原料仅有以前的半数,产品皆被军队收购,勉强维持。1921年创办的利生皮革厂有资本5万元,工人23名,使用轧光机、轧皮机、转鼓等设备,生产篮球、足球、拍子和底皮等。因为"原料少,材料缺乏,大部分统制牛皮羊皮由组合配给。现在大部分军用,民需日少,销路亦不能发展",造成"挑费大,成本重",产量大减。原来每月生产篮球1500个、足球600个、拍子500把、牛皮500张、羊皮200张,此时每月生产篮球20个、足球30个、拍子50把、牛皮4张、羊皮200张。[①]

天津沦陷初期,日伪政权并未控制生皮市场,天津的各个皮革厂从本地、河北、山东、河南等地购入原料,尚能维持生产。1939年,皮革被日伪政府列入军用物资,从原料、生产到销售都在统制之内。日伪政府组织了伪华北原皮协会(后改为皮革加工统制协会),规定80%的生皮归日本军用,其余的20%归该协会,各厂需入股该协会才能得到分配的生皮。天津制革业同业公会会长王晋生带头抵制,只认一股,其他会员也纷纷效仿。[②]但是,众多日商皮革厂等对华商各厂威逼利诱,或强行购买其厂房设备,或要求加入股本和租用。华北制革公司只得将机器设备拆下隐藏,将厂房租给德商洋行,只留下一小部分机器维持生产。[③]1941年以后,各皮革厂从生产到销售都在伪华北原皮协会的管控下,规定原料一律只配给牛头尾皮,其数量不及成品的十分之一,故各工厂生产时停时开。如建于1917年的华北制革公司有资本30万元,每天可制皮百余张。此时,原来的120余名工人仅剩36名,原料配给也极少,每日只能得到三四套零件的配给(每套零件为牛头、牛尾各1只,牛足4个),只得留一小部分机器,其余厂房设备变卖出租,改行靠织牛毛鞋里或布线袜勉强生存。[④]鑫华茂制革厂成立于1922年,有锅炉2台,1943年只配给了牛皮10枚、马皮8枚、犬皮10枚、羊皮50枚和牛头皮50枚。[⑤]同时,制革厂的

---

① 天津市档案馆编:《天津近代工业档案选编》上册,第642页。
② 杨健英:《天津制革工业及其工业公会》,《天津工商史料丛刊》第7辑,1987年。
③ 周乃庚等:《天津机器制革业及华北制革厂》,《天津文史资料选辑》第31辑,1985年。
④ 陈真、姚洛、逄先知编:《中国近代工业史资料》第2辑,第448—449页
⑤ 天津市档案馆编:《天津近代工业档案选编》上册,第714页。

产品全部被收归军用,毫无利润,因此不得不停产。

三、面粉业的管控与衰落

(一)日伪政权对原料的管控

机制面粉业在天津起步早、发展快,是近代工业的支柱行业之一,1936年有6家面粉厂,日产能力为21,530包,其中规模最大的寿丰面粉公司日产能力为15,250包,其次为福星面粉公司日产能力为6300包。①

全民族抗战爆发后,一些面粉厂在各地收购的小麦或毁于战火,或被军队征用,库存减少。如寿丰面粉公司损失了小麦111,104包,福星面粉公司因日军进攻和轰炸,"各产麦区域交通阻塞,地方糜乱",致"所购而未及运津之小麦共计损失819.2733万斤,麻袋9.9034万条"。②

日伪政权为保证日军面粉供给,对华北的粮食运销实行全面统制。1940年6月,日伪政权成立由华北地区全部面粉厂、小麦委托收购商组成的伪华北小麦协会,负责小麦的收购;翌年8月又将该协会从原来作为斡旋协调性质的团体,改组成"小麦收买、配给及制品统制的执行机关",在天津设立了支部。③1941年,日伪政权颁布了《小麦收买大纲》,规定县合作社联合会负责在产地收集小麦,然后上交伪华北小麦协会天津支部,天津支部将收购的小麦实行配给,分配给各个面粉厂。④日伪政权还规定了各面粉厂的产销数量,根据产能配给小麦,但配额不足,面粉厂难以维持生产。有的华商面粉厂每月得到的原料仅能维持生产10天左右。天津寿丰面粉公司只有第一厂勉强开工,二、三两厂一度关闭。⑤

太平洋战争爆发后,日本强化粮食统制政策,伪华北小麦协会不仅负责

---

① 陈真、姚洛编:《中国近代工业史资料》第1辑,第476—481页。
② 天津市档案馆编:《天津近代工业档案选编》下册,第42、265页。
③ [日]浅田乔二等:《1937—1945日本在中国沦陷区的经济掠夺》,袁愈佺译,复旦大学出版社1997年版,第6、7页。
④ 天津市档案馆等编:《天津商会档案汇编(1937—1945)》,第575—576页。
⑤ 参见居之芬、张利民主编:《日本在华北经济统制掠夺史》,第124页。

统购小麦并分配给各面粉厂,而且各面粉厂所产面粉必须按照其规定的价格销售。不久,日伪政权再次强化了统制政策,一部分小麦配售给面粉厂自营,一部分小麦配给面粉厂代为加工,加工的面粉直接交付专门机构配售。从1942年开始,日伪政权不准华商各面粉公司自由经营,从原料来源到产品销售完全由统制机构管制。如1942年伪小麦协会配给寿丰、福星公司的小麦分别为21余万担,1943年仅配给4084担和1626担,分别下降了98.1%和99.3%;与此同时,代加工的小麦从1942年的283,584担,增加到1943年的721,359担,增加了154%。

(二)面粉生产的萎缩

由于从原料到生产均受到日益严苛的管控,天津各面粉厂的生产一直萎靡不振。华商寿丰面粉公司自1938年至1941年虽能自产自销,但产量受到小麦收成和运输等因素的影响,起伏较大,并未达到抗战前的生产水平,1942年以后则多为代伪小麦协会加工。该厂代加工的小麦占小麦总消耗量的比重,1942年为34.12%,1943年和1944年分别达98.92%、99.78%;在该厂所生产的面粉中,自产在总产量中的比重迅速减少,1942年占63.45%,1943年和1944年猛降到10.81%和0.23%。此时的寿丰面粉公司已完全变为日伪军所需食粮的加工厂。华商福星面粉公司也是如此。其所代加工的小麦占小麦总消耗量的比重,1942年为44.48%,1943年上升至99.53%。在该厂所生产的面粉中,自产占总产量的比重,1942年为54.18%,1943年下降到0.47%,1944年则完全为代加工。[1]

日商的面粉生产规模则有所扩大。1938年,日商收购了嘉瑞合记,更名为三吉面粉株式会社,1939年并入三井洋行,改名为东亚制粉株式会社天津支店,有资本700万元,[2]增加了6台磨粉机,日产面粉7000包。因为有伪小麦协会的特殊配给,日商面粉厂成为华北战场日伪军食粮的主要供给

---

[1] 参见赵兴国:《天津市面粉业概况》,《河北省银行月刊》第1卷第3期,1948年;王槐英:《天津面粉工业及其工业公会》,《天津工商史料丛刊》第7辑,1987年。

[2] 杜恂诚:《日本在近代中国的投资》,第202页。

第六章　全民族抗战时期经济的畸形发展与衰落(1937—1945)

来源之一。

表6-11　沦陷时期天津面粉厂一览表

厂名	资本(万元)	磨粉机(台)	原动力	工人
寿丰一厂	500	25	电机640匹	55
寿丰二厂	500	23	汽机550匹	54
寿丰三厂	500	18	汽机500匹	30
福星公司	160	18	汽机500匹	80
东亚制粉厂(日资)	700	30	电机230匹 汽机600匹	
元昌祥	70	5	电机130匹	25

资料来源：赵兴国：《天津市面粉业概况》《河北省银行月刊》第1卷第3期，1948年，第22页。

四、火柴、造纸等行业的低迷

(一)分产合销下的火柴工业

天津的火柴业兴起于20世纪之前，且发展较快，是天津近代工业的支柱行业之一。全民族抗战爆发后，华商各火柴厂停工。日伪政权为垄断火柴生产，于1939年2月恢复了已停顿的中华全国火柴联营社，并将总社从上海迁到天津，要求各火柴厂加入伪联营社，威胁不加入者一律实行军管。由于火柴既是日用品，又属于战略物资，因此伪联营社对各火柴厂生产采取了分产合销的方式。①

伪火柴联营社仿效英美烟草公司的模式，设立数个分社，形成火柴专卖。其中，天津分社管辖华北地区，青岛分社管辖鲁豫地区，各分社下设支社。天津分社下的华北地区有9家火柴厂，其中日资2家，华资7家。②伪联营社对于各厂限定产额，从生产数量上实行统制，如1939年底对华北各厂的生产限额

---

① 居之芬主编：《日本对华北经济的掠夺和统制——华北沦陷区经济资料选编》，第709页。
② 中国第二历史档案馆：《中华民国史档案资料汇编》第5辑第2编财政经济)(三)，江苏古籍出版社1997年版，第193页。

647

为179,379箱参见表6-12;各分社还派出由日本人充任的驻厂查核员进驻各厂监督生产和销售。

表6-12 伪火柴联营社1939年12月对华北区各工厂生产限额表 （单位:箱）

地区	厂名	国籍	规定年度产量
天津	大生火柴工厂	中	2762
	天津丹华火柴厂	中	36,677
	北洋火柴工厂	中	19,541
	荣昌火柴工厂	中	2195
	三友洋行工厂	日	14,133
	中华磷寸会社	日	41,436
北京	北平丹华火柴厂	中	29,895
	厚生火柴工厂	中	3240
泊头	永华火柴工厂	中	20,452
合计			179,397

资料来源:中国第二历史档案馆编:《中华民国史档案资料汇编》(第5辑第2编财政经济)(三),第194页。

伪联营社对火柴销售实施的主要措施有:实行集中发卖制度,即各支社与经销店订立合同,由经销店缴付一定数目的保证金,按议定区域经销,给予3%的佣金,以防止火柴流入抗日根据地;规定各地硫化火柴、安全火柴的批发和零售价格,批发价格以天津和青岛工厂制造的火柴价格为基准,其它各地所产火柴在此基础上另外计算运费;[1]零售价格则要求"各地火柴联营分社或支社,得于必要时,设立直接零售处,按公定价格直接销售于用户"[2]。各地的分社还随时派人到各经销店查点存货、查核账册,若有不按伪联营社规定的销区及价格销售者,取消经销合同。因火柴所需的原料氯酸钾可以用于制作炸药,伪联营社对氯酸钾进行集中采购、统一分配。沦陷区各厂所需氯酸钾多由日商组织的配给组合供应,少数由各厂自行购买。1940年2月决定改由总社统一向日本购买,再按各厂生产比率分配使用,各厂不得自行订购或高价购买。

---

[1] 中国第二历史档案馆编:《中华民国史档案资料汇编》(第5辑第2编财政经济)(三),第193页。
[2] 《华北区火柴运费标准及分销零售限价暂行办法》,《天津特别市公署公报》1941年第95期。

第六章　全民族抗战时期经济的畸形发展与衰落(1937—1945)

在伪联营社的统制下,天津各火柴厂均根据上一个月的产量确定下一个月的生产,由伪联营社按议定的比例分配各厂产量,按照议定的价格(标准成本加5%的利润)由联营社收购,然后卖给天津或其他地区的商家出售,不允许各厂直接售卖,重要的原料也由联营社配给。因此,天津各火柴厂的生产受到很大限制。1939年大生火柴厂被日商强行收购,恢复了中华火柴厂的厂名,并代管了被军管的3家山西的火柴厂。在产量方面,天津6家火柴厂1938年的产量为62,231箱,超过当年的生产限量,但其实际产量仅有生产能力的27%。[1]1939年,天津各火柴厂的总产量为116,845大箱,略超过当年生产限额的116,744箱。在整个华北地区,参加伪联营社的火柴厂1939年至1940年的平均月产量38,000多箱,比1937年的平均月产量下降了20%。[2]

太平洋战争爆发后,日伪政权加强了对火柴生产和销售的统制,决定将所有火柴原料(各种化学原料及木材、纸张等)全部划归伪联营社统一配给,非经伪联营社许可不得将原料售卖或转让,违者将暂时或永久停止配给。[3]由于原料供应短缺,各厂纷纷减产。1943年后,日伪政权不得不实行火柴配售,[4]即伪联营社通过各种组合将火柴层层分配给零售店,再由各地区、保、乡公所配给消费者。由于原料尤其是化学原料奇缺,伪联营社的配给减少,削减产额,只能取消了各地工厂所产火柴的牌号、等级,完全按同一个价目,实行统收。到1944年,伪联营社开始依照华北各省人口数量,按每人每天使用3支火柴的标准来限定生产量,并确定民用和军用比例。[5]于是,天津各火柴厂或减产,或倒闭,产量急剧下降。其中日资的中华火柴厂实际月产1500单箱,仅为生产能力的60%,[6]华商火柴厂的实际产量不足生产能力的30%。1943年至1944年,参加伪联营社的华北地区各个火柴厂,平均月产仅产14,000余

---

[1] 李洛之、聂汤谷编著:《天津的经济地位》,第185页。
[2] 青岛市工商行政管理局史料组编:《中国民族火柴工业》,第130页。
[3] 青岛市工商行政管理局史料组编:《中国民族火柴工业》,第128页。
[4] 天津市档案馆编:《近代以来天津城市化进程实录》,第281页。
[5] 青岛市工商行政管理局史料组编:《中国民族火柴工业》,第131页。
[6] 李洛之、聂汤谷编著:《天津的经济地位》,第341页。

箱,比1937年下降了70%。①

(二)造纸工业的兴衰

全民族抗战爆发前,天津的造纸业在全国首屈一指,是近代工业的支柱行业之一,共有振华余记机制纸板厂、肇兴机器造纸厂、新成机器造纸厂、北方造纸厂、会文造纸厂、权利造纸厂、利用造纸厂等7家企业。②其中,振华余记纸板厂和肇兴造纸厂以稻草为原料,制成纸浆后生产板纸,其他5厂均以进口纸浆和废纸布头为原料。③

全民族抗战爆发后,7家华商造纸厂中有4家被日军抢占,振华余记纸板厂和新成造纸厂继续经营。振华余记纸板厂在承租人退租改为自营半年后,日本的三井、三菱会社派人来厂要求合作,提出十分苛刻的条件,如双方投资按百分比分配,振华纸板厂全部产值为49%,日方提付现款,份额为51%,由两个会社派员接管,振华纸板厂则以搪塞拖延应对。1940年,振华纸板厂聘任日本人为顾问,以摆脱三井、三菱会社的纠缠。从1941年起,振华纸板厂从日本购置设备,对原有的板纸机进行改良,并添加了辅助设备和2台薄纸机,生产牛皮纸、油毡纸。该厂扩大生产能力后,日生产能力由十四五吨增至二十四五吨。④新成造纸厂则靠破碎布头、纸浆、桑布为原料维持生产。太平洋战争爆发后,因纸张短缺,天津一些商人投资设立造纸厂,一度有华北、中华、东方、新华等19家造纸厂。如华北造纸公司,投资100万元,购置2台圆网机,以山西和南方的纸浆,以及废纸等为原料,生产报纸用纸、油光纸、招贴纸等薄纸和稍厚的梅红纸、包装纸。但大多数造纸厂规模小,设备不全,技术不高,只有一二台单缸圆网机,产品质量也较差,甚至只能生产草纸和冥钞纸等低端产品,因有一定的市场需求,短期内收益较多。随着日伪政权对造纸厂原

---

① 参见张利民、刘凤华:《抗战时期日本对天津的经济统制与掠夺》,第150—152页。
② 《天津造纸工业》,《国际贸易导报》第7卷第4号,1935年。
③ 《工业调查:天津的造纸工业》,《益世报》1935年4月9日,天津市地方志编修委员会办公室、天津图书馆编:《〈益世报〉天津资料点校汇编》(三),第376页。
④ 宁立人:《天津振华造纸厂的变迁》,《天津文史资料选辑》第6辑,1979年。

第六章　全民族抗战时期经济的畸形发展与衰落(1937—1945)

料、生产和销售越来越严格的限制,华商造纸厂的原料购置和产品销售都需要经过日商组织的二三层"组合"的限量和限价,加上纸浆不足,只得随开随停。华北造纸公司和一些新建的造纸厂或出租或停产。①

日商在天津的造纸工业则发展较快。1936年9月,日商在天津创办了华北地区规模最大的造纸厂——东洋制纸会社,有资本2000万元,厂址在灰堆,面积约900亩,有厂房1000余间,占地20余亩,宿舍住宅100余所,并于工厂附近购置苇田2万余亩,租用苇田2.8万余亩;有3座锅炉、1台发电机、240余台电动机,生产设备有5罐蒸煮器、1台长网造纸机、2台圆网造纸机;生产毛边纸、有光纸、桦木纸、印刷纸、模造纸等,年产能力约1.5万吨。②七七事变后,东洋制纸会社又接受了日本财阀的资金支持,成为"国策特权公司",改进了造纸方法,以胜芳镇附近的芦苇为原料,获得了主要产区5年的采伐权和租用权,每年采掠芦苇25,000吨,并与三菱商事会社订立5年合同,每年由其提供15万石的福建木材,后来又获得东北木材作为原料,每年产纸浆15,000吨,占沦陷区内日资造纸工厂总生产能力的61%,是华北最大的造纸厂。1945年时,该厂有248名职员人和658名工人,具有250万镑的月生产能力,但也因纸浆、电力等所限,实际产量仅有70万镑,不足生产能力的40%。

天津沦陷后,日商又新建了几家造纸厂。日商小林德二郎1938年收买了华商二年未建成的印刷厂,成立了协和印刷工厂,投资约100万元,具有较好的设备,除印刷烟盒外,还为伪联行印刷伪联币;1942年在该印刷厂旁又投资500万元,建成协和造纸厂,生产纸浆和高级用纸。1944年,日商又设立德永加工纸厂,生产油毡和文具用纸。③日商小楠洋行的小楠造纸厂创办于1939年,只有2台圆网机;④日商兴亚洋行设立的兴亚造纸厂规模小,两厂年生产能

---

① 张钰牲:《天津造纸行业史略》,《天津工商史料丛刊》第1辑,1983年;赵子贞:《我与华北造纸公司》,《天津文史资料选辑》第95辑,2002年。
② 天津市档案馆编:《天津近代工业档案选编》下册,第241页。
③ 天津市档案馆编:《天津近代工业档案选编》下册,第680页。
④ 李儒铨:《造纸二厂五十年》,《天津河北文史》第4辑,1990年。

力约600吨。①此外,还有同和等造纸厂,产壁纸、隔断纸、板纸等。这些日商造纸厂规模偏小,受到设备和纸浆来源等限制,实际产量不及生产能力的一半,有的已经停产。②

第五节 对外贸易与商业的全面统制

全面抗战爆发前,天津作为北方最大的通商口岸,对外贸易迅速发展,带动了商业繁荣和工业的振兴,经济地位逐渐增强,并通过交通工具变革形成了商品流通网络,经济辐射范围进一步扩大。天津沦陷后,国际市场丧失,进出口贸易多局限于"日元圈"内,完全为日本的侵略战争服务,因此贸易额大幅度下降。天津的商业也被置于战时经济体制之下,一切以供给侵略战争需要为目的,各类统制性机构全面控制各种物资生产和流通,失去了市场经济的动力和与国内外市场的互动,交通阻隔也切断了与腹地的经济联系。因此,天津无论对外贸易还是商业,均陷于萎缩和衰退,经济腹地也丧失殆尽。

一、对外贸易的缓慢发展与单一化

(一)日伪政权管控下的对外贸易

日军占领天津后,立即着手接收天津海关。自1937年9月开始"由总领事同税务司间进行交涉该海关问题"。津海关税务司最初坚持维持现状,要求日本"不得破坏现行海关制度"。但是,在日军的武力威胁下,津海关税务司只好答应了一些要求,即税务司仍然由英国人担任,负责海关业务,"新政权机关任命的海关监督,当时要有与蒋政权同样的权限";但是"关税收入金

---

① 上海社会科学院经济研究所、轻工业发展战略研究中心编:《中国近代造纸工业史》,上海社会科学院出版社1989年版,第165、195页。
② 李洛之、聂汤谷编著:《天津的经济地位》,第353页。

第六章　全民族抗战时期经济的畸形发展与衰落(1937—1945)

额寄存于正金","外债及赔偿金分担额,当前暂不支付"[①]。10月22日,《天津海关存款协定》正式签字,规定自该月25日起将其税收存入日本横滨正金银行。同年12月16日,伪华北临时政府接收了天津海关,随后修订海关关税税则,以便大幅减免华北与日本及日本占领地之间商品进出口的税率。1938年1月22日,伪华北临时政府颁布海关改订公告,其内容有:伪满洲国及关东州应视为外国,一律征收出入口税;适当修改原海关进出口税则中与救济和生活安定商品的税率;停止征收原有的关税附加税,加征税额百分之五的赈济附加税。1938年9月,日本又指使伪华北临时政府与伪中华民国维新政府宣布,海关进口税率按原国民政府1931年制订的税则普遍下调对日本与"日元圈"商品的进口税率,促进日本对华的进口。此后,日伪当局又根据战时经济的需要不断修订关税。如1939年9月颁布海关减征进口税办法,规定凡是在《非常时期禁止进口物品办法》中未禁止的物品,其进口税一律照现行税率的1/3征收;1939年6月起,凡是与战争资源关系不大的物品一律免征出口税等。这些修正税则目的是通过减征进出口税,以利于日本商品倾销和更多资源出口到日本。太平洋战争爆发后,日本全面控制了天津海关,税务司由日本官员担任,关税支付一律以当地通货为准,[②]将现行的从量征收税率的商品,一律改为从价征收。

与此同时,日伪政权加强了对进出口贸易经营商的管理。一方面,将天津经营进出口贸易的洋行按行业分成若干个商品输出入组合,1941年组织了此类组合32个;另一方面,设立了伪天津输出入配给联合会(后改为伪华北交易统制总会天津支部),对主要物资严加统制,禁止外商、华商自由经营,由此完全控制了天津的进出口贸易。日伪政权还实行进出口贸易连锁制,限制中外各商行开展对外贸易。以出口为例,明令各贸易商行出口货物要事先付出高出货值1/10的资金或货物作为抵押,如违反规定,将不发给货物出口证明书和出口许可证。进出口贸易商行出口蛋品、胡桃、落花生、棉子、烟草、杏

[①] 《横滨正金银行总行借款课海关存款备忘录》,傅文龄主编:《日本横滨正金银行在华活动史料》,中国金融出版社1992年版,第119页。
[②] 曾业英:《日本侵占华北海关及其后果》,《近代史研究》1995年第4期。

仁、香芹、通心粉、煤炭、毛毡、草帽缏以及盐等商品,必须用伪联合准备银行发行的伪联币购买外汇,并且必须将外汇出售给日本银行,才能获得配给进口货物的外汇。据估计,仅购买外汇一项,每年便可以获得外汇六七千万元。这样,日伪政权实际上控制了外贸结算和汇兑,进一步排挤了英美等国在天津的经济势力,取得了在天津对外贸易中的垄断地位。

(二)进出口贸易额的迅速下降

全民族抗战爆发后,由于天津与日本的进出口贸易逐年增加,进出口贸易总体态势未发生大的变化。天津港口1938年和1939年进出口船只的吨位略多于1936年。进出口贸易额则有显著增长,1938年比1936年增长了56%,1939年和1940年比1936年分别减少了14%、17%,1941年比1936增长了15%。总体来看,这一时期天津的年均进出口贸易额略高于1936年。1936年至1941年天津进出口船只吨位和贸易额统计如表6-13。

表6-13　1936—1941年天津进出口船只吨位和贸易总额统计表

年份	进出口船只吨位(单位:吨)	进出口贸易总额(单位:千美元)
1936	5,165,247	56,723
1937	4,389,823	62,858
1938	5,570,559	88,462
1939	5,389,120	48,772
1940	4,663,718	46,883
1941	3,470,231	65,315
1942	2,534,739	36,700
1943	1,838,538	25,680
1944	825,002	4,833
1945	268,900	

资料来源:根据姚洪卓主编《近代天津对外贸易》第84—85页数据编成。

这一时期,天津口岸在华北各口岸进出口贸易总额的比重逐年上升。进口贸易额所占比重由1937年的57.66%,上升到1940年的66.49%;出口贸易额所占比重由1937年的59.73%,上升到1938年的69.17%,此后一直维持在40%

第六章 全民族抗战时期经济的畸形发展与衰落(1937—1945)

以上。因此,天津仍然是华北最大的贸易口岸,其贸易额超过华北其他五个口岸之和,见表6-14。

表6-14 1937—1941年天津进出口贸易额和船只吨位在华北各口岸占比表

年份	天津在华北各口岸的进出口货值比重(%)		天津在华北各口岸进出口船只吨位比重(%)	
	进口值	出口值	进口吨位	出口吨位
1937	57.66	59.73	34.42	26.10
1938	73.09	69.17	34.26	40.39
1939	59.98	47.59	32.42	30.44
1940	66.49	47.64	35.75	30.88
1941年1—10月	69.42	48.10	--	--

资料来源:根据姚洪卓主编《近代天津对外贸易》第86—87页表格编成。

天津口岸进出口贸易额在全国总贸易额(不包括东三省)的比重也逐年提高,1937年为11.53%,到1940年增至20.17%,居第二位;包括天津在内的华北各口岸进出口贸易总额在全国所占比重,由1937年的20.11%,增至1940年的32.65%。[1]

太平洋战争爆发后,日本陷入了外交孤立、经济崩溃的境地,也失去了制海权,海运几乎被完全阻断。因此,天津的对外贸易迅速下降,贸易对象则仅限于日元集团成员之间。1943年,日本在天津、东北、朝鲜之间实行保税货物通运制度,企图先经铁路运到东北、朝鲜,再由海运至日本,以减轻全程海运的风险。但此项措施并未扭转天津对外贸易迅速下降的趋势。从进出口船只的吨位来看,1942年为253.5万吨,相当于1941年的73%;1943年为183.9万吨,相当于1942年的72.5%;1944年不足100万吨,相当于1941年的26.7%。[2]从进出口贸易额来看,进口贸易额自1942年后每年递减30%以上,出口贸易额自1943年后每年递减近50%,但在全国(不包括东北地区)各口岸的进出口贸易总值的比重并未下降,在上海和青岛之后,居第三位;个别年份由于上海

---

[1] 李洛之、聂汤谷编著:《天津的经济地位》,第294页。
[2] 吴宏明编译:《津海关贸易年报(1865—1946)》,第535页。

等海上运输被阻断,天津的转口贸易位居第一。①

(三)进出口贸易国别和贸易结构的单一化

全民族抗战爆发后,天津对外贸易中与英美等国的贸易逐年减少,与日本及"日元圈"内的伪满洲国、朝鲜,以及中国台湾的贸易迅速占据主要位置;尤其是太平洋战争爆发后,天津与西方诸国的贸易几乎断绝。

天津港进出口船只的吨位中,英国船只在1936、1937年位列第一,日本船只位列第二。1938年以后,进出天津港口的日本船只数量猛增,总吨位始终处于第一位。如1938年日本船只的总吨位比1937年增加了73%,而中国船只的吨位只相当于1936年的25.11%。1940年,日本船只吨位占进出天津港船只总吨位的79%,1941年也达到74.8%。②

天津沦陷后,天津进出口贸易主要变成了对日本的贸易,欧美国家的进出口贸易大减。据统计,天津进口贸易中来自日本及其占领地的贸易额占进口贸易总额的比重,1937年为36.96%,1938年和1939年迅速增长到59.99%和52.79%,1940年和1941年为47.32%和42.64%,1937年至1941年,年均进口贸易额所占比重为47.94%。出口贸易略有不同,由于各国租界内尚有英美等国的洋行和华商贸易商等经营,轮船仍然有远洋货运,且海河沿岸也有各国轮船的码头和货栈,故天津口岸与英美等国仍继续维持一定的出口贸易。1937年的出口贸易中,向美国出口位列第一,向日本及其占领地的出口占出口贸易总额的22.19%,位列第二。1938年,向日本以及占领地的出口占出口贸易总额的55.79%,居第一位,此后一直在30%左右,仅次于出口美国的贸易额,居第二位。英美对日宣战后,天津各国租界被日军占领,天津对日本以及占领地的出口贸易额占居第一位。1937年至1943年天津进出口贸易额中各国所占比重如表6-15。

---

① 参见姚洪卓主编:《近代天津对外贸易》,第86—87页;天津海关译编委员会编译:《津海关史要览》,第225、229页。
② 吴宏明编译:《津海关贸易年报(1865—1946)》,第507—525页。

第六章　全民族抗战时期经济的畸形发展与衰落(1937—1945)

表6-15　1937—1943年天津进出口贸易额中各国所占比重表

国籍	1937 进口	1937 出口	1938 进口	1938 出口	1939 进口	1939 出口	1940 进口	1940 出口	1941 进口	1941 出口	1942 进口	1942 出口	1943 进口	1943 出口
日本	34.40	19.54	53.65	44.42	41.47	11.96	42.03	12.82	37.44	17.69	78.23	79.80	67.44	85.87
朝鲜	0.45	1.31	1.94	2.78	3.76	0.58	0.93	1.51	2.08	5.20	2.43	1.96	3.48	5.40
中国台湾	0.33	0.14	0.11	0.05	1.63	0.06	0.67	0.32	1.80	1.61	4.16	1.24	6.31	0.11
关东租借地	1.78	1.38	4.29	8.54	5.93	7.24	3.69	14.75	1.32	7.10	3.81	14.72	8.82	2.39
以上合计	36.96	22.19	59.99	55.79	52.79	19.84	47.32	29.40	42.64	31.60	88.63	97.22	86.05	93.77
英国	9.57	7.75	3.49	6.67	2.36	11.89	1.74	11.18	0.35	3.41	0.04	--	0.01	--
美国	11.71	44.60	9.03	17.75	11.20	35.65	15.51	44.96	14.59	41.22	0.24	0.02	0.04	--
德国	18.36	12.78	5.74	10.61	5.69	15.45	3.32	1.60	1.06	10.27	2.27	1.34	6.27	0.44
澳洲	2.19	1.20	8.15	0.07	11.65	1.43	8.19	0.75	10.98	0.99	0.25	--	--	--
荷属东印度	6.45	1.24	2.72	1.12	3.18	1.60	4.87	0.05	5.06	0.16	2.18	--	0.23	--
中国香港	0.40	4.05	1.26	3.25	1.14	7.24	2.65	8.27	1.12	9.65	1.95	--	0.28	1.98
其他各国	14.36	6.00	9.62	4.47	11.99	6.90	16.49	3.79	24.20	2.70	4.44	0.92	2.01	0.64

资料来源：吴宏明编译：《津海关贸易年报(1865—1946)》，第524、528、531—532页，居之芬主编：《日本对华北经济的掠夺和统制——华北沦陷区经济资料选编》，第887页，转引自张利民、刘凤华：《抗战时期日本对天津的经济统制与掠夺》，第293页。

天津沦陷后，进出口贸易由原来的以美、日、英等国为主，很快转变为以日本为主，被纳入日本的战时经济体制，为日本的侵略战争和维持其殖民统治服务。

天津进口商品中，来自日本的商品占进口商品总值的绝大比重。一方面是供应军队和民众需要的生活必需品，如棉织品、毛制品、米、麦、面粉等。其中来自日本的棉布占全部棉织品进口总值的比重在1938年为87.4%，1939年为94%，1940年为93.3%；来自日本的毛织品占全部毛织品进口总值的比重在1938年为84.7%，1939年以后均在90%以上；在其他大宗进口商品中，来自日本的茶叶、糖、纸张、卷烟均在80%以上。更为重要的是，为了加强天津以及华北工业生产的本地化，增加了对日本及占领地的工业原料和燃料、生产设备和军需物资的进口，如机械设备、化学品、煤油、汽油、橡胶、铁铜、电线、机械器具等。

  1942年以后,各种商品的进口数量大幅减少。据津海关1942年的统计,当年天津海关进口的棉花、棉纱价值为300万元,而上年为7010万元,相当于上年的4.28%;糖品减少一半,为1910万元;面粉进口量从1941年的268.5万担减少到翌年的8.4万担;米谷从118.7万担减少到13.3万担;小麦从72.9万担跌至200担。燃料进口也大幅度下降,煤油数量在1941年为6282.7万公升,1942年减少到236.3万公升,为上年的3.76%;汽油从2566.7万公升减少到270.6万公升,相当于上年的1/10。机器工具、化学品、丝制品和金属制品的进口有所增加,纸张进口贸易值则占第一位。

  天津的出口货物也主要运往日本。随着日伪政权掠夺战争资源计划的实施,"二黑二白"(煤炭、铁矿石、棉花、食盐)成为天津口岸最主要的出口货物。天津向日本出口的海盐在1940年为527.5万担,比上年增加了近2倍,比1938年增加53.75%;1941年海盐和精盐的出口量为403.3万担。煤炭向日本出口的数量在1940年为30.8万吨,比上年增加了3倍多,1941年出口至日本、朝鲜和伪满洲国72.57万吨,比上年又增加了135.62%。铁矿石出口至日本的数量在1939年为101.7万担,1940年增加了40%,1941年为309.4万担,比1939年增加了2倍多。棉花向日本出口的数量在1938年最多,为82.4万担,如果将出口到朝鲜和伪满洲国的棉花计算在内,则达到103.2万担,占全部出口数量的88.58%,1939年出口日本和伪满洲国的占95.42%。[1]太平洋战争爆发后,天津出口的货物仍然以煤炭、铁矿石、棉花、食盐等资源为主,几乎完全运到日本,以及"日元圈"的朝鲜、伪满洲国和台湾,占天津每年出口贸易额的90%以上。但是由于海路断绝,出口贸易额大为减少。以1942年为例,皮毛等动物制品的出口贸易值只相当于上年的20.63%,皮货从上年的1650万元跌至50万元;纺织品只相当于上年的5.68%,药材和香料由上年的1620万元减至550万元。棉花和食盐等原料的出口"大为激增",包括棉花在内的纺织纤

---

[1] 吴宏明编译:《津海关贸易年报(1865—1946)》,第511—515、517—518、520、522—523、526—528页。

第六章　全民族抗战时期经济的畸形发展与衰落(1937—1945)

维出口贸易值由上年的1070万元,增至9620万元;包括海盐在内的化学品和化学产品出口值由上年的640万元,增至1450万元;纺织纤维、化学品及化学产品和动物及动物制品的贸易值,占1942年出口贸易值的前三位。1942年以后,天津进出口贸易的格局正如1945年津海关年报所言,大致与1942年相同,即在贸易值迅速下跌的同时,完全服务于日本战时经济的需要。①

二、商品流通统制机构的建立和统制政策的实施

(一)统制机构的建立

天津沦陷后,日伪政权将钢铁等金属、粮、棉、纱、布、皮毛、烟草、火柴等40余种物资确定为统制性商品,严格控制其生产和销售,严禁自由贩运和经营。为此,成立了各种统制机构,颁布了违反物资统制的惩治规定,制定了各种措施。

日伪政权对物资统制的管理机构既有日本军方、驻天津的日本领事馆等军政机构,也有具体商品种类的输出入配给组合。

日本驻天津的军政机构既是计划和措施的制定者,也负责对商品统制的总体指导和监督。例如,日本在天津的防卫司令部原则上不直接干预市场及价格,而是对各种统制机构进行指导。日本华北方面军的特务机构则指导物资统制的具体办法,在伪天津物资对策委员会成立之前,其对物资的流通和分配等起着决定性作用。1939年初伪天津物资对策委员会成立后成为最有权力的监督机构,对各种管理机构具有绝对的指导权。在天津的日本领事馆设立了经济督查部门,监督指导各种统制机构,并负责对日侨的配给等。兴亚院华北联络部作为日本政府在华北推行殖民统治的大本营向天津派出驻在人员,通过与日本各方机构的沟通,修订统制办法,主持成立了各种统制性的组合和组合联盟。此外,天津日本居留民团和日本商工会议所也具有一定的权利,前者是日租界的行政管理机构,主要保证日侨的生活所需;后者负责

---

① 吴宏明编译:《津海关贸易年报(1865—1946)》,第530—531、534页。

协调统制监督机构与日本在津商工业者之间的联络,包括日商原料配给、生产、销售等事项,并组织日侨食粮、砂糖等配给和输入的统制委员会,以保证日侨的供应。

伪天津特别市公署在社会局中设粮食输出联合办事处,负责批准本市米、面粉、高粱、玉米,以及蔬菜、煤炭等物资运输与供应的许可证,严禁其流出市外,特别是运往抗日根据地。伪物资输送统制委员会于1939年1月25日依据日本军方提案成立,负责调整华北地区军需品和民用品的供求,保证军需供应。伪天津物资对策委员会成立于1939年12月15日,并与物资输送统制委员会合并,成为伪物资对策中央委员会的地方机构。该委员会设在特务机关内,目的是调整以生活必需品为主的物资供给和物价。1940年5月,日伪政权又成立了伪天津特别市物价对策委员会,在社会局内设立事务所,从中日各相关机构中抽选委员和执行委员,主要负责制定粮食等物资的凭票配给制度和办法,并意图通过控制物价,稳定市场。[1]1943年,日伪政府专门设立了经济局,"掌理天津市之经济行政事务",其特点是建立各科对各类物资的生产、运销等进行专门化的管理与监督。另外,新民会在天津和周边各县设立分会,主要负责救济性粮食供应等事项。伪天津商会和所属的同业公会是商家与政府沟通的管道,根据伪政府的要求办理登记、调查和处理税务等方面的事项。例如,在伪政府的指挥下,伪商会强迫华商均要加入同业公会,不加入者不准营业,以强化对各类商店的管理。据天津日本商工会议所调查,1938年天津有同业公会68个,入会华商3586家,资产总额1.5亿元;1941年有同业公会130个,入会华商达到18,000余家,资产总额在3亿元以上。

天津还有管理不同商品的各种协会、公会或者组合,协助各个机关统制不同种类商品的收购、运输、供应、配给等。如华北棉花协会天津支部、华北棉纱布商组合天津支部、华北日本人粮食米配给统制天津地方委员会,以及天津市灰煤同业联营社、天津日本砂糖输入配给组合统制委员会等。1941年日本兴亚院要各地设立各类商品的组合,由其所属的华北联络部直接领导,控制各

---

[1] 满铁北支经济调查所:『天津ニ於ケル商品统制状况』,该所1940年印刷,第1—4页。

第六章　全民族抗战时期经济的畸形发展与衰落(1937—1945)

类商品的市场流通,防止其进入国统区和抗日根据地。1939年末,在兴亚院指导下,天津设立了各种商品的输出入组合,以为控制进出口贸易;[1]为保证军需品的供应,还组织了相关物资的组合,1941年有11个军需品的组合。

以小麦为例,1940年7月在日本兴亚院华北联络部的主导下成立伪华北小麦协会,对小麦产区的全部小麦实行购买和配给。该协会每年制定各个工厂在产地的购买配给计划,并确定徐州、山东、新乡等10个小麦产区;各面粉厂作为协会会员在自由收购小麦时需要互相协调。要求各工厂要向协会上交每月的生产数量,预估收购小麦的数量、生产的数量等。在火柴方面,自1938年11月18日日本总领事馆及天津市公署确定火柴零售最高价格后,设立了伪火柴联营社,所有火柴厂必须参加,由该社确定生产比例和价格。

棉花既要出口日本,也是天津各纱厂的原料和市民生活必需品,日伪政权设立了多个机构,如华北棉花协会、伪华北纤维统制总会、伪棉产改进会等。1937年9月,日商纱厂成立了日本纺织同业会天津事务所,企图控制华北棉花的收买和运输。1939年,日伪政权在北平设立了伪华北棉花协会,选举日本纺织同业会天津事务所理事兼任理事长,"对棉花的收买、运输、鉴定及配给实行统制,成为华北棉业统制的开端"[2]。这时,伪华北棉花协会中"经营棉业者皆为日商,各洋行直接赴产地收购"[3]。纱厂和棉花经营者所需棉花,必须由协会购入,不得利用其他途径。在煤炭运销方面,依据1938年11月18日日本总领事馆命令在指定贩卖店和指定商人处购买。1939年8月水灾后,日本天津防卫司令部规定了零售价格。伪天津市公署社会局解散了煤业公会,成立新的伪天津市灰煤同业联营社,专门负责煤炭的统制和销售,并从较大的批发商中抽选成兴顺、新记号、华太公司、同和洋行等负责销售。

太平洋战争爆发后,日本加大了对殖民统治区的经济压榨。1943年,日伪政权成立了伪全国商业统制会,下设面粉、油粮、日用品、棉业以及米粮等5

---

[1] 满铁北支经济调查所:『天津ニ於ケル商品统制状况』,第8—23页。
[2] 居之芬主编:《日本对华北经济的掠夺和统制——华北沦陷区经济资料选编》,第619页。
[3] 天津市花纱布绸商业同业公会:《历史情况与现在情况比照》(1954年),天津市档案馆编:《近代以来天津城市化进程实录》,第127页。

个统制委员会,在各地设立分支机构,强化了商业流通和交易的管制。在天津,市公署"为强化统制体制以谋商民福利,而达到本市商业团体一体化起见",强迫各商号限期加入同业公会,并以不入会则不予配给,甚至予以停止营业相威胁。[1]各种商品的协会和组合也强化了统制。如1943年8月,日伪政权在北平成立了伪华北纤维公司,资本为伪联币6000万元,主要负责棉花和棉制品的采买、保管、配发、销售、进出口和转口等,更重要的是棉制品的委托纺织和委托加工。翌年,该公司合并了伪华北棉花协会和伪纺织工业会,通过其原料部和生产部全面控制了棉花的收购和棉制品的生产。该公司的董事长、董事和在天津等地的事务所负责人均为日本人,在北平、天津、青岛、济南和石家庄设有支店,共有8家打包工厂,配备高压打包机械。其中天津支店的能力最强,有4家打包工厂,拥有7台打包机,其中5台打包机每小时的打包能力达到170包,工厂和仓库面积达57,392.5平方米,以保证棉花的出口。[2]

(二)商品管制的不断加强

在天津流通市场上的商品大致可分为二大类。第一类是主要供应城市居民生活和工业需要的商品,包括大米、面粉、小麦和杂粮等粮食,火柴、煤炭、棉花,以及专供日侨的大米、白糖等。第二类主要有面粉、锌铁片、米谷、木材、石油、棉纱布匹、东北杂粮、毛丝织物、水泥、砂糖、纸、染料、药品、橡胶等38种,主要以进出口商品为主,其主要是通过各种组合保证与日本及"日元圈"的贸易。日本政府规定以上商品凡属对日输出者,均根据《强化日本内地对满支输出调整令》执行,即先决条件为确保对日输出。1940年5月,华北通货膨胀严重,日本兴亚院专门派事务局官员到天津监督,通过与日本商工会议所等机构的协调,最终决定对出口到日本的商品实行全面统制,将其纳入输出入组合运营。每个输出入组合的运营比例,由日本兴亚院和伪物资对策委员会协商后确定。

---

[1] 中共天津市委党史研究室等编:《日本帝国主义在天津的殖民统治》,第357页。
[2] 居之芬主编:《日本对华北经济的掠夺和统制——华北沦陷区经济资料选编》,第598—607页。

第六章　全民族抗战时期经济的畸形发展与衰落(1937—1945)

另外,各个机构对在天津的日侨实行特殊供应。例如,从1939年11月1日开始,根据日本天津总领事馆的命令,对日侨实行粮食的凭票配给制度。起初,配给工作由总领事馆负责,1940年5月1日转由大米配给统制天津地方委员会事务所和天津居留民团负责。其所配给的粮食最初为朝鲜米,后因供给不足,开始各类米搭配供应。再如,对日侨的砂糖配给是根据天津居留民团命令进行的,大人每月1斤,小孩半斤;居留民团厚生课要求天津砂糖输入组合保证日侨3个月的供应量,如果供给不足,则从中国商人处购入,由居留民团等通过指定的商人、商店,以统一的价格凭票购买。

日伪政权对各类商品的统制均是由各种机构、协会和组合推行。如棉花收购方面,伪华北棉花协会最初采取压低收购棉花价格的方式进行强制性收购。1938年西河美棉在天津市场的价格为每百担85元,指定的价格则仅为38元,结果收购到的数量很少。1940年2月,日本兴亚院不得不废除了指定价格,在限定最高收购价格的前提下允许自由买卖,以保证能收购到大量的棉花。但伪华北棉花协会等机构收购的棉花占生产的比重并未增加。1938年收买量占生产量的98.6%,到1941年下降到73.7%。[1]华北伪政权对棉花市场实施了严厉的管制,严禁自由交易,并颁布《棉花输出许可暂行条例》,禁止棉花输出,违者处以徒刑和罚款。伪华北棉花协会还规定棉花出口、军需和民需所占的份额由协会实行配给。收购来的棉花大部分供给军需,剩余部分除供应纱厂外,供给民需的棉花微乎其微。

太平洋战争爆发后,日伪政权加强了对各类物资的管理。1943年8月,日伪政权将原来的伪华北棉业振兴会、伪华北棉花协会和输出入组合等合并为伪华北纤维统制总会,统一了棉花收购、运输、进出口、加工和分配等各个环节,如规定各类棉花的运输必须取得有关机构的移动许可,并规定了严格的运输种类和时间,从产地起运到目的地的时限,铁路为30天,汽车为10天,船舶为30天,市内移动要在10天内完成,邮递要在5天内完成。对于棉纱和布匹,日伪政权主要通过控制市场价格和流通实行统制。1940年5月,因法币暴

---

[1] 苑书义等主编:《河北经济史》第4卷,人民出版社2003年版,第407页。

跌,棉纱和布匹的市场价格上涨,日本兴亚院向各同业组合发出警告,召集天津、济南、青岛的代表组成理事会,进行自治性的价格统制,决定只允许现货交易,禁止期货交易;取缔中间商,禁止反向交易;禁止行业外或者兼职者购买;禁止给同一组合人员超过以往的额度;确定的价格要低于市场价格。这就导致流通领域的棉纱和布匹数量大减且商家无利可图。随着物资供给的紧张,1943年8月,日伪政府颁布了《华北扰乱经济统制紧急治罪暂行条例》,要求天津市商会各同业公会的商店会员予以遵行。鉴于粮食、布匹、火柴、纸张、煤油等既是供应日伪军的必备品,也是抗日根据地和市民生活的必需物资,因此要加强经济统制,控制价格,禁止华商任意经营,严厉处置和惩罚囤积、盗卖和私自移动者。[1]同时,还以保障军用物资为由,限令华商商家登记所存的各种钢材、生熟铁和黄铜等物品,违者军法处置,结果商家所登记的物品无一例外地被无偿强征。

皮毛也是统制性商品,因天津的毛纺和地毯工厂多在租界内,羊毛进口和皮毛、地毯出口欧美等国时,多由洋行经营,日伪政权难以控制。太平洋战争爆发后,日军占领租界,各工厂被接管,皮毛和皮革成为重要的军需物资,于是日伪政权加强了对皮毛的管制。1943年9月15日,日伪政权成立了伪华北皮毛统制协会,成员由"在华北现有之经营商号而以兽毛、原皮之收买、加工、配给、输出入为营业者,或同等团体,或有特别情形而经理事会决议并经监督官厅承认者,或监督官厅制定者"组成,负责皮毛的收买、加工、配给、运输和出口,该会总部设北平,在必要地区设支部或出张所。[2]该会颁布了《毛革类搜集促进要纲》,规定华北皮毛、皮革"系为遂行大东亚战争上极重要之物资,向悉供为军用",此后仍然以确保供应军需为要务,"对于军方及协会配给以外之羊毛,禁止加工并硝制";对市面皮毛进行强制收买,"库存品除使所有者至华北皮毛统制协会登记外,并须令由该协会收买之";为阻断皮毛进入内地或抗日根据地,对其运送实行许可制度,"市民呈请输送许可时,必须经

---

[1] 中共天津市委党史研究室等编:《日本帝国主义在天津的殖民统治》,第413—415页。
[2] 天津市档案馆等编:《天津商会档案汇编(1937—1945)》,第811—812页。

第六章　全民族抗战时期经济的畸形发展与衰落(1937—1945)

华北皮毛统制协会通过之",并出动军队或警备队制止。①由1943年9月成立的伪华北皮毛统制协会章程和事业规则可以看到,该协会负责对皮毛的收买、加工、配给、输出入实行一元化统制,如对所有收购物资均有明确的地区和人员限定,购买者以军方指定的人员为主;指派一些日本人、中国人给予协助,并按照计划决定皮毛的配给数量和价格。②

三、战争劫掠下的市场萧条与投机盛行

(一)市场萧条与投机

在战时统制经济下,天津的日商异常活跃,除垄断进出口贸易外,在天津商品市场上也占有绝对优势,华商难以维持,商品市场尽显萧条景象。

全面抗战爆发后,天津日本侨民数量迅速增加,1936年有日侨8982人,到1943年增至73,562人,在天津的日商也随之迅速增加,尤其是1938年后的两年内,日商商店增加了4657家,增长了213.21%。在天津的日商中,最活跃的是经营进出口的贸易商和服务性商业,数量由1935年的1320家增加到1940年的5832家。其中,增加最多的是以经营进口纺织品、钢铁五金、机械、电气、化学药品、建材木材、纸类、油脂类、海产品、酒饮料的商店和会社,少则增加三四倍,多则五六倍。③其中,一些日本小商人为迎合日军、日侨所需,在东马路、日租界、英法租界等地开设了很多饭馆、理发店、咖啡馆、服装店等,各个街道两侧建筑物上挂满了某某洋行、某某株式会社、某某出张所等各种小商店的木牌,铺面空房几乎全被其租用或强占。由日本商人设立的各类商业组织也迅速增加,主要有商工会议所、同业公会、组合等,1938年达到40多个,其中天津日本商工会议所竟有会员950人之多,并设商工相谈所,讨论商业经营、进出口、关税等方面的应对措施。

随着日货的倾销和日商的增多,天津的华商和其他国家的商人难以经

---

① 田苏苏等主编:《日本侵略华北罪行档案1:损失调查》,河北人民出版社2005年版,第377—378页。
② 天津市档案馆等编:《天津商会档案汇编(1937—1945)》,第811—816页。
③ 李洛之、聂汤谷编著:《天津的经济地位》,第112—114页。

665

营。欧美系的商业机构和规模不断缩减，一些外商经营的商社和商店或破产，或被迫撤资，呈现衰落趋势。华商经营进出口商品受到非常严格的限制。日伪政权规定商家出口货物需要办理出口许可证；商家进口原料和货物时，必须到日伪政权控制的组合中领取输入许可证，先缴纳三分之一捐税，货物卖出后时再交出二分之一利润；货物不准有过多库存，且要按照指定的价格销售。因日货成为日常生活用品的主要来源，故天津专卖国货的国货售品所及一些国货商店，不仅被迫将招牌改为"百货售品所""百货商店"，而且所售商品大半均为日货。劝业场、天祥市场等百货商场所售商品也多为日货。特别是随着华商工厂生产的紧缩，国货日渐萎缩，进口欧美货物又受到严格限制，伪中国联合准备银行发行的伪联银券日渐贬值，因此物价飞涨，商家更以难经营。

天津的粮食市场原先最为活跃。天津沦陷后，面粉和杂粮均受到严格管制，地处法租界的面粉市场和河坝杂粮市场，因所集散的粮食进出租界时受到多重限制，成交量逐步下降。据统计，1940年天津斗店的粮食成交量比1936年减少了13.74万石。日军封锁英、法租界后，地处租界的面粉和杂粮交易市场陷于停顿。

棉花市场既要兼顾出口、军需、纱厂原料和民众生活等多种需求，又要受制于棉花减产和运输不畅等因素，日伪政权则以更为严格的措施，统制生产、采购、运输、出口和销售等各个环节。天津沦陷后，中国棉商纷纷外逃，日本纺织同业会天津支部组织日商纱厂到棉产地收购棉花。1938年11月，日伪政权颁布《棉花输出许可暂行条例》等，命令平汉和津浦两铁路禁止输出棉花，当地新棉与存棉一律卖给棉花同业组合；命令在天津、石家庄、济南等棉花集散中心设立以日本各棉花会社为主的采购代理机关，要求当地棉户必须将棉花以规定的极低价格卖给采购代理机关。[①]于是天津和青岛海关张贴布告称，棉花"非经实业部总长之许可"，不得运往伪临时政府辖区之外，凡违反者

[①] 张肖梅主编：《中外经济年报1939年》，中国国民经济研究所1939年版，第89页。

第六章　全民族抗战时期经济的畸形发展与衰落(1937—1945)

"处以3年以下徒刑或1万元以下之罚金"①。1939年5月27日,日伪政权又颁布训令:规定凡是用民船运输棉花者,必须到南运河、子牙河、大清河沿岸设置的办事处办理棉花输送许可证,棉商持许可证将棉花运抵天津后,必须在指定的金钢桥左岸的水上警察局前的码头卸货,必须全部卖给伪华北棉花协会天津支部;②棉花必须在日租界及中国城区交易,交易银行必须是日系银行及外国租界以外的银行;棉花必须储存在日租界或外国租界以外的货栈仓库,如果英法租界需要购买棉花,则必须通过伪华北棉花协会天津支部进行交易,英法租界内棉商的棉花必须运到租界以外地区,必须卖给伪华北棉花协会,从而杜绝了棉花在各国租界内的交易和输出。③1942年,伪华北棉花协会天津支部颁布了天津地区棉花收买大纲,规定棉花的收买由各县合作社联合会具体负责,伪天津物资对策委员会可以指定商号及其他代理人收买棉花,其指定的商号多为日商的棉业会社。④由于市面上棉花短缺,中国商人"经营之棉花行栈大部皆告歇业及转业,仅残余有少数经营废棉之商店"。1943年,中国棉商又遭到日本纤维协会"无故将存有之货品查封,后又强行收买,以致我棉商蒙受莫大之损失,这一个时期可称为最困难的时期"⑤。

由于商家无货可进,无货能销,当时在天津的商人中流传的一句话便成为其境遇的极好写照:"商人苦,商人难,办货好似游地狱,卖货好似请神仙。"⑥华商公司更是如此。例如,1924年成立的华北实业公司有资本500万元,股东100多人,下设皮毛业、农业、棉业、药品和医院五部,以皮毛、棉花收购、打包和出口为主。天津沦陷后,皮毛业和农业两部所雇工人虽逐渐减少,但尚能勉强支持;太平洋战争后营业尽失,只剩20万元资金和十来个股东,除药品和医院两部外,皮毛、农业和棉业部均无因业务而解散,最后又因无力支

---
① 居之芬主编:《日本对华北经济的掠夺和统制——华北沦陷区经济资料汇编》,第85—86页。
② 天津市档案馆等编:《天津商会档案汇编(1937—1945)》,第819—821页。
③ 中共天津市委党史研究室等编:《日本帝国主义在天津的殖民统治》,第374—375页。
④ 天津市档案馆等编:《天津商会档案汇编(1937—1945)》,第823—825页。
⑤ 天津市花纱布绸商业同业公会:《历史情况与现在情况比照》(1954年),转引自天津市档案馆编:《近代以来天津城市化进程实录》,第127页。
⑥ 穆佑民:《商业凋零·市民痛苦:天津在铁蹄下》,《联合周报》1944年4月22日。

撑而歇业。

在天津的市场上，配给商品的数量少、指定价格过低，同时各种商品奇缺，黑市价格居高不下，导致一些商家不得不暗中囤积和倒卖各种商品，包括配给物资，一时间投机经商之风盛行。如1941年7月，天津各行业"益感凌乱不安，各货悄升之风突然转烈"，一些商人竞相收购囤积，导致各种货物价格高涨，市场紊乱，尤其是对于面粉、布匹、棉花等物资，商家有囤积待价而沽者，亦有暗中倒买倒卖者。随着通货膨胀，市面上暗盘高昂，投机盛行，"各种物价无不步趋轩昂，市场陷于紊乱境域"①。据称一个小纸烟铺掌柜通过倒买倒卖紧缺商品，竟能短期内获暴利十多万元，进而刺激一些商家趋之若鹜。因为市场上商品奇缺，投机买卖的盛行，也促使经纪人迅速增加。由于商家囤积货物属于违法行为，被检举和缉查后将遭受重罚，且市场各种货物匮乏，黑市价格上扬，有巨利可图，因此有些商人经常通过经纪人进行私下交易，从而导致中间商活跃，时常有三五个经纪人组成的商号，专作买空卖空生意，特别是倒卖统制商品，大发横财。为了制止倒卖物资、扰乱市场的行为，政府加强了缉查和惩处，对倒卖投机者处以货价2倍以上的罚款，但收效甚微。

（二）商业的衰败

天津沦陷时，商店就遭到重创和劫掠。日军攻陷天津时，狂轰滥炸，华界商业中心变为一片废墟，旧城东北角一带的大胡同、北马路、东马路、宫北大街、单街子、老铁桥马路以及鸟市等地临街的店铺成为瓦砾；河北新市区的大经路是行政中心，从大经路到北站长三四百米街道两侧的商店全部被日军炮火炸毁。据统计，截至1937年底，天津金融、商业等各行业直接营业损失151万元、建筑损失4.9万元，商品损失9.2万元。②英法租界虽尚未被日军占领，但各个商家也深受影响。原本在法租界的46家棉商（另有10家在中国城区），1936年营业额为2700万元，1937年下降一半以上。七七事变前，天津的

---

①《天津金融》，《金融周报》第12卷第8期，1941年。
②北支那经济通信社编：『北支那経済年鑑』，1939年版，第376页。

第六章　全民族抗战时期经济的畸形发展与衰落(1937—1945)

54家仓库和货栈,有很多设在英法租界,主要存放杂谷、毛皮和棉花等物资,并用作贷款的抵押物品。七七事变后,因物资购入困难和难以出入租界等因素影响,很多仓库和货栈无货可存,有货也运不出去,难以经营,纷纷歇业。①

　　同时,中国城区的商店则直接受到日伪政权的统制和劫掠,多数营业不振,每届年节均有一批歇业倒闭者。例如,日军强行征购了商家由外埠邮寄来的货物,并强行查封仓库,将其所存粮食、纱布、丝绸、皮革、药材、汽油等劫掠一空。仅在1937—1938年的一年内,日军就从天津直接掠走价值62万英镑的各类物资。天津商人孙嘉宾在日租界开设东方贸易公司,经营进出口贸易,被一个日本人以能代购白糖为由欺骗,损失了2万元,在日本宪兵的威逼下不得不将公司拱手相让。1942年,日本军部强行向天津五金行各商号购买1万吨铁,每吨价格低于市价四五百元,遭到拒绝后,日本宪兵队封锁了五金行的运输通道,抓捕了5个经理和2个经纪人,进行威逼恐吓,以致一位经理受惊吓而死,最终由各五金商凑集7000多吨铁给日军。太平洋战争爆发后,日伪政权发布命令,要求各类商店中营业额在4万元以上者,必须登记所有资财及每天营业收支,按日报告,并随时进行抽查,如有隐瞒不报或数目不符者,除没收全部资财外,还予以羁押和判刑。该项禁令颁布5个月后,天津原有的300多家银号,除3家资本在30万元以上者外,几乎全部停业。

　　日伪政权的"献铜、献铁、献机、献金"运动给商家带来灭顶之灾。例如,1941年由伪天津商会发起各公会会员共同筹资5万元献金,其中已知的被迫交款的行业有钱业3000元、五金业2000元、猪业1000元、机器铁工厂业600元、麻袋业250元、面食业100元、绸布纱业258家1650元,其他的97家商店会员21,450元。②1942年,伪天津商会又成立了"天津特别市圣战献金运动总会市商会分会",要求各业公会献纳铜铁,日伪政权派军警强行拆走商家的铁门窗,强征铁器、铜器等。据不完全统计,自1941年底至1944年2月,日伪政权

---

① 北支那经济通信社编:『北支那经济年鑑』,1939年版,第353页。
② 天津市档案馆等编:《天津商会档案汇编(1937—1945)》,第1340、1354页。

669

从天津商民强行收集铜 840,773 斤、铁 1,199,964 斤、香烟锡纸 15,782 张。① 1944 年 10 月，根据日伪政权的献机献金委员会规定，天津市商店方面要募集 250 万元的献金，于是伪商会决定"各业献金募款办法，比照各业会员缴纳本会会费等级之倍数分别计算，计公会会员按会费之 15 倍，商店会员按 5 倍"，一个月以后，其 120 个行业公会规定应缴纳 2,341,500 元，实际缴纳 1,184,012 元，即欠缴一半以上；加上以下同业公会的献金：钱业 1,153,000 元、海货业 50,000 元、教育文具业 2216 元、电线制造业 420 元，以及姜业同业公会已经在 8 月 10 日解送伪市政府的 30,000 元，共计募集献金 2,419,648 元。② 1944 年 12 月底，伪商会向献机献金委员会解送募集的献机献金共计 2,507,832 元。③ 同时，几家盐商捐献 9000 元，盐商芦纲公所捐献 5000 元。④ 此外，福星面粉公司在 1945 年上半年先后通过商会和工厂联合会献金约 2.5 万元。⑤ 据 1945 年民国政府统计，天津有 194 家商号上报财产损失（其中 39 家因未上报损失价值或上报项目不完整，未计入），蓟县、宝坻、宁河的商业损失（为各县损失的平均值），按照 1937 年 7 月市价折算共计为法币 460,327,435 元、美元 36,809 元、伪联银券 51,277 元。⑥

第六节　日本对金融业的独占与金融市场格局的变化

为维持战时经济，日伪政权利用天津是北方金融中心的地位，建立了

---

① 天津市档案馆等编：《天津商会档案汇编（1937—1945）》，第 1339 页；天津市政协文史委编：《沦陷时期的天津》，第 62 页。
② 天津市档案馆等编：《天津商会档案汇编（1937—1945）》，第 1347—1353 页。
③ 居之芬主编：《日本对华北经济的掠夺和统制——华北沦陷区经济资料选编》，第 1032 页。
④ 居之芬主编：《日本对华北经济的掠夺和统制——华北沦陷区经济资料选编》，第 1031 页。
⑤《1944 年 1 月本会会员献金清册》《天津市斗店业同业公会》，天津市档案馆藏，档号：J128—3—8626—18。
⑥ 天津市委党史研究室编：《天津市抗日战争时期人口伤亡和财产损失资料选编》，第 20 页。

第六章　全民族抗战时期经济的畸形发展与衰落(1937—1945)

在"日元圈"基础上的以日本各银行和伪中国联合准备银行为中心的货币金融体系,实现了对天津以及华北地区的金融统制。

一、战时金融统制机构的建构与货币的统一

(一)建立金融统制机构

1938年2月11日,日伪政权创立了伪中国联合准备银行,3月10日正式营业。该银行应付资本5000万元,实付资本为2500万元,其中半数由伪临时政府认缴,其余强迫平津各银行摊认。伪临时政府认缴的1250万元均来自日本各银行的借款,其中日本兴业银行300万元、朝鲜银行650万元、横滨正金银行300万元。强迫平津各银行分摊的1250万元中,中国银行450万元、交通银行350万元、河北省银行80万元、盐业银行80万元、冀东银行50万元。[①]时人评论道:"敌伪之意,原欲使平津各华商银行参加股份,以便吸收存款,作为发钞之准备,以破坏我法币,并为伪政府建立财政的基础。"[②]

伪中国联合准备银行(以下简称伪联行)是日伪政权在华北地区的中央银行,在北平设立总行,在日本东京设办事处,总行设立的同时即在天津开设分行,此后陆续在青岛、济南、石家庄、唐山、太原、烟台等地设立分行。为了方便港口建设和对外贸易,又在天津的塘沽、北马路设立了分行和办事处。到1944年6月底,伪联行在河北、山东、河南、山西等省设立分行24处,存款总额为伪联银币2,107,131,000元,放款总额为伪联银券2,708,299,000元。[③]

(二)货币和贸易汇兑统制

伪中国联合准备银行成立后,最主要的任务是通过货币发行,排挤打击法币,尽快实现货币的统一。

首先,日伪政权采取种种办法强制推行其发行的纸币(以下简称伪联银

[①] 中央档案馆等编:《华北经济掠夺》,中华书局2020年版,第856页。
[②] 钱大章:《敌伪金融》,《金融知识》第2卷第2期,1943年。
[③] 郑会欣主编:《战前及沦陷期间华北经济调查》,第498页。

券),以占领华北货币市场。主要办法为:用伪联银券支付军费开支、发放工资和政府各项开支;伪联行将伪联银券分送其他各银行作为存款,强迫其接受;日伪机构用伪联银券强行收购各种物资,并将伪联银券充作新建各公司的开办资本或其他银行、合作社资本;规定日本侨民等必须使用伪联银券。[1]

其次,日伪政权采取措施排挤打击法币和其他旧币。伪联行一成立,伪临时政府于1938年3月即颁布《旧通货整理办法》等文件,强制规定中国银行和交通银行天津、青岛、山东分行发行的货币和河北省银行及冀东银行发行的货币,一年后即到1939年3月10日禁止流通;而上述地区以外的中国、交通两行纸币,以及中央、中国农民银行发行的货币,3个月后禁止流通。1938年8月,伪临时政府宣布中国银行及交通银行发行的货币,按9折伪联银券使用;12月又宣布自1939年2月20日起,上述两行纸币只能按票面价值的6折使用。此前,伪临时政府还在《禁止以旧通货订立契约办法》中规定:禁止再以旧通货签订新契约;既存的旧通货债权债务必须立即以伪联银券为通货单位改订;上述改订必须在1939年2月19日前结束,以后则将按6成的比率改订。[2]

然而,上述打击法币的措施并未取得预期效果。在很长时间内伪联银券对法币的兑换仍处于不利地位,通过伪联银券回收的法币数量有限,至1939年3月10日仅收回法币2,000万元左右。究其原因,除法币在华北早已有稳固的基础,以及以租界为根据地的英、美等国对法币的支持外,一个根本性的原因是伪联银券虽为通货,但缺少贸易通货的基础,即法币可以兑换第三国货币,而伪联银券虽规定对英镑的兑换比值为1先令2便士,但实际上却无法以此比率直接兑换外币。

为攫取外汇以支持伪联银券的信用和获得侵略战争所需物资,日本在华北沦陷区实施了贸易汇兑统制,以伪联银券统一外贸结算,借出口货物结汇来取得外汇。1938年10月,日伪政权建立了进出口贸易外汇基金制度,翌年又颁布了外贸出口汇兑集中制度,规定华北地区蛋及蛋制品、核桃及核桃仁、

---

[1] 张守庸:《六年来沦陷区敌寇金融侵夺之分析》,《财政评论》第10卷第3期,1943年。
[2] 居之芬主编:《日本对华北经济的掠夺和统制——华北沦陷区经济资料选编》,第950—951页。

第六章　全民族抗战时期经济的畸形发展与衰落(1937—1945)

花生油、花生、杏仁、棉籽、烟叶、粉丝及通心粉、煤、毛毯、草帽缏、盐等12种大宗商品出口所得的外汇必须卖给伪联行；同时，将金属、化学品、粮食等41种商品定为优先进口商品，进口商也必须向伪联行申请购买外汇，即由进口商向经汇银行购买外汇，再由经汇银行向伪联行请求抵补，所购买的外汇数额不能超过此前卖给伪联行的数额。由此，日伪政权既可攫取巨额外汇，也实现了对外汇和汇兑的初步统制。1939年7月，日伪政权颁布了进一步对全部出口及转出口贸易汇兑实施统制的命令：对于所有出口和转出口商品，出口商必须将所得外汇出售给伪联行；向日、伪满洲国出口商品，应用日本和伪满的货币售出，向第三国出口或由华中、华南向第三国出口商品，应用英镑或美金售出。优先进口的商品品种，由此前的41种扩大到96种；同时，削减进口买汇数额，规定经汇银行因进口商品向伪联行买入外汇时，数额最高不得超过出口卖汇额的90%。由此，天津以及华北地区的进出口贸易全部被日元和伪联银券垄断，断绝了美元和英镑等外汇业务。1941年初，日伪政权又在贸易汇兑上推行"特别圆"制度，即通货标准由美元改为日元，称为"特别圆"。该制度规定华北所有进出口贸易的外汇均要卖给伪联行，除日本、伪满的货币与伪联银券同价外，其他外汇均须折合成"特别圆"卖出。实行该制度后，为限制、打击乃至杜绝以法币结算的贸易汇兑，1941年8月日伪政权公布了华北汇兑管理规则，规定以法币交易的进出口贸易必须向当局申请许可，由伪财务总署委托伪联行代理，所有除伪联银券以外的外汇、信用凭证、通货等均由伪联行办理汇兑。因此，华北地区的法币交易受到极大的限制和约束。太平洋战争爆发后，英、法租界被日军占领，华北各大都市的法币交易被全部禁止。天津和华北进出口交易的汇兑完全掌握在日本银行和伪联行手中，由此确立了日元和伪联银券的绝对统治地位。[①]

(三)加强对金融机构的统制

日伪政权加强统制金融机构的主要措施是，形成伪联行控制下的"伞下

[①] 郑伯彬：《日本侵占区的经济》，第136—138页。

银行",并严格管控华北各种金融机关的业务。伪联行成立后,立即策划在华北各地设立地方银行,地方银行资本中的一半由伪联行出资,其余在当地筹集,目的是形成由伪联行直接控制的华北金融网,即"伞下银行"①。其中,天津的河北省银行原由河北省政府设立,天津沦陷前日本军政当局曾企图将其扶植为统辖华北的金融管理机构。在筹备伪联行时,该行出资80万元,利用自身信用协助伪联行扩大发行伪联银券,1942年改组为伪河北银行。伪冀东银行由伪冀东政府成立,在天津设有天津分行、塘沽分行和河东办事处。原来在租界的中国银行和交通银行等银行在日军接管各国租界后被日伪政权强制接收。

  太平洋战争爆发后,日本进一步加紧了对已有金融机关的统制。1941年12月和1942年5月,日伪政权先后颁布《关于金融机关管理规则》《金融机关管理规则施行细则》和《金融机关管理规则之运用实施办法》等法令,其内容大致包括:华北地区的金融机关全部改为股份有限公司,资本额不得少于50万元;金融机关的资金运用须经日伪政府核准,暂由伪联行代行审查;金融机关的放款及票据贴现的总额不得超过其存款及借入款总额的70%,金融机关对设备资金的放款额超过3万元,对其他项目的放款超过5万元时,须经伪联行的批准许可才能进行;金融机关的存储款项应以其数额的50%以上存入伪联行,对其他银行的存储款项不能超过存入伪联行的款项数额;各金融机关不得投资其他金融机关、公司、商号或事业;金融机关必须将一定数额的存款准备金存入伪联行。另外,伪财政总署可以随时命令金融机关报告营业情况,可以随时索取必要的文书账册,可以随时检查金融机关的业务情况及财产状况;金融机关每月底要造具统计表及损益明细表呈交伪联行,年终也需呈报营业报告书等。此外,还委托伪联行对各个银行的执行状况行使"检查和监督、组织业务活动"之权。②

  以上规则的实施一方面将金融机关完全置于其统制之下,另一方面使得

---

① [日]浅田乔二等:《1937—1945年日本在中国沦陷区的经济掠夺》,袁愈佺译,第226页。
② 冯忠荫:《中国联合准备银行之主要业务》,《中联月刊》第6卷第112期,1943年。

第六章　全民族抗战时期经济的畸形发展与衰落(1937—1945)

许多金融机关尤其是资金较小的银号等难以维持。华北各地的银号在未整理前共有484家,到1942年12月10日时,经伪经济总署许可的银号仅有199家,连同分号总共有240家(其中天津有117家,北平有44家);1943年底增至315家,1944年底又减至308家。[①]

二、金融各行业的停滞与金融市场格局的改变

日本对华北的经济统制导致天津金融业格局发生重大变化,动摇了天津作为区域金融中心的地位。

全民族抗战爆发前,天津金融市场已经形成了银号、华资银行和外商银行三足鼎立的格局。天津和华北地区沦陷后,日伪政权建立了从属于日本的货币金融体系,进而打破了天津金融市场的格局。

(一)银行业由维持到停业

全民族抗战爆发后,在津的外资银行经历了从维持到停业的过程。其中,英、美等国的汇丰银行、麦加利银行、花旗银行等,因多设在租界,尚能保持一定的营业规模,并与设在租界的中国、交通、天津市民等华资银行形成了对日伪的金融统制的阻遏。但由于日伪政权实行限制法币流通和外汇管制等货币政策,这些银行的业务也颇受影响。太平洋战争爆发后,日军接管了设在租界的英、美等国银行和华资银行。据调查,当时接收的欧美系金融机构的现金、存款约有2303.3万元伪联银券和1896.3万元旧法币,另有借款、同业存款、贷款、分总行的贷款和借款、其他支行的贷款和借款等,共计651.8万元伪联银券和3613.9万元旧法币;接收租界内中国、交通、河北省银行的金库和现银共计360.4万元。除现金和存款外,日军还接收了外资银行在租界各仓库等处存放和保存的棉布、小麦、面粉、砂糖等物资,仅棉布和小麦就折合伪联银券7000万元,面粉和白糖等均以敌国物资名义被无偿接收,军需品交

[①] 郑会欣主编:《战前及沦陷期间华北经济调查》,第501页。

由日本军队处置。①

为便于管理这些金融机构,日伪政权设立了"敌性金融机关管理委员会"。该机构以日本驻天津陆军特务机关长为委员长,以日本军方、天津领事馆和兴亚院华北联络部等机构的人员为委员,由伪联行、日本的正金银行和朝鲜银行各自负责几家银行的管理。所接收的各个银行的资金中,伪联银券要存入正金银行,法币存贷款要以其数额的40%折合成伪联银券,法币现金要以其数额的25%折合成伪联银券,交付给伪华北政务委员会作为特别救济金;存款的支付则按照日本人、轴心国人员和中国人、除敌国外的第三国人的顺序支付,敌国人的存款予以没收。通过接收,欧美系银行和中交两行的资产悉数落入日本银行和伪联行手中,各外商银行多停业关闭,只有法商的东方汇理和中法工商银行继续营业。

与此同时,在天津的日本各银行迅速扩张。全民族抗战爆发前,日本在天津先后设立了横滨正金银行天津分行、正隆银行天津分行、朝鲜银行天津分行、天津银行和大东银行天津分行等5家银行,其中起主要作用的是横滨正金银行和朝鲜银行。天津沦陷后,横滨正金银行天津分行配合日军侵华需要,先后新设5个分店,其中宫岛街分店兼做日本银行的代理店,专门办理军事开支,并由天津日本驻屯军辅助。太平洋战争爆发后,横滨正金银行接管了在津的各外商银行和国民政府的中央、中国、交通各家银行,成为控制天津和华北金融市场的"太上皇"。②1938年,朝鲜银行合并了天津银行,进一步扩大了业务,货币流通量显著增加。1938年9月,伪满洲中央银行在天津开设分行,专门负责关内和东北之间的汇兑业务,回收河北省流通的伪满洲国币。伪蒙疆银行也在天津设立了分行。伪联行直接受日本横滨正金银行控制,通过投资设立地方银行,构建了华北各省日伪地方银行体系。其中,伪冀东银行总行原来设在通州,1942年成为伪联行之"伞下银行"后,将总行迁天津。伪华北银行总行始终在天津。1943年3月,伪华北储蓄银行成立,总行设于北平,

---

① 参见张利民、刘凤华:《抗战时期日本对天津的经济统制与掠夺》,第279—280页。
② 沈大年:《天津金融史》,南开大学出版社1988年版,第27页。

第六章　全民族抗战时期经济的畸形发展与衰落(1937—1945)

天津分行同时开业。1944年12月6日,伪联行和日本兴业、正金、朝鲜银行出资在北平成立伪华北工业银行,10日后就在天津设立分行。这些均属于伪联银行控制的地方银行,也是日本构建的"日元圈"金融体系的组成部分。①

天津的华资银行,除一部分被日伪政权强令接收并改组为伪联行的"伞下银行"外,1936年4月成立的天津市民银行在天津沦陷后迁到法租界继续营业。1939年10月,伪天津公署迫令其迁出租界,并强行接收。②其他华资银行的总行或分行多设在租界,但在以日元和伪联银券为中心的货币政策和统制性管理下,不仅要分摊伪联行的开办资本,营业上也要绝对服从伪联行代日伪政权行使的准许权和监督权。例如,伪联行对贷款和流动资金有严格的限制,要求有巨额准备金抵存在该行。再如,伪联行可以指定存贷款利息,即除农产品收购等协助物资收购的资金外,一律实行公定利息。1943年2月9日,伪联行在天津和北平召集由银行和银号经营者参加的大会,宣布为了"促进华北利率之平准化",确定定期利率为年息6厘,储蓄存款利率为年息7厘,放款的最高利率为年息1.2分。③在此状况下,华资银行除不动产抵押贷款外,均收缩业务范围,存款、贷款、仓库业、公债、股票等业务惨淡经营,实力大大削弱。

(二)银号与保险业遭受打击

天津的银号遭受了同样的打击。全民族抗战爆发后,金融市场一片混乱,天津银号减少到94家。内地战事不断,资金大量涌向天津,游资剧增,新设银号一哄而起,也造成了金银、外币、证券投机的盛行,一些银号也随之大搞投机以牟取厚利。在投机浪潮中,新增银号较多,倒闭者也随时随处可见。1941年12月,天津的银号增至195家。1943年末和1944年,日伪政权先后两次强令银行、银号等增资,迫使半数银号无力筹集资金而停业。1945年,全市

---

① 天津市地方志编修委员会编著:《天津通志·金融志》,第105、150—151页。
② 天津市地方志编修委员会编著:《天津通志·金融志》,第118页。
③ 中国联合准备银行:《民国三十年营业报告书》,《中联银行月刊》第5卷第4期,1943年。

银号减少到103家。①1948年,财政部天津金融管理局对全市的银钱业进行检查和登记时,在被检查的84家银号、钱庄中有30余家曾在抗战期间被迫停业,约占30%以上。②

天津沦陷后,典当业也受到货币贬值的影响冲击,当铺陆续停业,行业几近崩溃。与此同时,天津的保险业则略有发展。这一时期,由于海运等需要最多,海上保险业务量大增,促使一些游资投向保险公司,一时间增加了数十家保险公司。华商的保险公司除大公保险公司外,均为上海总公司的分公司;1944年总共有43家华商保险公司,其中28家是新开办的。日商保险公司在日军的支持下强行组织了华北损害保险协会,胁迫天津、北平的华商保险公司加入,向日本各保险株式会社实行分保,向日商保险公司分出溢额部分,因遭到华商保险业的抵制而未遂,但日商实力增强,1944年下半年有43家日商保险公司合并为东亚火灾海上保险株式会社,基本垄断了天津的保险市场。太平洋战争爆发后,因日军封锁了各国租界,海上禁运,保险机构随之萎缩,有的解体,多数也处于半停业状态,1945年底,外商保险公司仅剩下瑞士的3家。③

天津沦陷后,日伪政权对华北的金融统制打破了原有金融市场三足鼎立的格局,强力构建了由横滨正金银行等日本银行实际控制的、以伪联行为核心、以众多"伞下银行"为骨干的新体系。外资银行几乎消失殆尽,华资银行和银号的业务受到极大限制。天津已经形成了日本和日伪银行"一家独大"的垄断性统制性的金融业格局。

三、非常态下票据交易所与证券交易所的建立

天津沦陷期间,出现了新的金融机构——票据交换所和证券交易所,成为日伪政权实行金融统制的组成部分。

---

① 天津市地方志编修委员会编著:《天津通志·金融志》,第90页。
②《1948年财政部天津金融管理局关于天津市各银号历史沿革与经营状况业务报告》,天津市档案馆编:《近代以来天津城市化进程实录》,第461—481页。
③ 天津市地方志编修委员会编著:《天津通志·金融志》,第205、188页。

第六章　全民族抗战时期经济的畸形发展与衰落(1937—1945)

(一)票据交易所

在近代票据出现以前,天津钱业在庚子事变前已使用"拨码",改变了银钱号之间的资金往来使用现银的方式,"由同业议定,零星小数,一律以码代现,互相抵充,晚间结清,其差额始以现款收交,如此手续既省,一时称便"①。此后,银钱号之间的资金往来多通过拨码转账,不付现款,原则上规定当日清算。②由于开写"拨码"并未以建立同业存户为基础,开具拨码的数额,由彼此各自掌握,不加限制。因此,"拨码"仅是同业收解的凭证,不能用做同业的最终清算,同时又是同业利用资金周转乘机扩张信用的工具,有一定的信用风险。

20世纪以后,银行兴起,银行和银号同业之间运用外商银行华账房开具的信用好、流通广泛的支票(竖番纸)结算。虽然免除了运现之繁,但实际上是由外商银行华账房掌控了华商银行、银号最终清算票据之权,"外商银行华账房,凭借番纸之势力,俨如华商银行与银号之中央银行操最终清算票据之大权"③。这一状况一直持续到1932年10月天津市银钱同业公会合组公库成立之前。合组公库出现后,银行、银号之间以公库发行的公库支票逐渐取代了以往的竖番纸。④公库成立之初,每月转账总额不到100万元,到1933年六七月间,"银钱业议定彼此收解,咸以公库为中心后,每月平均总额增达8000万元以上"⑤。但这解决了同业之间的资金周转,却并未解决分收分解的清算问题,因此成立近代性质的票据交换所,将能够解决银钱业同业之间往来的清算。

1922年,上海银行公会就提出成立票据交换所的创议,但因各银行意见不同未能实现。同一时期,天津的银行公会等也多次提出此类建议,均无结果。1933年1月,上海成立了上海票据交换所,在中国开了先河。1942年4月

---

① 王子建:《天津之银号》,第35页。
② 杨固之等:《天津钱业史略》,《天津文史资料选辑》第20辑,1982年。
③ 《天津之票据与其清算》,《银行周报》第19卷第38期,1935年。
④ 吴石城:《天津金融界之团结》,《银行周报》第19卷第32期,1935年。
⑤ 《天津之票据与其清算》,《银行周报》第19卷第38期,1935年。

以后,在日伪政权的强行介入下,华北地区的青岛、北平、天津和济南均成立了票据交换所。天津票据交换所成立于1942年6月1日,1943年2月又成立了天津票据交换所分所。当时,天津票据交换所有会员银行29家,其中,中国的银行23家:伪联行、中国、交通、金城、盐业、大陆、中南、河北、冀东、浙江兴业、新华信托储蓄、中孚、上海商业储蓄、国华、天津市民、中国实业、中国农工、大中、大生、东莱、裕津、新生、银钱业同业合组公库,还有日本银行6家,即横滨正金、朝鲜、满洲中央、蒙疆、天津、益发等。到1944年2月,天津票据交换所的会员银行和银号中,参加交换者有88家,交换号数共30号。同年3月,天津票据交换分所的会员银行和银号中,参加交换者共124家,交换号数共20号。①

从制度和技术层面看,成立票据交换所是金融制度的进步。然而,天津票据交换所成立于特定时代,其特殊目的却是强化对金融市场的控制。天津票据交换所的设立是由伪联行的日本顾问提出来的,"由伪联银经理唐卜年出头,与当时银行公会会长王毅灵研究发起,以银行公会的名义与伪联银共同进行筹备"。当时,天津经济形势急剧恶化,通货膨胀,物价上涨,游资过多,金融市场日渐混乱。日伪政权成立票据所交换表面上是推广使用票据,简化银钱业资金清算,减少通货数量,实际目的是利用票据交换所加强对天津金融机构的控制。天津票据交换所表面上由各银行组成的票据交换委员会领导,实际上却聘请天津日本陆军联络部长雨宫巽为名誉顾问。天津票据交换所每天交换的数量均由监事(日本人)亲自填写报数单,除呈报伪政府外,还报给日本陆军司令部经济课、日本领事馆、日本宪兵队经济课、兴亚通讯社等,使得日本军特等机关随时掌控金融市场,所以天津票据交换所成为日本军政当局掌握天津经济命脉的情报站。②

(二)证券交易所和证券市场

这一时期,天津还出现了证券交易所。20世纪初至抗日战争全面爆发

---

① 郑会欣主编:《战前及沦陷期间华北经济调查》,第514页。
② 车成汉:《我所经历的天津票据交换所》,《天津文史资料选辑》第35辑,1986年。

第六章　全民族抗战时期经济的畸形发展与衰落(1937—1945)

前,天津的证券交易除1921年短暂出现过证券交易所外,各种证券主要是柜台交易,由证券行或各银行证券部、信托部代客买卖证券。天津各银行利用在平、津、沪、汉等城市的分支机构经营自身的证券和代客买卖证券。天津的证券交易或以北平交易所为市场,或以上海证券市场为转移,各银行买卖证券时,大都委托上海同业或联行代办。

全民族抗战爆发后,沦陷区工商业萎缩不振,物价飞涨,市场投机猖獗,投机物资从棉纱、棉布、面粉等商品扩及到黄金、证券等,日伪政权虽屡屡查禁却未能奏效,特别是在通货膨胀的情况下,股票因具有保本保值作用,交易仍很旺盛。太平洋战争爆发后,在华外资企业的洋股、华资企业的股票和外汇买卖活动被禁止,从事投机活动者多集中到证券交易,不仅实买实卖增多,而且专事买空卖空,纯为谋取差价的投机交易也大为盛行。再加上游资过盛和伪联行抑制金融机关放款,更促使大量资金转向证券市场。因此,新的证券行相继出现,一时间证券行达到100多家,一些银行也纷纷成立了证券部,从事证券交易。[1]基于吸收游资和防止伪联币贬值等因素,伪华北政务委员会经济总署于1944年12月20日向北平、天津、青岛、济南四市的银行公会、钱业公会及市商会等发出训令,指定由北平、天津、青岛、济南四市的各银行为发起人,创设华北有价证券交易所,资本额为伪联银券2000万元,一次交足,其中天津1000万元,北平500万元,青岛和济南各250万元,由各市银行公会、钱业公会和商会分摊。由于天津每日都有相当数量的股票交易,因此证券交易所先由天津银行公会在天津开设,"以期大量吸收游资"。[2]天津的证券交易所于1945年初着手筹备,因其理事长、天津银行公会主委王毅灵态度消极,延至8月15日日本投降时尚未完备,8月27日才正式开业。[3]

天津证券市场长期处于无形市场状态,再加上战争、通货膨胀的影响,市场投机气氛浓厚,因此建立证券交易所应是顺应证券市场发展的措施。但由于日伪政权组建证券交易所的主要目的是吸收游资、抑制伪银联券过度发行

---

[1] 陈宗彝:《解放前天津金融市场的变迁》,《天津文史资料选辑》第5辑,1979年。
[2] 郑会欣主编:《战前及沦陷期间华北经济调查》,第501—502页。
[3] 陈宗彝:《解放前天津金融市场的变迁》,《天津文史资料选辑》第5辑,1979年。

所造成的通货膨胀,属于非常时期的应急措施和金融统制的手段,因此遭到了天津银行公会的抵制。

四、北方金融中心作用的削弱

(一)全民族抗战爆发前天津作为北方金融中心地位的形成

20世纪以后,天津已发展成为北方金融中心,构筑了以天津为中心覆盖北方广大腹地的金融网络。

首先,此时天津的银行数量仅次于上海,且多家银行设在天津的分行都是北方地区的管辖行。同时,各地的钱庄、银号之间也相互建立了委托代理业务关系。天津的银号有本帮、客帮之分。天津本地商人开设的银号以存放款为主要业务,少有经营汇兑者;天津的客帮银号有北京帮、山西帮、山东帮、河南帮、南宫深县冀州帮等,其原籍基本上囊括了天津的经济腹地。客帮银号与原籍的商号关系密切,资金往来频繁,不仅代其收付各种款项且在原籍有联号,而且为保持自身资金的平衡,多经营汇兑业务。当时,天津与外地城市的银钱号互设分号,以便利银钱往来。例如,开设于烟台的福顺德银号,主要从事山东与东北的银钱往来,除在东北各城市设分号外,还在龙口、青岛、济南、天津、北平设分号。太原的豫慎茂银号、仁发公钱庄和文水县的兴华银号开办后均在天津设立分号。在天津与北平、保定、石家庄互设分号的银钱号更多。如天津有北平的大德通汇兑庄、大德恒、祥瑞兴、厚生银号、恒兴银号等银钱号的分庄。河北省的一些银号则将总号移至天津,例如,河北省南宫县的庆聚银号于1922年在天津设分号,随即将"总号移设天津";保定的元吉银号于1933年在天津设分号,1937年保定沦陷后将天津的分号改为总号。保定的汇记银号设立于1933年,有资本8万元,在天津、安国设有分号,"成立后业务颇见发达,至二十五年年终将天津设为总号,保定改为分号";石家庄的德丰隆银号创办于1934年,当年在天津设分号,1937年后"石门总号被迫停

第六章　全民族抗战时期经济的畸形发展与衰落(1937—1945)

业,将所有人员移集天津,并将分号改为总号"①。这些银行、银号的分支机构分布在天津和各地重要城镇,构成了金融网络的基础,形成了以天津为中心的资金流动网络。

其次,已经形成以天津为中心的资金流动网络。天津与各地的资金流动主要采取运现和汇兑两种方式。天津运送现金的范围,几乎覆盖北方广大地区。"不独平津两地时须互运现洋往来以济市面,即华北各地,东至北宁路之唐山、秦皇岛,西北至平绥路之归绥、包头,南至平汉路之郑州等处,或为实业工厂所在,或为内地土货所集,所须现洋向须由津运往接济。"②当时,天津与外地可进行通汇之地甚多,"有华北西北各省之大埠,及东三省各地,而与上海、广东、汉口等大埠,亦有密切关系",其中往来最为密切的有上海、北平、包头、张家口、石家庄、大连、沈阳、营口等地,③除上海外,其他各地基本上属于天津的腹地。此外,如前文所述北方各地的间接汇兑也是以天津为中心。这表明,天津在北方各地之间资金的调剂运用和分配等方面发挥着重要作用。

(二)全民族抗战爆发后天津金融中心地位的削弱

日本发动全面侵华战争后,日伪政权和几乎所有的经济指挥机关都设在北平,天津作为华北乃至北方经济中心和金融中心的地位大大降低。而且,华北各地分别处于不同政治势力的控制之下,有的是沦陷区,有的是八路军开辟的敌后抗日根据地,还有一部分为国统区。这样的态势使天津与腹地之间原有的资金流动乃至经贸联系几乎断绝,极大地削弱了天津作为区域金融中心的功能。然而,天津作为华北地区金融中心的地位仍然是其他城市所无法替代的。在经济环境方面,天津有海港和多国租界,工业部门相对完备,商业设施比较齐全,且可通过铁路和公路、水路维持与腹地间一定程度的经济往来,至少可以通达北平、济南、青岛、石家庄等华北主要城市和一些军事

---

①《1948年财政部天津金融管理局关于天津市各银号历史沿革与经营状况业务报告》,天津市档案馆编:《近代以来天津城市化进程实录》,第462、471—473页。
② 天津市档案馆等编:《天津商会档案汇编(1928—1937)》,第666页。
③《天津市金融调查》,《中央银行月报》第3卷第9号,1934年。

要地。

在金融市场方面,天津的中外银行数量和规模位居华北第一,进出口贸易的汇兑和结算,以及管理机关等也集中在天津。因此,日伪政权制定的各种金融政策和措施中,有很多从天津开始实施。至少在推行各项金融计划中,天津占有非常重要的位置。例如,天津是华北主要进出口口岸,日本横滨正金银行在华北各分行的汇兑和结算均由天津分行负责。伪联行天津分行的汇兑数额一直在全部汇兑总额中占有较大比例。据伪联行1938年12月统计,当月其天津分行买入和卖出的汇兑,分别占该行汇兑总额的68.15%和65.73%,青岛分别占31.61%和34.13%,北平总行仅占0.24%和0.14%。[①]

在存款和贷款方面,日本和日伪各银行在天津的分行也占有很大的比重。以日本横滨正金银行为例,天津分行在1943年前一直是华北地区各分行的统辖店,其存贷款、汇兑业务等均位居华北各分行之首,华北各分行缺乏资金时亦从天津分行周转,1943年天津分行对其他华北各支行的资金周转额达到17,000万元。[②]其他日伪银行也是如此。根据1945年10月河北平津敌伪产业处理局关于接收日伪主要金融机构资产简表中的相关信息,可以计算出天津和北平等各地金融机构的库存数额。其中,伪联行天津分行、塘沽分行和北马路办事处库存的现金中,伪联银券共达92,954万余元;设在北平的总行的库存以足金、纯银、银元等为主,伪联银券仅有90万余元;其他各地分行的库存中,仅有一定数额的伪联币,其中保定分行31.9万元、石门分行1893.2万元、山海关分行143.4万元、秦皇岛分行141.8万元、唐山分行336.9万元。日资的银行亦多是如此。在横滨正金银行天津支行和二个分行的库存现金中,伪联银券共计为39,211.68万余元(其中宫岛街分行的1,013万余元的现金中包括伪联银券和日币),北平支店为22,312.1万余元。在伪冀东银行天津分行和河东办事处的库存现金中,伪联银券共计2528.84万元,而其在北平的

[①] 中国联合准备银行:《民国二十八年营业报告书》,转引自张利民、刘凤华:《抗战时期日本对天津的经济统制与掠夺》,第286页。

[②] 日本国会图书馆藏横滨正金银行胶片资料,转引自张利民、刘凤华:《抗战时期日本对天津的经济统制与掠夺》,第287页。

第六章　全民族抗战时期经济的畸形发展与衰落(1937—1945)

总行和王府井办事处的库存伪联银券不过253.94万元,仅相当于天津的1/10,唐山分行的库存为121.5万元。[①]

虽然以上数据尚缺乏系统性和完整性,不能详细分析沦陷时期天津的金融地位,但至少可以说明,日本的横滨正金银行、朝鲜银行和伪中国联合准备银行这些具有统制性机构在天津的金融活动居于首要地位。就此而言,尽管在日伪政权的统制下天津金融市场的功能不断削弱,但仍然是华北的金融中心。

第七节　盐业和水稻生产及农产品产销的统制

长芦盐一直是日本在天津掠夺的主要资源之一,20世纪30年代初期,日本军政当局就将盐业列为统制性产业,并制定了计划与措施,企图通过设立会社、投资和增加设备等,增加盐田面积,扩大长芦盐的生产和对日出口。在农业方面,日伪政权在所谓"中日满农业一元化"政策的指导下,将其纳入战时经济体系,制定了一系列掠夺计划,极力扩大生产规模,以努力为战争提供资源和食粮。就天津地区来说,日伪对农业的掠夺集中体现为棉花和水稻的生产与运销。棉业也属于统制性产业,日伪政权企图通过增加棉花产量向日本出口更多的棉花,而天津又是棉花集散中心和出口港口。天津周边地区是华北地区水稻生产最为集中的地区,稻米则是日军和日侨的主要食粮。全民族抗战爆发前,日本的会社和商人已开始兴建农场,开垦荒地,广种水稻。天津沦陷后,日伪政权极力扩大水稻生产规模和提高产量,企图能够维持日军和日侨的粮食供给。天津周边土地贫瘠,盐碱地较多,粮食生产不敷食用,需要依赖进口和外省的输入。1943年以后,进口和外省运输均断绝,尽管日伪政权采取严厉的禁运和配给措施,但也难以维持市场供应。

---

① 《河北平津敌伪产业处理局关于接收华北日伪主要金融机构资产简表》,居之芬主编:《日本对华北经济的掠夺和统制——华北沦陷区经济资料选编》,第913—916页。

一、盐产量的增加与对日输出

（一）日伪对盐业的控制

盐对日本军事工业和化学工业的发展具有重要的作用，但日本本土盐产量有限，所需的盐多由北非、北美及地中海各国进口。随着侵略战争的发展，日本急需拓展供盐的渠道。华北沿海地区盛产海盐，20世纪以后，长芦盐的产量始终占全国总产量的20%左右，且地近日本，海运便利，价格低廉，因此日本自清末开始就企图进口长芦盐。但中国历代政府都将盐视为主要税收来源之一，实行专卖制度，不得随意产销，更禁止出口。1914年日军强占青岛后，强迫中国签订了关于盐输日的合约，每年从山东向日本出口的盐最多为17.5万吨，最少为5万吨，并指定7家华商作为长芦盐输日的专供商。[1]20世纪30年代后，日本化学和纤维工业，尤其是军事工业迅速发展，急需进口更多的盐作为工业原料。于是，日本军政当局将进口长芦盐作为加强对华经济控制的主要任务之一。1935年，满铁兴中公司成为掠夺长芦盐的急先锋，专门设置盐业部，迫使冀察政务委员会同意长芦盐输日，从而突破了中国政府禁止食盐出口的政策，并取消了对长芦盐业生产的限制。

全面抗战爆发后，长芦盐区被日军占领接管，长芦盐务管理局发布声明称："本局及所属盐务机关，业归日本驻屯军接收管理，各场盐务仍照旧办。"[2]同时，伪华北政务委员会基本上沿袭了原来的管理机构和规章制度，在财务总署下设立长芦、山东、青岛、山西、河南等盐务管理局，下设办事处、场公署、场务所和分卡，管理各场区的产销业务；各级要职均由日本人出任，如曾在盐务稽核机关长期任职的日本人郑梅雄担任长芦盐务管理局副局长，各管理局下属的业务科均有一名日籍副科长，各盐场亦由日本人任副场长，具体参与

---

[1]长芦盐务局：《调查青岛盐输出及山东食盐配给状况》，长芦盐务局档案第596号，转引自丁长清：《民国盐务史稿》，人民出版社1990年版，第293页。
[2]任哼岗：《长芦盐务档案一束》，《档案天地》1999年第1期。

第六章 全民族抗战时期经济的畸形发展与衰落(1937—1945)

和操纵盐业生产和运销。①此外,各管理局取消了税警局,设警务科,税警队一律改成盐警大队。②

按照日本对统制性产业实行"一业一社"的政策,除伪长芦盐务管理局外,日伪政权设立了垄断性的盐业公司。最早的盐业公司是满铁的兴中公司。该公司在汉沽、塘沽、大沽设立了由日本人担任所长的盐田事务所,垄断了长芦盐的产销和输日业务。该公司在乐亭县城设立大清河盐田事务所,筹建大清河盐场。③华北开发会社成立后,策划设立华北盐业公司,并在《华北盐业开发纲要草案》中提出将兴中公司经营的盐业剥离,设立华北盐业股份公司,将在长芦盐区所有日资的盐业企业均并入华北盐业公司。④1939年8月20日,伪华北盐业股份有限公司成立,总公司设于天津,资本总额为2500万元(第一次以现金交股1000万元),由日本华北开发会社出资3/4,临时政府出资1/4,以后变为中日各半。伪华北盐业公司是长芦盐、碱及相关事业的垄断机构,经营范围包括长芦盐和碱的生产、加工、再制、销售,对日输出,以及资金通融和与盐碱有关的业务。伪华北盐业公司成立后,接管了兴中公司与盐务相关的一切财产(其中土地达984,662亩)⑤,设置有总务部、营业部、调查部、盐产部、工厂部,在盐场设立了汉沽、大沽、大清河盐田事务所,在汉沽、塘沽、大沽设立工场,同时还设置了盐业试验所(北塘)、输送事务所(塘沽)和京城事务所(朝鲜)。⑥伪华北盐业公司成立后,继续扩大经营规模,不仅接管了兴中公司管理的久大精盐公司和永利制碱公司,而且在1940年和1943年先后收买了中日合资的渤海盐业公司、裕民滩业公店。

日伪政权曾多次制定计划促进长芦盐的增产和出口。1937年1月,满铁产业部就拟定了《华北盐业开发要纲》,计划改良既有盐田,使年产量由35万

---

① 丁长清、唐仁粤主编:《中国盐业史》,人民出版社1997年版,第174页。
② 李鹏图等:《长芦盐务五十年回顾》,《文史资料选辑》第44辑,中国文史出版社1964年版。
③ 芮和林:《日本侵华时期的长芦盐区》,《盐业史研究》1993年第1期。
④ 南开大学经济研究所经济史研究室编:《中国近代盐务史资料选辑》第3卷,南开大学出版社1991年版,第10页。
⑤ 据长芦盐务管理局档案华北盐业公司卷有关数字计算。
⑥ 居之芬主编:《日本对华北经济的掠夺和统制——华北沦陷区经济资料选编》,第532页。

吨增至60万吨,并努力开发新盐田,使新旧盐田的年产能力达到75万吨。[1]抗战全面爆发后,满铁兴中公司又制定了长芦盐的增产计划,主要有恢复荒废盐田、改良旧有盐田、开发新盐田、建立洗涤工场等,[2]企图通过改良和恢复盐田,使年产量增加到37.8万吨;在海河南岸的汉沽等处新开盐田23.1万亩,预计年产量达到91万吨,再加上改良旧有盐田,使新旧盐田的年产量达到220万吨。[3]不久,兴中公司又多次修改计划,如缩减新开盐田面积,强调通过改造既有盐田提高单产量来实现增产。[4]1938年,兴中公司再次提出大面积开发新盐田的计划,[5]但因天气影响,当年盐产量仅有20余万吨,[6]远未达到预定目标。由此可知,伪华北盐业公司成立后,根据盐业生产和战局变化,多次修改长芦盐生产计划,企图通过恢复、改良盐田和新开盐田等措施,提高天津地区的年生产量和出口量。[7]

(二)长芦盐生产的变化

长芦盐的生产主要体现在恢复和改良原有盐田、新开盐田等方面。在恢复荒滩方面,兴中公司着手较早。1936年底,汉沽的盐田面积有4582町步(1町步约等于1公顷),其中约有2000町步处于休晒状态,1937年兴中公司取消了秋季晒盐的限制,将1890町步休晒盐田恢复生产。1938年后,兴中公司和伪华北盐业公司借款给伪长芦盐务局,[8]并向各产地的开滩公店贷款和派技术人员,以复活荒滩和实施秋季晒盐。[9]自1938年至1942年,日伪政权在长

---

[1] 解学诗主编:《满铁与华北开发会社》,第557页;解学诗:《满铁与华北经济(1935—1945)》,第231页。
[2] 解学诗主编:《满铁与华北开发会社》,第550页。
[3] 南开大学经济研究所经济史研究室编:《中国近代盐务史资料选辑》第3卷,第42—43页。
[4] 南开大学经济研究所经济史研究室编:《中国近代盐务史资料选辑》第3卷,第21—24页。
[5] 居之芬主编:《日本对华北经济的掠夺和统制——华北沦陷区经济资料选编》,第126—127页。
[6] 南开大学经济研究所经济史研究室编:《中国近代盐务史资料选辑》第3卷,第25页。
[7] 参见张利民、刘凤华《抗战期间日本对长芦盐的统制与掠夺》,《盐业史研究》2022年第2期。
[8] 解学诗主编:《满铁与华北开发会社》,第553、550页。
[9] 南开大学经济研究所经济史研究室编:《中国近代盐务史资料选辑》第3卷,第25页。

第六章 全民族抗战时期经济的畸形发展与衰落(1937—1945)

芦盐区以贷款方式威迫利诱本地滩户,累计恢复荒滩6768町步。①

在新开盐田方面,兴中公司和伪华北盐业公司采用直接"征地"和"招工"等方式,在汉沽、大沽、大清河等处新开盐田,到1941年累计开辟盐田16,059町步,如果加上既有盐田9,752町步,1942年盐田达到32,579町步,是七七事变前的3.3倍,以上各处总计两期开滩385副,其中新盐田占地面积237,813.2亩。到1943年,日本新开辟盐田的计划大体完成,在长芦盐区新开辟盐田267,750亩,其中80%投入生产。②

随着以上计划和措施的实施,长芦盐的产量显著提高,1939年产盐59.5万吨,1941年产盐79.9万吨,1943年高达121.2万吨,1938年至1945年共产盐632.6万吨,年均产盐79.1万吨,参见表6-16、6-17。

表6-16　1938—1942年华北盐业公司长芦盐田面积统计表　（单位:町步）

年份	复活盐田				公司盐田			
	计划	累计计划	实际	累计实际	计划	累计计划	实际	累计实际
1938	4180	4180	4180	4180	680	680	680	680
1939		4180		4180	1815	2495	907	1587
1940		4180		4180	9065	11,560	10,000	11,588
1941	1500	5680	1508	5688	4180	15,740	4471	16,059
1942	1080	6700	1080	6768				

资料来源:居之芬主编:《日本对华北经济的掠夺和统制——华北沦陷区经济资料选编》,第542页。

日伪政权在提高长芦盐产量的同时,还运用新技术提高各盐场产品的质量。长芦盐一般多混入泥土,成色不良,影响了其在工业中的应用。为提高长芦盐的质量,兴中公司于1938年8月在汉沽、塘沽计划增加粉碎洗涤机。③1939年1月,华北开发会社曾计划到1941年完成在长芦盐区装配年产盐170万吨的洗涤机等设备。④同年,日本兴亚院计划在汉沽建设年产10万

---

① 芮和林:《日本侵华时期的长芦盐区》,《盐业史研究》1993年第1期。
② 郑会欣主编:《战前及沦陷期间华北经济调查》,第400页。
③ 南开大学经济研究所经济史研究室编:《中国近代盐务史资料选辑》第3卷,第41页。
④ 南开大学经济研究所经济史研究室编:《中国近代盐务史资料选辑》第3卷,第10页。

吨的粉碎洗涤工场；[1]1940年在汉沽机械粉碎洗涤盐的工厂建成投产，日洗涤能力为400吨，年洗涤能力为10万吨，1943年年产80,452吨，1944年下降到37,955吨。[2]

表6-17　1938—1945年华北盐业公司长芦盐产量统计表　（单位：万吨）

年份	既设盐田 计划	既设盐田 实际	复活盐田 计划	复活盐田 实际	公司有盐田 计划	公司有盐田 实际	合计 计划	合计 实际
1938		25.3						25.3
1939		57.3		0.6		1.6		59.5
1940		41.8		4.9		2.2		48.9
1941	42.0	55.9	9.4	11.3	12.8	12.7	64.2	79.9
1942	44.9	46.9	15.0	11.3	31.6	38.6	91.5	96.8
1943	47.1	47.4	13.6	11.8	60.5	62.0	121.2	121.2
1944	52.3	34.5	13.6	10.4	75.4	56.5	144.0	101.4
1945	53.3	45.0	18.2	9.4	44.8	45.2	116.3	99.6

资料来源：居之芬主编：《日本对华北经济的掠夺和统制——华北沦陷区经济资料选编》，第543页。

（三）长芦盐输出日本

这一时期各盐场生产的长芦盐有相当部分输往日本，其中塘沽和汉沽两个盐场的产品几乎全部输往日本。早在1936年，满铁兴中公司打破了中国政府盐业禁止出口的限制。到七七事变前，长芦盐已经出口到日本22万吨。[3]

全面侵华战争爆发后，日本的用盐量激增，据统计，1937年，日本本土产盐预计为53.5万余吨，而食盐和工业盐的用量高达230.4万吨，随着侵略战争的扩大，日本国内产盐数量有所减少，而侵略战争需要消耗更多的工业盐。预计到1940年日本国内的盐产量为57.4万吨，而用量则高达241.8万吨。因此，日本急需从中国攫取大量的盐来解决本土盐产不足的问题。[4]1938年，兴

---

[1] 南开大学经济研究所经济史研究室编：《中国近代盐务史资料选辑》第3卷，第25页。
[2] 居之芬、张利民主编：《日本在华北经济统制掠夺史》，第142、145页。
[3] 居之芬、张利民主编：《日本在华北经济统制掠夺史》，第142、145页。
[4] 南开大学经济研究所经济史研究室编：《中国近代盐务史资料选辑》第3卷，第85页。

第六章　全民族抗战时期经济的畸形发展与衰落(1937—1945)

中公司社长在给伪长芦盐务管理局的信函中称,由于日本制碱工业突飞猛进,工业盐的需求激增,1938年需求量达到120万吨,预计1939年将增到200万吨。为此,日本当局和国策会社等制定了各种增加长芦盐输日的计划,如兴中公司曾确立了1945年输日长芦盐百万吨的目标。① 1939年1月,华北开发株式会社提出,到1941年长芦盐的输日量要达到60万吨。②

在满铁兴中公司和伪华北盐业公司的运作下,塘沽的丰财盐场和汉沽的芦台盐场在1937年向日本输出长芦盐37万余吨;1939年丰财和芦台两个盐场的产量和输日量分别为591,737吨和322,225吨;1940年大清河、大神堂、大沽的新盐田开始产盐,丰财和芦台两个盐场的产量和输日量分别为490,258吨和608,830吨;1942年丰财和芦台两个盐场的产量分别增加到716,000吨和733,000吨。③ 1943年,长芦盐向日输出数量超过百万吨,达到了121万吨。此后,每年的输日量均在百万吨左右,其在长芦盐总产量中所占比例有时在50%以上,有时超过当年产量,达到111%。更为重要的是,输出日本的长芦盐的价格一直低于盐场的出厂价。有资料表明,1934年时各盐场产盐的出厂价为每吨约4.9元,兴中公司却凭借武力以每吨3.8元的价格购买;1943年时,各盐场产盐的出厂价大约为每吨20元,伪华北盐业公司则以15元购买。④

除了提高长芦盐的产量和增加对日输出外,日伪政权和盐业统制性公司还加强对生产精盐的久大、通达等精盐公司的管制。满铁兴中公司为恢复久大精盐公司生产,对其设备和机器进行修复和改造。但在1939年10月至1942年3月的近3年内,精盐产量并没有明显增加,年产量分别为18,583吨、19,712吨和8,903吨(半年),⑤ 未达到1936年前后年产量3.5万吨的水平。东洋纺织会社接收了通达精盐公司后,也着手修理大小蒸发炉,以尽快恢复生

---

① 南开大学经济研究所经济史研究室编:《中国近代盐务史资料选辑》第3卷,第41、42页。
② 南开大学经济研究所经济史研究室编:《中国近代盐务史资料选辑》第3卷,第10页。
③ 郑会欣主编:《战前及沦陷期间华北经济调查》,第244页。
④ 参见王立敏:《日本对中国长芦盐业掠夺的研究》,河北师范大学硕士学位论文,2011年,第29页。
⑤ 日本亚洲历史资料中心资料,B08061243900、B08061244600、B08061246100。

产。1938年4月恢复生产,日产精盐8500公斤,[1]后来通达精盐公司由久大精盐公司代为经营,其产量持续走低。[2]

二、广设日系农场与掠夺土地

(一)日系农场的建立

全面抗战爆发前,日本的会社和商人已开始在天津购买土地,建立农场。1936年,日本商人设立了大众农业公司,号称有资本5000万元,开始在军粮城、北塘附近租农田3万亩。同时,满铁兴中公司在军粮城附近购地四五万亩,计划建立农场。一些日本公司和商人也纷纷加入掠夺天津地区土地的行列,1936年,日本商人以大大低于市场的价格在宁河县购买农田10余万亩,计划种植水稻。此外,日本的会社还以中国人的名义购买土地,如钟渊纺绩株式会社以顾馨一、赵聘卿等人名义,购得宁河县营城及茶淀一带耕地及荒地约12万亩。[3]另有史料记载称:"计售出之地皮,已知者有娄庄子五千余亩、八里台四千余亩、西开迤北千余亩,及东局子、土城上下河、国升塘等处二万余亩"[4],"天津塘沽一带沿海河两岸的膏腴之地,多被日人买去"[5]。

日军占领天津后,立即成立土地调查委员会,强制农民按户登记土地,以掌握土地占有情形,以便根据需要随时征用。随后日伪政权又以建造军事设施等名义,强占农民耕地,或低价征用和强买。这些土地或用于建造飞机场,或供给日本人设立农场。例如,日本人在杨柳青一带"拟种稻供给军用"时,要强占任永田等3家耕地330余亩,在遭到拒绝后,20多名日本人乘汽车来到杨柳青,将该户农民传唤到日本守备队暴打,致使其"口鼻流血,染遍全身",

---

[1] 南开大学经济研究所经济史研究室编:《中国近代盐务史资料选辑》第3卷,第51—52页。
[2] 赵津主编:《"永久黄"团体档案汇编——久大精盐公司专辑》下册,第570页。
[3]《钟渊河北模范农场设立要纲》,天津市档案馆藏,档号:旧字第19号全宗。
[4] 吕万和:《解放前天津市郊的土地占有和地租》,《天津历史资料》1980年第5期。
[5] 罗澍伟主编:《近代天津城市史》,第654页。

第六章　全民族抗战时期经济的畸形发展与衰落(1937—1945)

遂将耕地强占。①日本增幸洋行强令大寺附近北里八口村的王恩波转卖200余亩麦地,得知不愿出卖后,日本人便带人在麦田挖沟,向主人强索地契,迫使其订立出卖契约。②日本浪人长谷部义范等人决定在梨园头村附近开办农场,在日军支持下无偿圈占农田2000多亩。除此之外,1937年底前,日本人在宁河县强行征用了18个自然村的5万多亩土地。据统计,天津沦陷后,天津地区共计有92.17万亩农田被日本公司和商人掠夺。③

日本人强占或低价强买土地后,多采用农场方式进行经营。④1936年,日商中野宗一投资50万元在张贵庄建立中野农场,到1945年有张贵庄、唐官屯、七里海3个农场,有旱地和园田2040.8亩、稻田19,437.5亩。⑤天津沦陷后,很多日本公司和个人在天津周边建立农场,日本钟渊纺织公司在宁河县茶淀建立了启明农场,占地12万亩;日本东洋植拓会社在宁河芦台强买土地5万亩,建立了芦台模范农场;⑥1941年,日本人在汉沽一带建成了占地2.2万亩的华北农场,1944年4月改为中日合办的中日机械农业公司茶淀农场。⑦与此同时,日本还驱使一些朝鲜人来天津为其生产水稻。1941年,天津地区共有48个日本人的"经营农村"⑧。据日本学者的调查,"天津附近的日本人租佃制大农场由1940年的十几处,增加到了1941年的60多处"⑨。另有资料记载表明,1937年天津地区种植稻米的日系农场有5个,1938年有10个,1939年增至14个,1940年为21个,1941年猛增到68个,1942年增至83个。⑩

---

① 北京市档案馆编:《日本侵华罪行实证——河北、平津地区敌人罪行调查档案选辑》,人民出版社1995年版,第395页。
② 北京市档案馆编:《日本侵华罪行实证——河北、平津地区敌人罪行调查档案选辑》,第425页。
③ 吕万和:《解放前天津市郊的土地占有和地租》,《天津历史资料》1980年第5期。
④ 有关日系农场的研究,详见张会芳:《抗战时期华北日系农场的殖民经营——以天津地区为中心》,《抗日战争研究》2004年第4期。
⑤ 居之芬主编:《日本对华北经济的掠夺和统制——华北沦陷区经济资料选编》,第765页。
⑥ 政协唐山市委员会编:《唐山名产》,红旗出版社1997年版,第214页。
⑦ 天津市汉沽区地方志编委会编:《汉沽区志》,天津社会科学院出版社1995年版,第298页。
⑧ 张会芳:《抗战时期华北日系农场的殖民经营——以天津地区为中心》,《抗日战争研究》2004年第4期。
⑨ [日]浅田乔二等:《1937—1945日本在中国沦陷区的经济掠夺》,袁愈佺译,第5页。
⑩ 郑会欣主编:《战前及沦陷期间华北经济调查》,第346—349页。

(二)日系农场掠夺土地

在上述农场中,日本公司和会社所属的农场占地较多,一些公司除占有大量耕地和荒地外,还通过贷款等方式控制了一些小农场,如华北垦业公司有6个农场,占地513,666亩(其中1个农场在滦县柏各庄,有土地349,145亩),同时还控制着32个日系农场。①谷米统制会有5个农场,占地193,778亩,同时控制着54个日系农场。以上两个机构是日本在天津实施殖民统治时的粮食统制性机构,对其他日系农场具有管理和控制之责。据不完全统计,到1945年日本投降前,除华北垦业公司和谷米统制协会共有自有农场11个,占地707,444亩外,日本会社和个人等在天津市周边有农场38个,占地12,351亩;在天津县有农场62个,占地405,238亩;在宁河县有农场19个,占地504,155亩;在静海县有农场2个,占有耕地6,199亩,上述合计有大小日系农场131个,占地1,286,242亩。另外,在昌黎、临榆、抚宁、大兴、顺义、临城、邯郸等县还有10个农场,占地65,244亩,故日本在天津地区总共有大小农场141个,占地1,351,486亩。②其中,占地在万亩以上的较大规模农场有13个,均在天津县和宁河县内,如在宁河县内的启明农场占地12万亩,大陆农场占地11,457亩,大安的4个农场占地13,361亩,藤井的5个农场占地61,754亩,天津产业的4个农场占地12,281亩,中野的3个农场占地21,382亩,开滦农场占地83,848亩,杨柳青农场占地16,890亩,北仓农场占地20,000亩,王串场农场占地10,237亩,芦台模范农场占地56,000亩,东洋民生农场占地24,344亩,中日华北机械农场占地22,240亩,共计占地365,794亩。据记载,日系农场在天津县和宁河县占有耕地921,763亩,约占两县耕地总面积的一半。③上述这些大型农场和华北垦业公司、米谷统制协会控制的土地面积占到全部日

---

① 吕万和:《解放前天津市郊的土地占有和地租》,《天津历史资料》1980年第5期。
② 天津市地方志编委会编著:《天津通志·民政志》,天津社会科学出版社1999年版,第537页;吕万和的《解放前天津市郊的土地占有和地租》为1,364,814亩。
③ 天津市地方志编修委员会编著:《天津通志·土地管理志》,天津社会科学院出版社2004年版,第184页。

系农场总面积的79.41%。由此可见,在日本人所办的农场中,大型的农场多为垄断性公司和各会社所开设,对小型农场多通过贷款、配送稻种、收购等方式进行控制,都完全被纳入了稻谷和粮食产销的统制范围之内。

(三)日系农场的生产和经营

虽然日系农场数量较多,但各农场除少部分自营自耕外,多沿用租佃制,即将土地分割成小块,或强制出租给当地农民,或分配给来自朝鲜和我国东北地区的移民,如兴农公司拥有2215亩土地,强行分配给46户耕种;大陆农场强占良田6211亩,由122户农民耕作;张贵庄农场有耕地161.73亩,由21户佃户耕种;中野农场的3个农场中有稻田、旱地和园田21,478.3亩,由235个农户耕种。①华北垦业公司在各个农场设立管理所,并且配备了管理员和指导员,除农事指导外,还负责发放种子、肥料,办理营农资金的借贷。1945年,日伪政府所属的军粮城农场,场长为中国人,副参事为日本人,有23名员工,其中职员7人中有4名日本人,雇员6名中有1名日本人,还有5名中国人为佣员和12名工人,有492户农民租佃耕种。②各个农场的农民每天要在日本人和勤农队的监视下劳动十二三个小时,除交纳产量50%左右的地租外,其余悉由天津米谷统制会收购,收获的所有稻谷禁止留存。

日系农场以种植水稻为主,尤其是在宁河县、天津县和天津市东南部地区,农民多在指令性计划下进行生产,所产的稻谷全部充作军粮供给在华日军和日侨。此外,分布在静海等地的日系农场也种植小麦、豆类和蔬菜等,有农场还专门生产萝卜,供给日军制作盐渍咸菜,如中野农场1943年生产萝卜5588公斤,还有黑豆8864公斤,玉米、高粱分别为6430公斤和4396公斤。③很多日系农场都配备了电力抽水机和脱谷机等机械,并修浚沟渠,以利灌溉,且使用良种和一定数量的化肥。

---

① 居之芬主编:《日本对华北经济的掠夺和统制——华北沦陷区经济资料选编》,第765—766页。
② 居之芬主编:《日本对华北经济的掠夺和统制——华北沦陷区经济资料选编》,第730、761页。
③ 居之芬主编:《日本对华北经济的掠夺和统制——华北沦陷区经济资料选编》,第771—772页。

三、广设管理机构与不断强化产销统制

(一)天津周边地区粮食生产的变化

在日本发动全面侵华战争之初,日伪政权实施的是所谓的"日中满农业一体"的政策,即因各地自然环境不同,有适当的分工,以相互补充。在华北主要重视棉花增产,所需粮食中的大米从朝鲜和东南亚各国进口,小麦和面粉由美国和加拿大等国进口,杂粮由伪满运入,以上粮食的不足部分由华中等地区予以补充。

随着侵略战争的推进,日本国内和中国华北地区的粮食生产发生了变化,迫使日伪当局进行调整。在日本国内,农村的劳动力大批应征入伍,导致劳动力缺乏,农业生产大大衰落,大米的产量由1936年的6730万担减少到1938年3410万担。[1]在华北地区,因受战争和水旱灾害影响,粮食连年减产。据调查,1937年底,静海县农作物收成比常年减少的比重分别为:小米20%、棉花60%、高粱40%、其他70%;天津县农作物收成比常年减少的比重分别为:小米14%、棉花40%、高粱77%、其他20至25%。[2]1938年,华北主要四省农作物产量平均比战前减少50%左右。到了1939年,华北地区又先后遭受旱灾和水灾,农业减产更为严重。其中河北省小麦减产20%,小米、玉米、大豆平均减产40%,棉花减产50%,天津周边是水稻主要产地,很多村庄颗粒无收。[3]

与粮食减产形成鲜明对比的是,华北地区数十万日伪军和侨民的粮食需求量剧增,致使市场上粮价飞涨。1940年1月,平津两市"食粮价格指数较1937年4月,超过二倍至五六倍",在粮店前出现了"老幼妇孺鹄立数小时,一斤面亦未购到"的情景。[4]

---

[1]《新华日报》(华北版)1939年11月16日,转引自许金霞:《抗日战争时期日本对华北农业的统制和掠夺》,河北师范大学硕士论文,1999年。
[2] 居之芬、张利民主编:《日本在华北经济统制掠夺史》,第142页。
[3] 居之芬、张利民主编:《日本在华北经济统制掠夺史》,第145页。
[4]《论平津粮慌》,《抗敌报》1940年3月25日,转引自居之芬主编:《日本对华北经济的掠夺和统制——华北沦陷区经济资料选编》,第780页。

第六章　全民族抗战时期经济的畸形发展与衰落(1937—1945)

天津周边农村历来是华北地区稻谷的集中产区。全民族抗战爆发前,日本会社等在天津地区购买土地,生产稻谷。日本占领天津后,根据每年稻谷增产计划,大肆建立农场,扩大水稻的种植面积,企图使天津成为军粮的生产基地。1937年冬,日本当局迁来朝鲜农民4300人,在天津周边和冀东的农场种植水稻。1940年上半年,日本兴亚院技术部长宫本武之辅来华北等地考察后,制定了《华北产业开发五年计划综合调整要纲》,对华北的粮食生产进行了调整,强调粮食自给,即"华北农产物增产着重于米谷,以期在华日人(包括军队)可以就地取得食粮,小麦杂粮亦拟兼及,以求华北当地食粮的自给"。在调整后的五年计划中,除要增产棉花外,还要求增产稻谷,即稻米的产量要从1941年的4万石增至1942年的25万石,1943年再增至72万石,1944年增至131万石,1945年要增至211万石。①

(二)华北垦业公司和军粮城精谷公司的成立和经营

沦陷时期,日本在天津建立的具有垄断性的机构是华北垦业公司和军粮城精谷公司,其主要任务是采取措施落实水稻的生产计划,极力扩大水稻生产,加强稻谷的加工和储存。

华北垦业公司的前身是1913年成立的中日实业公司,其中,日方由三井、三菱、大仓、涩泽等会社出资500万元,投资于中国的矿业开采、电灯通信等行业。九一八事变后,中日关系恶化,该公司贷款业务陷入停顿。1939年以后,该公司开始涉足农业,在华北农事试验场军粮城分场设立办事处,于是接管了华北农事试验场原属天津开源垦殖公司的土地,建立了军粮城农场,购买了天津开源垦殖公司在茶淀、任凤庄的两个农场。1941年4月,中日实业公司更名为华北垦业公司,声称其目的是"为了在华北从事农地开发、农产品的改良与增产,以及实现农民生活的稳定",从事开垦荒地、管理经营耕地和农民的移垦、对农业进行投资与融资等业务,这实际上是日伪政府在落实农业生

---

① [日]中村隆英:『戦時日本の華北経済支配』,第254页;郑伯彬:《抗战期间日人在华北的产业开发计划》,第53—56页,转引自居之芬、张利民主编:《日本在华北经济统制掠夺史》,第160—162页。

产的五年计划。华北垦业公司在北平设总社,在天津设有办事机构。该公司资本为国币1800万元,实付900万元,由伪华北政务委员会财务总署和个人出资1025万元,实付512.5万元,日本三井物产、三菱商事、东洋拓殖、东洋制纸、钟渊纺绩、军粮城精谷等6家公司和个人出资775万元,实付387.5万元。[1] 1942年,华北垦业公司又在蓟运河地区购置土地,并与原来的茶淀、任凤庄农场合并为茶淀农场。至此,华北垦业公司在天津地区直接经营军粮城农场和茶淀农场,共有水田、旱田、园田和荒地12多万亩。[2] 到1945年,华北垦业公司有6个农场,除了一个农场在滦县外,其他农场在宁河县军粮城和茶淀,占有土地513,666亩。华北垦业公司还以贷款、提供机械和良种等方式支持日系农场,由此控制的农场达到32个参见表6-18。

表6-18 华北垦业公司直属农场简表

农场名称	土地面积(亩)	所在地点
军粮城农场	37,596	宁河县军粮城农场
茶淀农场	22,691	宁河县茶淀
任凤庄农场	18,076	宁河县茶淀
崔兴沽农场	4,829	宁河县茶淀
蓟地区农场	81,419	宁河县茶淀
滦县农场	349,145	滦县柏各乡
合计	513,666	

资料来源:吕万和:《日本侵华在天津一带所设农场及掠夺土地的数量》,张树明:《天津土地开发历史图说》,天津人民出版社1998年版,第338页。

军粮城精谷公司由日商加藤三之辅于1940年创办。因1939年天津大水造成周边地区稻谷减产,军队所需供应不足,加藤三之辅趁机与天津乡绅张一清、李德卿合建军粮城精谷公司。该公司经日本兴亚院华北联络部、天津日本陆军特务机关批准,并得到日本领事馆营业许可,有资本100万元,总部设在北平,在天津法租界设立支店,在军粮城占地500亩,在城区河东有试验

---

[1] 居之芬主编:《日本对华北经济的掠夺和统制——华北沦陷区经济资料选编》,第724—728页。
[2] 本数据根据居之芬主编的《日本对华北经济的掠夺和统制——华北沦陷区经济资料选编》第762、763页统计而成;吕万和的《解放前天津市郊的土地占有和地租》中为16.5万亩,参见《天津历史资料》1980年第5期。

第六章　全民族抗战时期经济的畸形发展与衰落(1937—1945)

田250亩。①该公司分为两个部分,一部分从事土地开垦和粮食种植,除前述的250亩试验田外,成立了芦台、小站、咸水沽、葛沽、八里台、军粮城以及上海等7个出张所,其主要业务是租赁土地种植水稻,出张所下设农事组合,负责发放贷款、稻种、肥料等,并配备一定的灌溉设施,秋季收获的稻谷先归还贷款,其余由农事组合收购后上交精谷公司。另一部分是工厂部,主要从事稻米加工,设有粗米部、细米部等,1940年11月建成了一个年加工45万石大米的碾米设备,1942年后又建成糠油车间、制粉车间、麦饼车间,自此成为集水稻生产、加工和储存为一体的企业。1943年8月,该公司成为日本天津米谷统制会的主要成员,创办者加藤三之辅出任伪天津米谷统制会理事长。到1944年,精谷公司采用与华北垦业公司相同的方式控制了53个日系农场,土地达到47.8万余亩,生产稻谷6.1万多吨。②

(三)伪粮食统制委员会的成立和活动

太平洋战争爆发后,日本国内的粮食生产严重不足,海运受阻,其粮食政策由原来的分工合作转变为要求各占领区做到自给自足,即保证所在地区军队的粮食供给。作为日军食粮的主要生产地,天津稻米从生产、运输到配给均受到更严格的统制,为此专门设立了由生产、运输到分配的强制性统制机构,且随着战争形势吃紧和粮食极度缺乏,其措施也愈发法西斯化。

1941年6月,因"大东亚战争持久战,兵站基地的日华官民粮食需要自给,天津地区米作生产量占华北全产量大半的重要地位"③,天津的日军特务机关主持成立了伪天津米谷统制委员会,作为管理天津及其附近日系农场稻米生产及收购的统制机关,其委员主要有驻华北和天津日军的高级参谋、联络部长、部队长和宪兵队长,以及伪河北省省长和建设厅长、伪天津市市长和粮食

---

① 东丽区土地管理志编纂委员会编著:《东丽区土地管理志》,天津社会科学院出版社1998年版,第198页。
② 赵继华、于棣主编:《抗日烽火在天津》,天津人民出版社2005年版,第472—474页。
③ 天津米谷统制委员会结成式(1941年),转引自于经尚:《压迫与反抗:天津地区稻谷统制研究(1941—1949)》,山东大学硕士论文,2018年,第9页。

局长,委员长为日本驻天津总领事,副委员长为领事馆的经济课长和商务书记,事务局设在天津日本总领事馆内。伪天津米谷统制委员会成立伊始就颁布了《米谷收买统制要纲》,确定了"在可能范围内尽量收买华北生产的稻谷,实行以现在食粮安全为目的收买统制"的方针,规划了芦台、军粮城、小站和天津近郊4个收买地区,确定由三井物产、三菱商事和军粮城精谷公司负责收买。

1943年8月,根据伪天津市米谷统制委员会的命令,成立了执行机构——伪天津米谷统制会。该会由日本各农事组合、农场以及天津农事协会、军粮城精谷公司农村指导部、铁路局和合作社有关部门组成,会长由时任伪天津市社会局局长蓝振德兼任,顾问和联络官为日本人,理事长是创办军粮城精谷公司的加藤三之辅,另有常务理事和参事各3人,以华北垦业公司等公司和社团的24人为评议员。到1945年被接管时,该会共有职员590人,其中日本人247人。[1]伪米谷统制会办公地点在伪天津粮食采运分社内,下设指导、收买、警备等部门,[2]在生产水稻的军粮城、咸水沽、小站、葛沽、芦台、昌黎设立事务所,下设农事合作社,主要负责稻谷收买、运营和警备等;[3]还有1个直属农场,占有耕地5000亩,另有4个电化水利组合农场,到1945年占有耕地188,778亩,参见表6-19。

表6-19 伪米谷统治协会直属农场简表

农场名称	土地面积(亩)	所在地点
瑞穗农场	5000	天津县刘家台
军粮城电化水利组合	47,408	军粮城车站南
卫津河电化水利组合	5352	天津县卫津河
小站电化水利组合	92,794	天津县小站
蓟运河电化水利组合	43,224	宁河县芦台
共计	193,778	

资料来源:吕万和:《日本侵华在天津一带所设农场及掠夺土地的数量》,张树明:《天津土地开发历史图说》,第338页。

---

[1] 参见于经尚:《压迫与反抗:天津地区稻谷统制研究(1941—1949)》,山东大学硕士论文,2018年,第15页。
[2] 天津市政协文史委编:《沦陷时期的天津》,第158页。
[3] 居之芬主编:《日本对华北经济的掠夺和统制——华北沦陷区经济资料选编》,第749页。

第六章　全民族抗战时期经济的畸形发展与衰落(1937—1945)

伪米谷统制会每到收获季节都要制定收买实施要纲,规定收买的方针、机关、时间、地区、目标、方法、种类等,对违反规定者予以严厉处罚。[①]伪米谷统制会还不断扩大其统辖权,不仅包括日系农场,还包括所有稻谷生产与收购,以及其他农产品的生产、运输与收购。其管辖范围由天津的芦台、军粮城、小站等主要稻谷生产地,扩大到河北省境内所有出产稻谷1000石以上的大成、文安、新镇等数十个县。这些地区被划归天津陆军特务机关直接管辖,并规定所产麦类、谷物全都要送到公共打谷场脱粒,强迫每户农民只留1个月的口粮,其余全部送到日军据点保管,并统一征购芦台、军粮城、小站、文安、宁河、大成等19个县所产的粮食,征购到的粮食必须统一储存到日本人所控制的天津平衡仓库或军谷仓库。天津地区所生产的粮食尤其是大米,均严格划定区域,由日本特务机关指定的精谷会社、三井物产、三菱商事天津事务所、军粮城精谷公司等专门机构限价收购。

伪米谷统制会还囤积了大量面粉,其大部分充作军粮,每月仅将小部分面粉或小麦拨予伪市公署配售给市民。该会具有一定军事色彩,如咸水沽一带的伪米谷统制会事务所在围墙上高架电网,日夜设岗,盘查甚严,由一小队日军守卫,并配有军犬和重机枪等武器。此外,伪天津米谷统制会还在各个稻谷产地建立了人数不等的"勤农队",小乡30人,大乡100人左右,队员多是流氓、地痞和烟鬼,平时监督稻农是否使用日本稻种、是否按时插秧、施肥、用药等,收获时在地头、稻场上检查和监视收割和脱谷收仓,在稻农交粮时,进行武装押运,并在各个路口设立哨卡,防止私自留存。[②]

除了伪天津米谷统制委员会和伪天津米谷统制会之外,还有日系农场主组成的由日军特务机关领导的伪天津农事协会。该协会主要协调日系农场的生产和水利灌溉,以及土地改良等。1939年以后,日伪政权在天津设立了伪物资输送统制委员会、伪天津物资对策委员会和伪天津市物价对策委员会等机构,指导包括粮食在内的各种物资的收购、运输、贩运、价格和分配等。

---

① 中共天津市委党史研究室等:《日本帝国主义在天津的殖民统治》,第162页。
② 天津市政协文史委编:《沦陷时期的天津》,第160页。

1943年成立的伪天津特别市粮食管理局是对粮食实行统制的机构,负责批准各种粮食的运输,未经特许不得出境,产粮区所产的主要粮食"只限合作社与采运社采购,其他任何机构与任何人一概不准从事收买"[①]。伪粮食采运社在伪粮食局指导监督下成立,是由具有以下资格之一的粮栈、粮商组成:资金15万元以上者,以往从事收购运输业有显著成绩者,有特殊收购运输能力、资金虽不满15万元但联合两个以上经营者且达到资金15万元之上者。此外,这些粮栈和粮商还需要经过伪粮食局的核准方可加入,伪粮食采运社的成员包含三津磨坊同业公会会员等700多家,由原天津朝鲜银行经理斋藤茂一郎为理事长,特务机关长中山襄任顾问,市商会常务董事孙水如为专任理事,寿丰面粉公司副经理赵季扬、新民会科长赵锟等兼任科长,设运销、采购和分配3个科。按照伪粮食局规定,该社负责各地杂粮、小麦等粮食的采购、运输和配给,并在天津加工成面粉,以补充面粉配售的不足。实际上,伪粮食采运社也是一个粮食统制的机构,通过收购杂粮和加工面粉等强化对粮食的控制。此外,日伪政权还设立了伪粮食公社(合作社),主要针对小麦、玉米、谷子、高粱和经伪地方政府限定的粮谷,负责办理其买入、卖出、贮藏、加工、保管、配给等业务。

四、水稻种植的强制性措施与产销管制

(一)日伪政权的掠夺措施

日伪政权的疯狂掠夺以及受战争、水灾等因素的影响,天津周边的农业发展缓慢。除水稻生产在日伪政权的强制性管制和日系农场的努力下有所增加外,其它农作物单位面积产量减少,总产量大幅下降,长期处于停滞和衰落的状态,远远未达到抗战前的水平。日本及其占领区的稻米生产难以供应华北。1939年,朝鲜总督府担心大米输往中国会引发朝鲜米价上涨,发布《朝

---

① 天津市地方志编修委员会编著:《天津通志·商业志·粮食卷》,第23页。

第六章 全民族抗战时期经济的畸形发展与衰落(1937—1945)

鲜米满支输出禁止令》,禁止朝鲜米运往中国的东北和日军前线,①加之此时天津大水灾导致粮食减产,日伪政权开始计划在华北地区尤其是天津地区扩大水稻种植。日本兴亚院华北联络部农政班长东畑四郎明确表示,应重视华北盐碱地带的水田开发,要求在华北的日本人通过当地自给的方式解决食粮问题。1940年,日伪政府制定了《华北产业开发五年计划综合调整要纲》,其中更加强调水稻的增产,并提出应采取改善水利设施、普及优良品种、改善耕种施肥、预防病虫害等方法提高水稻的亩产量。同年,在日本兴亚院华北联络部制定的《华北产米增殖计划》中,企图通过开垦农田、变旱田为水田来扩大耕种面积,其中计划在天津地区开垦20,300町步,占全部开垦面积的34%;旱田转为水田面积19,400町步,占全部转化土地的70%。②

在此背景下,华北垦业公司计划五年内在冀东和天津地区拓荒近25,000公顷,其中近20,000公顷种植水稻,5年后产稻谷38.6万石、小麦7.8万石、籽棉525万担,军粮城精谷公司更是提出了生产100万石稻谷的目标。因此,天津地区以日系农场为主的水稻种植面积迅速扩大。据统计,1941年天津地区的88个日系农场,有土地面积34,492.6公顷,其中水稻种植面积有7732.6公顷,占土地面积的22.42%,旱田有2889.6公顷,荒地18,308.2公顷,到1942年水稻种植面积为12,568公顷,占土地面积的比重上升到36.44%,比1941年增加了近63%,旱田面积3236.5公顷,仅增加12%。③

在增产水稻种植的计划中,包括了开垦荒地、改良土壤和农作物品种改良等。天津周边有一些洼地和荒芜地,也有很多盐碱地,日伪当局为了保证战争和统治的需要,采取一些措施开垦荒地,改良盐碱地,以增加粮食生产。

其一,开垦洼地和荒地,治理盐碱地。早在1937年3月,钟渊纺绩会社就曾在启明农场着手开垦荒地。1940年以后,日本设立的军粮城精谷公司和华北垦业公司均将开垦荒地列入经营范围,如华北垦业公司的章程中就有从事获得荒地并加以开垦的条款,并提出天津周边的土地盐碱严重,不易耕种,亩

---

① 《中国研究月报》2013年第7期。
② 日本亚洲历史资料中心资料,B06050481500。
③ 郑会欣主编:《战前及沦陷期间华北经济调查》,第349页。

天津经济史(下卷)

产量偏低,计划采取碱地改良和水利改进等方法进行土壤改良。华北垦业公司所占有的土地多在滦河下游、蓟运河、马厂减河、永定河沿岸,计划从1941年开始在各河上游修建蓄水池,放水冲刷盐碱地,并开垦蓟运河地区的洼地和荒地。①华北农事试验场的军粮城分场通过地下水、灌溉用水和整地沟渠三种方式改造盐碱地。②

其二,力图通过育种和试验,增强农作物的抗病性和提高粮食的亩产量。1936年,日商在天津设立华北农事研究所(天津农事试验场),"拟用科学方法,研究各项农作物之改良"③。1937年4月,华北农事研究所办公地点移到北平,在西郊开设中央农事试验场。1938年5月,中央农事试验场在济南、青岛、天津的军粮城等地开设了分场,设置原种圃,进行品种改良等方面的试验。④天津的军粮城分场,"主要以沿海区域地带为对象,主管农作物的栽培,适应作物及品种的选定……种苗的增殖与分发"⑤,1940年以后设置了小麦原种圃和3公顷水稻原种圃。⑥天津是水稻种植的主要地区,军粮城分场特别重视对水稻种植中的育种改良、耐盐碱化和耐肥性实验,⑦除由原种圃培育适合天津附近地区种植的水稻品种外,还从日本、朝鲜引入新的水稻品种,以提高水稻产量。⑧以前天津和宁河县等地的稻种多为"葫芦头"和"大白芒",生产的稻谷产量低、颗粒小、光泽差,⑨1939年加藤三之辅创办军粮城精谷公司时,从朝鲜和中国东北引入"陆羽"和"中生银坊"稻种1万石,以提高亩产量,1940年的《华北产米增殖计划》规定,各产区必须种植这些新品种。同年,日本种子株式会社从日本运来"银仿""金刚""水原"等稻种,经过试种后在水稻种植区大规模推广,

---

① 居之芬主编:《日本对华北经济的掠夺和统制——华北沦陷区经济资料选编》,第728—729页。
② 陈人龙:《敌伪控制下之华北农业》,《人与地》1942年第4—5期。
③ 《日本在天津设立农事研究所》,《时事月报》1936年第28期。
④ 居之芬主编:《日本对华北经济的掠夺和统制——华北沦陷区经济资料选编》,第719—720页。
⑤ 居之芬主编:《日本对华北经济的掠夺和统制——华北沦陷区经济资料选编》,第723页。
⑥ 王绶:《敌伪在华北沦陷区内之农业建设概况》,《农业推广通讯》1946年第2期。
⑦ 丁晓杰:《日伪时期华北产业科学研究所的设立及其活动》,《史学月刊》2012年第2期。
⑧ 天津市农林局编:《天津市农林志》,第9页。
⑨ 宁河县地方史志编修委员会编著:《宁河县志》,第218页。

第六章　全民族抗战时期经济的畸形发展与衰落(1937—1945)

1941年后水稻的亩产量有较大的提升。①在引进新稻种之外,军粮城分场等开始培育新品种,并将试验出的新品种、新技术、新农药等强制推广到农场。②

(二)水稻种植面积和产量的变化

天津周边各县的农作物中,水稻的耕种面积和产量有所提高。1945年5月日本驻天津总领事给大东亚省中国事务局长的报告中记载,1941年天津及其附近地区(包括滦县、昌黎、文安)的水稻耕种面积比1940年增长了近82%,

表6-20　1940—1944年天津地区水稻生产情况表　(单位　面积:町步　产量:吨)

		小站	咸水沽	葛沽	军粮城	芦台	天津	昌黎	天津县	宁河县	滦县	昌黎县	文安县	合计
1940	耕种面积	—	—	—	—	—	—	—	6723	5960	349	100	1521	14,653
	收获产量	—	—	—	—	—	—	—	21,930	10,720	313	76	1620	34,659
1941	耕种面积	—	—	—	—	—	—	—	19,143	5704	374	300	1126	26,647
	收获产量	—	—	—	—	—	—	—	48,216	11,630	490	427	1976	62,739
1942	耕种面积	—	—	—	—	—	—	—	10,670	5690	30	730	6100	23,220
	收获产量	—	—	—	—	—	—	—	19,974	9958	51	1307	9187	40,477
1943	耕种面积	4999	3584	1,378	5240	5695	2252	1570	—	—	—	—	—	24,718
	收获产量	13,436	8948	2951	12,167	10,462	5129	1560	—	—	—	—	—	54,653
1944	耕种面积	6512	5511	1284	6582	8,260	3250	2486	—	—	—	—	—	31,885
	收获产量	20,736	8962	3407	20,672	21,498	8971	4041	—	—	—	—	—	88,287

资料来源:日本亚洲历史资料中心资料,B08060396800。

---

① 天津市政协文史委编:《沦陷时期的天津》,第159页。
② [日]華北産業科学研究所、華北農事試驗場编:『華北産業科学研究所、華北農事試驗場民国三十一年度業務功程』『華北産業科学研究所、華北農事試驗場民国三十二年度業務功程』,華北産業科学研究所,1943、1944年,第63—71、53—63頁。

705

1941年总产量比1940增长了81%,其中天津县的增长高达185%。另外,对天津地区1940年至1944年水稻的耕种面积和估计产量分别是,1940年水稻种植面积为19万余亩,产量为32,751吨,1941年分别为320,423亩、68,983吨,1942年种植面积达到480,318亩、产量估为46,593吨,1943年分别为385,828亩、54,378吨,1944年种植面积为478,015亩,估计产量最高达到88,287吨。[1]详见表6-20。

五、对粮食收购和配给的统制

(一)对粮食收购的统制

全民族抗战爆发后,在天津的日军特务机关的一个主要任务就是保证军队物资的供给,就地筹措军粮是其非常重要的职责。1940年,伪天津物资对策委员会向伪天津商会发出收买稻谷的训令,一方面通过适当指导和援助,鼓励与日本方面合作,确保当年小站、军粮城和芦台所产稻谷能够得以顺利收买;另一方面命令收买稻谷的商店和个人必须由该委员会指定,收买的品种和等级也要实行严格标准分类,执行相应的收买价格,并规定未经该委员会许可,禁止稻谷运入天津市内和产地以外地区。[2]

太平洋战争爆发以后,日本国内劳动力严重不足,农产品大幅减产,朝鲜、南洋与日本之间的海运以运输战争物资为主,且船只常被美国军舰击沉,中国华北地区的粮食生产也因战争和灾害影响,远未达到原来计划的生产水平,因此华北地区的粮食供应问题越发突出。日伪政权设立的伪米谷统制会等机构就是为了完成各地农产品的收购计划,以解决华北地区粮食供给问题。在日伪政府的实际操作中,粮食统制性机构是在日军特别是特务部直接指挥和指导下,通过不断颁布法令,强化对粮食收购和交易的管制。以稻米为例,1940年10月,日伪政权设立机构加强了对稻谷的收购、运输、储存和销

---

[1] 天津市农林局编:《天津市农林志》,第149页。
[2] 《为本年米谷收买办法事给天津市商会的训令(附规定)》(1940年10月25日),天津市档案馆藏,转引自于经尚:《压迫与反抗:天津地区稻谷统制研究(1941—1949)》,山东大学硕士论文,2018年。

第六章　全民族抗战时期经济的畸形发展与衰落(1937—1945)

售等各个环节的管制。1941年,设在天津的日本陆军特务机关发布了强制收买稻谷的命令,宣称为"适应华北食粮自给自足与低物价政策"而加强稻谷的收买,规定"今后指令商号以外,无论何人,无论在何种情形下,绝对禁止米谷之收买及搬入",严惩违反规定进入市场的行为,明确规定天津的芦台、军粮城、小站及天津近郊地区为陆军特务机关管辖区。[1]天津特务机关指定了4家日本会社负责收购稻谷,即三井物产会社负责收购芦台地区(芦台、茶淀、芦台镇)、三菱商事会社负责收购军粮城地区(军粮城、张贵庄、王家台、苏庄子)、军粮城精谷公司负责收购小站地区(双港村、咸水沽、大芦庄、小站镇、葛沽)与天津近郊地区(八里台、金钟河与新开河交叉点附近)。[2]日系农场则在天津农事协会的指导下,直接将稻谷售卖给日本大米商。[3]

　　1943年8月,日伪政权制定了稻谷收购纲要,以加强统制。其规定天津及其他重点地区所产稻谷全部由日方收购(包括中国人生产的稻谷),由华北粮食平衡仓库(军粮城)负责收管。[4]1945年5月,日本驻天津总领事太田知庸在给大东亚省中国事务局长的报告中,较为详细地描述了历年日本会社在天津收购稻谷的情况,1940年至1941年间的收购商包括三井、三菱和军粮城精谷公司3家;1942年开始,收购商只有军粮城精谷公司一家,由农事协会和安宅农产会社协助收购;1943年至1944年间,由米谷统制会负责收购天津地区所生产的稻谷;1944年改为直接上缴,日本人经营农场的稻谷由日本驻天津总领事馆下达命令上缴,中国方面各农户生产的稻谷由伪政权(县长)下达命令上缴。

　　从1940年至1944年天津地区稻谷收购量来看,1940年仅有2万吨,占当年估算产量的54%。随着战争的扩大和收买措施的不断强化,收买的稻谷数量占当年估算产量的比重也在增加。1941年收买的稻谷数量达到6万吨,占估算产量的91%,以后虽然伪米谷统制会声称要全部收购,甚至下达命令和指标逼迫生产者上缴,但收买的稻谷数量却并未增加,收买稻谷数量占当年产

---

[1] 天津市档案馆等编:《天津商会档案汇编(1937—1945)》,第572、578—579页。
[2] 中共天津市委党史研究室等:《日本帝国主义在天津的殖民统治》,第388—389页。
[3] [日]浅田乔二等:《1937—1945日本在中国沦陷区的经济掠夺》,袁愈佺译,第5、6页。
[4] 解学诗:《满铁与华北经济(1935—1945)》,第510页。

量的比重则略有下降,1942年和1943年分别为83%和77%。可见,日伪政府竭泽而渔,收买了绝大部分的稻谷供应军队。1944年,收买数量增加,但所占比重却降为69%。参见表6-21、表6-22。

表6-21　1940—1944年天津地区收买米谷情况表　（单位：吨）

	1940	1941	1942	1943	1944
小站				10,306	15,777
咸水沽				6381	7773
葛沽	19,400	58,200	30,400	1491	2201
军粮城				9136	17,408
芦台				9001	12,920
天津				4839	5365
昌黎				723	148
文安	600	1800	3600		
合计	20,000	60,000	34,000	41,877	61,592

资料来源：日本亚洲历史资料中心资料,B08060396800。

表6-22　1940—1944年天津地区水稻生产与军需收购比重表

年度	水稻估产（吨）	日军收购稻谷（吨）	日军收购比例（%）
1940	32,751	17,834	54
1941	68,983	63,250	91
1942	46,593	38,655	83
1943	54,378	42,050	77
1944	88,287	61,591	69

资料来源：天津市农林局编：《天津市农林志》,第149页。

(二)对粮食分配的统制

沦陷时期天津地区的稻谷分配在北平日本大使馆的指导下进行。1942年前,当地稻米不足时还可由日本、朝鲜、台湾等地补充,1943年以后则必须实现当地供给。由于军队供应日见紧张,除靠当年稻谷生产外,其余或供应陈米,或让军队采取所谓的"自战自活"办法解决,[①]其实是让日伪军在各处抢

---

① 日本亚洲历史资料中心资料,B08060396800。

第六章 全民族抗战时期经济的畸形发展与衰落(1937—1945)

粮。根据伪市公署的命令,其他粮食的收购和供应由新设的伪粮食公社和伪粮食管理局,将天津市内所有的粮栈、粮库以及粮店的存粮进行统计和封存,充作军需。伪华北物资物价处理委员会议定了各种粮食的收购价格,规定由合作社、采运社或与其他粮商社团依价采购,尽量禁止现金交易,实行物物交换,所购粮食一律交伪粮管局,不得转售。同时,日伪政权还进行了产粮区重点县和非产粮区重点县的划分,前者只限于合作社与采运社收购,后者除指定合作社、采运社直接收购外,其他有采购能力者经伪粮管局许可后,方可从事采购。

一般市民的粮食供应和分配是在保证日伪军和日侨粮食供给的前提下,由相应的机构实施,规定了供应和分配的数额,但并没有具体的措施,往往只是十分有限的供应。尤其是在太平洋战争爆发以后,日伪政权愈发变本加厉地缩减供应量,根本不顾市民的死活。1941年11月,日伪政权正式将大米、白面列为了军需品,严禁中国人食用,并严禁中国的粮商和个人私藏或贩运,对违禁者予以没收、罚款,甚至处以徒刑和死刑。由于粮食紧缺,1942年12月23日,伪天津特别市公署成立了食粮配给统制事务所,在伪物资对策委员会的直接督导下对一般市民实行粮食限量配卖,该所由88家中日粮商组成,统一管理天津市的粮食配给和出售。伪市公署宣布,在市民"居住证"上附加"配卖证",实行按户发票购买粮食,将配给对象分为上等人、中等人和下等人。上等人专指日军、日侨,中等人指伪政府的官吏,下等人则是一般市民,对不同等级的人群各有定量。最初,伪天津市社会局会同天津各区的联保办事处、新民会和当地士绅,成立了17处配给事务所,具体办理粮食的配给,每区划成若干责任区段,根据人口的多少,指定了600多处配卖店,负责市民口粮的配给供应。自1943年6月1日起,伪食粮配给统制事务所多次升格,到1944年3月由伪天津特别市公署食粮配给办事处直接管理。该办事处由伪社会局局长兼任处长,专门负责市民粮食的配给。

各伪统治机构规定了一般市民粮食配卖标准,无论老幼,每月一律配给面粉0.5公斤,高粱1.22公斤,玉米1.22公斤,谷子1.25公斤,绿豆1.78公斤,黑豆1.44公斤,总共7.41公斤。①在附近农村,日伪当局则实行"计口授粮",即将粮食全部收走,然后按人口配卖粮食,一等为壮年,每人每年授原粮1石5斗,二等为幼年,每人每年授原粮1石3斗,三等为劳动力弱或丧失劳动力者,每人每年授原粮8斗或1石。但是,随着粮食供应日趋紧张,其配给数量根本没有保证,每日粮食的供应量十分有限,以日商三井、三菱和米谷组合为主成立的粮食交易所,逼迫所有的粮商、粮栈只能进行现粮交易,每日成交玉米不得超过100包,高粱不得超过57包,指定的配给粮店每日只准售粮4个小时,每天只出售很少的杂粮,购买者每人每日只准买两块钱的玉米面,民众不得不连夜到粮店排队购粮。日伪政权还时常给市民配卖"代用食粮",即由军用仓库中多年积存的仓底、霉烂变质的小麦,以及供军马食用的饲料、掺杂带有泥沙的糠麸和豆饼等磨制成的"混合面",食用者不仅难以下咽,而且常因此患病乃至中毒身亡。由此可见,沦陷区民众已难以维持最低的生活需求。

总而言之,沦陷时期的天津经济是为日本侵略战争服务的统制性经济。这种统制性经济,既有系统的方针、政策和计划,又有实施机构和组织,还有具体的法规和制度,是在日本军政当局尤其是侵华日军的具体指导和督促下,由日本的国策会社、垄断性机构和日伪政权强制推行的。

这一期间,天津的经济定位是日本侵华战争的兵站和基地,各经济部门依据战争的需要,或被直接军管,或被定为统制性行业,或成为自由投资的行业等,实施强制性的统制管理,以达到维持侵略战争和占领地安定的目的。在抗日军民的抵制下,这种殖民性的强制掠夺的经济形态和计划注定成为泡影,日伪政权只得依靠军队采取超经济的掠夺来推行其统制措施。

---

① 天津市地方志编修委员会编著:《中国天津通鉴》上卷,中国青年出版社2005年版,第273、276页。

第七章　抗战胜利后经济从短暂恢复到凋敝(1945—1949)

1945年8月抗日战争胜利以后,天津的社会环境经过了短暂的安定,经济略有复苏。1947年以后,随着内战爆发,民国政府推行统制性经济,对外贸易锐减,交通断绝,工商业迅速跌入低谷,经济陷入崩溃的境地。到1949年1月天津解放时,天津经济实力远未达到七七事变前的水平,在全国的经济地位下降,对华北和北方的经济辐射能力大大衰减。

第一节　城市区划与经济定位

一、城区调整与人口增加

(一)城市区划调整

1945年10月2日,天津市政府成立,除直属的总务、秘书、会计、新闻、统计、人事、外事等处室外,设有民政、财政、教育、社会、地政、卫生、工务、公用、警察等9个局。

这一期间,天津的各国租界已经全部被中国政府收回,完成了主权的回归。针对此前因中国城区和租界区并存与管理纷歧的状况,天津市政府对行政区划进行了调整,将12个区和兴亚3个区合并为10个区,即取消了原来的特别行政区、兴亚各区,各区统一按照数字排列,1946年底又增设了第十一区。

抗战胜利后，天津城市的空间范围有所扩展。1946年市、县重新勘界时，天津市区的范围为：东至东局子和万新庄，南至陈塘庄和李七庄，西至王顶堤和穆家庄，北至宜兴埠，与日伪时期大致相同。据1948年天津市地政局统计，全市土地面积为227,246亩，其中包括住宅、商业、工厂、机关、部队、团体等在内的市中心用地83,544.37亩，约占全市土地面积的32.43%；农田面积为75,315.3亩，约占33.1%；荒地和坟地面积为53,943.45亩，约占全市土地面积的26.18%；河流和道路占地面积为19,042.32亩，约占8.36%。[1]1949年初，天津市区的范围略有扩大：东至赵沽里、大毕庄、月牙河，西至大围堤、西横堤，南临大围堤，北至丁字沽、天穆村、宜兴埠，面积为151.343平方千米。其中建成区面积为48.98平方千米，占全市面积的32.36%。1949年3月，将塘大市（即大沽、新河和塘沽三个村镇，1952年后改称塘沽区）划归天津市，市区总面积增加到173.343平方千米。

1945年12月22日，天津市政府根据南京民国政府的法令，发布了重新规定道路名称的公告，调整和更定主要街道的名称。"除城厢、河北、西头、南市、旧特二三区等地均恢复旧有街路名称外，其旧意租界全部路名更改为含有新意义之名称"，原日租界、法租界的街道将全部更改为各省的名称，西开和原英租界、特一区的街道均改用城市名来命名。[2]这些，消除了一些殖民色彩，也便于路政的统一管理。

（二）城市人口增长

1945年以后，天津城区人口有所增加。1945年底，天津市有318,982户，172万余人，此后人口没有明显增加。1947年以后，随着华北农村土地改革的推进和东北战局的变化，一部分地主、富农、难民、伤兵等涌入天津，致使天津城市人口迅速增加，1946年有167.7万人，1947年增加到171.5万人，到1948年增加了近20万人，达到191.3万人；1949年底回落到179万人。

---

[1] 天津市人民政府研究室编印：《天津市土地面积情况初步整理》(1950年2月8日)，转引自天津市档案馆编：《近代以来天津城市化进程实录》，第20页。
[2]《津市重定路名》，《大公报》1945年12月22日。

第七章 抗战胜利后经济从短暂恢复到凋敝(1945—1949)

这一期间,天津城市人口的构成仍具有移民城市的特点,即大部分为外来人口。据1947年天津市警察局统计,在城市总人口中,天津籍有68.9万人,占总人口的40.15%;河北省籍有80.6万人,占46.96%;山东省籍有14.4万人,占8.39%;河南和山西省籍的人口占1.86%,江苏省籍(可能包括上海市)的人口占比不足1%。①

二、城市规划与经济定位

(一)城市规划的编制

1946年以后,上海、南京等城市开始编制发展规划,天津市政府也责成工务局拟定了《扩大天津市计划》。其要点是:1.将塘沽、大沽、新港等划入市区,以市中心区为中心,凡是在15千米半径范围内的村镇,如杨柳青、北仓等,亦划入市区;2.拟在市区周围建设若干卫星城镇;3.由市中心区散射出交通干线;4.将海河下游分段辟为工业区,环绕以绿化带。作为一个城市的整体规划,《扩大天津市计划》体现了城市发展的需要,即天津城区向四周尤其是向沿海地区扩展,反映了向港口城市发展的走向。但由于当时战事紧张、社会不靖、经济严重下滑,这些规划仅停留在纸面上。

(二)经济定位的变化

同一时期,天津市的经济定位再次发生变化。1946年,南京国民政府成立的河北平津区敌伪产业处理局,在接收天津日伪企业和考察近代以来经济状况的基础上,形成了对天津经济地位的重新认识。在其编写的《天津的经济地位》一书中,对天津的经济定位是:中国北方最大贸易口岸,东北、华北工业品等的主要转运地和供应地,"华北工商业、贸易、金融、海陆、内河交通中心地"。②在此基础上,新中国成立后的1954和1957年,天津市政府在《天津

---

① 李竞能主编:《天津人口史》,第186页。
② 李洛之、聂汤谷编著:《天津的经济地位》,第363页。

713

城市规划要点》和《天津市城市初步规划方案》中,将天津城市性质确定为综合性工业城市、南北水运要冲和华北水陆交通枢纽,这是抗战胜利后天津经济定位的认同与延续。

第二节 工业的接收、恢复与全面衰退

一、对敌伪产业的接收与工业资本结构的变化

(一)对敌伪产业的接收

20世纪开始,天津经济迅速发展,到30年代已成为华北最大的工商业城市。天津沦陷后,一些华资工厂被日军以"军管理"的名义强占,后又用军管、委托经营、中日合办、租赁和强行收买等方式全面控制。同时,日本军部、政府、财阀为落实所谓的"华北经济开发"计划,企图将天津建成侵华战争的兵站和物资供应基地,加大了对天津工业的投入,企图通过建立和强化冶炼、机械、化工等行业,达到"以战养战"的目的,天津的工业部门发生了一些改变。太平洋战争爆发后,日本实行疯狂的搜刮和超经济掠夺,以及献金献铁等毁灭性劫掠,天津的绝大部分工厂企业均陷于停产或半停产状态。

抗战胜利后,南京国民政府立即着手接收日伪的工矿企业,其意图不仅是恢复和发展工业,稳定经济局面,而且是借此建立起以政府经营企业为主体的工业格局。按照南京国民政府公布的《沦陷区敌国资产处理办法》《沦陷区工矿事业接收办法》等条例,敌伪产业既包括日本军政、财阀和侨民在华的各类产业,也包括伪政权和军政人员投资的产业,还包括在华的德、意等国侨民的产业。天津市政府成立后,立即建立"天津市党政接收委员会",专门负责接收敌伪产业的工作。由于天津是日伪企业最为集中的城市,因此南京国民政府的各个系统和部门也纷纷派员到天津,组建各种机构,染指敌伪产业的接收,一时间接收大员蜂拥而至,接收机关层出不穷,各类接收机构竟达26

第七章　抗战胜利后经济从短暂恢复到凋敝（1945—1949）

个。他们各自为政，相互争夺，大批接收人员趁机侵吞敌伪财产，中饱私囊，致使接收工作混乱不堪。于是，南京国民政府决定整顿敌伪产业接收工作，在行政院设立了四个区域性的敌伪产业处理局，集中接收和处理所有的敌伪企业和一切物资。1945年12月，河北平津区敌伪产业处理局在北平成立，在天津设立办事处，全面负责天津的敌伪产业接收和处理工作。该局成立后，立即发布通告：凡接收一切敌伪工矿企业、房地产和一切物资等的河北平津区所有中央和地方各接收机构，均应迅速向处理局报送接收清册，一律不得自行处理。

经河北平津敌伪产业处理局调查，1945年8月前，天津有222家日资工厂，总投资额为法币55.4亿元，固定资产法币为161.6亿元，流动资产法币为51.3亿元，有中国职工44,234人，日本职工3283人。[①]该局针对天津的日伪企业和物资状况等，拟定了接收敌伪工矿企业、物资和房地产的具体办法，并得到行政院的批准。办法规定，原则上采取拨交和标售两种方式处理工矿企业，比较重要且规模较大的工矿企业被指定拨交给政府有关部门接收，物资由海关接管，房地产由中央信托局保管；规模小的企业则接收后向社会标售。到1946年6月，河北平津区敌伪产业处理局天津办事处的接收工作基本结束。在工厂方面，接收262处敌伪工厂；其中纺织、冶金、机器制造、化工等行业中的较大企业，以及能够盈利的企业被国民政府资源委员会等机构收为官营，小的企业拨给了天津市，属于市营企业，更小的企业则由敌伪产业处理局实行标价出售，截止到1947年8月，共计标售十余次，售出企业192家。[②]物资方面，河北平津区敌伪产业处理局天津办事处共接收敌伪洋行、商店和仓库161处，其中50处仓库移交海关；共接收敌伪房地产148处，其中34处民房经核实后发还给原房主；接收的敌伪资产现金包括伪联币7870多万元、伪联币有价证券1240多万元，移交给中央银行；共冻结敌伪资产伪联币115,670多亿元、伪蒙币290多万元。另外，还接收了大量各种敌伪物资，包括粮食、日用

---

① 李洛之、聂汤谷编著：《天津的经济地位》，第322—324页。
② 《被标卖的敌伪工厂现在怎么样了》，《工业月刊》第4卷第8期，1947年。

品、工业器材和医药用品。[①]日伪的华北垦业公司、军粮城农场等所属的稻田等120余万亩耕地,全部移交给行政院农牧部经营。

(二)工业企业所有制结构的变化

随着南京国民政府对敌伪产业的接收,天津工业所有制结构发生了变化。20世纪以后,天津稍有规模的企业多由包括官僚军阀和政客投资在内的民间私人资本创办,官营和外资企业所占比重很小。在沦陷时期,日军通过强占、强买、军管等手段将棉纺、化工等企业掠为己有,日商在冶金、机械制造、化工和纺织等行业新建了一些企业,使日资企业迅速增加,并形成一些部门的垄断。1945年以后,经过河北平津区敌伪产业处理局天津办事处接收和移交后,有一定规模的企业成为国民政府所属的官营企业,并成为天津工业的主体,由此改变了天津工业资本构成以民间资本为主的特点。天津工业的所有制结构由20世纪初以后形成的民资、外资、官营各有千秋,转变为官营资本在工业中占据了垄断地位。据1949年天津解放初期天津市人民政府统计局调查,1947年底国民政府经营的企业和外资企业占到工业企业的61.84%。

在工业部门构成上,形成了官营企业在主要行业的垄断。其中,日资的裕丰纱厂、公大六厂、公大七厂、天津纱厂、上海纱厂、双喜纱厂、大康纱厂等七大纱厂,被1945年底成立的资源委员会中国纺织建设公司天津分公司接收,纱锭占天津各纱厂纱锭总数的84%,另将一些铁工厂等合并为中纺天津第1、2、3、4机械厂。同时,资源委员会所属的机构接收了原先日本华北开发会社各公司所属的涉及能源、机械、电气等行业的较大企业。其中,昌和制作所被改为资源委员会天津制车厂;1946年11月,华北机械会社和兴亚钢业会社被合并为资源委员会的天津机器厂,设总厂(小王庄)和第一分厂(小孙庄)、第二分厂(陈塘庄);华北电线厂、太平电线厂、北支电线厂、安宅精机厂、永信料器厂和中华汤浅电池厂,被合并为资源委员会所属的中央电工器材厂天津

[①]《天津敌日资产之接收与经营》,《华北工矿》第1卷第2期,转引自罗澍伟主编:《近代天津城市史》,第724页。

第七章 抗战胜利后经济从短暂恢复到凋敝(1945—1949)

分厂,下设7个分厂;有关炼铁等冶炼企业合并为资源委员会华北钢铁公司天津炼钢厂,下设5个分厂。此外,天津化学会社和汉沽工厂等化工企业拨给资源委员会,并在日本协和造纸厂的基础上设立了天津纸浆造纸公司。

除资源委员会所属企业外,东亚烟草、东亚面粉、中华火柴3家利润较大的日资企业拨给了经济部冀热察绥区特派员办公处;日本高砂干电池和岩崎电线会社合并后拨给了军政部,改名为电信机械修造第六厂;涉及汽车修配的企业拨给了交通部公路总局,合并为汽车修配总厂;涉及服装、针织、橡胶生产和粮油的企业拨给联勤总部。还有一些较小的企业拨交给天津市政府经营,如生产酱油和味精的会社、生产度量衡的工厂等。其中较大的是机器厂。该厂有木工、铸工、铁工、锻工四个部,除木工设备外,有1台2吨的熔铁炉、4台锻铁闷炉、12台大小车床、2台铣床、2台刨床、3台钻床、2个机锤、2台压力机、1台辊压机和剪断机,生产办公桌椅、可锻铸件和机器铸件(月产70吨)、工作机械(10台)和一些农具机械等。① 天津市政府专门设立了公营事业管理处,负责管理市属企业和协调中央各部委的企业。由于天津较为重要且规模较大的70余家企业收归资源委员会等政府部门经营,因此导致钢铁、电力、电气、机械、水泥、造纸、纺织等行业的官营企业迅速增多,构成工业的主体。据解放初期工商局和工商联调查,官营企业在各部门所占的比重大约为:纺织工业占4/5、造纸工业占1/2、金属加工业占1/3、食品和火柴工业各占1/3、化学和橡胶工业各占1/5。②

民营工业企业在沦陷时期元气大伤,抗战胜利后一时难以恢复生产,加之南京国民政府在政策支持上向官营企业倾斜,因此民营企业在工业中的地位迅速下降,在所有制构成和部门比重上处于绝对劣势。久大精盐公司和永利制碱公司是当时最大的民营企业,在沦陷时期曾被日军实行军管,并由满铁兴中公司接管,1943年日伪政权企图增资改组未遂。1945年11月15日,两厂被国民政府经济部派员接收,身为永利制碱公司副总经理、久大盐业公司

---

① 天津市档案馆编:《天津近代工业档案选编》下册,第232页。
② 纪广智:《旧中国的天津工业概况》,《北国春秋》1960年第2期。

总经理的李烛尘,致信经济部部长翁文灏陈述实情。12月22日,翁文灏明令确认该公司并非敌伪企业,应予以发还。随后,李烛尘等进厂巡视,发现久大精盐公司的西厂,"整个厂屋全被拆毁,已成一片瓦砾场,其中机器及熬盐设备更无论及","两个百尺高之大烟筒亦拆毁一半,迄今凄然颓立";"东厂分洗、煎两部,洗盐机器亦经拆毁,其他熬盐设备亦残破不堪"。永利制碱公司"因敌人技术恶劣,将永利工厂所有机器残酷使用",7座锅炉毁了5座,4台发电机毁了3台,4台炭酸机毁了2台,3台冷风机几于全毁,2座石灰窑毁了1座,3座蒸锤塔毁了1座,3座吸锤塔毁了1座,7座炭酸塔毁了2座,4座干燥锅均残破不堪;整个烧碱厂"更弄得一塌糊涂"[1]。经过10个月的修理,久大精盐公司和永利制碱公司才勉强开工,直到1946年底才恢复生产。

另外,敌伪产业处理局接收颐中烟草、耀华玻璃等民营企业后,虽将其发还原主,但将其增资部分、原料和成品视为敌产,收归国有,并作为官股对其进行渗透。剩余的一些机器设备差、生产能力有限的民营中小企业,由敌伪产业处理局分批标售。在被标售的192家工厂中,仅有29家能够勉强维持开工;163家不能开工,其中又有约40家处于停工状态,12家已卖掉部分设备,15家已卖掉全部设备,其余的96家或改为仓库、商店、杂货铺,或变为民房,已不是可以从事生产的企业。据天津市社会局统计,1945年底,全市有工厂2855家,工人587,770人。但因许多工厂停工停产,造成大批工人失业。1946年初,天津失业工人已达229,548人,占当时工人总数的40%以上。[2]

二、各工业部门从略有恢复到全面衰退

(一)抗战胜利后工业发展的整体状况

随着国民政府接收、移交和处理敌伪产业,劫后余生的天津工业企业开始收拾残局,尽快复工生产。但当时的客观条件和天津自身的基础都不能为

---

[1] 居之芬主编:《日本对华北经济的掠夺和统制——华北沦陷区经济资料选编》,第1013页。
[2] 参见汪寿松:《国民党政府对天津敌伪产业的接收》,《历史教学》1990年第3期。

第七章 抗战胜利后经济从短暂恢复到凋敝(1945—1949)

其发展提供长期稳定的环境,致使战后的天津工业仅有短暂的恢复。1947年,全面内战爆发后,华北成为国共双方争夺之地。随着战场不断扩大,农业大量减产,工业原料匮乏,城乡民众生活困苦,购买力急剧下降,加之铁路断绝,海运受阻,天津与腹地、南方以及国际市场的联系被切断,致使原料阻断,产品滞销。同时,随着天津周边越来越多的农村成为解放区,各工厂所用原料只能依靠进口,而产品销售范围也大大缩小。国民政府实施经济统制政策和发行金圆券以后,通货膨胀,物价飞涨,投机倒把盛行,全国经济形势恶化。天津的经济基础原本就十分脆弱,此后便一蹶不振。如1947年电力供应"竟然停留70%",市中心的第一区一带"曾有五天五夜不见灯光",全市仰赖电力公司供电的大小1000余家工厂竟因停电而全部停工。①无论是官营企业,还是民营企业,其能力均限于努力恢复生产,缺乏进行扩大再生产以推动工业发展的资金、设备、技术人员。其中,原来基础较好的日伪各大纱厂,在被接收后成为政府重点支持的企业,虽然复工较早,但设备严重受损,原料紧缺,1946年仅有40%的机器能够开动。天津机器厂复工后半年内没有成品上市;天津炼钢厂拥有的华北地区唯一的25吨炼钢炉,经过一年多修复才点火,每炉只能出钢17.4吨,3年内仅轧钢684吨,且均为较厚的盘条。②天津制车厂1948年3月才复工,且仅能依靠原有库存零件装配几十辆自行车。

从各企业经营状况看,随着运营成本陡增,各厂均面临资金短缺的困境,需要贷款来维持资金周转。但工厂向政府和银行申办工商业贷款时却受到重重限制,条件十分严苛。1947年11月后,"政府为紧缩通货遏止涨风,命令国家行局及各省市银行,自本年11月29日起一律停止贷款,已到期贷款一律收回,不再转期,生产贷款亦一并包括在内"。一时间,全国工业界一片哗然,全国工业会呼吁各地一致行动,要求政府重开工业贷款,以维持工业生存。久大精盐公司总经理和永利制碱公司副总经理李烛尘作为天津工业会会长,于12月10日通电民国政府行政院、经济委员会、财政部、经济部和天津的工

---

① 《电力不足工业损失惊人》,《工业月刊》第4卷第4期,1947年。
② 《天津市人民政府工商局资料》,转引自纪广智:《旧中国的天津工业概况》,《北国春秋》1960年第2期。

商辅导处、四联总处等称:闻此限制政策"无任惶骇","现值年关迫届,工业危机益复加深,对此生产贷款期望尤殷",且天津的工厂"采购原料多在当地,押汇无济于事,仍非继续准予贷放生产贷款,不足以渡危难","事关工业生存",请重开工业贷款。翌年1月,李烛尘又联合全国工业会和社会各界呼吁恢复工业贷款,认为此次政府实施经济紧急措置,停止工业生产贷款,"定使多数正当厂商因缺乏流动资金不能周转,面临总崩溃危机,而全国经济亦愈将陷于不可收拾之境地";"欲期迅速挽救保全此仅存生产工业,以固民国经济本原,必须对于正当工厂申请生产贷款立予恢复",并且提出恢复生产贷款的四项原则。天津织染业同业公会也陈诉称,如果在春节年关之前不能恢复工业贷款,"则津埠织染工业1200余家势将被迫倒闭,职工生活安定不堪设想,津埠生产工业已濒绝境,端赖工贷始能复苏"。不久,政府财政部门恢复了工业贷款,但条件依然十分苛刻。李烛尘代表工业会呼吁"审核尽量放宽,并准各厂以机器厂房抵押贷款。"同时,天津大中小型工厂积极申请工业贷款,但因政府有关部门审核周期过长,申请数额与核准数额之间差距过大,终是杯水车薪。例如,达生制线厂于1947年10月提出申请贷款,经政府部门核定后仅同意贷款额度的1/7,且最终并未落实。仁立实业公司的贷款申请经过多次审核,最终仅获批了申请数额的1/4。[①]

除难以申请到工业贷款外,美货充斥、电力不足、原料来源困难、产品价格受限等等无不困扰着工业企业的经营。1948年2月底,天津火柴业同业公会陈诉称,所属的18家火柴厂有半数倒闭,其原因包括销售区域缩小、工业贷款停止、工资浩大、成本高于售价等。[②]7月,工商部天津工商辅导处召开改善工业困难办法座谈会,制革、染织、染整、造纸、面粉、印刷、料器、卷烟、冶金、七区棉纺等制造工业同业公会代表参加,各同业公会列举的困难有原料燃料缺乏、运输限制、产品滞销、成本增加、外汇分配不均等。[③]由此可见,1947年

[①] 参见天津市档案馆等编:《天津商会档案汇编(1945—1950)》,天津人民出版社1998年版,第1023—1035页。
[②] 参见天津市档案馆等编:《天津商会档案汇编(1945—1950)》,第1055页。
[③] 参见天津市档案馆等编:《天津商会档案汇编(1945—1950)》,第1061—1062页。

第七章　抗战胜利后经济从短暂恢复到凋敝(1945—1949)

以后,天津工业在惨淡维持与绝望停产之中已迅速衰退。

(二)主要工业部门所属企业的变迁

1945年至1949年期间,天津的纺织、钢铁冶金、机械制造、化工、面粉、卷烟等主要工业部门所属的企业,都经历了从艰难复工复产到迅速衰退的过程。

纺织业包括棉纺织、毛纺织、织布、针织、地毯,以及染整业等行业,一直是天津工业的支柱行业之一,无论是资本额、设备和用电量,还是工人数,均在天津工业中占有重要地位。抗战胜利后,天津的棉纺织业有7家官营纱厂和3家民营纱厂,资金和产值均在天津工业中占有最大比例。1947年产值占天津工业总产值的64.74%,[1]纱锭和织布机总数在全国棉纺织中的地位,从抗战前的第三位上升到第二位,超过青岛。7家官营纱厂在政府的扶植下,较快恢复了生产。据调查,1947年,7家官营纱厂拥有纱锭332,872枚、织机8,640台,职工近1.8万人,年产各种棉纱103,686件、各种布匹4,813,772匹。恒源、北洋和达生3家民营纱厂的纱锭数没有增加,织布机数量增加近50%,而1947年纱锭停开12%,织布机停开一半以上,年产棉纱2万余件,棉布3.5万余匹,分别相当于1933年年产量的63.83%和31.70%。[2]随着全面内战的爆发和战场的扩大,棉花产量大减,进口美棉逐年减少,各纱厂的原料供给和产品销售均严重受阻。国民政府成立了花纱布管理委员会,颁布了各种法规,实行"代纺代织,统购统销",开始对花纱布实行全面统制。其主要措施包括实行棉花统购,棉纱全部代纺,棉布部分代织和生产成品限价收购等。1947年,中纺总公司调给天津7家官营纱厂进口美棉86.8万余担,同期国内原棉只收购30万担,不及需用量的1/3,各厂尚能恢复正常生产。1948年以后,进口美棉减少,调给7家官营纱厂的美棉减至33万担,不足前一年的半数,仍难以如数调拨。华北各地棉花减产,交通断绝,原棉缺乏,各厂存棉和近期可能购棉估计不足维持3个月。1948年第四季度,官营各纱厂缺乏原料,每周仅能维持开工二三

---

[1] 天津市地方志编修委员会办公室编著:《天津通志·工业志(综述及重工业卷)》,第5页。
[2] 天津市纺织工业局编史组:《旧中国时期的天津纺织工业》,《北国春秋》1960年第1期。

天,生产水平下降一半以上,不得不逐渐停工。民营纱厂的处境更加困难。北洋纱厂"靠吃点美棉买点国棉,有时进口其他外棉,代纺棉纱,维持生产。每万磅棉交纱22件,每件纱收工费300多元(法币),靠加工度日";到1948年6月底,出现原棉不足,"月需5540担棉花,但库存只有4408担"[1]。到天津解放前夕,3家民营纱厂总共仅剩2200余名工人,尚不及抗战前恒源纱厂一家工厂的工人数。同时,政府对棉纱实行统购统销和禁止出境,限定的价格远低于成本,如一件上海生产的20支棉纱的成本价为950元以上,限价仅为707元。[2]且各厂不能自购自销,而被强制实行代纺后全部上缴,加之动力不足、资金短绌、工人的食粮和工资等问题,[3]各个纱厂几乎全部停产。

天津织布业的境遇几乎与纺纱业相同,即棉纱来源紧张,产品销路与战场的扩大呈反比,加之美国的洋布、针织品、棉织品进口倾销、交通阻塞、物价飞涨和资金匮乏等,造成大幅度减产,有的工厂停工,有些工厂沦落到以倒卖布匹为主。据织染同业公会1948年调查,截止到5月底,会员工厂包括棉织工厂797家、丝麻织工厂71家、针织工厂167家、印染工厂64家、捻线工厂8家,共计1107家;织机数量为电力平面机2725台、人力平面机5916台、电力提花机711台、人力提花机1372台、电力针织机854台、人力针织机2399台、电力轴线机89台、电力合线机69台(6900锭)、其他各种织机268台,以上共计14,403台又6900锭。但是目前"仅有7079台在开工生产,分散在大小861家民营工厂中,现在停工的共有246家,计停车织机达7324台,占织机总数半数以上"。其主要原因是极度缺乏原料,每月所需棉纱共为5734包,真丝43担(每担134磅)、人造丝546箱(每箱200磅)。实际上,"各厂每月可能购得的各种棉纱,合计不过1661包,计不敷4000余包",人造丝由中央信托局获得少量配给,真丝则未得到配售。染料"每月可自输出入管理委员会配到若干,不敷

---

[1] 天津市第六棉纺厂党委组织部等:《北洋纱厂的公私合营》,中共天津市委党史资料征集委员会等编:《中国资本主义工商业的社会主义改造·天津卷》,第772页。
[2] 包敬弟:《新经济管制与纺织业》,《纺织建设》第1卷第11期,1948年。
[3] 《有关纺织业各项问题》,《工业月刊》第5卷第2期,1948年。

第七章　抗战胜利后经济从短暂恢复到凋敝(1945—1949)

之数尤巨"①。另据1950年天津织染业同业公会调查,织布业在1948年共有8867台织布机,其中开工者仅有4867台;共有织袜机2918台,其中开工者仅有819台。

机器染整业在1947年前有所复苏,陆续新开设了聚丰、景星、渤海、裕源、瑞康、同合、同大、方大兴记、瑞丰、瑞源等10家染整厂,总数达到48家。各厂的资本额,多者达法币数千万元,如瑞康染整厂、大华兴记染厂等。其中,大华兴记染厂占地3000平方米,有平房40余间,工人150余人,主要生产滑冰牌士林兰布,月生产能力约为89.58匹;1948年时有染槽25对、干燥机5台、锅炉3台、拉宽机3台、小丝光机5台。②染整厂的原料依靠各纺织厂生产的白坯布,染料多为天津各化工厂产品或由国外进口,产品多在本地和华北地区销售。纺织厂逐年减产,布匹产量大减,且各纺织厂所产布匹均由政府配售,其中1947年配售的390万匹白坯布中,商业用布190万余匹,配给染整等工业用布仅有25万余匹;1948年配售给商业用布480万匹,工业不过52万匹。在配售给工业的白坯布中,染整业所能得到者极少。而且由于化工厂或停业,或供应军需后勤,进口染料减少,价格奇贵,染料厂原料来源断绝,"各厂几陷于绝境"③。随着战场的扩大和对解放区的禁运,染整厂产品销路缩小,加之仓促建厂、资金不足、设备不配套、技术管理人员不足和产品积压等因素影响,各染整厂迅速衰落。据1947年7月调查,染整业的全部14,434台设备中,仅有7030台开动生产,且每况愈下。到1948年底,包括手工作坊在内的46家染整厂大多数处于停产和歇业状态,或转向染料和布匹的投机生意。④

毛纺织业多为民营企业。由于日本投降后海运逐渐恢复,各厂第一时间可以购置进口羊毛,得以较早复工,有的工厂还计划购置新的设备。1947年以后,进口的呢绒、海军呢、大纹哔叽等充斥市场,加之进口原料减少、物价上

---

① 《看天津织染工业》,《工业月刊》第5卷第7期,1948年。
② 第四染整厂编写组:《大华兴记染厂的社会主义改造》,中共天津市委党史资料征集委员会等编:《中国资本主义工商业的社会主义改造·天津卷》,第814—815页。
③ 《将要褪色的颜料工业》,《工业月刊》第5卷第9期,1948年。
④ 王槐荫、王绣舜:《机器染整工业及其同业公会》,《天津工商史料丛刊》第8辑,1988年;石宗岩:《天津机器染整工业发展概述》,《天津文史资料选辑》第29辑,1984年。

涨、民众消费能力下降、产品在海内外滞销和各厂流动资金短缺，多家工厂处于半停产的状态。1948年，天津的东亚、仁立、大华、政府联勤总部所属毛纺织厂、毛线厂和美古绅等6家毛纺厂，共有精粗纺锭1.2万枚，线呢织机259台。但生产量远没有达到生产能力。1948年，仁立毛纺厂生产呢绒89,032米，相当于1936年产量的66.94%，生产毛毯508条，相当于1936年的41.64%；东亚毛呢公司毛线产量为70万磅，年销量148,889磅，销量不足1937年的10%。①

地毯生产厂家除美古绅等4家有一定规模外，其余均为手工作坊，因经营出口的外商压价收购和地毯所用毛纱减少，致使生产一直萎靡不振。1929年，天津有地毯生产厂和作坊303家，1948年减少到114家，织机由2749台减少到1352台，工人由11,568人减少到3114人。所产的地毯中，男工生产的栽绒地毯由371万余平方英尺减少到14.5余万平方英尺；女工生产的针织地毯由于成本低、利润大、生产设备简单，且图案设计、颜色调配、工艺质量均有特色，在国际市场占有一定份额，因此1948年产345余万平方英尺。这些地毯多由天津口岸出口国外。30年代，天津每年出口地毯的数量占全国出口总量的90%以上，沦陷时期地毯出口数量大减，1945年后出口数量有所恢复，1946年为3441公担，1947年增加到5665公担，1948年1月至9月出口11,016公担，尚未达到1937年出口13,591公担的水平。②

天津的冶金工业在30年代以后开始兴起，有一定的冶炼能力。抗战胜利后，敌伪产业处理局将日资经营的全部钢铁企业合并为天津炼铁厂，归属于资源委员会。当时，天津炼铁厂共有5个分厂，设备较为齐全，能够冶炼生铁和焦炭，从事炼铜、轧钢、炼钢和石墨生产。其中最大的第二厂拥有1座月炼钢1200吨的马丁炉，还有拉丝、制钉、铅丝车间。第三厂专门轧钢，制作螺丝和铆钉。③最初，天津炼铁厂和一些工厂还可以利用库存的钢锭制造圆铁、扁铁、洋钉、铁丝等初级产品，但因战场扩大、交通阻塞、原料和耐火器材缺乏、

---

① 转引自天津市纺织工业局编史组《旧中国时期的天津纺织工业》，《北国春秋》1960年第1期。
② 转引自天津市纺织工业局编史组《旧中国时期的天津纺织工业》，《北国春秋》1960年第1期；姚洪卓：《近代天津对外贸易研究》，第267页。
③ 《天津炼钢厂轮廓》，《工业月刊》第5卷第1期，1948年。

第七章　抗战胜利后经济从短暂恢复到凋敝(1945—1949)

电力不足等因素,生产大受影响。到1948年2月,各分厂多出现停工,一些厂房充作仓库。①

机械制造工业有所恢复和发展。天津沦陷后,日伪政权为了生产军火和战争物资,开始创办能够生产车床、刨床、钻床等设备的机械工厂,其中规模较大的有华北机械工业会社、华北汽车工业公司、升恒机器厂等,计划进口设备,形成规模生产,但因设备进口和资金无着,或未开工,或设备欠缺,未能形成一定的生产规模。到抗战胜利前夕,天津的日资机器、汽车、电器工厂拥有机器设备2000多台,技术工人1000人以上,固定资产占天津日资企业全部固定资产的25.84%。②南京国民政府十分重视机器制造业的恢复和发展,敌伪产业处理局将稍有规模的日资机械企业收为国有并变为官营企业。

有百余台机器设备和800名员工的日本华北汽车工业公司,成为交通部公路总局汽车修配总厂的汽车制配厂,有6个工厂,分别为冶金、机械、电气、电镀、钣金、木工及装配总厂。第一厂有1吨电气炼铁及炼钢炉1座,还有1吨和半吨炼铁炉各1座。第二厂有新式六刀车床,制造汽车配件和客车车身,1946年还研制出三轮汽车,③1948年底被华北"剿总"司令部以借用名义接管,开始制造冲锋枪等武器。日本兴亚铁工会社1941年有百余台机器设备和300余名员工,1944年改组为日本华北机械工业会社,有资本1200万日元,200余台机器设备,400余名工人和40名职工,1945年有职工800余人。该厂最初生产纺织机械和矿山机械,后主要制造武器和装卸机器。1945年后,该厂成为资源委员会的天津机器厂,机器多有损坏,厂房几近倒塌,直到1946年初才开工生产,产品有卷扬机、织布机和鼓风机等。

昌和洋行制作所原来制造自行车供应日军,并有部分机械制造枪支。被国民党94军接管后,一些设备被盗卖,百余台马达、自行车零件、镍板等散失。1946年初,该厂被资源委员会接收后改名天津制车厂,3月复工时有工人301

---

① 天津市档案馆编:《天津近代工业档案选编》下册,第345页。
② 天津市地方志编修委员会办公室编著:《天津通志·工业志(综述及重工业卷)》,第4—5页。
③《公路总局汽车修配总厂天津制配厂访问记》《公路总局汽车修配厂天津制配厂》,《工业月刊》第4卷第6期,1947年;第5卷第2期,1948年。

人,职员33人,生产28英寸"胜利"牌自行车,月产300辆。1946年11月,合并到天津机器厂,成为资源委员会中央机器公司天津机器厂第一厂,有16间厂房,全部使用电动机,拥有拔管、翻砂冶炉、压铁、焊接等技术设备,可以生产自行车各种零件如瓦圈、车链、车条、飞轮、车架、车把,可喷漆、电镀和组装,全部开工时每月可产自行车4000辆,有工人约1500名,[①]1948年因原料不足,交通阻塞,仅有300余名工人,月产700辆自行车。[②]

天津机器厂总厂和分厂(原日本华北机械会社)、天津制车厂自1946年合并以后,形成一定的规模,各有分工。总厂主要生产较大型的机械,因此一度决定"暂以制造卷扬机、矿山机械、格式水泵、纺织机、鼓风机等为主,工具机暂不制造",车间有空时可以制作自行车轴。第一分厂主要生产自行车和自行车零件,第二分厂主要生产铁丝、铁钉、钢丝绳和木螺丝等。此外,敌伪产业处理局还将5个日商铁工厂合并为军政部华北被服呢革总厂下属的天津装具厂,生产水壶、纽扣等军需品。

1947年以后,这些官营企业也面临原料、销路和动力不足等困境,各厂只能靠修理机器维持。以最大的天津机器厂为例,总厂"因订货所累,以致经济现状限于困难境地",不得不决定"不再接受订货",自行生产鼓风机、粉碎机、风扇和冲床等。第一分厂原本是生产自行车,很多部分依靠进口零件进行自行车的装配,1947年后从美国进口5000辆自行车散件,每月"焊车200部",散装100辆,自产数量减至200辆。[③]

除官营和军队占用的企业外,多数民营企业都有资金不足、规模小、设备陈旧、技术落后和规格不一的问题,很难形成有规模的成批生产,更不可能扩大再生产。其中较大的同华茂机器厂仅有10余台设备,百余名职工。[④]聚兴机器厂本来有一定规模,可以生产3尺和6尺车床、榨油机等,因原料缺乏,

---

[①] 天津市档案馆编:《天津近代工业档案选编》下册,第182、243页。
[②] 《天津机器厂第一分厂概况》,《工业月刊》第4卷第2期,1947年。
[③] 天津市档案馆编:《天津近代工业档案选编》下册,第182、270、381、393页。
[④] 《天津市第一机械工业局厂史、所史、校史、回忆录选编》,天津市第一机械工业局编史组:《天津市第一机械工业局历史资料》,1985年打印本,第1、19—20、65、108页。

第七章 抗战胜利后经济从短暂恢复到凋敝(1945—1949)

1946年底闭厂歇业。①日商的西山铁工所生产架线器材,有工人40余人,被敌伪产业处理局接收后卖给中国商人,成为生产军工零件的铁工厂。据1947年调查,天津有大小民营机器厂和铁工厂342家,职工2000余名,其中有174家职工在5人以下,占50.8%;有105家职工在6至10人,占30.7%;有2家规模较大,职工在51至72人之间,仅占0.6%。在这342家工厂中,动力在5马力以下者占工厂总数的64%,没有任何动力的企业占15.7%。②1947年,天津商会也曾对机器铁工厂业同业公会的各民营工厂现存物资进行调查,从中可以看出各个工厂虽然有车、刨、铣、钻床等,但数量偏少,规格各异,最多的德立兴机器厂有各种机床40台,其他工厂仅有数台车床,一二台刨床和铣床,而且几乎都是制作小型零件的4尺、6尺、8尺车床,不能加工较大的零件,刨床也多为平刨床。③同时,因原料紧张,有些工厂还被迫为军方"代造武器",甚至被强行纳入军队的武器修械所。例如,1948年6月,有8家民营的铁工厂、机器厂被华北"剿匪"总司令部强行委托制作武器,东盛铁工厂奉令改为"剿总"的第三修械所第一分所。④因此,有很多铁工厂和机器厂停产歇业,或者只维持各种机器和工具的修理。

据1949年天津解放初期天津市政府工商局调查,1947年民营机电制造修配业有363家,1948年减少到219家,倒闭了144家,在总共2000多台机床中,只有500台可以开动,而且只能从事一般的修配,不能制造机床等大型设备。同时,铸铁业也由86家减少到47家,倒闭39家。⑤天津机器制造业的产值为484万元,占全市工业总产值的0.96%。⑥

天津的无线电生产最初由经销进口收音机和器材的中外洋行、贸易行发起的。这些商行多分布在各国租界,经营者以美国、荷兰、日本商人为主,由

---

① 天津市档案馆编:《天津近代工业档案选编》下册,第320页。
② 《天津市第一机械工业局历史纲要》,天津市第一机械工业局编史组:《天津市第一机械工业局历史资料》,1985年打印本,第9—10页。
③ 天津市档案馆编:《天津近代工业档案选编》下册,第490—494页。
④ 天津市档案馆编:《天津近代工业档案选编》下册,第646页。
⑤ 《瘫痪了的机器工业》,《工业月刊》第5卷第8期,1948年。
⑥ 天津市地方志编修委员会办公室编著:《天津通志·工业志(综述及重工业卷)》,第5页。

华商经营者仅有设在法租界的中国无线电公司一家,有从业人员近30人,主要是利用进口元器件组装无线电收发报机、密码机、助听器、广播发射机等。天津沦陷后,出现了一些由日商和华商建立的电信电器工厂,如东京芝浦通信机制作所天津第一工厂和天津灯泡厂、住友收信机天津工厂、义昌洋行电器工厂、华北电线厂、太平电线厂、华北电机厂、安宅精机厂、东光电器厂、汤浅电池厂打字机厂等,主要生产无线电通信设备和电信产品。

抗战胜利后,资源委员会将接收的日资企业合并组建为中央电工器材厂天津分厂、中央无线电器材公司天津工厂和中美无线电器材厂。其中,中央电工器材厂天津分厂生产电机、电线、电灯、电照明器(如灯泡、灯管、霓虹灯)和电池等;中央无线电器材公司天津工厂原本以制配军用收发报机和器材为主,后因国民党军队改用美国的通信设备,改为维修、加工和组装民用收音机;中美无线电器材厂主要利用美制元器件装配无线电收发报机。当时,美国的无线电产品独占了中国电讯市场,一些经销商从经销和修理收音机发展为电信工厂,利用进口及南京、上海生产的元器件组装和修理收音机、扩音机,也承接修理无线电收发报机和制配无线电器材。

民营的中天电机厂建于1932年,是有一定规模的工厂,创办资本达150万元,有18台压力机、21台车床和4台六角车床、2台刨床、12台铣床和2台钻床等,生产磁石、共电电话和电话交换机。1943年时有工人100人,1939年至1942年共盈利近20万元。[1]抗战胜利后,该厂的产品全部由交通部和中央信托局包销,失去了经销市场,缺少流动资金,生产受到影响,到1948年底有主要设备88台、辅助设备43台,有职工159人,年产电话机6000部,交换机10,000门。[2]天光工业社、洪源工业社、联昌兴业公司等其他民营无线电厂,主要生产扬声器、高音喇叭、电解电容器、炭膜电阻、小型变压器等无线电元器件,以及水流量表、简易测量气象和水文仪器等。[3]

---

[1] 天津市档案馆编:《天津近代工业档案选编》上册,第716页。
[2] 天津电话设备厂厂志编写组:《电话设备厂老厂换新颜》,中共天津市委党史资料征集委员会等编:《中国资本主义工商业的社会主义改造·天津卷》,第898—900页。
[3] 天津市地方志编修委员会办公室编著:《天津通志·工业志(综述及重工业卷)》,第6页;魏国良:《无线电行业在天津》,《天津工商史料丛刊》第6辑,1987年。

第七章 抗战胜利后经济从短暂恢复到凋敝(1945—1949)

抗战胜利后,国民政府接收了日资的天津化工厂、大沽化工厂等企业,但未被收为官营。在原有的民营企业中,永利制碱公司规模最大,经过修复后于1946年2月恢复生产,但因时局动荡,物价飞涨,只能勉强维持生产,纯碱最高日产量154吨(七七事变前最高日产量为160吨),但1948年12月因原料和电力中断而停产。①天津化学工业公司是1946年3月接收日伪的东洋化学工业会社、内外化学工业公司、武斋会社工厂、渤海合记化学公司,以及藤原机器厂工具机器21部后成立的。东洋化工会社汉沽工厂生产酸碱等化学原料;内外化工公司天津工厂原来生产甘油和肥皂供应军队,此时生产肥皂、骨粉和骨胶。武斋工厂已沦为仓库,渤海合记化学公司已成废墟。1948年以后,天津化学工业公司因交通梗阻、电力不足、原料收购困难、销售不畅等原因,也难以经营。②

利中酸厂等中小规模的民营化工厂也陆续恢复了生产,1947年前,又有一些民营企业家投资建厂,但到1948年能够维持生产的工厂不足20家,每年仅生产各种化工产品1000吨。永明漆厂既缺资金,又无原料,只好从外厂借用原料,勉强恢复生产,并研制成功了酚醛脂胶磁漆(万能漆)和醇酸树脂涂料(高档涂料)。③天津造胰工厂每月可产普通肥皂240吨,香皂15吨,有百余工人,1947年只有20余人。④

橡胶工业方面,1945年敌伪产业处理局接收时,将天津的11家日资橡胶工厂中的中村、福助、怡丰和兴亚等4家较有规模的工厂,转交给军队的后勤部门,成为官营企业。其余工厂规模小,设备简陋,产品低端,敌伪产业处理局标售,被商人购买。当时,天津海关可以自由进口生胶,市场上又有大量的原料,且橡胶产品在市场上的需求比较大,因此吸引了一些商人投资建厂,仅1946年就有19家新厂开业。1946年底,天津共有大小橡胶厂57家,轧胶机

---

① 天津碱厂:《永利制碱公司今昔》,中共天津市委党史资料征集委员会等编:《中国资本主义工商业的社会主义改造·天津卷》,第820页。
② 《天津化学工业公司》,《工业月刊》第5卷第3期,1948年。
③ 葛乃昌:《永明漆厂实现公私合营》,中共天津市委党史资料征集委员会等编:《中国资本主义工商业的社会主义改造·天津卷》,第833页。
④ 《介绍天津造胰工厂》,《工业月刊》第4卷第3期,1947年。

180台,主要生产自行车内外胎、胶鞋、轮胎和供工业使用的橡胶制品,生产能力为日产胶鞋10,000双、自行车胎5000副。1947年以后,政府实行进出口贸易管制,不准生胶自由进口,改由政府配给外汇,通过同业公会分配,原料来源受到了严格的限制,各厂产量锐减。同时,因橡胶原料的分配价格与黑市价格差距悬殊,故1947年到1948年新开的19家工厂多以倒买倒卖原料为主。到1948年底,天津有橡胶厂66家,职工2996人,马力3191匹,总产值折合人民币1864万元。虽然工厂数量增加,但规模较大的仅有18家,中型规模的有15家,其余多为手工作坊;轧胶机也减少到155台。这表明了一些橡胶厂以投机倒把为主。1948年上半年,各厂产量仅为生产能力的20%~40%,到下半年时绝大部分工厂均停工停产。①

天津的染料业起步于20世纪30年代,多为民营工厂,生产硫化青、靛蓝、天蓝、盐基杏黄等染料。天津沦陷后,染料生产被日商的大清化学工厂和维新化学工厂垄断。抗战胜利以后,大清化学工厂、维新化学工厂均被资源委员会接收,前者业已停业,后者仅可供军队后勤所需。民营染料工厂有所恢复,一些从事染料进口的贸易行和染料庄因熟悉进口渠道,又有利可图,遂转向制造化学合成染料,到1947年新出现了18家染料厂。但这些染料厂多用锅灶人工熬煮,没有动力,生产条件极差,生产工艺仍是用二硝基氯化苯作为中间体,经过水解、硫化后干燥的简单合成,技术水平低。1948年2月,该业同业公会有厂家会员24家,7月增至34家,有工人约1000余名,动力约1200马力,锅炉40余座。较大规模者有15家,中等规模者有15家,各厂每日产量不一,大厂日产约50桶,小厂日产约5桶,每日总产量约有500桶上下。因原料来源断绝,销路仅限于本市,1948年各厂开工大概有70%~80%。②到1948年底,染料厂仅剩20家,有从业人员550人,其中技术人员36人,工人391人。③

---

① 牟耀先:《天津市的橡胶工业》,《天津经济统计月报》1948年第30期;张玉文(化工局):《社会主义改造使天津橡胶业走上发展之路》,中共天津市委党史资料征集委员会等编:《中国资本主义工商业的社会主义改造·天津卷》,第851—852页;边炳章:《天津橡胶工业追述》,《天津文史资料选辑》第95辑,2002年。

②《将要褪色的颜料工业》,《工业月刊》第5卷第9期,1948年。

③ 谢佑庆:《天津化学染料工业及其同业公会》,《天津工商史料丛刊》第8辑,1988年。

第七章　抗战胜利后经济从短暂恢复到凋敝(1945—1949)

抗战胜利后,天津的面粉工业有10家大型面粉厂和众多小型磨坊,没有官营企业。由于华北平原产麦区多为战场,小麦产量大减,且收购困难,天津市场小麦紧缺。而且,海上运输不畅,影响了美国和中国南方小麦的输入,"而美麦供给多为军用加工",因此天津市场小麦紧缺,各面粉厂产量逐渐减少。[1]1946年,寿丰、福星两厂年产面粉约100万袋,同年10月因原料缺乏曾一度停产,1947年仅生产面粉60万袋。当时,天津各面粉厂所产的面粉主要供应天津消费。因市场遭受到美国进口面粉的低价打压,销路一度受阻。

随着全国粮食供应出现严重短缺,南京、上海、广州、北平、天津五大城市于1948年4月开始实行计口授粮。天津市政府要求各面粉厂将产品一律交社会局分配,先保军需,再供民用,并实行限价。但因小麦收购并未限价,各厂即便出高价也买不到小麦,而生产的面粉又不能盈利,于是陷于停产半停产状态。同时,随着市场供应紧张,军队与民众争食的现象越来越严重。1948年3月至11月,约有6.5万吨美国援助的小麦经海路运至天津,以缓解面粉厂原料紧缺的局面,但由于政府实行原料分配,只准许各厂进行小麦加工,寿丰、福星、东亚(即恒大)、福丰、益泰、正达等10余家面粉厂仅能靠加工美援小麦得到少许的加工费,因此难以维持。例如,寿丰面粉公司的三个工厂在1946年至1948年间年均产量只有483,636袋,不及1936年的1/10。1948年5月,其中一个工厂失火,厂房和设备全部焚毁。1949年初,寿丰公司各工厂全部停产,职工仅剩244人,其中只有139名工人和50名勤杂工,其余55人为职员。[2]到天津解放时,全市有面粉厂21家,面粉的年产量为10.24万吨。

抗战胜利后,天津有10余家有一定规模的卷烟厂,但原料产地较远,交通阻断,难以采购,且卷烟所用的盘纸进口困难,加之美烟的倾销影响,生产难以恢复。到1948年,卷烟厂中有四五家工厂时开时停,其余停产。当年各厂总产量为24,369箱,仅及1936年产量(154,092箱)的15.81%。

---

[1] 交通银行天津分行编制:《天津市工业调查》(1950年9月),转引自天津市档案馆编:《近代以来天津城市化进程实录》,第227页。
[2] 中共天津粮油机械厂委员会:《寿丰面粉公司进入新时期》,中共天津市委党史资料征集委员会等编:《中国资本主义工商业的社会主义改造·天津卷》,第917页。

造纸工业也曾经是天津工业的特色行业,有振华等大型板纸厂和1936年日商设立的东洋制纸会社等。天津沦陷后,由南方运来的纸张减少,天津和各地对各种纸张的需求量较大且纸浆仍可以进口,因此天津出现了一些小型造纸厂。1946年,天津有21家造纸厂,其中最大的是资源委员会接收的日商东洋制纸会社,1946年3月正式改名为天津纸浆造纸公司,有473名工人和105名职员,每日可生产苇浆5吨至10吨、以及有光纸、新闻纸、模造纸、毛边纸等;[①]民营的振华板纸厂也恢复了生产。各造纸厂的原料或由周边收购的芦苇、稻草等制作纸浆,或依靠进口纸浆和废纸,其产品有新闻纸、包装纸、平面卷烟纸、有光纸、毛边纸和纸板等。由于造纸厂家过多,进口纸浆一度缺乏,而周边的芦苇和稻草又因战争关系难以收购,且价格过高,各厂无利可图,迅速衰落。例如,渤海造纸厂原本设备较为先进,可以生产有光纸和新闻纸等高档纸,但因缺乏原料,只能从籽棉皮上剥离出短棉绒作为主料,配以少量废棉,生产质次价高的文化用纸。[②]振华造纸厂原为大型板纸厂,自行采购原料和制作纸浆,此时因经营不善,管理混乱,勉强维持生产,1947年遭遇大火后,大部分厂房和机器被焚毁,几近瘫痪。[③]1947年底,天津各造纸厂成立了"第八区造纸工业同业公会",天津市及县内凡"有机械动力之设备,或平时雇用工人三十人以上之造纸工厂,不论公营还是民营",均为会员,共计有会员20家,较大的工厂有新成造纸厂(创办年月1931年7月。下同)、天津造纸公司(1946年10月)、长江造纸厂(1946年12月)、义甡和记造纸工厂(1946年5月)、渤海造纸公司(1945年10月)、扶轮造纸公司(1946年1月)、振华纸板公司(1922年)、光华造纸厂(1943年)等。[④]

1950年9月,交通银行天津分行的调查描述了棉纺、冶金、机械和化工等行业的状况:"自1947年到1948年两年中,机器制造业由363户减到219户,

---

① 天津市档案馆编:《天津近代工业档案选编》下册,第241页。
② 张钰珏:《天津造纸行业史略》,《天津工商史料丛刊》第1辑,1983年。
③ 郭永善:《振华造纸厂公私合营前后》,中共天津市委党史资料征集委员会等编:《中国资本主义工商业的社会主义改造·天津卷》,第909—910页。
④ 天津市档案馆编:《天津近代工业档案选编》下册,第479—481页。

第七章　抗战胜利后经济从短暂恢复到凋敝(1945—1949)

钢铁业由68户减到47户,化学染料业28户中勉强开工者18户,五金冶制92家开工仅20家,染整厂97户中开工者不及30户,橡胶业大部陷于停顿,棉纺业以原棉困难,美棉仅供给中纺,纱锭半数停歇;麦粉业亦因华北产麦区均为解放地区,而美麦供给多为军用加工影响,产量锐减。"[1]由此可见,天津工业中的主要行业都处于极度衰败的境地。

三、结构的渐变与固化

(一)工业生产总值与产业结构的整体性变动

总体上看,1945年至1947年,天津的工业短暂复苏,1947年以后又陷入萧条局面。这期间,纺织、电力、钢铁冶炼、金属加工、机械、橡胶等行业的发展状态有所不同。据1949年天津解放初期天津人民政府统计局调查,1947年是抗战胜利后天津工业产值最高的一年,总产值为50,397万元,比1936年的35,634万元增长了41.43%。其中,纺织、电力、钢铁冶炼、金属加工、机械、橡胶等工业的产值均比全民族抗战爆发前的1936年有所增长,尤其是冶炼、机械等基础性产业的发展,使行业发展不均衡的状况略有改变。尽管如此,天津的工业基础仍十分薄弱,并未呈现出持续发展态势。例如,钢铁冶金起步于40年代初期,产品种类少,产量有限,对工业的支撑作用不大。机械工业方面虽然已有2000多台车床、铣床等设备,动力设备也较充足,但不能成批制造车床、铣床、刨床和成套设备,产品主要仍然是榨油机、柴油机、锅炉、小型织布厂的织布机、轧花机、弹花机、织袜机,以及抽水机等农机器具,有的厂家只生产修配用的零配件和从事机器修理等。自行车的生产虽有一定规模,但仍依靠进口零件进行组装。1947年,在天津工业生产总产值中,生产资料产值仅占全市工业生产总值(50,397万元)的10.97%,其中金属加工工业占4.56%,作为工业基础的机器制造业产值仅有484万元,占0.96%;纺织工业占

---

[1] 交通银行天津分行编制:《天津市工业调查》(1950年9月),转引自天津市档案馆编:《近代以来天津城市化进程实录》,第227页。

64.74%、食品工业占13.39%。①

随着这一时期天津工业在总体上由短暂复苏到再次陷入萧条的局面,其结构发生了相应的变化。1949年初天津市政府的统计表明,全市有工业企业4708个。从企业数量上看,重工业占23.1%,轻工业占76.9%。工业总产值为6.5亿元(按1980年不变价格),其中重工业占11.7%,轻工业占88.3%。从业人员为11.2万人,其中重工业占17.9%,轻工业占82.1%。由此可见,在各工业部门中,纺织工业和食品工业仍居于首位,机械工业和化学工业次之。②与1936年相比,这样的产业结构仅略有改善,仍然停留在较低的水平。

(二)企业所有制结构的变化

在产业结构有所变化的同时,天津工业企业的所有制结构与1937年前相比,发生了巨大变化。1945年以后,经过敌伪产业处理局的接收和重组,以及政府的扶植,官营企业在原料供应和分配、产品销售等方面得到一定的保障,因而可以维持一定的生产规模。到1949年,工业企业的所有制结构变成了以官营企业为主,无论是资本、产值,还是工人数量,均占有相当大的比重。1947年,天津市社会局曾对公营工厂和私营工厂的资本、生产数量、产品名称、职工人数等进行调查,有60家官营工厂和684家私营工厂被作为调查对象。其中,60家公营工厂中有工人24,557人,职员1613人,共计26,170人,平均每厂有职员和工人436.16人;684家私营工厂中仅有工人16,660人,职员4331人,平均每厂有职员和工人30.68人。③另外,按1957年万元人民币的币值统计,1947年官营和外资企业(主要是官营企业)的产值为31,168万元,比1936年的11,295万元增加了176%,在全市工业总产值中所占比重也由1936

---

① 天津市地方志编修委员会办公室编著:《天津通志·工业志(综述及重工业卷)》,第5页。
② 天津市地方志编修委员会办公室编著:《天津通志·工业志(综述及重工业卷)》,第7—8页。
③ 据初步考察,有很多工厂并没有在此次调查表中出现,且从当时的工厂总数看并不具有整体性,产量和资本总额的记录也不具备可比性,仅为部分工厂的记录;见天津市社会局公营工厂调查表、私营工厂调查表,天津市档案馆编:《天津近代工业档案选编》下册,第504—526页。

第七章　抗战胜利后经济从短暂恢复到凋敝（1945—1949）

年的31.70%增长到61.84%。①

与此同时，外资企业止步不前，民营企业也因经营环境的不断恶化而逐渐陷入困境。1945年以后，天津的外资工厂企业几乎没有增加。1949年3月，中共天津市委秘书处对外侨厂商进行了登记，当时天津有4000余名外侨，外侨厂商仅有380家，其中苏联有215家（多为近两年设立的），美国有26家，以下依次为希腊（19家）、法国（17家）、英国（14家）。在这些厂商中，有56家从事生产，其中有使用机器动力的工厂，也有手工工场和作坊。其余均从事服务、进出口和普通商业。②1950年，天津市政府外事处撰写了《天津外资工商业概况》，对当时的外资工商业进行了调查统计和分析。此时，天津有外资工厂和作坊48家，按照生产和经营性质被分为四类：第一类为出口加工业，包括地毯、毛纺、蛋品、植物油、打包、肠衣加工、整洗羊毛、硝染皮革等业；第二类为制造供给国内消费品（主要是生活用品）的工业，如烟草、肥皂、制氧、汽水、人造冰、糖果、洋酒、油漆、酸碱、印刷等；第三类是修理业，包括修理汽车、机器和无线电等；第四类为不对外营业的厂家，即美孚和德士古煤油公司两家，生产油桶，用于分装煤油。从规模上看，大型工厂仅有3家，其中颐中烟草公司有60台大型卷烟机，1700多名工人；和记蛋厂有3座大型冷气压缩机，1座冷藏库，1600多名工人；美古绅洋行毛纺厂有7台纺毛机、30台织呢机，在停工前有450名工人。中型工厂有16家，机器多者五六台，少者一二台，有工人10人至20人。小型工厂有15家，均为有一二台机器和二三名工人的工场作坊。另有修理和手工业作坊14家。③由此可见，1945年以后的天津工业中，除蛋品和卷烟业外，外资工厂几乎没有优势。

天津的民营工业在抗战胜利后略有发展，但多数投入资金少、规模有限、

---

① 傅韬等：《天津工业三十五年》，天津社会科学编辑部1985年版，第20页；罗澍伟主编：《近代天津城市史》，第728页。
② 中共天津市委秘书处：《1946至1948年天津外国公司登记材料分析报告》（1949年1月20日）、《天津外侨厂商登记材料分析报告》（1949年3月9日），转引自天津市档案馆编：《近代以来天津城市化进程实录》，第192—197页。
③ 天津市政府外事处：《天津外资工商业概况》（1950年9月），转引自天津市档案馆编：《近代以来天津城市化进程实录》，第198—201页。

尚有一定市场的行业，如机电、橡胶、染整等。而且，有的行业具有一定的投机性。1947年内战爆发后，国民政府实施愈来愈严格的经济统制，加之通货膨胀、物价暴涨，民营企业很快就遇到资金、原料和市场等问题，很多工厂不能正常生产，甚至难以维持生存。1949年5月，中共天津市委秘书处综合各区区委的专门报告进行的统计表明，"全市（包括塘大区）私营的工厂、作坊、家庭小作坊共计约在4500家上下，其中雇佣20个职工以上的工厂（借电力或锅炉发动，使用机器生产的）共414厂，共雇佣职工28,497人"。在这些工厂中，职工人数在300人以上的工厂只有11家，即恒源纱厂（1467人）、北洋纱厂（1141人）、东亚毛呢公司（1106人）、仁立毛纺厂（524人）、达生纱厂（395人）、北洋火柴厂（489人）、丹华火柴厂（414人）、永利碱厂（1775人）、久大精盐公司（788人）、颐中烟草公司（1781人，外资）、开滦（煤栈1270人）。[1]这414家私营工厂行业分布和工人数量见表7-1。

表7-1　1949年天津较有规模民营工业状况表

行业	家数	人数	人数占比 %
纺织	152	10,130	35.5
化工	115	8781	30.8
五金	95	3353	11.8
其他	52	6233	21.9
合计	414	28,497	100

表注：原文表述中的累积数量均与该表所列数量略有不同，文中为401家工厂，28,417名工人。
资料来源：《中共天津市委秘书处关于私人工厂的初步统计》（1949年5月13日），中共天津市委党史资料征集委员会等编：《中国资本主义工商业的社会主义改造·天津卷》，第80—81页。

从设备和规模看，民营企业除棉纺织、化工、面粉、火柴、炼铁，以及部分机械、橡胶、造纸等工厂拥有发电机、大型设备和较多的职工外，多数工厂规模小，生产设备简陋，技术水平落后，职工数量少，很多生产工序均为手工操作。

1949年初，天津市工商局的统计也佐证了民营工厂的状况。"天津原有私

---

[1]《中共天津市委秘书处关于私人工厂的初步统计》（1949年5月13日），中共天津市委党史资料征集委员会等编：《中国资本主义工商业的社会主义改造·天津卷》，第80—81页。

第七章　抗战胜利后经济从短暂恢复到凋敝(1945—1949)

营大小工厂9837户,计有机器2939户,手工作坊6934户(2月调查共为6853户,因当时调查不全——原注),共有职工71,863人",即手工作坊占总户数的70.49%,平均每户仅有职工7.3人。[1]当时的中共天津市委政策研究室总结了民营工业企业的四个特点。其一,工商不分,投机盛行。很多民营企业均以投机为主业。其二,经营上具有盲目性、流动性和分散性。"50人以上的单位仅有一百几十个",且一些工厂"没有一定、正当的主要生产品",谈不上维持信誉。其三,管理制度上保留了很多封建残余。其四,设备简陋。恒源和北洋纱厂的机器使用30年以上,"已经失去了原来机器的效能";"一个工厂机器四五种,新旧参差不齐,因此一个工厂所出的产品高次不一,统一规格那就更难。"因此,"天津的私营工业尚未完全脱离手工业的原始状态,是半手工、半机器的性质"[2]。虽然该分析没有谈及资本构成和行业结构等,但仍客观地反映了当时天津民营工业的发展状况。从中可以看到,民营企业在行业结构和资本构成上,已经失去了七七事变前在天津工业中的地位;设备参差不齐和规模偏小等状况仍然存在,在经济衰败的环境下,大多数企业经营困难,难以有所发展。

第三节　内外贸易萎缩与市场萧条

20世纪20年代末,天津已经成为华北区域,乃至覆盖西北和东北部分地区的经济中心。天津沦陷后被纳入日本战时经济体制,成为日本侵华战争的兵站和基地,但由于自身具有较强的经济实力和辐射能力,加之又建设塘沽新港,天津仍然是华北区域和西北部分地区的经济中心,工业、金融、对外贸易、埠际贸易、城乡商品流通等方面,仍在全国占有举足轻重的地位。抗战胜利后,天津彻底摆脱了殖民经济体制,工业及其体系得到短暂恢复和发展,对

---

[1]《天津市工商局1949年工商工作总结报告》,中共天津市委党史资料征集委员会等编:《中国资本主义工商业的社会主义改造·天津卷》,第132页。
[2]《中共天津市委政策研究室对于天津私营工业几个主要特点的分析》,中共天津市委党史资料征集委员会等编:《中国资本主义工商业的社会主义改造·天津卷》,第239、242页。

外贸易、商业等也出现转机,塘沽新港的部分码头在1946年后投入使用,"经此出入天津港口之船只,成绩尚佳"[①]。然而,随着全面内战的爆发,华北地区农业衰败,交通阻隔,国民政府实施经济统制政策,加之全国性的通货膨胀、物价飞涨和美货充斥等因素的交织,天津内外贸易和商品市场很快陷入不景气,甚至几近崩溃的境地。

一、对外贸易从略有恢复到迅速萎缩

(一)进出口贸易的复苏和衰退

这一时期,天津进出口贸易经历了从略有复苏到急剧衰退的过程。二战结束后,美英等战胜国开始恢复对华贸易,南京国民政府也实施了鼓励进出口的外贸政策,加之天津也有恢复和发展经济的需求,因此对外贸易有所恢复。1946年,天津的进出口贸易值为3364.4万美元(按照当时的美金折合比率——下同),1947年达到该时期的最高值即3672.8万美元,比上年增长了9.17%,较沦陷时期有大幅度增长,但远未达到七七事变前的水平,仅相当于1936年的5659.36万美元的64.89%。

自1946年底开始,自由进出口政策的实施带来了严重的入超,外汇储备面临枯竭,促使国民政府改变了贸易政策。1946年11月,国民政府修订颁布了《进出口贸易暂行办法》,成立了输入临时管理委员会,公布了进出口商品目录,将进出口货物分为生产资料、工业原材料、日用品、经常需要的杂项、禁止进出口商品等五大类。其中,第一类商品的进口需要由输入临时管理委员会发证;第二类商品的进口实行配额制,由输入临时管理委员会定期公布配额;第三类商品的进口要由中央银行发证,配给外汇额度;其它均为禁止进出口的商品。据此,所有进口商品均需要得到不同级别机构的批准,除第一类商品中的农业机械、电机、机床、发动机、铁路设备、锅炉等容易得到批准外,第二、三类商品申报手续繁琐,审批严苛,并经常会因外汇短绌等原因被拒

[①] 吴弘明编译:《津海关贸易报告(1865—1946)》,第537页。

第七章 抗战胜利后经济从短暂恢复到凋敝（1945—1949）

绝。后来，国民政府又不断从机构、外汇管制、货币改革等方面加强对进出口贸易的管理，从而使全国的对外贸易陷入了困境，天津也不例外。1948年，天津的对外贸易值锐减至924.11万美元，仅为上一年的11.45%。[①]

这一时期，天津进出口贸易的大幅度下降，可以从1936年和1946年以后对外贸易值及在全国所占的比重得到印证（参见表7-2）。

表7-2　1936、1946—1948年天津对外贸易总值及在全国占比表　　（单位：万元、%）

年份	总值 原数值	总值 折合美元	总值 占全国	进口 原数值	进口 折合美元	进口 占全国	出口 原数值	出口 折合美元	出口 占全国
1936	19,047.4	5,659.36	11.53	7264.74	2158.5	7.72	1,1782.66	3500.86	16.70
1946	9171.65	3,364.40	4.79	4575.66	1,706.72	3.05	4,595.99	1,657.68	11.15
1947	95,736.06	3672.77	5.61	45,182.83	1,866.50	4.28	50,553.23	1,806.27	7.93
1948	9,120.77	1284.43	3.56	2,928.98	532.84	2.53	6,191.79	751.59	4.48

表注：1936年全国对外贸易总值不包括大连等中国东北的各口岸。统计单位：1936年为国币、1946年和1947年为法币、1948年为金圆券。美金折合率按照《海关统计年刊》所载当年逐月平均计算，1946年后进出口的折合率不同。

资料来源：《中外贸易统计年刊》，转引自王怀远：《旧中国时期天津的对外贸易》，《北国春秋》1960年第1期；姚洪卓：《近代天津对外贸易研究》，第41、195页。

由上表可知，在未将美国援助的粮食和走私计算在内的前提下，天津的对外贸易并未出现像全国对外贸易那样的入超现象。1946年，全国的出入超占进出口总值的比重为72.58%，1947年为40.50%，天津的出入超占进出口总值的比重仅为0.39%和11.51%。[②]与此同时，天津对外贸易值在全国所占的比重不断下降。1936年，天津的对外贸易值占全国对外贸易总值（不包括东北各口岸）的11.53%，居第二位；1946年和1947年占全国的比重分别下降到4.79%和5.6%，由于上海占到近70%，天津仍位居第二位；1948年天津的对外贸易值在全国所占比重下降到3.56%，位列上海、广州、九龙之后，居第四位。[③]

[①] 王怀远：《旧中国时期天津的对外贸易》，《北国春秋》1960年第3期。
[②] 天津市政府财经委员会编：《天津市对外贸易统计资料》（1950年5月20日），转引自天津市档案馆编：《近代以来天津城市化进程实录》，第163页。
[③] 严中平等：《中国近代经济史统计资料选辑》，中国社会科学出版社2012年版，第49页；姚洪卓：《近代天津对外贸易研究》，第195页。

（二）对外贸易结构的变化

这一时期，天津的进口商品中，生活用品仍然占有较大的比重，生产资料所占的比重较小，原料进口占有一定的比例。1946年和1947年进口的烛皂、油脂、松香等生活用品，分别占进口贸易值的34.13%、26.17%，机器工具等仅占0.23%和4.68%，车辆船舰占1.68%和3.79%。天津历来是中国出口棉花最多的口岸，此时因棉纺织厂恢复生产、华北农村棉花减产和交通阻断，纱厂所用的棉花不得不依靠进口，棉花成为天津口岸进口的大宗商品。1946年，天津进口洋棉62,352公担，占进口总值的17.51%，1947年占进口总值的17.01%。[1]

粮食也在进口商品中占有一定的比重。因交通不畅，粮食市场吃紧，天津在禁止粮食外运的同时，一面从美国、加拿大以及香港等地进口面粉和小麦，一面也从外地运入各类粮食。1946年和1947年，天津的粮食进口（不计算联合国善后救济总署进口的粮食）分别占当年进口总值的5.97%和11.34%。此外，在1946年和1947年的进口商品中总值中，糖和烟酒类等生活资料分别占8.31%和3.15%；杂类金属制品（多属于生活用品）分别占2.63%和3.38%；由于工业的恢复需要增加原料进口，进口金属和矿砂分别占0.73%和2.01%；化学产品、药品和颜料、油漆等分别占6.03%和7.71%；麻、毛制品分别占8.15%和8.83%。

这一时期，天津出口商品的特点依然是以农副土特产品以及加工品为主。各种皮货、皮毛和猪鬃、蛋品等畜产品在天津出口总值占比重最大。1946年，此类商品的出口值占出口商品总值的75.13%，翌年占66.42%。1946年，生熟皮货的出口值为548,520万元，猪鬃出口达到19,697公担，占当年出口总值的6%，主要销往美国。包括地毯、毛麻在内的编制品、纺织纤维等在天津出口总值中所占比重次之。1946年，以上各类纺织品的出口值占出口总值的6.05%，1947年，各类纺织品的出口值占出口总值的14.38%。地毯出口继续居于全国首位，1946年出口毛毯3441公担，1947年的出口量占全国出口量

---

[1] 吴弘明编译：《津海关贸易报告（1865—1946）》，第537页。

第七章　抗战胜利后经济从短暂恢复到凋敝(1945—1949)

的94.8%,主要销往美、英等国。干鲜果、蔬菜等的出口值在1946年占出口总值的5.11%,1947年占6.54%。此外,豆类和杂粮制品的出口值在1946年占出口总值的2.23%,翌年上升到4.76%。①

天津进出口贸易的一个重要特点是与美国的贸易占有绝对优势。沦陷时期,天津对外贸易的主要对象是日本。第二次世界大战胜利后,美国对华贸易迅速增加,特别是1946年以后,美国与国民政府签订了《中美友好通商航海条约》(1946年11月)《关税及贸易总协定》(1947年10月)等,在华特权不断扩大,在进出口贸易总值中,对美贸易所占的比重迅速增加。1934年,天津由美国进口的商品占进口总值的16.89%,出口到美国的商品占出口总值的39.41%。1946年至1948年,天津由美国进口的商品值占进口总值的比重分别达到69.36%、68.37%、65.74%;出口美国的商品值占出口总值的比重分别为76.13%、62.92%、70.08%。②1949年初的调查也可以印证这一点。中共天津市委秘书处于1949年1月20日对天津的外国公司进行的登记表明,当时天津有外国公司(包括银行和洋行,下同)125家,其中英商公司49家,占39.2%,美商公司48家,占38.4%。美商公司中,又有35家设立于1945年以后,有24家从事进出口贸易。英商公司中,仅有11家是设立于1945年后,有29家从事进出口贸易。③这表明,在1945年以后天津的对外贸易中,对美贸易的迅速增加是最突出的变化。

二、商业的兴衰与市场的凋敝

(一)影响商业兴衰的因素

1945年以后,随着工业的恢复和进出口贸易的变化,天津商业表现活跃,特别是从事进出口贸易的商行,涉及电讯、无线电、电工材料、化工等进口商品的商店逐渐增多。与沦陷时期相比,天津商店总数有明显增加。1947年前

---

① 参见王怀远:《旧中国时期天津的对外贸易》,《北国春秋》1960年第3期。
② 姚洪卓:《近代天津对外贸易研究》,第210、202页。
③ 中共天津市委秘书处:《1946至1948年天津外国公司登记材料分析报告》(1949年1月20日),转引自天津市档案馆编:《近代以来天津城市化进程实录》,第193页。

741

后,参加商会的各同业公会所属的商店达到2.3万余家,比沦陷时期增加了近1万家。但1947年全面内战爆发后,农业生产凋敝,城乡、沿海与内地交通不畅,导致商品滞销,加之外汇紧张,通货膨胀严重,物价飞涨,城乡消费能力和购买能力降低,天津的商业陷入困境,市场一片萧条。

这一时期,金融市场混乱和物价飞涨一直是阻碍商业复苏与发展的主要原因之一,也使得投机倒把之风猖獗一时。1945年11月12日,财政部公布了《伪中国联合准备银行钞票收换办法》,规定伪联银券5元兑换法币1元,造成了金融市场的动荡,物价一日数涨。1945年11月,天津的物价总指数达到全民族抗战爆发前的588倍,比同年10月份上涨了81%,其中食物类上涨了96%、服装类上涨了148%、燃料上涨了113%。[①]

全面内战爆发后,国民政府滥发法币,法币每增加1倍,物价就要上涨10倍以上。时人认为,造成市场物价混乱的原因为:美汇不断调整,黄金黑市推波助澜,外货价格提高,牵动了各种货物价格上涨;津浦铁路在军事影响下数次中断,燃料和货运价格大涨使运营成本大增。在此背景下,"米价成野马飞腾,投机米蠹,目无法纪,横行市场";面粉价格大涨小回;棉纱是市场内紧缺而市场外价格疯涨;食用油来货绝迹,商店无货可卖,交易稀缺。[②]1948年国民政府发行金圆券后,货币贬值,物价更是飞涨无度,尤其是粮食、煤炭、火柴等民众生活必需品价格上涨了几百倍、几千倍。1947年的粮食价格比1945年上涨了9506.67倍;1946年底时,每斤玉米面的价格为法币260元左右,到1947年底涨至法币7200元左右。1948年,市场上各种商品的物价更是每天数涨,12月底价格比8月下旬上涨了约27倍。

随着物价的飞涨,投机倒把开始盛行,不仅涉及金银美钞,更多的是粮食、布匹等生活必需品。1949年初,中共天津市委政策研究室在总结民营工业状况中认为,当时是无工不商,无商不投机,"一般大中工厂多设有营业部,里边的人员,主要的业务是倒传票、跑街道,做商业投机。就是小的工厂也多

---

① 转引自汪寿松:《国民党政府对天津敌伪产业的接收》,《历史教学》1990年第3期。
② 参见《揭载天津市场物价混乱情形》,《工商新闻》1947年10月,转引自天津市档案馆等编:《天津商会档案汇编(1945—1950)》,第867—868页。

第七章 抗战胜利后经济从短暂恢复到凋敝(1945—1949)

设几个职工,专作投机倒把"[①]。1949年,天津市工商局在调查商业后总结称:"呢绒纱布业,解放前928户,资金雄厚,业务繁杂,兼营各种可以投机囤积的商品,粮食、油、五金、西药、颜料、碱面等等,买空卖空,囤积倒把无有不为,解放后见势头不利,一部分不经申请自行敛迹转业"。当年5月,工商局对该业重新登记时"只有723户到局申请,224户去向不明,审核结果,批准合法者仅565户",未登记或未被批准者多为无正当营业者。"粮食批发业,解放前为532户,粮食为投机重点之一,其他行业加入此业进行投机者颇多。6月办理粮业登记,经审查后,164户归入货栈业,163户划入其他行业,97户不知去向,申请变更歇业者40户,仅有68户被批准。"[②]

面对物资短缺、物价飞涨和投机倒把盛行的局面,国民政府强力推行经济统制政策。例如,1947年3月行政院公布《经济紧急措施方案》、经济部公布《非常时期取缔日用重要物品囤积居奇办法》等,试图要垄断一些商品的收购和销售,但却更加限制了商业的发展。天津作为百万人口的特大城市,自身供应不足,又临近华北战场,对解放区实行的经济封锁造成天津与周边地区的经济联系几近断绝,致使腹地市场全失。1948年1月末,财政部天津金融管理局在检查中国银行天津分行仓库时发现:"该分行仓库甚为空虚,以面粉一项较多,亦仅14452包。此外,棉纱62包,布匹40包,大米3包,棉花100包,其他食粮180包,糖95包,茶叶315件,颜料202桶,纸张85件,山货51包,呢绒棉毛丝麻37件,皮毛535件,杂项10263件。"[③]

与此同时,地方政府和驻军也采取措施管控市场交易与商品流通。1946年,天津警备司令部增设了主要物资管制处,将粮食、布匹、煤炭、汽油、纸张等19种与民众生活密切相关的生活用品和主要工业品列入管制范围,在市区周边设立了18个检查所,严禁运出,使各类店铺生存更趋艰难。1948年3月,

---

[①]《中共天津市委政策研究室对于天津私营工业几个主要特点的分析》,中共天津市委党史资料征集委员会等编:《中国资本主义工商业的社会主义改造·天津卷》,第239页。
[②]《天津市工商局1949年工商工作总结报告》,中共天津市委党史资料征集委员会等编:《中国资本主义工商业的社会主义改造·天津卷》,第137页。
[③]财政部天津金融管理局:《检查天津中国银行报告》(1948年),转引自天津市档案馆编:《近代以来天津城市化进程实录》,第488页。

743

天津42家工商业同业公会联名致电财政部："因交通梗塞，贩运艰难，民生困苦，销路锐减，欲求勉维现状，已感捉襟而见肘，犹以小本之工商各业为甚。"[1]

（二）棉布、棉纱和粮食行业的兴衰

天津商业普遍经历了短暂的恢复和迅速衰退的过程，最能体现兴衰的是棉布、棉纱和粮食等行业。

棉花本来是天津大宗的出口商品，经营棉花收购和交易的行栈非常活跃，且实力雄厚。天津沦陷后，因遭遇到农业萧条和购销统制，棉花行栈大部分歇业或转业，"仅残余有少数经营废棉之商店"，而且投机倒把之风盛行。[2]抗战胜利后，随着棉花需求量的增加，天津的棉花行栈略显活跃，或派人赴产地直接收购，或在本市门市收购行商运来的棉花，再将其销售给各纱厂，交易的方式或为现款交易，或以棉花兑换纱布。

但是，全面内战爆发后，棉花市场发生很大的变化。棉花产量大减，加之对解放区实施封锁也影响了棉花的来源，于是政府开始实施限制和统制政策。1947年4月，天津市社会局发布了《管制本市纱布销售办法》，规定本市的纱布禁止向上海和青岛销售，销往东北各地的纱布由中纺公司自行运售，禁止一般商人参与，以保证本市的纱布需求和对解放区的封锁。[3]同时确定了中纺公司对棉花收购的垄断。中纺天津公司在北京、天津、石家庄、保定、唐山，以及廊坊、杨柳青等地设立收花处，下设收花站，每个收花站又设有四五个代理店，形成了棉花收购网络。中纺天津公司还对各纱厂的产品销售实施严格控制，即通过联络天津与外地的纱布庄经销其产品。1947年，有180.9万匹棉布通过中纺天津公司的收购网络进入各级市场，占上市量的一半以上。[4]1948年4月，全国花纱布管理委员会颁布了《全国花纱布管理办法》，加

---

[1] 天津市档案馆等编：《天津商会档案汇编（1945—1950）》，第1152页。
[2] 参见天津市花纱布绸同业公会：《历史情况与现在情况比照》（1954年），转引自天津市档案馆编：《近代以来天津城市化进程实录》，第125—127页。
[3] 天津市档案馆等编：《天津商会档案汇编（1945—1950）》，第1253—1254页。
[4] 天津市纺织工业局编史组：《旧中国时期的天津纺织工业》，《北国春秋》1960年第1期。

第七章 抗战胜利后经济从短暂恢复到凋敝(1945—1949)

强了对花纱市场的管理。该办法规定,对棉花、棉纱和棉布分别实行统购、统销和代织,纱厂所需棉花全部由该委员会按照规定价格统筹收购,不得自由购买;棉商在产区收购的棉花也要按照规定的价格全部卖给该委员会,其他棉花商人"不得私自出售";棉花和棉纱的转运等必须由该委员会验证后发给运输证;纱厂除必须按照配给"代纺棉纱"外,对织布厂的销售须在核定织布厂资质后由该委员会"供给棉纱"。①

在这样的情况下,经营花纱布业的行栈庄店等因失去棉花、纱布来源而经营困难,纷纷倒闭,商号残存无几。与此同时,中纺天津公司的各个纱厂和由其控制的收花处、纱布庄开始囤积居奇,从事倒买倒卖的投机业务。综合关于1945年至1949年天津商会中经营花纱布批发和零售的同业公会会员的统计可知,1946年以后,经营花纱布批发的商店数量有所减少,规模略有缩小,而零售商有所增加。批发绸缎布匹同业公会1945年有会员54家,平均每家的经营者为8人,1946年增至65家,1947年减少至55家,1949年2月仅剩28家,平均每家经营者已不足4人。此后,随着东北和华北地区的解放,交通顺畅,市场恢复,商店又增加到55家。经营棉花收购的行栈业同业公会在1946年有162家,1947年减少到145家,1949年2月又恢复到165家。经营布匹零售同业公会1945年有会员99家,平均每家经营者为6.6人;1946年增加到257家,1949年2月减少到140家,平均每家的经营者为5.7人。经营绸缎零售的同业公会会员数量则有大幅增加,1945年为336家,平均每家的经营者为6.5人,1946年增至352家,1949年2月增至733家,平均每家的经营者为5.9人。这说明,一方面,为本市消费服务的零售商数量增加,但经营规模略有缩减,而专营批发棉花、棉纱与棉布的货栈、行商、坐商不断减少,反映出天津作为华北和北方中心市场的作用在减弱;另一方面,商家的增多与投机倒把也有一定的关联性。

天津的粮食交易主要在南运河西头附近的杂粮市场和海河沿岸金城银行仓库附近的米面市场。粮食市场还有批发和零售之分,且根据粮食品种分

---

① 天津市档案馆等编:《天津商会档案汇编(1945—1950)》,第924—925页。

为不同的专业铺店。

20世纪30年代,天津的粮食交易最为兴盛,除进口和沿海地区运来的米面由贸易行和批发商经销外,其他各种粮食多数由外地客商运至天津,由专营经纪和批发的货栈与斗店交易,由批发商分销给零售店。天津当时有经营粮食的专业货栈二三十家,聚集了四五百名外地客商和四五十名经纪人。其中,斗店和货栈多集经纪、货栈与批发商于一身,甚至派人到产区自行采购粮食并经营进口业务。零售商细分为米面店、杂粮店和杂货粮店等,在30年代有零售商近千户,经营范围单一,规模较小,每户店铺伙计等最多不过20人,一般只有五六人,或者为夫妻店。[1]天津粮食市场每年的粮食交易量大致如下:进口大米最多时约1万包,一般为三四千包;东北等地运来的杂粮最多时约3万包,一般在五六千包;本市生产和进口的面粉最多时约4万余袋,平常约为1万余袋。这些粮食除供应本地居民消费和面粉厂、磨坊外,主要销往华北、东北、西北等地区。

天津沦陷后,粮食生产和销售受到战争、交通等因素的影响,粮食市场交易量减少。因日军和日侨增多,大米的生产和交易量增加,一般为4000余包;其他各类粮食交易量均有所减少,杂粮一般为8000余包;面粉一般为8000余袋。太平洋战争爆发后,粮食成为统制商品,由各种机构负责配给,"两市场停开,即无成交而言"。外地客商骤减至二三百人,专营批发的粮栈减至百余家,且多兼营储存其他货物,或仅为经纪人。[2]据统计,1945年时,天津约有144家粮食批发商(平均每家有经营者12人),经纪人百余人,零售商和粮食摊贩迅速增多。

1945年以后,因天津周边地区粮食产量十分有限,粮食市场吃紧,需要从美国和中国东北等地区运入小麦、大米和杂粮。1946年4月,面对市内严重的

---

[1] 中共天津市委党史征集委员会、粮食局党委组织部:《对私营粮食行业进行的全面社会主义改造》,中共天津市委党史资料征集委员会等编:《中国资本主义工商业的社会主义改造·天津卷》,第923—924页。

[2] 天津市工商联批发粮商业同业公会:《天津米面杂货两市场之成立及其沿革》(1949年2月1日);转引自天津市档案馆编:《近代以来天津城市化进程实录》,第103—104页。

第七章 抗战胜利后经济从短暂恢复到凋敝(1945—1949)

食粮问题,天津市政府"为使民生安定,借收平抑粮价效果",会同河北省田赋粮食管理处筹办了2亿元粮商贷款,其中一半拨给有关机构,在敌伪产业处理局主持下"购妥棉布、茶叶等运往东北易粮",另一半直接贷与市内斗店、批发和零售商等,这些粮商立即"分头赴产粮地区,如沧县、石门及市郊乡村等地购买"[①]。由于有一定数量的进口和外地运来的粮食,经营者有利可图,一些粮商又重操旧业,经纪人和外地客商有所增加。[②]有记载称,当时天津粮食市场上经营粮食交易的货栈达到一百四五十家,有外地客商三四百人,经纪人470余人。但是,因粮食来源不足,天津市场的交易量大减,年交易量大米最多时二三千包,最少时五六百包,一般仅为1000包上下;杂粮最多时五六千包,最少时仅一二千包,一般为三四千包;面粉最多时一二万袋,最少时仅为二三千袋,一般为五六千袋。

1946年以后,国民政府加强了对粮食交易的管理,当年10月行政院公布了粮食部制定的《粮商登记规则》,规定凡购销、仓库、加工、经纪业务均在登记之列;未登记领有营业执照者"不得经营粮食业务",粮商不加入同业公会者"撤销其登记"。[③]与此同时,国民政府为稳定粮食市场和粮价,还颁布了《非常时期违反粮食管理治罪暂行条例》,严厉打击和惩处囤积居奇。[④]天津市政府也颁布了限制南粮运津,进口粮食需要获得外汇许可证等规定。但随之而来的是囤积涨价之风甚嚣尘上,一些粮商囤积居奇,企图获得暴利。为此,中央和地方政府颁布了更加严厉的法规。1947年3月,国民政府颁布了《经济紧急措施方案》,宣布购囤粮食营利者、超过购存数量和哄抬粮价者,"以扰乱市场论罪,从重惩处"。[⑤]1947年2月,天津市社会局"为节约粮食消费,以防粮荒,藉裕民食",颁布了《天津市节约粮食消费办法》,鼓励各机关等自行寻找途径购置食粮;4月,天津市政府公布了《天津市限制北平粮商购粮暂行

[①] 天津市档案馆等编:《天津商会档案汇编(1945—1950)》,第780页。
[②] 天津市工商联批发粮商业同业公会:《天津米面杂货两市场之成立及其沿革》(1949年2月1日),转引自天津市档案馆编:《近代以来天津城市化进程实录》,第103—104页。
[③] 天津市档案馆等编:《天津商会档案汇编(1945—1950)》,第789—791页。
[④] 天津市档案馆等编:《天津商会档案汇编(1945—1950)》,第783—785页。
[⑤] 天津市档案馆等编:《天津商会档案汇编(1945—1950)》,第1228页。

办法》,限制粮食出境;7月,天津市政府公布了《天津市粮食市场管理办法》,在鼓励本市商民从外地自行购运自用粮食的同时,严禁各机关和商民"在市内购储大量粮食囤积倒把,居奇图利",机关和商民存粮要经过呈报核查和批准,最多只能存2至3个月的需用量;禁止批发商、零售商和斗店等在市内粮食市场购粮,禁止磨房将所购粮食出售;粮商以外的人员和外地客贩未经批准,不得进入市场交易,如有违犯,按黑市交易论处。①尽管如此,天津的粮荒问题仍然难以解决。1948年3月,天津市政府成立了民食调配委员会,开始对市民实行粮食配售,规定每月按其确定的价格给市民配售粮食15市斤。

同时,天津周边修筑了城防工事后,在道路上遍设卡口,严加限制附近粮商来市内购运粮食,严防粮食外流。例如,东局子、万新庄和宜兴埠等村民众的食粮"向由市区购运",1947年底建城防工事后,由警备司令部主要物资管制处和市社会局、警察局等在民族门、民生门等处设置卡口,规定每周运粮两次,每次的数量不超过20包。1948年3月,军警在各卡口实行粮食禁运,"概不放行","不独对商等营业予以致命之打击,抑且影响民食关系极大";当地粮商等向天津商会递交呈文,恳请凡持有证明"并佩带臂章之磨房或零售商购运粮食,不拘数量,准予查验放行,以济民食而恤商艰"。②

在日益严厉的管制下,天津的粮食来源断绝,市场交易量骤减,批发和零售商均难以为继,多有歇业倒闭者。有记载表明,到1949年初,粮食批发商倒闭了近300户,仅剩百户左右;米面零售铺倒闭了600多户,剩余约400户。③1945年10月,零售粮食业同业公会有会员1131家,一年后减至857家。④原来粮食业有批发粮食和零售粮食两个同业公会,1947年7月后合并为一个同业公会,即粮食业同业公会,有会员664家,平均每家有经营者11.6人,与1936年时每家平均有经营者20人相比,规模已大为缩小。1949年2月,粮食业同

---

① 天津市档案馆等编:《天津商会档案汇编(1945—1950)》,第792—794、806—807页.
② 天津市档案馆等编:《天津商会档案汇编(1945—1950)》,第821—822页。
③ 高尔夫等:《解放前夕奄奄一息的天津工商业》,《天津文史资料选辑》第5辑,1979年。
④ 天津市档案馆等编:《天津商会档案汇编(1945—1950)》,第112、130页。

第七章　抗战胜利后经济从短暂恢复到凋敝(1945—1949)

业公会的会员减少至532家,平均每家有经营者11.3人。①而且,外地客商和兼营杂粮的杂货店几乎绝迹。

这一时期,天津的外资商业也遭到重创。据1948年7月统计,共有小型厂商380家,估计包括外侨在内的职工总数仅有1268人(其中有8家没有登记职工数量)。在这些小型厂商中,苏联籍超过一半,有215家,美国次之,有26家;希腊、法国、英国、波兰、印度、意大利等国和苏联籍厂商在10至20家之间;另有16家厂商有中国人参与经营。这些厂商大致分为生产、服务、进出口和普通商业等四类,后三类均属于商业和服务业。其中,第二类属服务性,包括照像、理发、食堂、洗衣、娱乐场所等,有38家,占总数的10%,其不从事商品生产,"而为直接满足消费者之需要";第三类主要是直接经营进出口贸易,以及报关、运输和理货等,有135家,占总数的35%;第四类为普通的商业,除商店外,还包括经纪代理和保险等,数量最多,有151家,占总数的40%。②由于外资的服务业和商店以外侨为主要服务对象,因此随着外侨人数迅速减少,其营业低迷不振。据1950年9月天津市政府外事处调查,天津外资工商业的数量大幅度减少,总数仅剩259户,减少了1/3。其中,服务业和一般性商业减少最多,仅剩109户,如利顺德饭店、泰来饭店、皇宫饭店和其他旅栈多营业冷淡,甚至停业。一般的商家多为小本经营,职工少于10人,甚至只有1个人。③

三、各类商店的总体考量

(一)商店数量的再考察

关于天津各类商店数量及其变化,一些机关、同业公会等曾进行过统计和估计,但因年代、角度、统计口径等多有不同,结果也有较大出入。因此,以

---

① 天津市档案馆编:《近代以来天津城市化进程实录》,第114页。
② 中共天津市委秘书处:《天津外侨厂商登记材料分析报告》(1949年3月9日),转引自天津市档案馆编:《近代以来天津城市化进程实录》,第195—197页。
③ 天津市政府外事处编:《天津外资工商业概况》(1950年9月),转引自天津市档案馆编:《近代以来天津城市化进程实录》,第198—215页。

下将在前人研究基础上,做一些归纳和考证。

天津商会在不同时期曾经对天津工商业进行过注册和登记,其中关于各行业同业公会会员数量的记录有助于考察不同时期天津各类商店数量上的变化。早在清末民初,天津商会就在政府的指导下将原来的工商会所等改组为同业公会,要求有一定规模的商家均要加入同业公会。1915年后,北京政府颁布了《商会法》《工商同业公会规则》《工商同业公会规则施行办法》《修正工商同业公会规则》。[①]南京国民政府成立后,中央政府相继公布了《工商同业公会法》(1929年8月)和施行细则(1930年1月)、《工商同业公会章程准则》(1936年7月)等,已形成完整的法规。其中规定:"凡在本区域内经营某业之公司、行号均应为本会会员";不加入者要限期加入,逾期者予以警告,仍未加入者"依据行政执行法罚办",如最终仍不加入同业公会者,则"勒令停业"。[②]因此,上海、天津等城市中略有规模的商家均成为各业同业公会的会员。由于天津商会及各业同业公会在不同时期对会员的统计口径大致相同,因此能够通过各同业公会会员数量的统计来了解和分析天津各业商店的发展状况。

天津市商会的统计表明,1945年10月,其所属同业公会共有115个,有商家27,477家。在115个同业公会中,有9个属于制造业性质的公会(机制植物油、织染、机器漂染、五金制造、电线制造、橡胶制造、胶皮车制造、大车制造、制造洋烛),约有106个属于商业性质的同业公会。[③]1946年9月底,天津市商会各同业公会会员代表名册的记载中,有129个行业同业公会,其中有22个工业同业公会和2个制造工商业同业公会,约有105个为商业性质的同业公会。会员共有20,880家,但是有17个同业公会(洗染、轮船、皮货、瓜果、电刻镀画玻璃镜框、油漆扎彩、火柴、进出口贸易、斗店、织染工业、门市卷烟、汽车材料、百货、南洋罐头食品、铁业、自行车、纺织工业)会员数量没有记录。[④]

[①] 天津市档案馆等编:《天津商会档案汇编(1912—1928)》,第192页。
[②] 天津市档案馆等编:《天津商会档案汇编(1928—1937)》,第193、199—200页。
[③] 《天津商会所属各同业公会组成情况简明表》,天津市档案馆等编:《天津商会档案汇编(1945—1950)》,第112—118页。
[④] 天津市档案馆等编:《天津商会档案汇编(1945—1950)》,第119—134页。

第七章　抗战胜利后经济从短暂恢复到凋敝(1945—1949)

1949年2月,在天津市工商联编的《天津市各商业同业公会概况》中,有商业同业公会108个,23,972家商号,营业人员133,611人。同一份资料还对各个时期的商业同业公会进行了纵向比较:七七事变前,有商业同业公会93个,登记的商号有7846家,经营人员为48,152人;沦陷时期,有同业公会96个,登记的商号15,535家,经营人员为97,698人;抗战胜利后的1947年2月,有同业公会109个,登记的商号有23,316家,经营人员为145,210人。①

表7-3　1936—1949年天津商会所属商业同业公会统计表

	同业公会数量	参加公会的商家数量	营业人员数量	资料来源
七七事变前	93	7846	48,152	《近代以来天津城市化进程实录》第114—119页
沦陷时期	96	15,535	97,698	《近代以来天津城市化进程实录》第114—119页
1945年10月①	115	27,477		《天津商会档案汇编(1945—1950)》,第112—118页
1946年9月②	129	20,880③		同上,第119—134页
1947年7月以后	109	23,316	145,210	《近代以来天津城市化进程实录》第114—119页
1949年2月	108④	23,972	133,611	《近代以来天津城市化进程实录》第114—119页
1949年8月⑤	108	22,443⑥		《天津商会档案汇编(1945—1950)》,第1440—1445页

表注:①其中有9个属于工业的同业公会。②其中有22个属于工业的同业公会。③其中有17个同业公会缺少会员数量统计。④缺少典当业同业公会。⑤其中有94个同业公会已完成改造,14个同业公会未完成改造。⑥总数为已完成改造的同业公会会员数量22059家与未完成改造的同业公会中之5家会员数量384家之和;尚有9个未完成改造之同业公会没有会员数量记录。

1949年8月,天津市政府对同业公会进行改造和重新登记,其中有94个商业同业公会完成改造,拥有会员22,059家;酒、猪头内脏、广告、糖、盐、煤

---

① 该统计还有七七事变前、日本统治时期、国民党统治时期各个同业公会资本额的记录,由于不同时期的货币值不同,暂且略去,参见天津市档案馆编:《近代以来天津城市化进程实录》,第114—119页。

油、铜铁器、箱匣、锡器、碱、牛羊肉、派报、绒毛、灰砂石等14个同业公会未完成改造,其中只有糖、箱匣皮件、碱、牛羊肉、派报等5个同业公会有会员记录,合计为384家。估计108个商业同业公会的会员约25,000家。[①]

综上所述,可将1936年至1949年天津商会所属商业同业公会数量、各同业公会会员数量,以及部分年代的经营人员数量列表如下(参见表7-3)。

(二)天津商业总体的发展

综合上表,可以大致了解天津商业的总体发展概况。30年代以后,随着天津经济地位的提升和人口聚集,各类商店有大幅的增加。各类商业同业公会从30年代的不足100个,增加到1947年以后的108个;参加同业公会的商家,从30年代的不到千家,增加到1949年的约25,000家;经营人员从30年代的不足5万人,增加到1949年的约15万人。当然,此类记录有一定的随意性和一些缺失,资本额的单位并不统一,不具备可比性,更为重要的是,缺少大量的没有加入同业公会的个体商铺和走街串巷小贩的情况。

1950年天津市财贸部门对各行业进行了一次调查。这次调查显示:全市私营商业有77,846户,其中坐商22,641户,占29.09%;摊贩55,205户,占70.92%。这表明,遍布各处的摊贩在数量上构成商业的重要组成部分。这2万多户坐商可以分为三类:大型商店的数量仅占9%,小型商店占39%,家庭类商铺占52%。由于部分小型商店也是家庭经营,因此以家庭为主经营的商铺约占74.99%。从商业资产净值和营业总额看,为数不多的大型商店的资产净值占全市商业资产净值总额的65%,占营业总额的87%,体现了大型商店的主体地位,而半数以上由家庭经营为主的小商铺的平均资金多不足1500元新币,占全市商业资产净值总额的3%,占营业总额的1%;小型商店资金占全市资产净值总额的32%,占营业总额的12%。[②]虽然关于此次调查的详细内容、标准和程序等均付阙如,但其调查结果基本符合当时天津商业的基本状况,

---

[①] 天津市档案馆等编:《天津商会档案汇编(1945—1950)》,第1440—1445页。
[②] 王英奎:《天津解放前夕商业发展漫话》,《天津文史资料选辑》第66辑,1995年。

第七章 抗战胜利后经济从短暂恢复到凋敝(1945—1949)

即在1949年1月天津解放之前,全市达到一定规模的商店(坐商)大约有2万余户,临街小商铺和游走于街市的个体商贩大约有数万人。

第四节 金融业的短暂复苏与银行的运营特点

一、对日伪金融机构的接收与重组

(一)银行的接收和所有制结构的变化

沦陷时期,天津的金融业完全被横滨正金银行等日本银行和伪中国联合准备银行等日伪银行所统制,中国、交通、农业等中国官营银行和华城、中南等私营银行只能勉强维持。抗战胜利后,国民政府的四行二局(中央银行、中国银行、交通银行、农业银行、中央信托局、邮政储金汇业局)接收了日本和日伪政权设立的各家银行。其中,中央银行接收了伪中国联合准备银行、伪蒙疆银行和伪满洲银行,中国银行接收了日本的横滨正金银行、日本银行天津支行,交通银行接收了日本的兴业银行天津支行,农业银行接收了日本的朝鲜银行天津支行,中央信托局接收了伪中央储蓄会、中华仁寿保险公司,邮政储金汇业局接收了日本汇业银行、日本帝国银行天津分行等,财政部冀鲁察热区财政金融办公处接收了天津伪华北有价证券交易所。[1]

完成接收以后,天津银行业的所有制结构发生变化,即政府经营的国家资本银行占有绝大比重。据1947年统计,天津共有52家银行,其中有32家商业银行、10家外资银行(其中1家为中外合资银行)、7家政府经营的国家资本银行。国民政府的中央银行天津分行是全市的金融中枢,具有发行货币、代理国库、保管存款准备金、集中交换票据、管理外汇,以及随时协助金融管理

---

[1]《经济部、财政部指定中央银行天津分行接收清理华北有价证券交易所函》,转引自天津市档案馆编:《近代以来天津城市化进程》,第571页。

753

机构检查全市金融等各种权力。中国、交通等中央政府经营的银行也纷纷在天津设立了分支机构,分别办理由政府特许的国际和国内汇兑、工农业贷款、信托和购销货物等专项业务。1945年11月,中央信托局天津分局设立并开始营业,主要业务从办理购料和军人储蓄,逐渐扩大到信托、储蓄、贸易、储运、保险、房地产代理等,并垄断了天津的猪鬃、油脂等出口业务。政府经营的各银行多将天津分行定为地区的主管行。中央信托局先在天津设立分局,由天津分局在北平成立办事处,然后升格为北平分局。中央、中国、交通和农民银行设立的四行联合办事总处在天津设立分处,北平支处原归天津分处管辖,1946年隶属于总处之后,各项业务仍要随时知照天津分处。

外资银行是天津最先出现的近代金融机构,从事发行货币、进出口的外汇结算、汇兑、存贷款、保险等业务。天津沦陷之后,英法等国租界尚未被日伪政权接收,部分除日资之外的外资银行还能够开展外汇结算、存款等业务。太平洋战争爆发后,各国租界被日军占领,外资银行难以生存,纷纷撤资或减少业务范围,或停业或外迁。抗战胜利后,原有的花旗、大通、麦加利、汇丰、东方汇理、中法工商银行、华北、敦华、合通等外资和中外合资银行先后恢复营业,以外汇结算、存款为主要业务。但由于天津经济一片萧条,对外贸易不振,经济实力和吸附能力减弱,外商锐减,大部分外资银行难以开展业务,仅以国际间的汇兑为主,失去了原有的地位和作用。

华资商业银行逐渐恢复了在华北的地位。20年代末,虽然首都南迁一度使一些华资商业银行将总行由天津迁到上海,但在天津的商业银行仍然活跃,在存贷款、资金周转、国内汇兑等方面占据着重要的位置。北平和天津沦陷后,北平成为华北沦陷区的金融中心,一些商业银行在北平的分行管辖着其他各地的分支机构。例如,中孚银行在1942年将北平分行定为地区分行,管辖天津分行及所属各支行。但是在北平的各银行是以吸揽日伪政府各部门的大额定期存款为主,进出口各种物资所需资金的周转、划拨、外汇汇兑与结算,以及战争物资的生产和调运所需的资金多在天津进行。

抗战胜利后,天津的工商业和对外贸易有所恢复,在华北的经济地位逐渐上升,民营商业银行随之复苏,原来在天津银行界占据主要位置的金城、盐

第七章 抗战胜利后经济从短暂恢复到凋敝(1945—1949)

业、中南、大陆等五家银行资本额超过法币1亿元,在资金运转上仍保持着一定的优势。鉴于天津在对外贸易和工商业的地位,有些商业银行又将天津分行恢复为地区的主管行。1948年"北四行"设立联合商业储蓄信托银行,设总行于上海,在天津设有分行,北平只设支行,归天津分行管辖,由天津分行副经理兼任北平支行经理;中国实业银行也将青岛分行、北平支行、天津河东办事处、北平东城办事处统归天津分行管辖。外地的商业银行也纷纷在天津设立分行或支行。总行在重庆的亚西实业银行、长江实业银行、重庆商业银行、开源银行、永利银行和川康平民商业银行等,总行在上海的大同银行,总行在昆明的中国侨民商业银行等,都在天津设立了分行。但这些银行的分行规模不大,资本额多者三四千万元法币,少者在二三百万元法币之间,在天津分支的资金很有限。[①]此时,北平也保持着一定的金融地位,但作为消费性城市,在其资金的周转上,每年有大量的资金汇到天津、上海等地采购各类商品,较少用于工商业的贷款,因此资金难以平衡,业务难以维持。中国实业银行北平分行曾言:"平市商务非惟不能与津、沪大商埠比拟,即较事变前亦大相径庭。"[②]中央信托局北平分局也感到北京的各种营业对象均甚缺乏,不易发展。[③]因此,天津仍在北方金融市场中占有重要的位置。

(二)金融市场的混乱

全面内战爆发后,随着经济形势的不断恶化,通货膨胀严重,物价飞涨,金融市场投机成风,许多银行、银号经营黄金、美钞和纱布等实物倒卖,买空卖空;并利用物价波动,通过透支和借款取得高额利息,以维持经营。为此,国民政府不断增强中央、中国、交通、农业等国有银行实力和垄断地位,同时不断强化对商业银行和银钱业的监管。1947年,国民政府公布了《银行法》,规定商业银行活期存款业务必须缴纳15%~20%的准备金,定期存款业务必

[①] 周裕尧:《天津市之银行业(下)》,《天津经济统计月报》1948年第23号。
[②] 《中国实业银行平分行关于当地金融经济概况报告(民国三十五年)》,中国人民银行北京市分行《北京金融志》编委会编:《北京金融史料·银行篇三》,1991年,第343页。
[③] 参见王元周:《近代北京金融业与天津的关系》,《城市史研究》第27辑,2011年。

须缴纳50%的准备金；要求商业银行必须将贷款的50%用于农业和工矿事业。与此同时，还对银钱业采取限资、存款提成、限制放款、规定利息等措施。1948年1月，国民政府财政部在天津成立金融管理局，由中央银行天津分行协助实施。该局的主要工作是，检查审核银行、钱庄业务，以加强对商业银行的监管；取缔金钞黑市，控制和打击私营行庄，以期达到安定金融市场的目的。在此情况下，各商业银行不仅资金周转更加困难，而且难以开展工商业贷款。

1947年以后，天津证券交易所由创立到短暂兴盛和关闭的过程，是金融市场迅速恶化的一个体现。天津沦陷时，证券交易所因经济的崩溃而设立，其目的是吸揽游资，控制投机，掌控金融市场。抗战胜利后，原有的证券交易所撤销，天津的游资出路断绝，一般的证券交易不仅没有停止，反而在暗中操纵投机，扰乱金融市场。为抑制通货膨胀，引导游资转移方向，1947年1月天津市政府决定恢复设立证券交易所，在原华北有价证券交易所旧址设立筹备处，以国家行局、省市银行及市商会、银钱业公会为主体组织股份有限公司。同年3月初，在天津市银行公会召开证券交易所筹备委员会第一次会议。5月18日，天津证券交易所召开创立会，计划股本法币10亿元，由四行二局承担40%，市民银行及商会、银行公会、钱业公会承担50%，公开招募10%，总计1亿元，合为100万股。[①]12月底，国民政府财政、经济两部给该所发放特许营业执照。1948年2月16日，天津证券交易所在六国饭店正式开业，有个人和法人经纪人98名。

天津证券交易所开业后，大量游资涌入股市，证券交易空前活跃。此时，交易所上市证券仅有各大企业股票13种，即启新洋灰、滦州矿务、江南水泥、东亚企业、济安自来水、天津造胰、中华百货、仁立实业、丹华火柴、寿丰面粉、耀华玻璃、永兴洋纸、滦州矿地等。由于市场拥有大量的游资，且投机活动盛行，股票持续上扬，"交易情形以启新及滦矿之股票最为活跃"。启新股票在6月初为每股195元，至16日以245.5元涨停；滦州股票6月初为每股79万元，

---

① 《天津市政会议决定筹设天津证券交易所》《天津证券交易所筹备委员会第一次会议记录》，转引自天津市档案馆编：《近代以来天津城市化进程》，第572、573页。

第七章　抗战胜利后经济从短暂恢复到凋敝(1945—1949)

15日以96万元涨停;"其余各股一致上升,且有数日全部股票涨停","股票之繁荣为交易所开幕以来所未有"①。但好景不长,7月中旬以后,股价逐渐回落,8月12日天津证券交易所又奉国民政府命令开拍民国三十七年(1948)短期公债,但购买者并不踊跃。8月19日,国民政府实行币制改革,推行金圆券,公布《财政经济紧急处理办法》,规定"上海、天津证券交易所应立即暂停营业,非经行政院核准不得复业"。于是天津证券交易所于8月20日奉令停业,至此其仅仅营业半年,此后再未复业。实际上,此时的全国经济已全面崩溃,通货膨胀已无法控制,证券交易所根本起不到稳定金融市场的作用。

二、银号、银行的资金运转与特点

这一时期,天津没有设立新的银行,在国有银行的掌控下,金融市场上的银号和银行尚有一定规模的资金运转,因各银号和银行的属性、设置地点、经营范围等不同,形成了各自的资金运转特点。通过1948年成立的天津金融管理局对各银号和银行业务的检查,可以大致了解各自的资金运转状况。

(一)银号的资金运行

分析金融管理局对天津各银号的资金检查可以发现,银号的存款主要来源于个人存款,商户存款占有一定的比重,工矿企业存款十分有限,从事外贸商品运销的商户存款更少。例如,在广瑞银号的存款总额中,个人存款占57.67%,商户存款占18.15%,工矿企业存款占4.85%,从事外贸产品运销商户的存款仅占2.21%。银号的贷款多为有契约的信用贷款,占60%以上,质押贷款也占有一定的比重。由于金融市场不稳定,活期贷款约占银号贷款总额的70%左右。银号的贷款对象多为商户,例如广瑞银号的信用贷款占贷款总额的61.34%,质押贷款占贷款总额的13.05%,其中商业贷款占49.63%,工矿业占28.41%,外贸占5.94%。晋生银号"悉为活期性质放款,总额约为存款额70%","贷款客商以米粮棉布商户最多"。谦义银号在检查当日的贷款为,"信

---

① 丁洪范:《天津金融市场概况》,《资本市场》第1卷第10—12期,1948年。

用放款约占94%",其中活期约占81%;"贷放对象均为本市一般商号及小规模之工厂"①。可见,银号在金融市场几近崩溃的状况下,吸揽存款有限,贷款多以短期的活期和信用贷款为主,未见扩大业务。

(二)政府经营的银行之资金运转及特点

天津金融管理局检查了政府经营的中央、中国、交通、农民等银行的天津分行,以及地方政府设立的河北省银行和市民银行。各个银行的资金运转有一定的范围和特色。

中国银行天津分行的存款占资金总额的52%,其中官营事业机关占73%,军政机关占1.8%,工商界占25.2%;"存款方面以中纺公司存款数字为最大,约有1300亿元左右",而其存款总额不过1752亿元,由此可见国有银行与官营的中纺公司资金往来的密切。在贷款方面,中国银行天津分行的贷款占资金运用总额的42%,其贷款对象中,工矿业占35%,商业占45.5%,交通公用事业占0.25%,军政机关占8.16%;在商业贷款中,粮食业占3.52%,盐业占17.92%,酒业占2.78%,山货业占1.65%,皮毛业占8.32%,猪鬃业占53.84%。由此可见,中国银行的资金主要是支持对外贸易,即进出口汇兑业务,尤其是其对外国和港澳出口猪鬃、皮毛、山货、酒和对国内食盐的押汇,在天津及华北的对外贸易中颇具影响。②

中国农民银行天津分行的资金周转则体现了对农林业的支持。天津金融管理局检查当日,该分行账面上的存款约占资金总额的58.59%,在其存款来源中工矿企业约占63.11%,农林业约占0.21%,商业约占2.36%,交通公用事业约占17.46%,军政机关约占12.89%,同业约占2.62%。该分行贷款在资金运用总额中约占85.66%,其中出口押汇约占33.57%,农业贷款约占18.94%,特种农产品贷款约占12.91%;贷款对象中,工矿业约占27.98%,农林

---

① 财政部天津金融管理局:《关于天津市各银号历史沿革与经营状况业务报告》(1948年),转引自天津市档案馆编:《近代以来天津城市化进程实录》,第467、471、475页。
② 财政部天津金融管理局:《检查天津中国银行报告》(1948年),转引自天津市档案编:《近代以来天津城市化进程实录》,第486—487页。

第七章 抗战胜利后经济从短暂恢复到凋敝(1945—1949)

业约占 31.86%,交通公用事业约占 0.44%,其他约占 39.52%。①

天津金融管理局检查当日,中央信托局天津分局的账面上存款占资金总额的 73.41%,其中托办存款占 33.3%,国营事业机关占 29.4%,军政机关占 17%,商业占 20.3%。该分局的贷款在资金运用总额中所占比重不大,为 29.88%,同业存放则约占 32.83%;在贷款对象中,工矿业占 15.8%,商业占 79.5%,交通公用事业占 3.4%,教育文化事业占 2%。"其贷放商业内容分析:食粮占 3.4%,棉织品占 0.2%,食油占 1.2%,食盐占 63.7%,火柴占 0.3%,燃料占 1.2%,纸张占 0.2%,其他占 9.3%"。估计此与其在天津的企业和经管业务范围有一定关系。②

天津金融管理局检查当日,邮政储金汇业局天津分局账面上存款占资金总额的 35.8%;在存款来源中,工矿业及公用事业占 36.42%,机关占 36.14%,商业仅占 5.7%,个人占 12.2%。在其贷款对象中,工矿业占 70%,商业占 14%,交通公用事业占 7%,教育文化事业占 7.9%。③

河北省银行和天津市市民银行等是由地方政府创办,与政府的关系较为密切,其资金总额的存款部分中,政府存款所占比重较大。天津金融管理局检查当日,河北省银行总行账面上存款"以军政机关、公用事业等所占比例较大,约占 37%"。在其天津支行的账面上,存款"以军政机关、公用、交通、文化事业等所占最多,约为 89%"。在资金运用总额中,对军政机关的贷款也占有一定比重,其中河北省银行总行的军政机关贷款占比为 22%。④中央合作金库河北省分库的存款来源中,交通公用事业占 7.2%,军政机关占 14%;贷款在其资金运用总额中仅占 21.5%。贷款对象共计 64 户,其中工矿业 14 户,约占

---

① 财政部天津金融管理局:《中国农民银行天津分行业务报告》(1948 年),转引自天津市档案馆编:《近代以来天津城市化进程实录》,第 525 页。
② 财政部天津金融管理局:《检查中央信托局天津分局业务报告》(1948 年),转引自天津市档案馆编:《近代以来天津城市化进程实录》,第 521 页。
③ 财政部天津金融管理局:《检查邮政储金汇业局天津分局业务报告》(1948 年),转引自天津市档案馆编:《近代以来天津城市化进程实录》,第 533 页。
④ 财政部天津金融管理局:《检查河北省银行总行业务报告》(1948 年),转引自天津市档案馆编:《近代以来天津城市化进程实录》,第 513—514 页。

贷款总额的25%;商业1户,约占11%;教育文化22户,约占1.7%;军政机关2户,约占34.7%;合作事业22户,约占21.5%。[1]天津市市民银行的贷款对象中,工矿业贷款约占贷款总额的31.97%,商业约占41.11%,军政机关、公用、交通、文化等事业的贷款约占26.92%。[2]

由此可见,官营银行体量大,资金运行特点是:存款总额占资金总额的比重在50%—60%左右;存款来源中,官营的企事业单位、军政机关占有一定的比重;贷款也在资金运用中占有50%左右的比重;贷款对象既有工矿业、商业和外贸单位,也有军政机关。

(三)民营商业银行业的资金运转及特点

天津的民营商业银行数量最多,既有相当规模的金城、盐业、大陆、中南、联合商业储蓄信托银行、浙江兴业、聚兴诚银行等,也有资本较少的大生、中原商业储蓄等银行;有的总行设在天津,有的只是分行或支行。从天津金融管理局检查当日的账面状况,可以看出其各自的特点。

金城、盐业、大陆和中南银行等规模大且总行原来在天津,其一般存款占资金总额的比重在40%以下,比重较低,显示出其资本实力雄厚。总行在外地且有一定规模银行,其在天津的分行则有所不同,存款占资金总额的比重更少,如聚兴诚银行为26%,浙江兴业银行仅仅12%。[3]这些有一定规模的商业银行的资金来源主要依靠汇出汇款和同业存款,如盐业银行的汇出汇款占57%,[4]浙江兴业银行的联行往来占55%、汇出汇款占33%,聚兴诚银行的汇出

---

[1] 财政部天津金融管理局:《中央合作金库天津分库业务报告》(1948年),转引自天津市档案馆编:《近代以来天津城市化进程实录》,第542页。
[2] 财政部天津金融管理局:《检查天津市市民银行天津分行业务报告》(1948年),转引自天津市档案馆编:《近代以来天津城市化进程实录》,第518页。
[3] 财政部天津金融管理局:《检查浙江兴业银行天津分行业务报告》(1948年),转引自天津市档案馆编:《近代以来天津城市化进程实录》,第490页。
[4] 财政部天津金融管理局:《检查盐业银行天津分行业务报告》(1948年),转引自天津市档案馆编:《近代以来天津城市化进程实录》,第489页。

第七章 抗战胜利后经济从短暂恢复到凋敝(1945—1949)

汇款占74%,中南银行的联行往来占53%。①联合商业储蓄信托银行天津分行即北四行储蓄会津会的存款占比重较大为76%,但其中有42%为同业存款。②这些商业银行的存款对象多为工矿业、商业和个人,机关团体较少。中南银行的工矿业存款占存款总额的比重最多,达67%;聚兴诚银行因以汇款为主,工业存款仅占10%,而商业存款却达到88%。③在资金运用上,贷款占资金运用总额的比重比较大,表明其在极力想通过贷款寻求利润。总体而言,各个银行的贷款占资金运用总额的70%左右,其中大陆银行为83.94%,盐业银行为79%。其贷款的对象多为有一定规模的工矿业和商业。外地银行设在天津的分行的贷款占资金运用总额的比重很小,其中浙江兴业和聚兴诚银行仅占11%和9%,说明其经营的重点并不在于通过贷款促进资金周转和盈利上,而仅是为了保持原有的位置。

还有一些民营商业银行,虽然总行在天津,但资金规模较小,或为外地银行在天津的分支。从天津金融管理局检查当日各银行的资金运作账面可以看到一些现象:各银行的资金运行十分有限,资金来源多依靠个人和商业存款,以及同业的支持;商业贷款在贷款中占有一定比重。例如,中原商业储蓄银行的总行在天津,在其资金来源总额中,各项存款占58%,联行往来占23%;存款来源中,商业占60%,个人占24%。该行天津分行的资金全部来自存款,其中个人存款占64%,商业存款占31%。总行的各类贷款在资金运用总额中占到92%,其中商业贷款多达约93%。该行天津分行的各类贷款所占比重略少,约在46%,同业往来占比达到54%;在其贷款对象中,工矿业及其他贷款约占39%,商业约占61%。④大生银行总行的存款占资金来源的75%,联行往来

---

① 财政部天津金融管理局:《检查中南银行天津分行暨所属东马路办事处业务报告》(1948年),转引自天津市档案馆编:《近代以来天津城市化进程实录》,第509页。
② 财政部天津金融管理局:《联合商业储蓄信托银行检查报告》(1948年),转引自天津市档案馆编:《近代以来天津城市化进程实录》,第510页。
③ 财政部天津金融管理局:《检查聚兴诚银行天津分行业务报告》(1948年),转引自天津市档案馆编:《近代以来天津城市化进程实录》,第504页。
④ 财政部天津金融管理局:《中原商业储蓄银行检查报告》(1948年),转引自天津市档案馆编:《近代以来天津城市化进程实录》,第515—516页。

占20%。存款来源中,商业占32%,同业占18%,个人占46%;贷款在其资金运用总额中占72%,其中又有94%为商业贷款。①

各地银行在天津分支机构的资金运行则是另外一番景象。这些分行资金十分有限,在极力吸揽各类存款的同时,其资金运用也因地缘和业缘的关系而各有侧重。一般情况下,贷款占资金运用的比重很小且多为商业和个人贷款,也有的侧重于汇款。例如,上海大中银行天津分行的存款占资金来源总额的68%;其资金运用则主要是各类贷款及买入汇款,"贷放对象多为一般普通商业及厂商,贷与个人户者数字甚微"②。北平商业银行天津分行的存款占资金来源总额的69%,且来源"偏集中于商业及个人方面";在其资金运用上,贷款仅占资金运用总额的19%,而联行往来最多,占资金运用总额的81%;商业贷款占贷款总额的76%。③亿中商业银行天津分行的存款占资金来源总额的78%,共有669户储户,其中商业存款占资金来源总额的75%,个人存款占19%。在资金运用总额中,贷款占48%,联行往来占24%,买入汇款占28%。在65户贷款对象中,工业2户,占贷款总额的12%;商业61户,占76%;同业2户,占12%。"总计全部贷款对象中属于工矿生产事业及重要日用品运销事业者约为全额56%",估计多为该行的储户。④重庆的多家银行在天津设立了分行。其中,川康平民商业银行天津分行的存款占资金来源总额的66%,主要来源于商业(44%)和个人(49%);在资金运用总额中,买入汇款占79%,联行往来占19.2%,贷款仅款占1.5%,即"业务偏重于汇款,放款业务尚待开展"⑤。亚西实业银行天津分行与该行大致相同,存款占资金来源总额的36%,同业存

---

① 财政部天津金融管理局:《检查天津大生银行业务报告》(1948年),转引自天津市档案馆编:《近代以来天津城市化进程实录》,第505页。
② 财政部天津金融管理局:《检查大中银行天津分行业务报告》(1948年),转引自天津市档案馆编:《近代以来天津城市化进程实录》,第512页。
③ 财政部天津金融管理局:《检查北平商业银行天津分行业务报告》(1948年),转引自天津市档案馆编:《近代以来天津城市化进程实录》,第508页。
④ 财政部天津金融管理局:《稽查亿中商业银行天津分行报告》(1948年),转引自天津市档案馆编:《近代以来天津城市化进程实录》,第519页。
⑤ 财政部天津金融管理局:《检查川康平民商业银行天津分行业务报告》(1948年),转引自天津市档案馆编:《近代以来天津城市化进程实录》,第536页。

第七章 抗战胜利后经济从短暂恢复到凋敝(1945—1949)

款占28%,借入款占21%,汇出汇款占15%;其存款多来源于个人,占84%。在其资金运用总额中,买入汇款占86%,贷款仅占10%,"贷放对象几全部属诸商业户,商业贷款达全额99%,其余为小额工业等贷款"①。建业银行天津分行的存款占资金总额的85%,"大部依藉于各大公司厂商,检查当日,如永利公司、久大公司、滦州矿地公司等户结存金额约占全存款额83%,其他则为普通商业及个人等";贷款在资金运用总额中所占比重较大,为79%,"其贷放对象以商业户居多,检查当日,该行贷放于重要日用品运销商者占全部放款44%"。②长江实业银行天津分行的存款仅占资金来源总额的33%,汇出汇款则占57%,表明其主要业务为异地汇款。贷款所占比重对此也有所体现,即贷款仅占资金运用总额的38.68%,买入汇款则占58%。③重庆商业银行天津分行的存款占资金来源总额的48%,其余皆为汇出汇款和同业往来,其存款来源中,商业占43%,个人占57%;在其资金运用总额中,各类贷款占比较多,达到86.4%,均为商业贷款户。④汉口的永利银行天津分行的存款来自275户,多为商业及个人;贷款占资金运用总额的58%,集中于贸易、商业等直接从事日用品运销者。⑤

以上各民营商业银行的存款和贷款大部分是活期,抵押贷款占绝对多数,同时也有少量的透支,表明当时各银行均尽力规避时局带来的风险,在资金的使用上十分谨慎。正如盐业银行的年终总结所言,天津沦陷以后,各个民营商业银行"咸有戒心,一致采取消极之态度,业务无所发展"。面对金融市场上"投机者相继而起"和通货膨胀的局面,有的银行参与其中,也有的银

---

① 财政部天津金融管理局:《检查亚西商业银行业务报告》(1948年),转引自天津市档案馆编:《近代以来天津城市化进程实录》第534页。
② 财政部天津金融管理局:《检查建业银行天津分行业务报告》(1948年),转引自天津市档案馆编:《近代以来天津城市化进程实录》,第548页。
③ 财政部天津金融管理局:《检查长江实业银行天津分行业务报告》(1948年),转引自天津市档案馆编:《近代以来天津城市化进程实录》,第535页。
④ 财政部天津金融管理局:《检查重庆商业银行天津分行报告》(1948年),转引自天津市档案馆编:《近代以来天津城市化进程实录》,第539页。
⑤ 财政部天津金融管理局:《检查永利银行天津分行业务报告》(1948年),转引自天津市档案馆编:《近代以来天津城市化进程实录》,第546页。

行只得收缩业务范围,如盐业银行"仍保持其稳健作风,因与潮流不合,致失去发展的机会"[1]。由此可见,当时天津的民营商业银行已经元气大伤,失去了原来的地位和作用。

到1949年天津解放前夕,天津除官营的"四行二局一库"外,有商业银行35家,钱庄112家,外资银行6家,构成支撑金融市场的主体。但是,在战争和政府的管控下,天津的金融业与工商业一样,在风雨飘摇中勉强维持,惨淡经营,难以恢复昔日繁荣。天津作为北方金融中心的地位降至低谷。

长期稳定的政治和社会环境,是经济发展的基础。但抗战胜利后,中国却未能出现这样的环境,天津经济曾一度获得喘息和复苏的契机,外贸略有增加,工厂的设备得到修复并恢复生产,商号数量增加,市场有所活跃,诸多银行、银号意图扩大营业范围,盐业和农业也有所恢复。然而,这种局面仅仅是昙花一现。全面内战爆发后,经济环境随之迅速恶化,农村耕地荒芜,劳动力严重流失,交通阻断,外贸顿减,货币贬值,物价飞涨,在政府强行推进经济统制政策的情况下,商品流通网络和市场体系断裂,市场经济难以促进经济的复苏与发展。天津不仅失去了原料来源和产品销售市场,而且自身的消费能力也在下降,工业、外贸、商业和金融业难以维持和发展,未能形成各业的相互支撑以及从恢复到逐渐发展的局面。20世纪20年代后初步形成的,建立在市场经济基础上的以天津为中心的商品流通网络和市场体系难以维系,天津的经济腹地范围大为缩小,其作为华北、西北经济中心的地位迅速衰减。

---

[1] 黑广菊等主编:《盐业银行档案史料选编》,天津人民出版社2012年版,第75页。

参考文献

一、档案与资料

1. 北京市档案馆编:《日本侵华罪行实证:河北、平津地区敌人罪行调查档案选辑》(上册),人民出版社1995年版。

2. 陈真等编:《中国近代工业史资料》,生活·读书·新知三联书店1957—1961年版。

3. 崔士光主编:《天津农业图鉴》,北京海洋出版社2001年版。

4. 戴鞍钢、黄苇主编:《中国地方志经济资料汇编》,汉语大词典出版社1999年版。

5. 邓庆澜:《天津市工业统计》,天津特别市社会局1935年版。

6. 冯天瑜等选编:《东亚同文书院中国调查资料选译》,李少军等译,社会科学文献出版社2012年版。

7. 河北省实业厅:《河北省实业统计》,该厅1934年版。

8. 河北省政府建设厅编:《调查报告》(路政、工商),1928年版。

9. 黄鉴晖等编:《山西票号史料》,山西经济出版社2002年版。

10. 居之芬主编:《日本对华北经济的掠夺和统制——华北沦陷区经济资料选编》,北京出版社1995年版。

11. 李文海主编:《民国时期社会调查丛编》,福建教育出版社2004—2014年版。

12. 李文治等编:《中国近代农业史资料》,生活·读书·新知三联书店1957年版。

13. 刘家璠:《京兆直隶棉业调查报告书》,农商部棉业处1920年版。

14. 宓汝成编:《中国近代铁路史资料(1863—1911)》,中华书局1963年版。

15. 彭泽益:《中国近代手工业史资料》,生活·读书·新知三联书店1957、1961年版。

16. 仇润喜主编:《天津邮政史料》(1—5辑),北京航空航天大学出版社1988—1993年版。

17. 山西省政协《晋商史料全览》编辑委员会编:《晋商史料全览·会馆卷》,山西人民出版社2007年版。

18. 实业部中国经济年鉴编纂委员会编:《中国经济年鉴》,商务印书馆1934、1936年版。

19. 孙毓棠编:《中国近代工业史资料》,科学出版社1957年版。

20. 天津市档案馆编:《近代以来天津城市化进程实录》,天津人民出版社2005年版。

21. 天津市档案馆编:《天津近代工业档案选编》(上、下卷),天津人民出版社2019、2020年版。

22. 天津市档案馆、天津社会科学院历史所、天津市工商业联合会编:《天津商会档案汇编》,天津人民出版社1989—1996年版。

23. 天津市档案馆、南开大学分校档案系编:《天津租界档案选编》,天津人民出版社1992年版。

24. 天津市档案馆、天津财经大学编:《大陆银行档案史料选编》,天津人民出版社2010年版。

25. 天津市档案馆、天津财经大学编:《金城银行档案史料选编》,天津人民出版社2010年版。

26. 天津市档案馆、天津财经大学编:《盐业银行档案史料选编》,天津人民出版社2012年版。

27. 天津市档案馆、天津财经大学编:《中南银行档案史料选编》,天津人民出版社2013年版。

28. 天津市档案馆、天津工业大学编:《天津近代纺织工业档案选编》,天津人民出版社2017年版。

29. 天津档市案馆、天津海关编译：《津海关秘档解译——天津近代历史纪录》，海关出版社2006年版。

30. 天津市第一机械工业局编史组：《天津市第一机械工业局厂史 所史 校史 回忆录选编》，1985年内部印行。

31. 天津市历史研究所编：《天津历史资料》，该所1964、1965、1980—1984年版。

32. 天津特别市社会局：《天津特别市社会局一周年总报告》，该局1929年版。

33. 天津特别市社会局：《天津特别市社会局工作报告书》，该局1930年版。

34. 天津市政府统计委员会编：《天津市统计年鉴（1928—1932年）》，天津市政府统计委员会1935年版。

35. 万新平、于铁丘主编：《明实录天津史料汇编》，天津人民出版社2012年版。

36. 万新平、于铁丘主编：《清实录天津史料汇编》，天津人民出版社2014年版。

37. 汪敬虞编：《中国近代工业史资料》，生活·读书·新知三联书店1957年版。

38. 吴弘明编译：《津海关贸易年报（1865—1946）》，天津社会科学院出版社2006年版。

39. 吴瓯编：《天津市农业调查报告》，天津书局1931年版。

40. 严中平等编：《中国近代经济史统计资料选辑》，科学出版社1955年版。

41. 殷梦霞、李强选编：《民国铁路沿线经济调查报告汇编》，国家图书馆出版社1999年版。

42. 交通部交通史编纂委员会、铁道部交通史编纂委员会编纂：《近代交通史全编》，国家图书馆出版社2009年版。

43. 张展云编：《京奉铁路旅行指南》，1910年版。

44. 赵津主编：《"永久黄"团体档案汇编》，天津人民出版社2010年版。

45. 郑会欣主编：《战前及沦陷期间华北经济调查》，天津古籍出版社2010年版。

46. 直隶省商品陈列所编：《直隶省商品陈列所第一次实业调查记》，该所

1917年版。

47. 中共天津市委党史研究室、天津市档案馆、天津市公安档案馆编:《日本帝国主义在天津的殖民统治》,天津人民出版社1998年版。

48. 中共天津市委党史资料征集委员会、中共天津市委统战部、天津市档案馆编:《中国资本主义工商业的社会主义改造·天津卷》,中共党史出版社1991年版。

49. 中国第一历史档案馆:《鸦片战争档案史料》,上海人民出版社1987年版。

50. 中国第一历史档案馆、天津市档案馆、天津市长芦盐业总公司编:《清代长芦盐务档案史料选编》,天津人民出版社2014年版。

51. 中国第二历史档案馆编:《中华民国史档案资料汇编》(第五辑第二编财政经济),江苏古籍出版社1997年版。

52. 中国第二历史档案馆、中国海关总署办公厅编:《中国旧海关史料(1859—1948)》,京华出版社2001年版。

53. 中国民主建国会天津市委员会、天津市工商业联合会文史资料委员会编:《天津工商史料丛刊》,该委员会1983—1988年版。

54. 中国人民银行上海市分行金融研究室:《金城银行史料》,上海人民出版社1983年版。

55. 天津市政协文史委编:《天津文史资料选辑》,天津人民出版社1978—2023年。

56. 中国史学会主编:《第二次鸦片战争》,上海人民出版社1979年版。

57. 中国史学会主编:《戊戌维新》,神州国光社1953年版。

58. 中国史学会主编:《鸦片战争》,上海人民出版社1978年版。

59. 中国史学会主编:《洋务运动》,上海人民出版社1978年版。

60. 中国史学会主编:《义和团运动》,神州国光社1951年版。

61. 中国银行天津分行国际金融研究所:《中国银行天津分行行史资料》,该所1991年版。

62. 中央档案馆等合编:《日本帝国主义侵华档案资料选编》第15册《华北经济掠夺》,中华书局2004年版。

二、史籍与志书

63.《隋书》,中华书局1973年版。

64.《旧唐书》,中华书局1975年版。

65.《新唐书》,中华书局1975年版。

66.《宋史》,中华书局1977年版。

67.《元史》,中华书局1976年版。

68.《明史》,中华书局1974年版。

69.《清史稿》,中华书局1977年版。

70.〔北魏〕郦道元原注,陈桥驿注释:《水经注》,浙江古籍出版社2001年版。

71.康熙《天津卫志》,1675年刻本。

72.乾隆《宝坻县志》,台湾成文出版社1969年影印本。

73.乾隆《天津府志》,1739年刻本。

74.乾隆《天津县志》,1739年刻本。

75.道光《津门保甲图说》,1846年刻本。

76.同治《续天津县志》,1870年刻本。

77.光绪《重修天津府志》,1899年刻本。

78.光绪《畿辅通志》,上海古籍出版社1995年版。

79.光绪《宁河县乡土志》,国家图书馆分馆编:《乡土志抄稿本选编》第1册,线装书局2002年版。

80.〔清〕郝福森撰:《津门闻见录》,天津古籍出版社2010年版。

81.〔清〕黄掌纶撰,刘洪升校:《长芦盐法志》,北京科学出版社2009年版。

82.〔清〕张焘撰:《津门杂记》,丁绵孙、王黎雅等点校,天津古籍出版社1986年版。

83.〔清〕周尔润纂:《直隶工艺志初编》,工艺总局1907年版。

84.〔清〕周家楣、缪荃孙等编纂:《光绪顺天府志》,北京古籍出版社1987年版。

85.朱寿朋纂:《光绪朝东华录》,中华书局1958年版。

86.白眉初:《中华民国省区全志》,北京师范大学史地系1924—1925年版。

87.民国《静海县志》,台湾成文出版社1968年影印本。

88.民国《天津县新志》,1931年刻本。

89.天津市市志编纂处:《天津市概要》,1934年版。

90.王守恂:《天津政俗沿革记》,《中国地方志集成·天津府县志辑》第3册,上海书店出版社2004年版。

91.张次溪:《天津杨柳青小志》,《中国地方志集成·乡镇志专辑》第28册,江苏古籍出版社1992年影印本。

92.河北省地方志编纂委员会编:《河北省志·交通志》,河北人民出版社1992年版。

93.天津市地方志编修委员会编:《天津简志》,天津人民出版社1991年版。

94.天津碱厂志编修委员会编:《天津碱厂志(1917—1992)》,天津人民出版社1992年版。

95.乔虹编著:《天津城市建设志略》,中国科学技术出版社1994年版。

96.天津市地方志编修委员会编著:《天津通志·金融志》,天津社会科学院出版社1995年版。

97.天津市农林局编:《天津市农林志》,天津人民出版社1995年版。

98.天津市地方志编修委员会编著:《天津通志·城乡建设志》,天津社会科学院出版社1996年版。

99.天津市地方志编修委员会编著:《天津通志·附志·租界》,天津社会科学院出版社1996年版。

100.天津市地方志编修委员会编著:《天津通志·港口志》,天津社会科学院出版社1999年版。

101.天津市地方志编修委员会编著:《天津通志·对外贸易志》,天津社会科学院出版社2001年版。

102.天津市地方志编修委员会办公室编著:《天津通志·铁路志》,天津社会科学院出版社2006年版。

103.天津市地方志编修委员会办公室、天津市交通集团有限公司编著:

《天津通志·公路运输志》,天津社会科学院出版社2007年版。

104.天津市汉沽区地方志编修委员会编著:《汉沽区志》,天津社会科学院出版社1995年版。

105.天津市塘沽区地方志编修委员会编著:《塘沽区志》,天津社会科学院出版社1996年版。

106.天津市河西区地方志编修委员会编著:《河西区志》,天津社会科学院出版社1998年版。

107.天津市津南区地方志编修委员会编著:《津南区志》,天津社会科学院出版社1999年版。

108.天津市北辰区地方志编修委员会编著:《北辰区志》,天津古籍出版社2000年版。

109.天津市西青区地方志编修委员会编著:《西青区志》,天津社会科学院出版社2000年版。

110.天津市河东区地方志编修委员会编著:《河东区志》,天津社会科学院出版社2001年版。

111.天津市红桥区地方志编修委员会编著:《红桥区志》,天津古籍出版社2001年版。

112.天津市和平区地方志编修委员会编著:《和平区志》,中华书局2004年版。

113.蓟县志编修委员会编著:《蓟县志》,南开大学出版社、天津社会科学院出版社1991年版。

114.宁河县地方史志编修委员会编著:《宁河县志》,天津社会科学院出版社1991年版。

115.宝坻县志编修委员会编著:《宝坻县志》,天津社会科学院出版社1995年版。

116.静海县志编修委员会编著:《静海县志》,天津社会科学院出版社1995年版。

117.天津市西青区杨柳青镇地方志编修委员会编著:《杨柳青镇志》,天津社会科学院出版社1999年版。

118.独流镇地方志编修委员会编著:《独流镇志》,吉林人民出版社2009年版。

119.唐官屯镇志编修委员会编著:《唐官屯镇志》,中州古籍出版社2014年版。

120.郭登浩编:《天津县乡土志辑略》,天津古籍出版社2016年版。

121.〔明〕徐光启:《徐光启全集》,李天纲点校,上海古籍出版社2011年版。

122.〔明〕袁黄等撰:《宝坻劝农书·渠阳水利·山居琐言》,郑守森等校注,中国农业出版社2000年版。

123.顾廷龙、戴逸主编:《李鸿章全集》,安徽教育出版社2008年版。

124.天津图书馆、天津社科院历史研究所编,廖一中、罗真容整理:《袁世凯奏议》,天津古籍出版社1987年版。

125.天津市政协文史委、中国银行天津分行合编:《卞白眉日记》,天津古籍出版社2008年版。

126.石小川编辑:《天津指南》,天津文明书局1911年版。

三、中文著作

127.卞僧慧:《天津史志研究文集》,天津古籍出版社2011年版。

128.曹振宇编著:《中国染料工业史》,中国轻工业出版社2009年版。

129.车德宇主编:《天津中国银行史》,天津科学技术出版社2014年版。

130.陈其田:《山西票庄考略》,商务印书馆1936年版。

131.陈歆文编著:《中国近代化学工业史(1860—1949)》,化学工业出版社2006年版。

132.丁长清:《民国盐务史稿》,人民出版社1990年版。

133.丁长清、唐仁粤主编:《中国盐业史》,人民出版社1997年版。

134.樊如森:《天津与北方经济现代化(1860—1937)》,东方出版中心2007年版。

135.冯剑:《近代天津典当研究》,社会科学文献出版社2017年版。

136.甘眠羊:《新天津指南》,天津绛雪斋书局1927年版。

137.高艳林:《天津人口研究(1404—1949)》,天津人民出版社2002年版。

138.龚关:《近代天津金融业研究(1861—1936)》,天津人民出版社2007年版。

139.古蓓孙:《天津指南》,新华书局1922年版。

140.关文斌:《文明初曙:近代天津盐商与社会》,天津人民出版社1999年版。

141.郭蕴静、涂宗涛等编:《天津古代城市发展史》,天津古籍出版社1989年版。

142.韩嘉谷:《天津古史寻绎》,天津古籍出版社2006年版。

143.佳宏伟:《区域社会与口岸贸易——以天津为中心(1867—1931)》,天津古籍出版社2010年版。

144.金城银行总经理处天津调查分部编:《天津仓库业概况》,金城银行1937年版。

145.金城银行总经理处天津调查分部编:《天津粮食业概况》,金城银行1937年版。

146.金城银行总经理处天津调查分部编:《天津棉花运销概况》,金城银行1937年版。

147.居之芬、张利民主编:《日本在华北经济统制掠夺史》,天津古籍出版社1997年版。

148.李华彬主编:《天津港史》(古、近代部分),人民交通出版社1986年版。

149.李竞能主编:《天津人口史》,南开大学出版社1990年版。

150.李俊丽:《天津漕运研究(1368—1840)》,天津古籍出版社2012年版。

151.李洛之、聂汤谷编著:《天津的经济地位》,经济部冀热察绥区特派员办公处结束办事处驻津办事分处1948年版。

152.厉以宁、熊性美主编:《方显廷文集》,商务印书馆2012—2013年版。

153.刘海岩:《空间与社会——近代天津城市的演变》,天津社会科学院出版社2003年版。

154.鲁荡平:《天津工商业》,天津特别市社会局1930年版。

155. 罗澍伟主编：《近代天津城市史》，中国社会科学出版社1993年版。

156. 宓汝成：《帝国主义与中国铁路（1847—1949）》，上海人民出版社1980年版。

157. 庞玉洁：《开埠通商与近代天津商人》，天津古籍出版社2004年版。

158. 曲直生：《河北棉花之出产及贩运》，社会调查所1931年版。

159. 沙为楷：《中国买办制》，山西人民出版社2014年版。

160. 上海社会科学院经济研究所等：《中国近代面粉工业史》，中华书局1987年版。

161. 上海社会科学院经济研究所等编：《中国近代造纸工业史》，上海社会科学院出版社1989年版。

162. 沈大年：《天津金融史》，南开大学出版社1988年版。

163. 宋美云：《近代天津商会》，天津社会科学院出版社2002年版。

164. 宋美云、张环：《天津近代工业与企业制度》，天津社会科学院出版社2005年版。

165. 孙德常、周祖常主编：《天津近代经济史》，天津社会科学院出版社1990年版。

166. 孙睿：《组织、市场与国家：近代天津钱业公会与经济秩序建构》，中国社会科学出版社2017年版。

167. 谭其骧：《长水集》，人民出版社1994年版。

168. 天津师范学院地理系编：《天津农业地理》，天津科学技术出版社1981年版。

169. 天津市政工程局公路史编委会编：《天津公路史》第1册，人民交通出版社1988年版。

170. 天津文物管理处编：《津门考古》，天津人民出版社1982年版。

171. 王静：《近代旅津山东商人研究》，天津社会科学院出版社2000年版。

172. 王士花：《"开发"与掠夺——抗日战争时期日本在华北华中沦陷区的经济统制》，中国社会科学出版社1998年版。

173. 王树才主编：《河北省航运史》，人民交通出版社1988年版。

174. 王云:《明清山东运河区域社会变迁》,人民出版社2006年版。

175. 王子建:《天津之银号》,1936年版。

176. 谢学诗:《满铁与华北经济(1935—1945)》,社会科学文献出版社2007年版。

177. 解学诗主编:《满铁与华北开发会社》,社会科学出版社2011年版。

178. 辛元欧:《上海沙船》,上海书店出版社2004年版。

179. 熊亚平:《天津交通史》,天津人民出版社2019年版。

180. 徐华鑫:《天津自然地理》,天津市地方史志编修委员会总编辑室1988年版。

181. 徐永志:《开埠通商与津冀社会变迁》,中央民族大学出版社2000年版。

182. 薛不器:《天津货栈业》,天津新联合出版社1941年版。

183. 杨大辛编著:《天津建卫六百周年》,天津古籍出版社2004年版。

184. 姚洪卓:《近代天津对外贸易研究》,天津古籍出版社2011年版。

185. 应莉雅:《天津商会组织网络研究(1903—1928)》,厦门大学出版社2006年版。

186. 张博:《天津老烧锅》,天津教育出版社2007年版。

187. 张利民等:《近代环渤海地区经济与社会研究》,天津社会科学院出版社2003年版。

188. 张利民、刘凤华:《抗战时期日本对天津的统制与掠夺》,社会科学文献出版社2016年版。

189. 张利民主编:《解读天津六百年》,天津社会科学院出版社2003年版。

190. 张毅:《明清天津盐业研究(1368—1840)》,天津古籍出版社2012年版。

191. 郑伯彬:《抗战期间日人在华北的产业开发计划》,资源委员会经济研究所1947年版。

192. 郑伯彬:《日本侵占区之经济》,资源委员会经济研究室1945年版。

193. 天津市政协文史委编:《沦陷时期的天津》,天津人民出版社1992年版。

194. 天津市政协文史委编:《天津的洋行与买办》,天津人民出版社1987年版。

195.天津市政协文史委编:《天津租界》,天津人民出版社1986年版。

196.《中国近代纺织史》编辑委员会:《中国近代纺织史(1840—1949)》,中国纺织出版社1997年版。

197.中华舆图学社编:《津门精华实录》,中华舆图学社1918年版。

198.[英]雷穆森:《天津租界史(插图本)》,许逸凡等译,天津人民出版社2009年版。

199.[美]贺萧:《天津工人,1901—1949》,许哲娜、任吉东译,天津人民出版社2016年版。

200.[美]史瀚波:《乱世中的信任:民国时期天津的货币、银行及国家-社会关系》,池桢译,上海辞书出版社2016年版。

201.《八国联军占领实录 天津临时政府会议纪要》,倪瑞英等译,天津社会科学院出版社2004年版。

202.[日]寺田隆信:《山西商人研究》,张正明等译,山西人民出版社1986年版。

203.[日]浅田乔二等:《1937—1945日本在中国沦陷区的经济掠夺》,袁愈佺译,复旦大学出版社1997年版。

四、日文文献

204.北支那経済通信社編:『北支那経済年鑑』,1939年版。

205.大日本紡績連合会編:『東亜共栄圏と繊維産業』,東京文理書院1941版。

206.東亜同文会:『支那省別全誌』第18巻,東亜同文会1920年版。

207.東亜研究所:『日本の対華投資』,1940年出版,原書房1974再版。

208.防衛庁防衛研修所編:『支那事変·陸軍作戦』,第3冊,朝雲新聞社1975年版。

209.福田英雄:『華北の交通史:華北交通株式会社史創立小史』,極秘,興亜院華北連絡部1941年;日本TBブリタ会社1983年翻印。

210.満鉄北支経済調査所:『天津ニ於ケル商品統治状況』,1940年版。

211. 満鉄調査部:『北支那工場実態調査報告書:天津之部』,1938年版。

212. 満鉄調査部:『支那立案調査書類2編1巻2 支那経済開発方策及調査資料』,极秘,1937年版。

213. 満鉄天津事務所:『冀東区域の貿易と関税事情』,『北支経済貿易資料』第5輯,1936年版。

214. 南満州鉄道株式會社編:『北支那塩及曹達業開発計画書』,満鉄調査部1940年版。

215. 日本防衛庁防衛研修所戦史室:『華北の治安戦』第1册,朝雲新聞社1968年版。

216. [日]島田俊彦編:『現代史資料』第8册,みすず書房1965年版。

217. [日]島田俊彦編:『現代史資料』第9册,みすず書房1965年版。

218. [日]木村粂市:『北清見聞録』,東京1903年版。

219. [日]小倉知正:『京津在留邦人官商録』,天津興信所1925年版。

220. [日]中村隆英:『戦時日本の華北経済支配』,山川出版社1983年版。

221. 天津居留民団:『天津居留民団二十周年記念誌』,天津居留民団1930年版。

222. 外務省外交史料館:『外務省警察』第34巻(支那の部——北支),不二出版社1999年版。

223. 支那問題研究所編:『支那問題研究所経済旬報』,1938年3月11日。

224. 中国駐屯軍司令部乙嘱託班:『北支産業調査報告書類第1編第1巻乙嘱託班調査概要』,1937年版。

五、报刊、丛刊

226.《大公报》

227.《益世报》

228.《庸报》

229.《城市史研究》(1990—2023)

230.《东亚经济月刊》(1942—1945)

231.《国际贸易导报》(1930—1937)
232.《冀察调查统计丛刊》(1935—1936)
233.《经济半月刊》(1927—1928)
234.《经济建设季刊》(1942—1945)
235.《天津经济统计月报》(1946—1948)
236.《天津棉鉴》(1930—1937)
237.《天津史志》(1985—2001)
238.《北国春秋》(1959—1960)
239.《中外经济周刊》(1923—1927)

后　记

　　《天津经济史》是万新平研究员主持的天津市社会科学重大项目的组成部分。在天津市社会科学规划（委托）重大课题"天津经济史"（编号：TJZL-WT11-35）立项后，首先在主编张利民主持下完成了主体架构设计，然后由各位作者根据各自专长完成初稿写作。全书内容写作大致分工如下：张利民主要负责前言和各章的自然环境、建制、空间和人口部分，以及第六、第七章（部分资料得到刘凤华的帮助），安宝主要负责有关章节的农业部分，王静主要负责商业和商人部分，熊亚平主要负责交通、城镇、集市部分，以及农业、集散中心和经济中心形成的部分章节，张玮主要负责外贸与工业部分，龚关主要负责金融部分。初稿完成后，由张利民负责增补和统编，进而由张利民和熊亚平多次修改和统稿、校对，最后由张利民审定全书。

　　本书是第一部系统研究天津自有史以来至1949年经济发展历史的学术著作。主体内容由导言和七章构成。其中导言部分明确了本书的内容主旨和天津城区的空间范围，总结了天津经济发展阶段和特点；第一章考察了天津从村落经济到城镇经济的起步（先秦—1404）；第二章探讨了明清时期天津城市经济的兴起与集散中心的初成（1404—1859）；第三章论述了天津开埠通商以后城市经济的初步发展（1860—1900）；第四章考察了天津近代经济的崛起与全面发展（1901—1927）；第五章考察了天津各经济领域的发展状况与北方经济中心的形成（1928—1937）；第六章探讨了全民族抗战时期天津的战时经济（1937—1945）；第七章论述了抗战胜利后天津经济从短暂恢复到凋敝的变化（1945—1949）。其中，关于天津早期经济的起步，集散中心的初成，近代工业的兴起与手工业的转型，天津周边城镇与集市的发展演变，商品流通规模与腹地扩展，以及抗战时期经济畸形发展、战后经济变化等内容的系统论述，构成本书的亮点。

  本书的写作和出版得到天津市社会科学界联合会原党组书记万新平研究员的诸多帮助，天津社会科学院和历史研究所给予了多方面的关照，天津人民出版社韩玉霞编审付出了艰辛的劳动，在此一并致谢！

  本书初稿由多位作者撰写，风格不尽相同，疏漏讹误之处亦在所难免，尚祈读者批评指正！

张利民

2024年8月20日

天津人民出版社
天津通史项目系列丛书

天津通史编译丛书

租界生活：一个英国人在天津的童年(1918—1936)
　　　　　　　　　　　　　（英）布莱恩·鲍尔著　2007年　32.00元
天津租界史(插图本)　　　　（英）雷穆森著　　2009年　62.00元
小洋鬼子：一个英国家族在华生活史
　　　　　　　　　　（加拿大）戴斯蒙德·鲍尔著　2010年　40.00元
近代天津日侨回忆录　　　　（日）藤江真文等著　2014年　118.00元
天津工人，1900—1949　　　（美）贺萧著　　　2016年　80.00元
近代外国人记述的天津　　　刘海岩主编　　　　2017年　200.00元
中国之梦：一个犹太女孩在天津的成长(1929—1948)
　　　　　　　（美）伊莎贝尔·齐默尔曼·梅纳德著　2017年　76.00元

天津通史专题研究丛书

近代天津的慈善与社会救济　　　任云兰著　　　2007年　46.00元
近代天津金融业研究(1861—1936)　龚关著　　　2007年　46.00元
近代天津日本侨民研究　　　　　万鲁建著　　　2010年　43.00元
天津文学史(4卷)　　　王之望　闫立飞主编　　2011年　280.00元
天津宗教史　　　　　　李新建　濮文起主编　　2013年　98.00元
天津康科迪娅俱乐部——历史与文化百年
　　　　　　　　　　　　　　　王敏主编　　　2014年　62.00元

中国近代化学工业的奠基者"永久黄"团体研究

赵津、李健英著　2014年　98.00元

天津交通史　　　　　　　　　　　　　　熊亚平著　2019年　138.00元

天津经济史(2卷)　　张利民主编　熊亚平副主编　2024年　248.00元

天津通史资料丛书

"永久黄"团体档案汇编——久大精盐公司专辑(2卷)

赵津主编　2010年　108.00元

"永久黄"团体档案汇编——永利化学工业公司专辑(3卷)

赵津主编　2010年　228.00元

明实录天津史料汇编(2卷)

万新平　于铁丘主编　2012年　108.00元

清实录天津史料汇编(5卷)

万新平　于铁丘主编　2014年　450.00元